新时代中国经验

U0720749

知识与模式：
社会工作案例精选

潘泽泉　李　斌　⊙主编

中南大学出版社
www.csupress.com.cn
·长沙·

图书在版编目（CIP）数据

知识与模式：社会工作案例精选／潘泽泉，李斌主编. —长沙：中南大学出版社，2019.12

ISBN 978 - 7 - 5487 - 3922 - 7

Ⅰ. ①知… Ⅱ. ①潘… ②李… Ⅲ. ①社会工作—案例—中国 Ⅳ. ①D632

中国版本图书馆 CIP 数据核字（2020）第 008988 号

知识与模式：社会工作案例精选

主编　潘泽泉　李　斌

□责任编辑	汪采知	
□责任印制	易红卫	
□出版发行	中南大学出版社	
	社址：长沙市麓山南路	邮编：410083
	发行科电话：0731 - 88876770	传真：0731 - 88710482
□印　　装	长沙雅鑫印务有限公司	

□开　　本	710 mm×1000 mm　1/16	□印张 29.75	□字数 565 千字		
□版　　次	2019 年 12 月第 1 版	□2019 年 12 月第 1 次印刷			
□书　　号	ISBN 978 - 7 - 5487 - 3922 - 7				
□定　　价	120.00 元				

图书出现印装问题，请与经销商调换

前言 Preface

　　中南大学社会工作经典案例丛书是落实国务院学位委员会办公室、教育部学位管理与研究生教育司关于加强专业学位研究生案例教学指示的成果，是经以教学经验丰富、实务能力突出、理论水平深厚的资深教授为主体的中南大学社会工作教学团队统一部署、深入研讨、认真遴选、集体编撰而成的研究型教学案例集。

　　全书由二十五个独立的案例组成，涉及老年社会工作、青少年社会工作、女性社会工作、学校社会工作、社区社会工作和医务社会工作这六个社会工作的主要领域，案例内容包括案例名称、案例描述、案例人物、实务原则与专业关系、核心概念、实务模型、干预目标、干预技巧、效果评估等，最后附有相关知识链接、推荐阅读文献和课后讨论题。该案例精选集以问题为本的学习模式，在案例分析的基础上，较为全面地论述了社会工作的相关知识、工作方法和工作技巧，反思了社会工作的基本理念，为社会工作专业学位研究生教育提供了资料丰富、叙述详尽、视角多元和有较深刻学术理论背景的案例。所载案例兼具实务参考性和理论分析性，既可为教师提供授课应用的讨论范本；也可为研究者打开广泛的理论和学术探索空间；同时可为研究生呈现高水平的研究型实践，集社会工作实务方法、价值与专业伦理、思想启迪于一体。

　　该项目获得 2018 年度中南大学双一流学科建设基金、2018 年度中南大学研究生案例库建设立项资助。

目录 Contents

第一部分

老年社会工作

案例一：暖巢

——我是这个世界上最孤独的老人，没有人真的在乎我

车文辉　曹伟志　吴青

根据民政部的数据显示，目前中国城乡空巢家庭超过 50%，部分大中城市达到 70%，其中农村留守老年人口约 4000 万人，占农村老年人口的 37%。预计到 2050 年，我国 80 岁及以上高龄老年人数量将达到 1.08 亿，临终无子女的老年人数量将达到 7900 万左右，失能老年人数量将达到 1 亿左右，独居和空巢老年人将占 54% 以上。而笔者刚好在长沙某老年社工机构实习，遇到了关于空巢老人的案主，所以把这个案例写出来和大家分享。

一、案例描述

岳麓社区空巢案主老人刘奶奶，女，66 岁。刘奶奶老伴原在机关工作后离休，于 2008 年去世。刘奶奶现独自生活，身体状况不好，无人照料，生活拮据，需要依靠邻居和社区干部的照应。蜗居在面积狭小的老式低矮砖房中，房子阴暗潮湿，屋里常年见不到阳光，厨房、厕所只能设在屋外。家中比较像样的家具也只有一张床、一套沙发和一个电视机。生活的艰苦与不幸，让刘奶奶患上了轻度抑郁症。社区工作人员让刘奶奶去养老院养老，刘奶奶说："那是孤寡老人住的地方，我不去，我有儿子。"多年心理问题的累积，不仅导致了刘奶奶自我认同感和价值感的持续下降、社会交往能力的萎缩以及社会角色的丧失，还导致了她的身体健康受到严重威胁。这些表现出的不良反应又进一步加重了老人的心理问题，导致她面临更大的困境。

刘奶奶曾经中风，现已完全康复，但可能因为患病留下的心理阴影比较大，使她仍然觉得自己身体不好，行走不便，也特别害怕疾病，所以会盲目地买一些药品和保健品，认为这些药物对身体有好处。她长期情绪低落，因此逐渐远离了熟悉的"人际圈"和"交往圈"。刘奶奶年轻时，曾经是社区文艺队的成员，常常会和队员参加一些演出活动，与社区文艺队成员的关系也挺好。但

现在，刘奶奶慢慢开始拒绝邻居的来访，甚至连以前最喜欢的社区文艺队的年度聚会也不去参加了。她想找一个人陪伴，可是又怕别人嘲笑，如今自我认同感出现危机，自我价值在一定程度上也无法实现，失落感和颓废感倍增，进而逐渐失去对生活的信心。刘奶奶有三兄妹，哥哥已经去世了，现在还有一个不在身边的妹妹，以前每年都会见面，现在因为身体不便，见面的次数越来越少。奶奶的儿子大学毕业后在外地工作，因工作忙碌，回家的时间也比较少，每年只有逢年过节才能带着孩子回家看望刘奶奶。由于刘奶奶的儿媳妇生完孩子后，没有出去工作，全家人都要靠刘奶奶儿子一个人的工资生活，生活过得勉强，每年能够给刘奶奶的钱也不是很多。由于不属于低保对象，所以刘奶奶也无法从政府获得一些补贴。

刘奶奶现在一个人独自生活。听邻居们说，最近一段时间刘奶奶都不出门了，对人态度十分冷淡，也不愿说话，时常有自卑情绪。由于缺乏足够的陪伴和关心，刘奶奶无处倾诉内心情感，也无法排解内心的苦闷、舒缓抑郁情绪，其抵御外部环境刺激的能力不断下降，身心健康受到严重影响。因此刘奶奶感到孤独无助，经常躲在房间里面偷偷哭泣，觉得儿子嫌弃她。社工问刘奶奶最近身体怎么样，有没有什么不适应的，刘奶奶说还是老毛病了，腰酸背痛，还有高血压，以前就有，药就没断过。除此之外，刘奶奶身体上还出现了一些不适，诸如食欲不振、头晕眼花、失眠、易疲劳等症状。现在刘奶奶的身体每况愈下，这让刘奶奶的儿子十分担心。

二、案例分析

（一）案例相关人物

（1）案例中的案主：刘奶奶。

（2）与案主密切相关的关系人：刘奶奶的儿子、兄妹、社区文艺队队员和干部、邻居。

（3）主要介入工作者：社会工作者（社工）、社区工作者、行政人员。

（二）案例分析

1. 案主的社会支持网络

主要包括正式支持网络和非正式支持网络。

正式社会支持一般指来自政府和社会正式组织等提供的各类制度性支持。此案例中，案主生活在城市地区，可以为其提供正式的社会支持单位，包括居委会、政府部门和社会工作服务部门。

非正式社会支持主要指来自家庭、亲友、邻里和一些非正式组织的支持。此案例中，案主的非正式支持系统包括家庭成员儿子以及妹妹、亲友、邻里、社区文艺队队员、社会人士。

2. 案主面临的问题和需求

（1）案主刘奶奶面临的基本问题。

第一，心理问题，轻度抑郁。刘奶奶行动不便，总觉得自己一无是处，又因为自己有各种老年病，无法参与户外活动，缺少与外界沟通，导致其产生无力感，内心充满挫败感，自我认同感低，需要帮助其恢复自信心。

第二，健康状况不好，缺乏医疗服务和照顾。主要体现在看病难，得不到基本医疗照顾，对病情缺乏了解，盲目忧虑；缺乏日常照顾和疾病康复治疗，对生活期望不足；得不到稳定的家人帮助和社会支持。

第三，精神孤单。主要体现在亲属不在身边，独自生活引起的孤寂感和无助感，与儿子缺乏交流。

第四，社会交往问题。刘奶奶性格极其孤僻，与亲戚关系疏远，几乎不与邻居交往；与外界交流也很少，信息闭塞，对身边发生的事物较淡漠；缺少社会互动机会，社会关系闭塞。

（2）案主刘奶奶的需求。

第一，健康维护的需求。案例中刘奶奶缺乏日常照顾和疾病康复治疗，对自己的病情缺乏了解，盲目忧虑。

第二，社会参与的需求。社会参与是老年人的重要需求，老年人需要多方面地、深度地参与社会生活，而不是象征性地参与或被动地参与各种活动。案例中的刘奶奶现在基本没有社会参与，社区文艺队的聚会也不参加，邻居之间的聊天或者社区的活动也基本没有。

第三，精神慰藉的需求。案例中的刘奶奶平时一个人生活，儿子也不在身边，周围的邻居也很少来往，容易引起孤寂感和无助感，所以刘奶奶有精神慰藉的需求。

三、社工的介入及角色

（一）服务提供者

社会工作者首先是向受助者提供服务的人。此案例中，对刘奶奶的服务既包括提供心理疏导、情感支持，同时也包括提供物质性服务和劳务服务。服务提供者是社会工作者的首要角色。

在此案例中，期望通过社区组织同龄同病群体的交流，增强案主刘奶奶的生活信心，扭转案主对疾病的看法，帮助案主获得心理支持，并找到应对疾病的新方法。为了拓宽案主养老方式的选择，社工联系了社区附近养老机构的社工，了解养老机构老年人日常服务，寻求案主可能参加的活动项目，征求案主意见，选择性参加，拓展案主生活内容与养老方式。

（二）资源获取者

在许多情况下，社会工作者为了有效助人，常常需要联络其他社会工作者、福利服务机构、政府部门和广大社会，向他们争取受助者所需要的资源，并将它们传递到受助者手中。

此案例中，社工主动联系了案主的儿子，并说明了案主的健康状况，表达了希望其尽快抽空带老人看病的要求，对方同意择日回来。社工还联系了刘奶奶的妹妹，让她多给刘奶奶打电话联系，如果可能的话最好亲自来看看案主。同时，社工登门拜访刘奶奶，告诉案主儿子择日回来带她看病的事情，让案主安心。社工通过政府为刘奶奶争取到了老年人最低生活补助，请求刘奶奶的邻居在平时多多帮助刘奶奶；联系到了刘奶奶的妹妹和儿子，要求亲人定期给刘奶奶打电话或是来看望她，还应提供一定的物质资源和经济支持。为服务的顺利开展争取资源也是社会工作者的重要责任。

（三）支持者

社会工作者面对求助者不但要提供直接服务或帮助，也要鼓励受助者在可能的情况下自强自立、克服困难，即"助人自助"。因此，社会工作者应该成为受助人积极反应的支持者、鼓励者，并应尽量创造条件让受助人自立或自我发展。

在本案例中，社工向案主刘奶奶说明随着年龄增长，疾病的出现是正常的现象，并且社区里有一些与案主同龄且"同病相怜"的老人，在用各种方法进行治疗，为案主提供支持感，鼓励案主树立应对疾病的信心。同时，通过邻居和社区保健所联系熟识的社区老人，并准备在下次服务相约与刘奶奶一同谈论晚年生活与疾病的治疗方法，为案主提供支持。

（四）倡导者

在一定情况下，社会工作者应该成为受助者采取某种行为的倡导者，即当受助者必须采取新的行动才能有助于其走出困境时，社会工作者应该向其倡导某种合理行为，并指导他们以助其成功。应该指出的是，这里的倡导不是不顾受助者接受程度的强行推动。

社工鼓励刘奶奶多回顾过往幸福经历，告诉她生活是光明有前景的，不要自怨自艾，学会享受悠闲的老年生活，多和邻居聊聊天、唠唠家常，增加生活幸福度。社工与平时照应刘奶奶的邻居沟通，争得了邻居的支持，每周安排老邻居来刘奶奶家做客一到两次，以此改变案主原有生活面貌，持续增加案主社会互动机会，以期达到案主情绪治疗目的。

四、信息收集及案情评估

（一）接案情况介绍

我国将 60 岁及以上人口界定为老年人，老年人随着生活环境的变化和身体状况的衰退开始面临着诸多问题，有些是老年人独有的，有些是与其他问题交织在一起，这些问题影响老年人生活。根据老年人社会工作理论对老年人问题的预期，老年人可能会在不同年龄段遇到的诸多问题，或在特定事件出现时遇到问题。因此，本次研究以年龄为主要因素，选取具有代表性的服务个案，进行社会工作理论实践。

本次社会工作服务对象来自长沙市岳麓街道的相邻社区，社工先对社区委员会进行走访，了解社区老年人口状况、现有助老政策、社区养老举措和设施设备配备情况，并根据社区干部提供的空巢老年人信息进行走访，从中选择问题较多、最能反映空巢老人生活特点的老年人进行服务。希望选择与所掌握的老年社会工作理论更贴近、更有实践意义的服务对象进行服务研究。本次服务一共从社区干部提供的 23 名空巢老年人当中选择一人作为服务对象，选择标准考虑年龄、收入、性别、家庭关系、健康水平、面临的问题等多种因素。

本次社会工作服务对象的选取经过两次走访。首先根据社区提供的空巢老人信息，在社区干部引荐下对 23 名老年人进行访问，并通过问卷、访谈提纲等方法初步了解老年人信息，与服务对象选取因素进行对比，确定第二次走访对象。之后在第二次走访中确定服务对象为案主刘奶奶，并与刘奶奶建立服务关系。

刘奶奶在第一次见到社工时很冷漠，并说她不需要帮助。经过社工的耐心解释和仔细分析接案的好处，刘奶奶才勉强愿意尝试。社工通过政府、社区以及与案主相关的支持者来帮助刘奶奶摆脱困境。在一系列的帮助过程中，刘奶奶逐渐接受了社工的服务，并感激社工的救援。

（二）社工与案主建立关系的方法

1. 预估案主可能存在的心理反应

针对案主的基本情况，此阶段最重要的任务就是与案主建立良好的关系，并获得案主的认可和信任，为下一步开展工作打下基础。案主在初次接触社会工作者时，可能会产生警惕戒备和不信任的心理，这是正常的现象，在所难免。在接触案主时，预估案主可能存在的几种心理反应：

（1）直接拒绝。出于对陌生人的警惕和戒备，在社会工作者询问并提供帮助时，案主可能会态度冷淡，表现出一副拒人千里之外的样子，不希望社会工作者介入，打扰到自己的生活。

（2）沉默寡言。社工在积极主动介入时，案主可能由于自卑、自闭心理，不愿与社会工作者进行交流，更不愿意与外人谈及生活中遇到的问题和难处，而且也不想从外界得到帮助和支持。

（3）积极配合。在社会工作者逐步获得案主的认可和信任后，案主可能会基于求助心理，主动与社会工作者积极配合，缓解心理压力和生活困境。

事实上，通过访谈记录，也佐证了社工介入时空巢老人的心理变化。一开始案主刘奶奶对社工怀有戒备心理，态度有点冷淡，表现出沉默寡言、紧张等特点。在社工提出要给予案主帮扶时，案主刘奶奶直接拒绝，不希望社工介入到案主的生活中去。最后，在与案主刘奶奶进行了推心置腹的交谈之后，刘奶奶才同意社工对其进行帮助。可以看出案主的心理发生了几次变化，从一开始的沉默寡言到直接拒绝，再到最后的积极配合，说明了案主在心底是希望有人能够帮助其缓解身心压力，走出自我贬低、自我抑郁的低谷，能够安享晚年的。因此，对案主刘奶奶心理状态的预估和分析，将为接下来的接案做好充分的准备工作。

2. 接案的准备工作

在对案主有了初步的了解之后，如果案主符合接案的条件，并愿意接受帮助，则必须对接下来的接案和访谈做好充分的准备。首先，案主作为一名空巢老人承受着巨大的心理压力和情感压力，当务之急是社会工作者要明确案主当前的心理状态和现实需求，明确问题及改进方向，并着重从现实需求出发，开展介入访谈，以实现介入效果的最大化、最优化。其次，明确社会工作的服务范围和服务目标，开展介入工作时需要秉持的职业态度和价值观，让案主对介入工作有信心、有希望。最后，要提醒案主需要关注的事项，让其主动走出家门、走向人群，积极参加各项娱乐活动，保持积极乐观的生活态度，缓解自卑和封闭情绪，正确认识并接纳自己，不断提高身心健康水平。

3.与案主建立关系

在明确了案主需求和心理特质后，社会工作者及时与案主刘奶奶建立了关系，明确了双方的权利义务关系。与此同时，案主刘奶奶也积极配合，主动改变，为接下来各项工作能及时有效地开展打下了良好的基础。

通过实地调查研究发现，与案主建立良好的关系是今后社工顺利开展各项工作的重要开端。因此，在与案主建立关系的过程中，要注意以下几点：其一，要坚持专业价值观，对案主时刻保持同感、共情、尊重、真诚的态度。要以正常心态对待案主，不能先入为主地将案主界定为"病人""患者"。尤其是在与案主交流过程中要以共情和尊重为引导积极介入，要注意交流时的语气和面部表情，防止引起案主的反感。其二，要不断加强对案主问题的帮助和指引，努力实现案主自决，防止社会工作者越俎代庖，好心办坏事。案主由于承受着巨大的心理和生活压力，心理较为脆弱，对外部环境注意力下降，性格趋于内向，并且不愿意从事集体性活动，积极性不高。这时，社会工作者不要越俎代庖，而是通过积极介入，逐步化解案主的消极情绪和惰性思维，逐渐恢复案主的社会行动能力和社会交往能力。

(三)会谈过程

社工：您好，刘奶奶，我是咱们社区的社工，今天代表社区过来看望您，请问我能进来吗？这是我的工作证，麻烦您看看。

刘奶奶：(带着怀疑的眼神)噢，你是社区的人啊，那进来吧，你有什么事吗？

社工：奶奶，您好，今天我过来主要是想和奶奶聊聊天。

刘奶奶：(沉默)我这把老骨头了，还有什么好不好的，还是老样子。

社工：奶奶，现在八九十岁的老人都说自己年轻呢(微笑)。

刘奶奶：(沉默，什么话没有说)。

社工：奶奶，你最近生活还好吗？

刘奶奶：还好，还好吧(刘奶奶情绪依然不高)。

社工：您最近身体怎么样呢，有没有什么不适应的？

刘奶奶：还是老毛病了，腰酸背痛的，还有高血压，以前就有，吃药就没断过。

社工：奶奶，你现在除了这些，身体上还有其他的症状吗？

刘奶奶：症状？

社工：比如饭量怎么样，睡觉怎么样？

刘奶奶：现在吃不下饭了，饭量少了很多，现在睡觉也睡不好，一天到晚什么也不想干，累得很。

社工：奶奶，听说您以前经常跳舞，您现在还经常去吗？

刘奶奶：嗯，偶尔还去。

（事后经社工调查，刘奶奶现在基本上很少出去，而且不再愿意参加集体活动）

社工：奶奶，听说您儿子在外地，他经常回来看您吗？您想他吗？

刘奶奶：（沉默了一会）哪有当妈的不想儿子的，他工作忙，不经常回来。我也不想让他回来，路费贵，我一个人挺好的。

社工：奶奶，您现在一个人住，还住得习惯吗？

刘奶奶：还好，就我一个老太太，住习惯了。

社工：奶奶，我们社区听说您最近身体不太好，也不出去锻炼了，周围的人都感觉您好像消失了呢，我们有点担心，所以过来看看，您有什么需要帮助的，您就和我们说，我们尽最大努力帮助您。

刘奶奶：（有点紧张）没有，没有，我挺好的，不要麻烦你们了。

社工：奶奶，我们社区的人都想来帮助您，我们特别希望您能调整好心态，能够像以前那样开朗、乐观，经常参加咱们社区的娱乐活动。

刘奶奶：噢，行，我有空会去的（情绪不高）。

社工：奶奶，我们社区有一些关于老人的免费服务，就是给您做些事情，让您能够快快乐乐地生活。您放心，不会收任何费用的。

刘奶奶：噢，你们干些啥呢？

社工：是这样的，奶奶，我们想平日里陪您说说话、聊聊天，帮助您打扫一下房间卫生，和您一起出去走走参加一些社区的活动等，您看行吗？

刘奶奶：那不是太麻烦你们了吗？

社工：不麻烦的，这是我们的工作，咱们社区的大部分老人我们都给他们提供了类似的服务，定期到家里去看望他们，陪他们说说话、聊聊天，他们高兴，我们也高兴。我们社工就想尽自己的一分力量，帮助大家快快乐乐地生活。

刘奶奶：（迟疑了一会）噢，这样啊，那好吧，真是麻烦你们了。

（四）信息收集的方法

（1）参与式观察：在评估空巢老人与评估活动效果中充分运用参与式观察法，在活动过程中密切关注老人对于活动的反应以及活动前后老人各方面的变化情况，深入、细致地研究孤寡老人的内心需求及社工介入效果。

（2）非结构式访谈：研究的对象语言表达、思维能力、协调能力较弱，只能通过日常聊天获得研究的一手资料。非结构式访谈是辅助于参与式观察的方法，通过与老人深入、细致地访谈与交流，发掘他们多种养老需求，了解他们对社区养老提供的满意度作为评估参考。访问提纲则针对心理情绪方面与案主进行开放式的讨论，在自然的状态下，了解案主内心想法，拉近与案主的距离。访问记录表用于记录访问过程中出现的有疑问或者对服务有重要影响的信息，运用访问记录表来总结和把握服务进程，同时评估服务效果。

五、信息评估内容

（一）服务对象的改变情况

在实施介入服务后，需要对案主的整个身心健康情况、人际关系情况、社会互动情况进行总结和评估，时刻关注案主的变化，有针对性地调整工作策略，为下一步的工作做好导向和指引。针对案主的情况，经过一段时间的介入后，案主的状况有了明显的改变。首先在性格上，案主明显变得开朗健谈，孤独、寂寞等负面情绪明显减少。其中在社会工作者和案主家人的配合努力下，案主逐渐理解并接受孩子不能经常在自己身边的现实，并对自己的空巢老人综合征有了更深刻的认识，希望能与社会工作者积极配合，逐步化解因综合征带来的一系列问题。同时，案主刘奶奶在化解了心理上的抑郁和自我贬低等情绪后，积极参加了社区的各类文体娱乐活动，并能够十分热心地帮助其他老年人，之前身体出现的各类不适症也逐渐消失，身体得到恢复。

（二）工作目标的实现情况

在与案主建立关系时，就与案主约定以口头交流与文字记录的方式记录工作成果。通过文字记录，查看案主每一天的变化，并以此来考量阶段性目标的完成情况。在最后的评估阶段，检查了目标完成情况，检查结果是案主基本上完成预期的工作目标，在情绪、身心健康、社会交往等方面均得到了改变和提升。笔者也对一段时间以来开展的工作进行了总结和反思，查找了工作中的失误和不足，总结了各项有益的经验和方法，为今后开展案例提供借鉴和帮助。

经过多次聊天谈心，案主情况有所改变，预期目标基本实现。

（三）目标设定

针对案主的具体情况，社会工作者可以将工作目标分解为总体目标和阶段性目标两个层次。

总体目标是在社会工作者的帮助下，最终恢复案主的社会交往能力和身心健康，帮助案主以积极乐观的心态安度晚年。阶段性目标是在当前一段时间内，先帮助案主摆脱孤独、压抑、失落等负面情绪，以乐观向上的心态积极参与社交活动。

目标具体分成三项：第一，支持鼓励案主树立晚年生活信心，让案主相信自己能过得更好。第二，帮助案主回忆往昔，减轻案主的孤寂感和无用感。第三，引导案主说出自己的困难，帮助案主梳理可能得到的社会支持。

（四）在制定工作目标的过程中，社工遵循的工作原则

1. 工作目标简单明了

由于案主与社会工作者存在年龄上和专业上的差距，为了让案主更好地理解工作目标，社会工作者在制定目标时使用了简单明了、通俗易懂的语言，并将工作目标层层分解，以便工作目标能贯彻落实。

2. 尊重案主的隐私权

社会工作者在介入时，秉承了尊重和保密原则。对于在制定工作目标期间发现的有关案主的个人信息资料，社会工作者牢记职责规范，保护和尊重案主的隐私。

3. 工作目标符合实际

社会工作者在积极与案主进行协商沟通时，根据案主的实际情况制定了具体详细的工作目标。同时，在明确自身工作职责和能力范围的基础上量力而行，逐步推进工作目标。

六、干预过程

针对案主开展介入工作要根据总体服务目标制定实施步骤。先完成每一个阶段的预期目标，将每一阶段的目标层层累加，最终实现总体目标。

首先，与案主刘奶奶建立互助关系，即最开始的接案与建立关系环节。最开始接触时，案主刘奶奶受负面情绪影响，较为封闭，社会工作者以尊重、共情、接纳的态度积极与案主进行了交流沟通，对案主刘奶奶给予鼓励和支持，逐渐建立了互信关系。其次，通过多次的家访和探望，与案主刘奶奶进行沟通交流，发现了症结所在，积极为案主做好心理辅导和情绪疏导。在案主逐渐改变原有的负面想法和做法的同时，社会工作者进一步对案主进行奖励，送给其小礼品，不断强化积极效应，让案主良好的心态和情绪能够更加巩固。

由于刘奶奶健康状况较差，孤寂无助的生活状态较长，需要长期持续的照

顾,因此,采用老年个案工作的工作方式,结合优势视角理论、社会工作网络理论、缅怀往事疗法等方法介入,将服务规划为四个阶段(见表1-1),并着重解决以下几个方面问题:一是案主心理调适。主要是使案主从悲观的生活态度中摆脱出来,对年老和疾病树立正确的认识,并改变案主对其他养老方式的认知。二是帮助案主争取外地家人的帮助,为其解决急需的医疗服务。三是争取社会环境的支持因素,主要通过邻里与养老服务机构的帮助改善案主的物质生活条件。四是为案主建议可供选择的养老方式,使案主可以掌握更多老年生活方式。

表1-1　干预计划

社会工作 服务阶段	阶段重点	针对问题	具体工作
第一阶段	心理调适与寻求家人帮助阶段	疾病带来的自信心丧失、自尊心受损	1.引导案主抒发不良情绪,并讲出遇到的问题、疏导案主心情。 2.挖掘案主的优势资源,如参加过社区文艺队,一定有一些自己的优势。 3.运用缅怀往事疗法,让刘奶奶回忆一生的成就,增强自己的自尊心和自信感。 4.帮助案主与周围环境建立稳定联系、寻求长期支持。
第二阶段	解决紧要问题、扩展社区支持网络、树立理性情绪阶段	1.长期独自生活造成的孤寂感和无助感。 2.盲目迷信药物的心理状态。	1.首先和刘奶奶的儿子联系,建议儿子与刘奶奶增加交流,积极关注刘奶奶的情绪变化;其次积极和刘奶奶的妹妹联系,争取每周或者每个月能和妹妹视频聊天一次;接着可以和刘奶奶曾经的社区文艺队的队员联系,希望有时间一起聊聊天和回忆过去一起表演的有趣故事;最后可以和刘奶奶的邻居联系,希望有时间能去刘奶奶家坐坐,聊聊日常生活。 2.改变案主非理性观念、修正案主不适当行为。
第三阶段	转变养老观念、扩展养老途径阶段	1.对其他养老方式缺乏了解和体验,对机构养老存在偏见。 2.需要有更多养老方式供给选择。 3.尊重刘奶奶的个人意愿。	1.改变案主对机构养老方式的偏见。 2.拓宽案主可选择的养老方式。
第四阶段	个案的转介与结案阶段	案主问题没有得到解决。	1.转介个案给社区工作者或者其他机构社工以继续进行服务。 2.与社区附近机构社工建立长期联系。

1. 第一阶段服务计划

根据总体服务计划，抓住刘奶奶长期处于健康不良的状态和情绪较为低落的特点，第一阶段侧重于心理调适服务，并在整个服务过程中亦偏重心理和态度的转变。同时，为刘奶奶争取到必要的医疗服务。在第一阶段运用心理社会治疗模式，从案主自身入手，争取家人、邻里和社区的支持。

（1）工作内容：第一，与刘奶奶聊一些家常，回忆过去的生活经历，帮助案主重建对生活的兴趣，并减轻案主对于痛苦经历的自责和内疚。第二，请邻居约请与案主熟识的老邻居来家中做客，谈论各自生活的状态和困难，以减轻案主的孤独感。第三，通过邻居取得案主外地儿子的联系，并建议其抽时间带刘奶奶接受基本的医疗服务。第四，联系养老机构为刘奶奶提供送餐服务。

（2）服务目标：修复案主自尊心，减轻晚年孤寂感，争取基本的医疗照顾。

（3）具体过程：社工与刘奶奶建立服务关系的过程中，对案主的基本情况有大致了解，案主属于高龄老人，身体状况不好，身边无人照顾，由此引起了孤寂感、无助感和自尊心受损等消极情绪。因此，从案主最急需解决的问题入手进行第一次服务。

社工通过邻居崔阿姨联系了案主的儿子，并说明了案主的健康状况，表达了希望其尽快抽空带老人看病的要求，对方同意择日回家探望。同时，登门拜访刘奶奶，告诉案主儿子择日回家带她看病的事情，以让案主安心。并与案主谈论以往生活经历，回顾与儿子小时候在一起的美好时光，告诉案主，儿子还是很爱她的。案主受到疾病的长期困扰，对彻底治愈疾病不抱希望，但十分期望维系现状或有所好转。在探讨案主病情的时候，案主对自己的病情也很模糊，对保健和治疗方法并不了解。

社工一方面向案主说明她妹妹对她的关切，并让她妹妹多打电话联系刘奶奶，减少案主的孤寂感。另一方面，向案主说明随着年龄增长，疾病的出现是正常的现象，并且社区里有一些与案主同龄且"同病相怜"的老人，正用各种方法进行保健。通过这些措施为案主提供了支持感，鼓励案主树立了应对疾病的信心。同时，通过邻居和社区保健所联系熟识的社区老人，并准备在下次服务时与刘奶奶一同谈论晚年生活与疾病的治疗方法，为案主提供支持。

2. 第二阶段服务计划

通过第一阶段在生活照顾和心理情绪方面的服务和疏导，预期刘奶奶的生活质量有所提高，对病情的了解有所加深，生活的孤寂感和无助感有所减少。但估计这种生活状态的提高并不稳定，社会支持也并未形成长期的联系。因此，在第二阶段致力于建立对于案主的长期服务，并努力改变案主的养老观念，拓宽案主的养老途径。改变案主关于疾病和治疗方面的一些认识误区和不适行为。

（1）工作内容：第一，继续为案主创造社会互动机会，增加案主与同辈群体的互动频率（以来访或出访的形式）。第二，与社区卫生所联系，为刘奶奶提供定期的保健服务，并提供一些康复建议。第三，与案主儿子联系，说明案主缺乏照顾的情况，期望其与刘奶奶在照顾方面能达成共识，为案主提供稳定的照顾服务。第四，运用认知行为疗法，帮助案主建立遇到疾病困扰时的应对方式，而非盲目购买保健品；并鼓励和赞赏案主通过正规的途径获得医疗服务。

（2）服务目标：转变案主观念，解决实际困难，提供家庭支持、社区支持、政府支持。

（3）具体过程：第二次服务进行了两次访问，期望通过社区同龄同病群体的交流增强案主生活信心，扭转案主对疾病的看法，帮助案主获得心理支持，并找到应对疾病的新方法。同时，由案主儿子带案主就医，得到医生对案主病情的指导和建议，让案主对自身疾病有更全面的了解。

社工首先通过联系两位老邻居来案主家做客，谈论老年生活，讨论应对疾病的方式，使案主感受到来自社区的支持，知悉自身疾病可以得到控制和治疗。同时增加案主社会互动机会，有助于减少案主由于孤独引起的不良情绪。案主儿子利用周末时间回家，在邻居的帮助下带案主看病，得到医生的建议和药物治疗，使案主获得了必要的医疗服务，并感受到周围人对自己的关心，一定程度上改变了案主悲观的情绪，案主的话题更多集中在疾病治疗上。

社工应该与政府相关人员沟通，为刘奶奶提供医保、最低生活补助等经费。与平时照应刘奶奶的邻居沟通，并争得邻居的支持，每周安排老邻居和朋友来刘奶奶家做客一到两次，以此改变案主原有生活面貌，持续增加案主社会互动机会，以期达到案主情绪治疗目的。

3. 第三阶段服务计划

根据第二阶段的服务，帮助满足案主一定程度的现实性需要，同时获得医疗服务和健康保健信息。通过鼓励与赞赏案主所做出的努力，使案主情绪和态度更积极；且案主得到了稳定的照顾服务，使案主增强了应对生活的信心。但同时，由于案主属于空巢老人，且健康状况不好，居家养老方式尚不能完全满足老人需求，不足以使案主得到最优化的养老服务。因此在第三阶段，工作者将工作重点放在转变老人养老观念上，鼓励老人突破传统观念束缚，寻求更适合自己的养老方式。

（1）工作内容：第一，与机构社工联系，在为案主提供饮食支持的同时，建议案主去参加机构组织的一些老年人活动，以改变案主对机构养老的认识误区。第二，运用任务中心模式，让案主定期体验机构养老服务中较为感兴趣的部分，并自己总结在家与在机构生活的不同。

（2）服务目标：寻求稳定的生活照料、提供多种养老方式。

（3）具体过程：通过几次的服务，使案主最急需的医疗照顾得到了一定的满足，对病情有了更多了解，并掌握了一些治疗方法，由疾病引起的消极紧张情绪得到很大程度的缓解。在本次服务中，着重寻求给案主提供稳定生活照顾的途径。根据现有情况，与案主比较熟悉，且过去已有一定照顾行为的邻居是为案主提供稳定照顾的最好人选，但服务关系并未确定，照顾内容主要是临时性和应急性的帮助。根据这一情况，笔者征求案主及其儿子的意见，在经济条件允许的情况下通过合同和约定的方式与邻居订立稳定的照料服务关系，包括三餐和日常换洗的照顾。同时，为了拓宽案主养老方式的选择，联系了社区附近养老机构的社工，了解养老机构老年人日常服务，寻求案主可能参加的活动项目，征求案主意见，选择性参加，拓展案主生活内容与养老方式。在了解到机构提供的基本医疗服务和日间饮食照顾都适合于案主后，笔者介绍邻居与机构社工联系，以在方便时带刘奶奶参加。

社工与邻居崔阿姨约定，要求其定期带刘奶奶参加社区活动，以减少独居生活带来的孤寂感，使案主能在社区活动中有一定程度的扩展活动范围，增加互动次数，增加信息的接收。

4. 第四阶段服务计划

根据以上几个阶段的服务，刘奶奶在获得日常照顾的同时对机构养老的态度有一定程度的改变，但尚不能肯定案主的问题是否得到解决。出于对案主的保护和尊重案主自觉的工作原则，我们会尊重案主的选择，维护案主对生活的决定权。同时转介案主给机构社工和社区干部，如果需要时能够得到及时服务。

（1）工作内容：第一，对案主目前生活照顾水平、经济支持、医疗服务水平、心理情绪状态给予评价。第二，转介案主给机构社工和社区干部，并告知案主如何与接续的服务者取得联系。

（2）服务目标：评估并巩固服务效果，了解案主对机构养老的看法，安排后续工作。

（3）具体过程：通过前几个阶段的服务，案主得到了现实的医疗服务和生活照料，社会互动机会增加，消极情绪减少，生活内容增加，对自己生活有了更多了解和把握。为了巩固服务效果，进一步增进案主福利，更好地整合和利用案主家庭社会资源，在本次服务中我们与案主总结了这一段时间以来每天的活动内容，探讨了情绪改变方法，梳理了满足生活需求的途径，并鼓励案主保持现有生活状态。同时，社工了解到案主愿意参与养老机构活动，但并未表示要长期入住养老机构，处于对案主自决权利的尊重，我们帮助案主与机构社工建立了长期的服务联系，以保持案主的社会互动机会不会减少。

七、结案与后期评估

（一）进入结案阶段

结案是实施介入服务的最后一个阶段，一段时间之后，我们在与案主刘奶奶充分沟通交流，双方认为本次介入服务的总体目标已经达到，实现了预期的效果，可以进入结案阶段。在结案阶段，社会工作者对案主长时间以来的支持和配合表示感谢，充分肯定了案主的改变和提升，对案主取得的成绩表示真诚的祝贺。同时，社会工作者也希望案主能够继续发扬乐于助人的优秀品格，帮助更多的空巢老人。

（二）跟进计划

虽然对案主的介入服务已经进入尾声，但是这并不意味着对案主的关心和帮助到此终结，社会工作者仍然要以责任意识和服务观念继续跟进，持续关心，照顾案主的身心健康。跟进工作不仅是对前期开展工作效果的检查和考核，更是对工作经验和教训的进一步总结，通过后续工作的反思和整改，明确工作思路和方式方法，为今后的工作提供坚实的保障和支撑。同时，后续跟进工作也要与之前开展的服务相匹配，在取得案主同意的情况下，及时对案主进行回访探望、查看成效、总结经验教训，实现服务效果的最大化、最优化。

一段时间之后，我们发现案主刘奶奶的情况很好，并没有出现反弹，可以进行最后的结案工作。

八、相关知识链接

（一）优势视角

"优势视角"是一种关注人的内在力量和优势资源的视角。意味着应当把人们及其环境中的优势和资源作为社会工作者助人过程中所关注的焦点，而非关注其问题和病情。优势视角基于这样一种信念即个人所具备的能力及其内部资源允许他们能够有效地应对生活中的挑战。

（二）社会支持网络

用社会支持网络理论帮助服务对象解决生活中的问题，重点在于帮助其学习如何建立社会支持网络和利用社会支持网络。社会支持网络反映的是个人与其生活环境中各系统的关系状态，社会工作的服务对象通常是社会困难人群。在对他们实施帮助时，社会工作者首先要对他们的社会支持网络做出必要的评估，确定原有的社会支持网络能够在多大程度上为其提供支持，社会工作者能够帮他们建立哪些新的联结。在评估的基础上，社会工作者要使社会支持网络切实发挥支持功能。社会支持网络通常能够从三个方面发挥作用，即预防、治疗和恢复。在运用社会支持网络时需要注意，社会支持网络不仅是一个有效的工作手段，同时也是社会工作者的工作对象。社会工作者不仅要对社会支持网络进行评估，更重要的是运用和改善社会支持网络，使之能够满足服务对象的需要，解决问题。在社会工作实务中，专业人员在充分利用正式社会支持网络的同时，应该注意帮助服务对象学会认识和利用非正式支持网络，并进一步重建和完善社会支持网络。

（三）缅怀往事治疗

缅怀往事治疗法是基于老年人的心理特点发展而来的。老年人常回忆往事，心理学家认为这是老年人的一种调节机制。适当加以引导的往事回顾对老年人来说，能完成"自我完整"这一心理学家埃里克森所说的老年期的人生任务，从而避免陷入绝望。通过回忆一生的成就，老年人能够增加自己进入老年后的自尊。而且老年人对于过往的兴趣可以弥补目前探索和把握不断变化的环境所受到的能力和机会上的限制。缅怀往事疗法对老年人的抑郁症、自尊和社会化有着积极的作用。

（四）理性情绪治疗

理性情绪治疗法于 20 世纪 50 年代由美国心理学家阿尔伯特·艾利斯创立。理性情绪治疗法的整体模型是"ABCDE"，是在埃利斯的"ABC 理论"基础上建立的。他认为，人的情绪和行为障碍不是由于某一激发事件所直接引起，而是由于经受这一事件的个体对它不正确的认知和评价所引起的信念，最后导致在特定情境下的情绪和行为后果，这就是"ABC 理论"。通常认为情绪和行为后果的反应直接由激发事件所引起，如 A 引起 C，而 ABC 理论则认为 A 只是 C 的间接原因，B 即个体对 A 的认知和评价而产生的信念才是直接的原因。

（五）认知行为治疗

认知行为治疗法是由 A. T. Beck 在 20 世纪 60 年代提出的一种有结构、短程、认知取向的心理治疗方法，主要针对抑郁症、焦虑症等心理疾病和不合理认知导致的心理问题。它的主要着眼点放在患者不合理的认知问题上，通过改变患者对己、对人或对事的看法与态度来改变心理问题。

九、推荐阅读文献

1. 范明林，张钟汝. 老年社会工作[M]. 上海：上海大学出版社，2005.
2. 弛仙桥. 中国老年社会学[M]. 北京：社会科学文献出版社，2011.
3. 全国社会工作者职业水平考试研究组. 社会工作实务（中级）[M]. 沈阳：辽宁大学出版社，2017.

十、讨论题

1. 社区养老、机构养老、家庭养老，哪种方式或者哪种组合更加适合当今中国空巢老人的养老？
2. 面对没有儿女又不愿意离开社区但是生活又难以自理的空巢老人，社会工作者应该如何介入？
3. 从社会工作行政角度思考如何在政策方面更好地维护空巢老人的利益？

案例二：情暖夕阳红

——失地老人精神关爱小组

李桂平

一、背景

梅溪湖润龙社区位于湖南省长沙市岳麓区西南部，该社区是梅溪湖街道和天顶街道的拆迁安置小区。目前小区内有拆迁居民 878 户，涉及居民 8700 多人，其中 60 岁以上老人约占社区总人口的 35%。失地老人作为这个群体中的重要组成部分，与一般农民一样告别了过去的农耕生活，迈进快节奏的都市生活。不同的是，面对如此大的社会生活变迁，作为老年人，由于身体和心理机能的下降，他们对城市生活的适应能力较年轻人差很多，难以迅速转变角色，并建立一套符合城市生活的生活方式与习惯，久而久之还会产生抑郁等负面情绪，不利于他们安享晚年幸福生活，因此存在着精神慰藉方面的问题。失地老人在满足了基本的物质需要，老有所依的同时，我们也应考虑他们精神生活的富足，使其老有所乐。

我们在对润龙社区的失地老人进行走访调查时，通过分析发现老人精神慰藉存在两大主要问题。一是社区融入程度低。很多老人将自己现在的生活环境和状态同过去做比较，觉得虽然城市生活很繁华，但是人们之间距离太远，交往空间封闭，社区归属感较弱，精神生活空虚无聊。二是情感支持不足。搬到拆迁安置社区后，之前的亲属、朋友、邻居等支持系统遭到破坏，由此带来的情感支持弱化使老人时常会感觉孤独寂寞和无助。问题的原因主要是老人的社区身份认同感低、休闲方式单一、社会支持系统不完善等。

为解决失地老人在精神慰藉方面的问题，让老人们安享晚年生活，我们在理论指导下，运用小组社会工作方法对他们进行了专业的介入服务。在服务过程中，通过采用互惠模式促进小组成员间的交往，以专业的服务改善失地老人情绪不佳的状况，解决他们在精神慰藉方面存在的问题，拓展老人的社会支持网络，丰富他们获取精神慰藉的渠道。

二、案例描述

本次小组服务的对象是梅溪湖润龙社区的 8 名失地老人。我们根据前期对该社区老人的走访调查分析他们精神慰藉方面存在的问题并对其成因进行深入探讨，评估老人们的精神需求，在此基础上开展小组工作，解决老人们精神慰藉方面存在的问题，使老人能够幸福地享受城市生活。

三、案例人物

本次的小组属于支持性小组，通过社工协助成员间的相互了解与支持，一同面对困难、解决问题，达到共同发展的目的。组员招募是通过网络宣传、实地探访邀请成员加入等方式实现，之后社工与其进行面对面的沟通交流，了解受访者的基本情况，如年龄、受教育水平、身体状况以及心理状况等，形成初步的小组成员名单。然后与老人家人、朋友沟通，对老人的参与能力进行评估，形成最终的组员名单。为使活动达到最佳效果，我们选取了 8 位同质性成员，他们身体均较为健康，适合参加小组活动。小组成员基本情况如表 2-1 所示。

表 2-1 小组成员基本情况

序号	姓名	性别	年龄	受教育状况	婚姻状况	家庭成员
1	L	女	67	小学	已婚	四子一女
2	Y	女	65	初中	已婚	两子
3	P	女	67	文盲	已婚	两子一女
4	C	女	66	小学	丧偶	一子两女
5	S	女	70	初学	已婚	两子两女
6	Z	男	65	初学	已婚	两子一女
7	Y	男	62	小学	丧偶	三子
8	Q	男	73	文盲	已婚	一子两女

四、社工角色

（一）服务提供者

服务提供者是社工最直接的服务角色。社工要认真了解失地老人的需求，基于真实需要为其设计活动。在了解老人的需求前，首先应知晓老人的基本情况，如身体状况、经济状况、家庭关系及兴趣爱好等，这些因素会影响老人的参与主动性和积极性。其次要了解失地老年人的年龄层次和自理能力，以此确定小组活动的开展形式。最后要多为老年人提供一些免费服务，如每月义剪活动，这样能够增进双方间的信任。

（二）使能者

帮助失地老人实现自我赋权，适应失地新生活。社工应努力激发老人的内在潜能，在策划和组织小组活动时，要设计有助于老人提升自身能力的活动。在社区多开展文体娱乐活动有助于培养老人的兴趣和专长，让其在娱乐的同时能够丰富精神世界。社工可以倡导老人参与社区志愿活动，充实老人的闲暇生活，使老人从中获得自信和成就感，有利于培养老年人的思维和管理能力。

（三）支持者

社工在小组活动中不仅是倾听者、鼓励者，也是支持者。社工应运用同理心站在服务对象的角度思考问题，积极支持服务对象解决问题。在老年人参与活动时，多使用鼓励的话语，采用自我披露等技巧增加老年人的自信，鼓励其积极尝试新鲜事物。当老人听到赞赏和鼓励时，他们的参与积极性会提高。

五、小组活动的目标

（一）总目标

社工遵循社会工作的专业价值和理念，运用小组社会工作的方法和技巧，链接各方面资源，充分挖掘服务对象的潜能和优势，帮助服务对象解决精神慰藉方面存在的问题，使他们拥有幸福而充实的晚年生活。

（二）具体目标

（1）丰富失地老人的精神生活，促进组员间的相互支持与关爱，满足人际交往需求，使服务对象能够感受到同辈群体带来的温暖和关爱，精神得到慰藉，情感达到满足。

（2）帮助服务对象培养丰富多彩的兴趣爱好，积极动员服务对象参与社区文娱健身活动，满足其文娱需求。

（3）鼓励服务对象正确看待自己的人生经历，客观看待自己的人生价值和生命意义，发现自己的优势所在，使服务对象在精神层面获得满足和愉悦，满足其自我实现的需求。

六、干预过程

社工根据组员的身体状况、心理状况、时间分配等因素，结合对成员的深度交谈后，选取合适的成员加入小组。社工应坚持遵循社会工作的价值理念，澄清小组成员的期望，以失地老人精神慰藉方面存在的问题为重点设计小组活动的具体方案。通过我们对组员需求的充分了解，最终将小组活动分为六组，每组达成不同的小目标，循序渐进，最终实现我们的总目标。

（一）第一节小组：相互认识，成立小组契约

本节小组活动的目标是增进小组成员对社工的了解以及小组成员之间的了解，明确小组目标、内容以及规则。

成员都到达后，社工向小组成员简单介绍了社工中心的大致情况以及主要的服务内容，以及小组活动的主要环节。由于小组成员刚刚进入小组，互相不是很了解，表现得稍有拘谨，为此，社工准备了"破冰游戏"，先让组员身体动起来，使他们相互间产生交流，加深彼此的感情。考虑到老人的身体原因，游戏强度不可过于激烈，我们选取了文字类游戏。我们事先准备了一些常见的成语、诗词、俗语，把它们拆分为两部分，分别写在两张纸上，如"八仙过海，各显神通"，一张纸内容为"八仙过海"，一张纸内容为"各显神通"（纸片数量与参与人数相同）。游戏开始时每位成员拿一张纸条，然后开始寻找自己的"另一半"（不识字的成员由社工协助寻找）。当寻找到与自己纸条对应的成员后，两个人要相互做自我介绍，如介绍自己的姓名、年龄、所在楼栋、兴趣爱好等，并相互间讨论如何向其他成员介绍自己的纸条内容。社工邀请成员向大家演示自己手里的语句，向大家介绍自己的"另一半"，演示后还要向大家介绍自己的基

本情况并说明为什么要选择这样的方式来演示自己手里的语句。

"破冰游戏"过后，小组氛围开始融洽，成员彼此也开始熟悉，组员间的沟通由单向沟通变成多向沟通。这时，社工开始引导小组成员制定小组契约，如准时参加小组活动，以尊重、共享、不批判的态度对待小组成员，组员间要相互支持等。组员对此深表认可，彼时小组成员关系融洽且相互欣赏。接下来，小组成员一起观看了电影《飞跃老人院》。看完电影后，老人们纷纷分享自己的观影感受，并讨论了对自己当前城市生活的看法。有些老人反响比较激烈，有些老人则是默不作声，社工积极引导组员发言，让大家一起探讨现在生活跟过去生活的不同之处以及大家情感方面遇到的种种问题。由于观看了一场电影，老人们的眼睛有些疲劳，最后社工教老人们做了一套眼保健操结束了本次活动。

（二）第二节小组：发挥年龄优势，促进组员互动

本节小组活动的目标是增进组员对自我的了解和组员间的认识，增强小组凝聚力，加深组员对市民身份的认同。

活动开始时我们先组织了热身游戏来活跃小组气氛、调动组员的参与积极性。游戏为"小雨、大雨、暴风雨"，游戏的规则是听到"小雨"就拍肩膀，听到"大雨"就鼓掌，听到"暴风雨"就跺脚。主持人的旁白语是"一天乌云密布，雷声轰隆隆，一道道闪电划过天际，这时候开始下起了（小雨、大雨或暴风雨）……"这个游戏简单又具娱乐性，动作类似健身操，让老人在锻炼身体的同时又愉悦身心。

第一个游戏后，我们开始新的环节——"听爷爷奶奶讲那过去的故事"。我们引导组员们一一分享自己的人生故事以及从农村生活转向城市生活后的种种变化，组员间相互交流生活感受。在故事结束后的分享环节，组员表达了对自己的评价和对其他成员的赞许，发现了自身优势。这种互动沟通环节使老人们回顾了过往的峥嵘岁月，感受了现在生活的美好状态，营造了温馨的小组氛围。愉快的时光总是过得飞快，考虑到时间关系，在此部分未能深入分享。最后，社工预告了下节小组活动的安排，请成员回去后做好准备，迎接后面的活动。

（三）第三节小组：了解社区，提升社区归属感

本节小组活动的目标是增强组员对社区的了解，促使老人从内心深处融入城市生活，提升组员的社区归属感。

活动的开始是答题环节，题目内容涉及社区的基本情况，社会工作者念出

问题,成员举手参与抢答,答题数量最多的成员被冠以"社区主人"称号。然后由"社区主人"为大家介绍自己对社区的了解,社工在旁边可做适当补充。这一环节,社工先让组员了解自己生活的社区,给组员表达对社区的意见和希望的机会,让组员明白社区的发展需要每一位居民的关注、努力和奉献,重新构建小组成员的"家园"意识。

然后,社工带领组员游览社区,在观景的同时,社工向组员讲解小区的发展历史以及组员们家乡的现状,让组员感受到虽然他们居住的环境发生了变化,但是他们并没有离开自己的故土,只是随着城市的变迁有了更好的居住条件和居住环境,整座城市正是因为有了他们的奉献和牺牲才有了如此繁盛的景象。活动的最后,社工向成员提供了纸和笔,让大家自己动手来描绘"我的理想家园",并向其他成员介绍自己理想家园的环境、亲人间的关系以及邻里的交往状况等。此次小组活动不仅提升了组员对社区的认识,还加深了成员的自豪感以及对社区的认同感,把"社区就是家"的理念深入人心。

(四)第四节小组:互帮互助,增进邻里关系

本节小组活动的目的是增进邻里感情,让老人们住在一个社区里,不仅仅只是互相寒暄的关系,而是能够相互支持、互相关怀。

本次活动第一个环节安排了游戏"请你帮我做件事",这是一个吃香蕉的游戏。我们将八位老人分为四组,每组中一位老人睁着眼睛,另一位老人蒙住眼睛,睁着眼睛的老人需要指挥蒙眼的老人喂睁眼老人吃香蕉。活动刚开始时闹了很多笑话,要么是香蕉喂到了对方的鼻子上,要么就是弄到了对方的脸上。这时候就需要睁眼老人耐心指挥蒙眼的人,考核彼此的默契和配合度。在这种轻松的氛围中老人们的默契度越来越高,最终顺利完成了游戏。

第二个环节是分享生活小窍门。每位老人给大家讲述自己的生活金点子以及生活妙招,如有位老人讲述自己喝过的茶叶泡在水里,过几天用来浇花可以促进植物生长,晒干的剩茶叶放在冰箱可以去除异味。工作人员记录下老人们分享的生活小窍门,在活动结束后送给每位组员。

通过这两个游戏增进了老人的合作能力,也引发了老人对互助的思考,很多老人表示在生活中没有家人和邻居的帮助,自己一个人做事情很无助,所以大家要经常沟通、联系,情感上相互支持。不管是在游戏中还是在日常生活中,家人和邻居间都应互帮互助、相互关心。

(五)第五节小组:组建兴趣小组,丰富晚年生活

本节小组活动的目的是帮助小组成员组建兴趣小组,让成员在空闲时间有

自己的事情做，让心灵有所寄托。

在活动的开始，我们邀请小组成员进行才艺或者是兴趣展示，这个活动我们有提前跟老人沟通过，老人在上次活动结束后积极做了准备。有的老人喜欢针织，带来了自己手工钩的包包和毛衣；有的老人喜欢下棋，带了一盘象棋；有的老人喜欢戏剧，还带了乐器……老人们纷纷向组员展示自己的兴趣爱好或特长，并讲述了自己在什么时候开始与这些东西结缘以及发生的有趣故事。社工根据组员的兴趣爱好帮他们组建兴趣小组，或者让他们加入社区原有的兴趣小组，为他们寻找更多志趣相投或是经历相似的人一起开展文娱活动，鼓励老人们积极开展社交活动，多与他人沟通交流，让他们体验在城市的生活，更好地融入社区。

在活动中，社会工作者鼓励老人发掘自身优点，充分挖掘自身资源获取情感支持，并且呼吁社区的志愿者积极加入关爱老人的队伍中来，解决老人的情感慰藉问题，使老人获取更多情感支持，让老人感受到来自社区的真诚关爱和尊重。

（六）第六节小组活动：小组结束，持续支持

我们在完成小组目标后，还需要对之前的服务成效进行巩固，进行最后一次小组活动，处理好社工和组员、组员和组员的离别情绪，并在活动后进行持续跟进服务，保证社工服务效果。

在组员到齐后，社工首先向大家表示感谢，感谢他们长久以来参与我们的活动，并对我们的工作给予充分的支持和配合。然后我们与组员一起回顾往期活动，向大家展示了我们小组的资料，有图片、音频、视频等，活动的过程历历在目。我们请老人们谈论参加活动的感受，老人表示参加活动为自己的生活增添了很多乐趣，结识了很多朋友，但是担心未来这种良好的状态能否持续。我们表示后续会有随访服务，有了问题可以继续找我们社工。

然后，我们拿出用之前准备好的三种颜色的纸张，让大家在红色纸上写出参与小组活动的感受，蓝色纸上写出参与小组活动的启发，黄色纸上写出对未来行动的想法。最后，社工邀请大家把纸张贴在社工中心的墙壁上，贴成爱心形状。社工请一些组员分享了自己的心得，并与组员进行了讨论。组员纷纷表达了对社工的感谢，我们也对老人表达了衷心祝福。

七、后期评估

在本次参与小组活动的成员中，90%以上老人对于小组活动形式、场地安

排、时间安排、难易程度各方面表示很满意；90% 以上老人认为自己认真参与了小组活动，对自己在小组活动中的表现表示很满意；90% 以上老人在活动中能够积极与社工和组员沟通交流并分享心得。在活动中他们从社工和组员那里获得了情感支持和帮助，并希望这种小组活动能够经常开展，帮助更多老人解决城市适应和心理慰藉问题。对于具体的活动内容，有的小组成员喜欢大家一起做游戏，有的成员喜欢知识讲解，有的成员喜欢分享心得体会。

（一）社会工作的专业技巧

1. 与失地老人沟通的技巧

（1）营造轻松、安全的氛围。社工在与老人沟通时要注意场所的选择，选择较为安静的交流空间。与老人沟通交流时要热情亲切，向老人传递温暖、真诚、关怀的情感。

（2）专注与倾听。由于老人年龄较大，子女常常不在身边，且自己的社交圈较小，很多心里话无人诉说。因此社工在与其沟通时，老人的倾诉欲比较强，讲起故事来滔滔不绝，所以社工一定要有耐心，用心倾听老人讲话。

（3）积极回应，给予肯定。在小组活动中由于老人自身的性格或认知水平等原因，有些人发言不是很积极。因此在组员发言后，社工要给予积极正面的回应，肯定老人讲话中的亮点，重复他们分享的看法，这样能增加发言者的信心和安全感，同时对其他老人也会有鼓励作用。

（4）对信息进行磋商。由于老人年纪大了，反应比较慢，在理解他人讲话及自我表达方面会存在一些问题，使得社工难以把握老人内心的真实想法。因此当我们不确定老人讲话的真实含义时，需要与老人们进行耐心地协商交流，直到信息被正确了解，双方达成共识。

2. 促进失地老人间沟通的技巧

（1）提醒组员相互倾听。失地老人由于受过去农村集体劳作生活的影响，在小组活动中缺乏自觉性，难免在活动中有忘我状态，影响到他人交流。社工要注意维持现场的秩序，及时提醒组员积极投入活动中，仔细倾听其他组员发言。

（2）鼓励组员的相互表达。开展小组活动的一个重要目的是促进组员间的相互交往和支持，因此组员间要积极表达自己的感受。社工可以运用"此时此地"的技术，让老人们表达自己的内心感受，同时去感知和接纳他人的想法。对组员中讲话太多的成员加以引导，对沉默组员鼓励其积极发言，促成小组内部成员的良好沟通。

（3）帮助组员相互理解。在小组成员沟通交往中，我们要密切关注老人间的交往方式，观察他们的语言、动作、神态、声调等变化，帮助有些老人理解信息，解决不明白和不一致的地方。

（4）促进组员相互回馈。在老人们发言后，社工要对他们的发言进行反馈，同时调动其他成员的反馈，鼓励组员之间分享感受，促进组员互动。

3. 小组活动的设计技巧

（1）紧紧围绕小组目标。小组活动是实现小组目标的载体，任何小组活动都是为实现小组目标所开展的。因此我们在设计小组活动时，要充分考虑我们的小组目标。围绕小组的总目标和具体目标，分阶段开展相关活动，在各个阶段具体目标实现的基础上达成总目标。在设计不同阶段活动时也要考虑这些方案的内在联系和逻辑，以保证小组阶段目标和总目标的一致性。

（2）考虑组员的特征及能力。我们在设计小组活动时要考虑活动的可行性，需要对组员的身体、心理、受教育水平等特征进行分析，同时了解他们的过往经历，设计与组员能力适宜且具针对性的活动。对于失地老人而言，考虑到他们年龄较大、文化程度偏低，我们的小组活动应当简单易行，不能太过复杂。只有如此，小组活动才能开展得有效和多彩。

（3）经验分享环节。每个阶段的小组活动都必须要包含经验分享环节，每次活动都应给组员留出足够的时间，倾听他们的活动感受，鼓励成员分享参与活动的经验启示，促进组员间的相互交流与支持。这个环节在小组活动中意义非凡，是社工后期评估小组活动是否达成最初设定目标的重要环节之一。

（二）专业反思

1. 社会工作专业的社会认同度不高

如今社会工作专业迅速发展，在各个领域发挥了重要作用，但是对于社区老人来说，他们的文化程度偏低，且认知能力有限，对社会工作认同度偏低。他们在生活中不知道社会工作的地位和作用，也不清楚社会工作者到底扮演何种角色，在遭遇问题和困难时并不会主动寻求社工帮助。而且在社工为他们开展服务时，有些老人会表现出不信任，这会影响到良好关系的构建，也不利于各项活动的开展，从而使服务活动难以达到预期成效。因此我们在为老人提供各项服务的同时，也应注重增加他们对社工的了解，向他们普及社工的知识，如社工的作用、在社区扮演的角色等。

2. 社工的专业方法运用不够系统

小组活动的开展只能为一部分老人提供专业的服务，而社区还有很多有着同样经历的老人未获得支持，且失地老人在精神慰藉方面都有着强烈需求，但是具体到每位老人，他们需求的层面和层次是有差别的。因此，我们应该考虑采用个案、小组、社区三大块相结合的方式为老人提供更适宜的服务，而不局限于一种方法，同时使服务覆盖更多老人。对于那些认为自己的精神慰藉只有子女和家人才能满足的老人，小组活动对他们来说可能不是很合适。我们在前期招募组员时就遇到了这种情况，有一位老人不愿意参加我们的小组活动，原因是他不喜欢集体活动，但是他也表示过自己感到精神空虚、孤独寂寞，对于这样的老人，个案工作方法或许比较合适。而社区工作的特点是能够惠及更多有着相似经历的人群，且社区如果能够提供资源支持的话，社会工作者介入的效果更佳。

3. 小组服务的长效机制不健全

失地老人的精神慰藉缺失问题需要个人、家庭、社区以及国家等多个层面的共同努力。社工的介入工作受能力和时间等因素局限，大多是运用理论对老人自身进行改变，在一定程度上转变老人的传统观念，帮助老人构建互助网络，使老人在同辈群体中能够获得更多关爱和支持。这个目标的达成需要一个长期的过程，我们的小组活动仅开展了六次，虽然组员在小组中获得了很多情感支持，学会了沟通技巧，建立了长久友谊，但是维系这种状态动力机制不完善，在小组结束后，老人们的互助网络难以维系。同时，老人所在社区的社工机构发展不完善，专业社工人员匮乏，难以为他们提供持续的专业服务，因而导致服务的可持续性不足。失地老人的精神关爱服务需要我们全社会的共同努力，老人的家人需要给予更多的亲情温暖，邻里应相互支持与帮助，社区志愿者也应给与老人更多关怀。社工应调动更多的社会资源参与到失地老人的精神关怀服务中来，让老人安享幸福晚年。

八、相关知识链接

（一）优势视角理论

"优势视角"是社会工作学领域的一个基本范畴、基本原理，是指"社会工作者所应该做的一切，在某种程度上要立足于发现、寻求、探索及利用案主的优势和资源，协助他们达到自己的目标，实现他们的梦想，并面对他们生命中的挫折和不幸，抗拒社会主流的控制。这一视角强调人类精神的内在智慧，强调即便是最可怜的、被社会所遗弃的人都具有内在的转变能力"。概括地说，"优势视角"就是着眼于个人的优势，以利用和开发人的潜能为出发点，协助其从挫折和不幸的逆境中挣脱出来，最终达到其目标、实现其理想的一种思维方式和工作方法。

优势视角超越了社会工作的传统理论模式，其关注点在于个案的优势、潜能和成绩，这一突破在社工领域具有"范式革命"的意义。它首先由美国堪萨斯大学社会福利学院教授 Dennis Saleebey 在《优势视角：社会工作实践的新模式》一书中提出。社会工作的优势视角反对将服务对象问题化，认为问题的标签对服务对象"具有蚕食效应，重复的次数多了之后，就改变了案主自己对自己的看法和周围人对他们的看法。长远来看，这些变化融入了个人对他们的自我认同（越来越没有自信心）"。Saleebey 明确提出："优势视角是对传统社会工作实践的一次戏剧性飞跃。优势视角取向的实践意味着：作为社工所应该做的一切，在某种程度上要立足于发现和寻求、探索和利用案主的优势和资源，协助他们达到自己的目标，实现他们的梦想，并面对他们生命中的挫折和不幸、抗拒社会主流的控制。"Saleebey 认为，在一段时间内，我们在发挥案主的优势方面做得不够。"优势视角的实践要求我们从一个完全不同的角度来看待案主的环境和现状，不再是鼓励地或专注地集中于问题，而应把眼光投向可能性。在创伤、痛苦和苦难的荆棘之中，你能看到希望和转变的种子。其实这个公式很简单：动员案主的力量（天才、知识、能力和资源）来达到他们自己的目标和愿望，这样案主将会有更好的生活质量。"

优势视角的基本信念包括：（1）赋权。西门（Barbara Lery Simon）将赋权的概念建立于五个理念之上：与案主和委托人之间的合作伙伴关系；对扩大案主能力和优势的强调；关注个人或家庭与环境；将案主视为积极的能动主体；将个人的精神指向一直受到剥夺和压制的人群。（2）成员资格。优势取向从承认我们服务的所有人如同我们自己一样，是一个种类的成员，并享有与成员身份随之而来的自尊、尊严和责任。成为成员和市民，享有参与权和责任，保证和安全等特征是赋权的第一步。成员资格的另外一个意义在于人们必须走到一起，让他们的声音被听到，需要得到满足，不公平受到重视，从而实现他们的梦想。（3）抗逆力。越来越多的研究和实践正在使人类的这样一个规则清晰可见——人们在遭遇严重麻烦时会反弹，个人和社区可以超越和克服严重麻烦的负面事件。它是一种面对磨难而抗争的能力。（4）对话与合作。在对话中，我们确认别人的重要并开始弥合个人、他人和制度之间的裂缝。

优势视角贯穿于整个生命周期，并贯穿于评估、干预和评价的整个助人过程中。它强调人的能力、价值、利益、信念、资源、任务完成和愿望。

（二）社会损害理论和社会重建理论

社会损害理论着重讨论的是，有时老年人的一些正常的情绪反应会被他人视为病兆而做出过分的反应，从而对老人的自我认知带来损害。例如，因患老年病而健康受损的老人,询问子女自己是否应该搬过去与其同住。这种询问就很可能被子女视为老人无能力再作出任何决定的表现,从此凡事处处为老人做决定。这种关心久而久之就会对老人产生一种消极暗示,让老人觉得自己的确缺乏能力而把一切决定权都交给子女。也就是说,接受消极标志的老人随后会进入消极和依赖的地位,丧失原先的独立自主能力。现实生活中有太多的案例表明,对老年人的过分关心导致老年人认为自己无用的错误认知,从而对老年人的身心带来损害。这一理论对老年社会工作者具有深刻的启示意义,它至少告诉我们,有些所谓的老人问题大多是被标定的结果,也是老年人自己受消极暗示所产生的连锁反应,因此,在帮助老年人的过程中,不仅要切实地帮助老人解决实际问题,同时也需要协助老人增强信心和提升能力。

社会重建理论就是意在改变老年人生存的客观环境以帮助老年人重建自信心。社会重建理论的基本模式是:第一阶段,让老年人了解到社会上现存的对老年人的偏见及错误观念;第二阶段,改善老年人的客观环境,通过提倡政府资助的服务来解决老年人的住房、医疗、贫困等问题;第三阶段,鼓励老年人的自我计划、自我决定,增强老年人自我解决问题的能力。

(三)社会支持网络理论

20世纪60年代,社会支持网络开始用于精神病学的临床治疗。二十世纪七八十年代,美国社会支持计划推进了社会支持网络的应用。社会支持网络理论源自鲍尔拜的依附理论,他认为人无法自绝于社会而存在,人类生存需要与他人共同合作以及仰赖他人协助。人类生命发展历程都会遭遇一些可预期和不可预期的生活事件,遭遇生活事件时,需要资源以应对问题。资源分为内在与外在两种。社会支持网络为外在资源之一种,可分为有形与无形两类。社会支持网络的定义是一组由个人接触所构成的关系网,透过这些关系网个人得以维持其认同,并获得情绪支持、物质援助、服务、讯息、新的社会接触等,同时由各种有形的和无形的支持构建起来的支持体系就是社会支持网络。

社会支持网络按不同的标准有不同的分法,如按内涵分,可以分为工具性支持和表达性支持;按主、客观来分,可以分为实际支持和主观感受。有一种分法是笔者觉得比较容易理解的,分为有形的支持和无形的支持,其中有形的支持包括物质或金钱的支持和援助,而无形的支持多半属于心理、精神上的,如鼓励、安慰、嘘寒问暖、爱及情绪上的支持等。

社会支持网络的功能包含:(1)社会支持的增加,会使人们的心理健康显著提高。(2)社会支持适时介入到有压力的环境中,可以预防或者减少危机的发生。(3)适当的支持可以介入压力的处理,解决问题,减少压力所造成的不良影响。

社会支持程度的影响因素包括：（1）发展因素，个人过去经验对其社会生活之影响。（2）个人因素，如坚毅的性格、自尊、学识等。（3）环境因素，物理与社会环境影响。

社会支持网络也有着广泛的应用，社会工作需要对服务对象的社会支持网络在个人和社区不同的层面进行评估，从而拟定工作计划。正是从这个角度看，一方面社会工作的任务是帮助服务对象运用网络中的资源解决基本问题；另一方面是帮助服务对象弥补和拓展其社会支持网络，使他们提升掌握建立和运用社会支持网络的能力，从而达到助人和自助的目的。

（四）活动理论

活动理论是针对社会撤离理论所提出的老年人因活动能力下降和生活中角色的丧失而愿意自动地脱离社会的观点。活动理论认为，首先，活动水平高的老年人比活动水平低的老年人更容易感到生活满意和更能够适应社会；其次，老年人应该尽可能长久地保持中年人的生活方式以否定老年的存在，用新的角色来取代因丧偶或退休而失去角色，从而把自身与社会的距离缩小到最低限度。活动理论对老年社会工作的意义在于，无论从医学和生物学的角度，还是从日常生活观察表明，"用进废退"是生物界的一个规律，因此，社会工作者不仅要在态度和价值取向上鼓励老年人积极参与他们力所能及的一切社会活动，而且更需要为老年人的社会参与提供更多的机会和条件。不过，对于活动理论也有人提出一些质疑：第一，怎样界定活动，退休以后在家并不参加社区工作而只是在家种花养鸟或者习字绘画，这是不是活动；第二，晚年生活的满意与否除了活动因素外，是否还和经济收入、生活方式、家庭关系、机体健康等多个因素有关；第三，一味强调活动是否忽视了老年人个性因素的存在。正因为如此，一些研究者提出了重视个性因素在衰老过程中的起重要作用的连续性理论。

九、推荐文献

1.何雪松.社会工作理论[M].上海：上海人民出版社，2007.

2.许爱花，等.社会工作理论与实践[M].北京：中国民主法制出版社，2010.

十、思考问题

1. 对于失地老人而言，不同的心理需求与物理需求应如何侧重区分并兼容并蓄？

案例三："瑶"见夕阳，让爱回暖

——地区发展模式在农村老年人服务中的运用

颜敏　胡雅静

一、案例描述

　　永州市 Y 寨是一个保存完好的瑶族祖居地，居住有蒋、欧阳、黄、何等十三姓，至今延续了四十多代，历经一千多年，村庄的位置始终没有变，居住的家庭始终没有变，民族成分始终没有变。该瑶寨至今保留着明代、清代的民居三百多栋，随处可见社坛土地、舞榭歌台、凉亭桥梁，有温馨质朴的"洗泥节"、传承已久的勾蓝瑶女"勾郎配"等风俗民情。社会工作者提供服务的 H 村是 Y 寨三个村落中极具代表性的村落，处于三个村落的中间位置，该寨的文化活动中心也都主要集中在 H 村。但随着时代的变迁，这个民风保守的传统村落渐渐显示出疲态，偏僻的地理位置、落后的基础建设、薄弱的产业基础、普遍的伤痛疾病、严重的人口老龄化、极度缺乏的劳动力都成为这个村寨被评估成为国家级贫困村的原因。

　　在这种大环境下，村里的年轻人大多放弃务农，奔赴外地务工，匮乏的物质条件让村里的主要劳动力将更多的心思放置于脱贫致富的事业上，家中的小孩和老人大多留守在村中，并将抚养小孩的重任交由给家中的老人，而日益膨胀的物欲冲击着这个传统瑶族村寨的"尽孝"意识。村民虽然对儿童的成长教育很重视，但有限的资源让大家无暇再顾及家中老人的精神和生理状况，儿童也缺乏敬老爱老的教育，社工在访谈途中偶遇的三年级双胞胎小雪、小水也极少去村中的外婆家看望，并说："妈妈很少带我们去，我们也不喜欢去"。而村中老年人也考虑到家庭负担，不会轻易表露自己的困难。正如年近八十岁的何奶奶所说："我们能照顾好自己，他们在外面辛苦呀，没必要让他们操心。"但事实是，她和老伴身体上都有疾病，行动不便，还要通过下地耕种来获取食物。村寨中的老人不仅没有获得充分的关心，缺乏子女细心的赡养照顾，而且大家还认为老年人缺乏生产能力的这种不良标签也对老年人造成了社会损害。

2015 年，湖南省民政厅驻村扶贫工作队进村开展扶贫工作，从基层组织建设、基础设施建设、产业结构调整、发展集体经济和健全民主自治机制五个方面全力推动 H 村的发展，为 2017 年引进的专业社会工作服务提供了良好的资源环境，为发展精神文明提供了温床。湖南省至善社会工作发展服务中心以 H 村为立足点，前期开展广泛的基础调查，立足于专业社会工作价值，结合精准扶贫，携手省民政厅驻村工作队和村支两委，着力推动该村的精神文明建设。针对"敬老文化"意识淡化的问题，决定采用地区发展模式提高村民尤其是老年人的参与度，加强青壮年与老一辈之间的沟通交流，在全村营造一个"尊老、敬老、爱老、助老"的氛围。

二、案例人物

（一）服务对象系统（服务对象）

服务对象系统是指社会工作服务的对象。在本案例中社会工作者的服务对象是整个 H 村，意在通过专业的社工活动提高全村的敬老爱老意识。H 村的老人大多是留守老人，子女常年不在身边，原因有两类，一类已经成家和老人分家住，更多的一类是外出务工，极少回家。但这些留守家中的老人许多还承担着抚养孙辈的重任，即使身体不便也只能常年在田地里劳作来换取日常开支和孙辈的教育费用。每天日出而作日落而息，村中极少有属于老年人的文娱活动，精神生活匮乏。而留在村中的青壮年也忽视了对老年人精神上的关怀，更多的是探讨后辈的成长和物质条件的提升。在这种氛围下成长的孩子更应接受"敬老文化"的熏陶，培养敬老意识。

（二）目标系统（改变的对象）

需要改变的对象主要分为两类，一类是相对于村民来说的正式支持系统，来自政府、社会正式组织的各种制度性支持，主要是由政府行政部门（如各级社会保障和民政部门）以及准行政部门的社会团体（如工会、共青团、妇联等）实施。在本案例中支持者主要是指乡政府及村支两委。另一类是村民的非正式的支持，主要指来自家庭、亲友、邻里和非正式组织的支持。通过提高这两类系统对"尊老、敬老、爱老、助老"意识的重视来弘扬传统美德。

（三）改变媒介系统（社会工作者）

"改变媒介"是指受雇于政府、非营利机构、组织和社区中的社会工作者，是"有计划变迁"的具体操作者，在"问题—解决"的改变过程中是促使服务对象发生改变的媒介。其任务在于促使个人完成生命任务及系统应对问题的能力提高，促进服务对象与资源系统之间的良性互动，达到计划变迁的目标。本案例中的社会工作者是省驻村工作队引进的社会工作机构的四位社会工作者，同时也是高校的社会工作专业研究生。

（四）行动系统

行动系统是指那些与社会工作者一起努力实现改变目标的人，是社会工作者的合作者。在该项目中，社会工作者的主要合作者是省扶贫队和村委会，省扶贫队是一支致力于在省民政厅对口扶贫点 Y 寨进行精准扶贫的队伍，能提供较为丰富的社区外资源。Y 寨村委会包括合并前的三个村的基层自治班子，对 Y 寨情况极为熟悉，是推动 Y 寨发展的中坚力量。三方联合，相互嵌入，在本地需求和经验的基础上，突出专业引导，形成了一个联系紧密的合作模式（见图 3 - 1）。

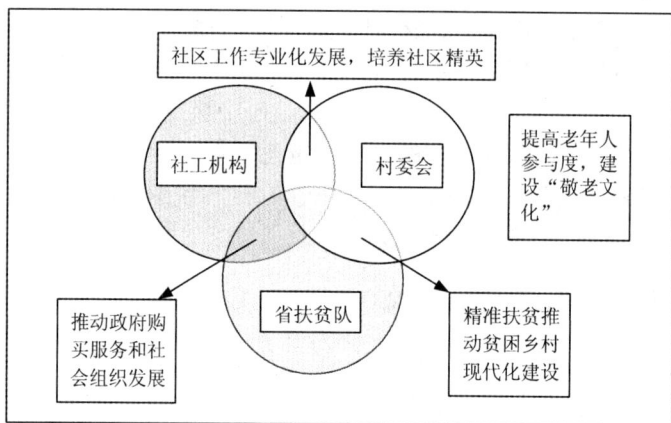

图 3 - 1　三方联合模式

三、社工在案例中的角色

（一）倡导者

社会工作者一方面关注政策环境对老年人的影响，积极与乡政府沟通，了解与老人相关的惠老政策，推动政策的宣传；另一方面在全村倡导"尊老、敬老、爱老、助老"的行为，提高人们关爱老人的意识。与此同时，社会工作者也要为老年人提供学习和展示自我的机会和资源，倡导老年人挖掘自身潜能，增强自信。

（二）启发催化者

社会工作者们把老年村民组织起来，帮助他们表达自己的需求。通过社会工作者对需求的挖掘，寻找会对老年村民生活产生影响的相关因素，辨识社区与老年人群体存在的问题与欠缺。聚合群体力量，讨论老年人群体的公共需求与促进群体自身发展与社会福利的目标与任务。帮助培养老年人之间良好的人际关系，与社会支持网络一起解决遇到的社会问题。

（三）支持鼓励者

鼓励老年人参与社区各类事务，包括社区投票、社区文娱活动、社区各类团体等。通过培养公共事务的参与意识，参与更多的社会决策，增强民主自治意识，提升社区归属感。当服务对象遇到困难的时候，应及时给予支持与帮助，帮助服务对象理清现状思路，通过专业的技巧与方法缓解遇到问题，如产生的心理压力、过激情绪等问题，正确引导老年村民通过自己的努力去解决当前所面对的问题，维护自己的群体利益。

（四）资源中介者和协调联络者

在村委会之间、社区老年人之间、不同村点之间、不同政府部门之间、社区组织之间，增加彼此之间的了解，协调关系与支持，减少误会与分析，争取团结协作与联合。从优势视角出发，发掘社区资产与老年人群体资本，提升老年人的自信。协调、动员社区内外的资源、改善老年人的社区生活环境，提高福利水平。遇到一些矛盾较为尖锐的问题时，在政府、社区组织之间起到"安全阀"和"缓释剂"的作用。

（五）服务提供者

社会工作者为老年人提供参与社区活动的机会。社会工作者应该主动了解老年人的生活现状，在他们遇到困难的时候或缺乏支援途径的时候及时介入给予帮助。根据老年人的现状开展针对性的服务活动，帮助老年人重新进行身份的定位，顺利完成身份的转变，通过活动的开展链接老年人之间、老年人与家人之间、老年人与社区之间的联系，扩大社会支持的网络，提升社区生活质量。

（六）管理者

在社会工作过程中，社会工作者要对服务过程进行有效控制，需要对与助人相关的诸多资源进行协调、安排和管理，以高效率实现，特别注意的是不要出意外问题。管理者角色对个案工作、小组工作、社区工作、社会行政工作都有意义。

四、信息收集及案情评估

（一）基础信息收集

地区发展模式是以社区居民需求为前提，从广度和深度上了解社区环境与资源优势，从而有针对性地完成服务设计，提高服务质量与效果。

社会工作者团队在前期开展了广泛的调研，实地考察了 Y 寨的基本情况。从地理环境、人口状况、基础设施建设、产业发展情况、社区组织与文化五个方面对该社区进行了初步的了解。

1. 地理环境

Y 寨位于所属 L 乡的东南面，与广西富川县朝东镇、油沐乡交界，面积 12 平方千米，该村距县城 37 千米，距乡镇府 1.2 千米，路况较好。

2. 人口状况

H 村辖区内有 9 个村民小组，共 253 户，户籍人口 1095 人，95% 以上为瑶族。其中约有一半人口外出务工，另一半常住村里的多为"993861"人群（"99"指留守老人，"38"指留守妇女，"61"指留守儿童）。全村有儿童 155 人。全村 60 岁及以上老年人 166 人，其中 80～89 岁 15 人，90 岁及以上 1 人。老年人口比率高达 15%，是一个老龄化严重的村落。

3. 基础设施建设情况

村里于 2013 年实现自来水到户，于 2012 年实现全村通电，村主干道基本实现水泥硬化。因发展旅游，村里近三年已停建新房，古宅区村民居住条件比较差。有村级活动中心、表演厅和村民活动中心（同心书屋）三个主要活动场所。

4. 产业发展状况

目前，Y 寨村民的收入来源主要分为两块，一块靠劳务输出，一块靠种植业。劳务输出因外出务工人员学历层次低，导致收入水平普遍较低。农业种植主要以玉米为主，玉米纯收入不足 700 元/亩。种植烤烟因连片地少土地分散的原因，烟草局分配的种植指标逐年减少，且种植烤烟劳动强度大，导致烤烟发展前景不乐观。夏橙种植受黄龙病影响，产量严重下降，收益大不如前。

5. 社区组织与文化

Y 寨村支两委干部共有 4 人，在村党员 18 人。为促进产业发展，成立了村集体旅游公司以及建筑包工、民俗文化表演、农业劳务包工等专业合作组织。得益于该村历史悠久的瑶族文化，拥有传承已久的各类文化活动，如瑶族武术、戏剧和芦笙等，早在三十多年前就成立了表演队参加一年一度的"盘王节"，村中不论老人小孩都热衷于参加文艺表演节目，文化氛围浓厚。

（二）建立工作团队

社工团队成员包括项目负责人 1 名，督导 1 名，项目专员（社工）3 名，多名当地志愿者，并同省扶贫队以及村委会达成了合作关系。省民政厅驻村工作队提供免费办公场地，支持机构在当地成立活动点。

（三）建立服务关系

该项社会工作服务是以政府购买的形式引进到村中的。机构刚进入这片地区时，从最基础的语言交流到宏观的管理运作都非常陌生，所以社会工作者首先通过"标签化"自己的方式，在村里塑造工作形象，经常穿着工作装进行各类活动。与此同时，社工和志愿者开展大量入户访视，与普通村民进行广泛沟通，宣传社会工作服务，详细服务项目，搜集家庭的主要信息，包括家庭经济状况和家庭成员状况，是否有参与活动的意愿等。然后通过项目引入者省扶贫队与辖内的基层工作人员结识，主动介绍身份和服务项目，并积极参与村中各类活动，初步建立服务关系。

（四）信息收集方法

1. 文献分析

H 村是一个拥有悠久历史的古老村落，也是一个在扶贫政策下蓬勃发展的新农村，所以有各类关于其历史背景和发展进程的资料。社会工作者主要通过和乡镇府工作人员、村委会的基层干部以及相关调研团队联系，获取了关于Y寨的常住居民的相关数据、政府的相关资料、村委会的工作资料、媒体报道和评论的整理合集、社区组织的资料等。通过这些资料，能得到关于Y寨发展面貌的基本信息。

2. 观察法

社会工作者进入H村直接观察村中的状况以及村民之间的互动，直观地了解社区。观察的内容包括村中的公共环境与设施、村民的家庭设施、日常活动的场所、进行劳作的田地林地、村民之间的日常交往、生活习惯等。在进行观察的过程中，社会工作者刚开始选择不参与和不介入，完全以局外人的身份进行了解，再慢慢地过渡到参与式观察。

3. 访问

社会工作者主要开展了入户访问和街头访问。因为当地村民对社会工作的认识较少，对社会工作者的身份也较为陌生，所以对与社会工作者接触存在抵触情绪。经协商并获取了省扶贫队的同意后，在走访的时候社会工作者以省扶贫队协助者的身份入户了解村民的生产生活状况，这样既降低了村民的提防意识，又为访谈工作提供了便利。社会工作者也会同劳作途中的村民交流，了解他们的生活动态。

（五）信息评估

1. 村民

村中老人多为留守老人，且大多文化水平较低，不识字，长期务农，收入极不稳定，从马斯洛需求层次来看，他们只能基本满足生理上的需求和安全上的需求，虽然对情感和归属有很深的需求，但经济条件限制了他们。从社会撤离理论的角度来看，也是村中老年人的一种自动撤离，弱化了自己的角色作用。所以大多数老年人也主动放弃了从晚辈处主动要求获得关注。村中的青壮年有劳动能力的大多外出务工，留在村中工作的因为经济负担也很难真正关心老年人的需求，在成为家中的主心骨后，也是将更多的精力放在了抚养下一代上。村中有很多留守儿童，他们中大多数和祖辈同住，但因为祖辈多数文化水平较低，教育方式与儿童所能接触到的现代化教育方式有差别和矛盾，且又缺乏父母的教导，所以这些儿童敬老爱老的意识有待加强。虽然村中老人没有得到充足的关注，但是H村民风淳朴、勤劳善良、尊重传统习俗、有民族情怀，他们对村内的公共事务有一定的积极性，有利于"敬老文化"在全村的推广和弘扬。

2. 家庭

H 村的婚姻保留着传统习俗，即"好女不出石墙门"，实行族内通婚，并有着"招郎"习俗。但长期的保守婚俗，近亲结交，对后辈的健康产生了不利影响，出现许多有智力问题的后代，大大削减了有效劳动力的数量，为家庭增加了负担，也延长了老人的抚养期。在 H 村，一旦儿女成家了便要分家出去，长辈与未成家的儿女同住，而单身的儿女不是忙于赚钱成婚无暇顾及老人，就是依赖长辈甚至还需要长辈来给予物质支持。但也正是因为全村复杂的亲属关系，家庭之间的联系紧密，所以相互之间有及时又充足的信息沟通。

3. 社区

物质条件的落后限制了人们在精神层面的发展，近亲交配所产生的不良后果拖累了文化的传承，所以整个社区在人文关怀这一块是薄弱的。村委会在敬老爱老方面的宣传也不够，忽略了社区的文化建设，既缺乏针对全村众多老人的活动项目，也缺乏适合老年人的活动场地。虽然在 2015 年成立了"老年协会"，但活跃度较低，接受的组织管理鲜少。但社区的政策享受方面落实到位，村中有 6 位五保对象，其中 1 人分散供养，其余 5 人入住在乡敬老院，并为家庭条件困难的老人办理低保，协助其享受相关政策。扶贫队和其他社会组织的介入也帮助完善了许多老人的居住条件，解决了许多生产生活问题，保证了老人的基本生活需求。

五、目标设定

（一）经过评估，我们发现如下问题值得重视

（1）社区网络在物质冲击下日趋松散。青壮年大部分外出务工，家中老人年事已高行动不便且缺乏物质基础，村中各家之间的联系减少，对物质的追求冲淡了与家人之间的维系。

（2）人口流动、村落的合并改革以及政策的改变加剧和村民的异质性，使得沟通与合作不易。村中年轻人口的流动和发展旅游业后增大的游客流量，带来了更为功利性的观念，而村落合并中产生的利益纠纷也影响了村民的行为方式，以至于在让大多数村民受惠的扶贫政策之下，这种社区管理人员与村民的矛盾进一步加深，村委会在村中的威信力下降，他们工作的积极性也下降，影响了整个村的物质和精神文明建设。

（3）社区内缺乏民主参与的渠道。村中没有形成良好的集体制度，两位联席会议、党员大会等体现民主集中的会议都缺乏相应的管理，组织性不高，所

以村中一些问题的解决效率不高。久而久之，村中的管理松散，就很难察觉到村中的问题。

（4）村中各类组织的宣传教育不到位，敬老文化的氛围稀薄。不论是乡政府、村委会还是学校，在对于敬老爱老意识培养这方面的工作力度都不强。虽然村民都积极参加节庆活动，但对于活动成员的更新换代关注力度较小，忽视了老年人的活动能力，没有给予足够的社会支持。

（二）目标

虽然现在社区自助的能力有待建设和巩固，村民的参与度也有待提高，但是乡政府设置在这个合并村的地理范围内，H村就能得到及时有效的关注和管理，村支两委的人员配备也较为齐全，村中的表演队和广场舞团队积极性较高，都能够为开展活动提供帮助，该村的活动场所面积也能够满足基本需求，所以为之后的活动开展提供了便利条件。

1. 总目标

通过实务的开展，一方面能够提升社区老人对社区活动的参与度和活跃性，增强自信和勇气；另一方面通过弘扬中华民族尊老、敬老的传统美德，塑造敬老、养老、助老的社会风尚，增强村民对老人的关注和服务。

2. 具体目标

（1）提高老人在社区的参与程度。鼓励老人积极参与社区的一系列活动，使老人们有主人翁精神。

（2）加强老年人群体的组织性建设，通过老年协会来巩固老年人之间的联系。

（3）增强老人与社区内居民的联系。通过举办活动，增加老人们与社区其他居民接触的机会，加强与其他人的交流与沟通。

（4）改善社区环境。通过政策倡导等方式，根据老人的诉求改变社区现存的不良因素，包括生活环境、社区建设等，提倡更多优良的敬老习惯，在社区进行宣传和实践，为老年人提供更适宜的生活环境。

（5）培养社区精英，提高社区活动的管理水平，推动公共事务的发展。

（6）通过政策倡导等方式来增强村委会对老人的关注以及对居民的服务，提高管理者的主动性。

六、干预方案

参照地区发展模式的策略，干预方案的基本策略是以内部资源的动员、参与、行动为主，外界资源的帮助和引进为辅，在内部以广泛讨论、协商一致、团结合作为主，避免冲突，化解矛盾，并注重村民的组织和教育，培养村民发展项目的能力，发动社区中的村民广泛讨论，自下而上民主决定社区公共事务，真正反映老年人的需求。

(一)在进入社区阶段

为更好地了解社区发展状况，为文化建设争取支持，我们需要拜访关键人物，与居民进行街头接触或深度访谈，了解社区的公共集会。该阶段是对项目所关注的"敬老"问题这一焦点进行初步探索(两次方案具体内容见表3-1、表3-2和表3-3)。

表 3-1

时间	2017 年 9 月 1 日—10 日	次数	共 5 次
地点	Y 寨各活动中心		
参与人员	社会工作者、村中关键人物		
干预分目标	了解社区基本情况，传达活动目的，争取社区精英的支持		
干预策略			

在初步了解村寨的基础上，从最容易接近的关键人物开始，运用倾听、同理等沟通技巧，主动拜访，并跟进联系。

1. 第一次：拜访省驻村工作队队长及成员。

该村寨正处于脱贫攻坚的关键时期，扶贫队的到来大力促进了村中各项事业的发展，推动该村进入了一个快速发展的新时期，所以通过拜访省扶贫队可以了解到村寨中的突出变化，也能借扶贫队的第三方视角了解到村寨整体发展状况。

2. 第二次：拜访村支两委和乡镇府相关人员。

村支两委是支持社区发展的中坚力量，再加上他们本身是该村的居民，对村中的传统习俗和村民关系更为了解。因为该村是一个合并村，在合并之前是三个不同的村落，所以三个村还有着一些传统差异，为了能更好地调和，也保留了之前三个村的村支两委，现在仍由三个村支书来负责三个区域的重要事物。通过对村支两委的访谈，可以了解现在这个村落的融合状况以及各区域的发展差异，以便在后期开展活动的时候作为参考进行活动调整。

为了更好地管理 Y 寨，在乡镇府设立了 Y 寨的村支书来统筹管理全村的事务，团结原有的三位村支书，共同致力于 Y 寨的事业发展。该乡政府的地址就设立在 Y 寨的范围内，所以对处理 Y 寨的事务要更为方便，H 村也能通过此机构提升村内的制度化管理，并为 H 村的政策宣传和普及提供便利条件。通过与乡政府工作人员的交流，能了解落实到该村的相关政策，尤其相关惠老政策。

续表 3 – 1

3.第三次：拜访村中有威望的前辈。

作为一个有着悠久历史的古村落，Y 寨有着深厚的文化底蕴，村中有些老人不仅擅长舞文弄墨，而且还是村寨传统文化的传承者，熟悉 H 村的历史，家中也珍藏着年代久远的书籍等历史记录载体。H 村的前任村支书王爷爷（化名）是村寨中的瑶族文化传承人，对瑶族的传统文化如数家珍。S 村的何爷爷祖上曾是教书先生，因此了解许多旧时的文化习俗，对传统的风俗礼仪也能一一道来。通过拜访这两位的家庭，能从交谈和家庭礼仪中了解到瑶族的传统习俗，与现代的普通瑶族家庭进行观察和对比，能发现演变的轨迹。

4.第四次：拜访村中的"能人"。

自从在 H 村的扶贫事业步入成效期，"四跟四走"原则（即"资金跟着穷人走、穷人跟着能人走、能人跟着产业走、产业跟着市场走"）便成为人们日常闲聊的话题。村中的"能人"是指通过发展产业，勤劳致富的村民，在村中优先拥有相当数量的资金和资源，在村民心中是值得尊敬和学习的对象。这类"能人"在村民当中有一定的号召力，通过他们来传递正能量，弘扬中华民族尊老、敬老、爱老、助老的传统美德，能够获得更好的效果。被拜访的 Q 先生是村中的种植大户，开了一家肥料店，还成立了合作社，经常同扶贫队合作邀请城中的农业专家到村寨中为村民教授果树种植技术。通过与其沟通，一方面能认识更多 Y 寨中的"能人"，另一方面能了解他们对于社区活动的建议。

5.第五次：拜访乡中心学校校长。

该学校集幼儿园、小学和初中于一体，面向辖区内的 10 个行政村招生。因所处地理位置就在 Y 寨境内，所以大部分 Y 寨的学生就读于该校。Y 寨新生代的举止言行和品德风貌在该校能较为全面地展现。通过拜访该校的校长，我们能了解到 Y 寨中处于成长期的孩子对待老人的态度，也能获知学校在敬老爱老宣传方面所采取的措施。从短期来看，和校长达成文化建设的共识，有利于社会工作活动的开展，获得校方的支持；从长期来看，有利于推动校方对敬老爱老的宣传，加强学校和社区其他组织的联系，对儿童的成长产生深远影响。

表 3 – 2

时间	2017 年 9 月 15 日—21 日	次数	共 5 次
地点	H 村村民家中		
参与人员	社会工作者、普通村民		
干预分目标	了解村民对老年人的普遍态度以及主要赡养方式		
干预策略			

由于该村的村民大部分还是以务农为主，所以白天基本都不在家中，多数是在田地里劳作、在山中放牛羊或者去县城售卖自家农产品。社会工作者利用与扶贫工作队的关系，和扶贫队一起入户走访，运用个案工作方法，进行了四次对贫困户家庭的访谈，还有一次单独进行的与非贫困户的交谈。

续表 3 - 2

通过与贫困户家庭交流，能更清楚地了解在政策方面对贫困户尤其是家中老人的关怀。物质条件越是匮乏，资源越是有限，就越能清楚地显示人们对家中老人的态度。同时，与非贫困户家庭的交谈能丰富我们对这个村寨中敬老习俗的认识，更为重要的是，针对老年人的生活现状我们能进行认识交换，从不同角度了解问题所在，并获得他们的态度。

因为该村落之前是一个对婚嫁比较保守的地区，基本都是村内或者临近村落之间通婚，所以村民之间都有着各种亲属关系，来往密切，对相互之间的情况比较熟悉，通过随机了解的五户村民家庭，我们可以获得其他许多户家庭的养老现状。

表 3 - 3

时间	2017 年 9 月 25 日—29 日	次数	共 2 次
地点	H 村各活动中心		
参与人员	社会工作者、省扶贫队、H 村村委会成员		
干预分目标	整理往年大型活动，整合社区组织，加强组织联系		

干预策略

H 村有九个村民小组，每组通过村民民主投票的形式设置一名组长，每到大型活动，各村通常由村支书告知组长，再由组长通知村民，所以在 Y 寨，村民小组是非常重要的组织形式，既是民主参与的载体，又是集中决策的体现。H 村村民擅长歌舞，所以几乎每节必戏，每戏必舞，曾多次以团体表演的形式参加洗泥节、中元节、盘王节等节日活动，村中老中青三代都有表演队成员，且分成了各类团体组织。扶贫工作队在扶贫期间，和村支两委一起协助村内成立了多个合作组织，致力于发展经济建设，同时也致力于该村的精神文明建设，还曾多次举办大众参与的活动，为村民提供了许多参与文娱活动的机会，所以有整合村内资源进行项目建设的经验。值得注意的是，Y 寨于 2015 年在省扶贫队的协助下成立了老年协会，但该协会在之后的活跃度一直较低，在村民中并没有形成较大的影响力。

这段时间，社会工作者主要通过和省扶贫队以及村委会联系，获取与 H 村有关的活动资料和社区组织情况的资料。并在获得基础信息后于 2017 年 9 月 27 日和 29 日召开了小组会议。

2017 年 9 月 27 日，社会工作者同省扶贫队成员、H 村村委成员一起详细探讨村内各类组织的有关情况，共同商讨整合社区组织资源的意见。

2017 年 9 月 29 日，初步确定开展重阳节活动的计划，共同确定需要联系的组织，并交由村委会和省扶贫队进行联系。社会工作者主要负责在村中宣传敬老爱老文化，并提前通知重阳节活动，积极发动儿童主动参与到活动中来，并和学校沟通，协助此次活动的进行。

（二）建立和发展居民组织

为了 Y 寨发展出谋划策的扶贫队和村支两委在前期对村中的各类组织进行了整理和规划，所以社会工作者打算在原有的基础上对村中的组织进行梳理，联系与社区问题有关的组织来开展活动（方案具体内容见表 3 - 4）。

表 3 - 4

时间	2017 年 10 月 9 日—13 日	次数	共 1 次
地点	H 村各活动中心		
参与人员	社会工作者、省扶贫队、H 村村委会成员、H 村村民		
干预分目标	确定共识目标，建立交流机制，引导村民民主参与		
干预策略			

通过国庆前的交流，社会工作者从省扶贫队以及 H 村的村委处获得了相关的活动资料，交流了在 Y 寨进行"敬老文化"弘扬的构想，并和工作队以及村委会部分干部初步组成了工作小组，计划通过重阳节活动来开展项目。所以这段时间工作小组的任务主要是和村内的各类组织沟通，发动大家参与到重阳节活动中来。

工作小组于 2017 年 10 月 13 日召开会议，进行信息的整理，并初步确定活动方案，确定重阳节活动主题为"第三届老年节之'九九重阳，勾蓝飘香'美食 PK 赛活动"，力求能让村民最大限度地参与到活动中来。社会工作者的主要工作场所"同心书屋"也成了村民意见想法的收集地，广泛征求大家关于"敬老文化"建设的建议。

（三）社区项目管理

活动项目是增强社区居民民主参与意识，提高管理者积极性的培养皿，通过项目的策划、资金的统筹、项目的执行和总结评估，能有效提高社区居民解决社区问题的能力（方案具体内容见表 3 - 5、表 3 - 6、表 3 - 7）。

表 3 - 5

时间	2017 年 10 月 16 日—20 日	次数	共 2 次
地点	H 村党建活动中心		
参与人员	社会工作者、省扶贫队、H 村村委会成员、H 村村民		
干预分目标	加强社区领袖与老年人的沟通，提高社区组织积极性		

续表 3 - 5

干预策略

通过筹划重阳节活动,能推动社区领袖(如村委会干部的参与度),也能提高社区精英的积极性。这段时间主要是发动社区的骨干成员关注村中老年人的需求,为重阳节活动的开展提供可行性建议。

为了提高活动策划的效率,了解骨干成员同村中老人的沟通情况,于 10 月 17 日和 20 日开展讨论会,细化了活动的相关安排。

2017 年 10 月 17 日,会议主要整理了大家从村中老年人处了解到的信息,反映老年人的需求,再通过扶贫队了解前两年的重阳节活动的开展情况,为本次重阳节活动提供参考性建议,并敦促村委会招募参与活动的人员。

2017 年 10 月 20 日,修改活动方案的内容,细化人员分工,通过整理村委会收集到的需求情况确定相关物资。

本次重阳节活动将和村中的老年协会合作,也作为第三届老年节活动一起开展,经费主要由省扶贫队和村委会承担。

表 3 - 6

时间	2017 年 10 月 23 日—27 日	次数	共 2 次
地点	Y 村各活动中心		
参与人员	社会工作者、省扶贫队、H 村村委会成员、H 村村民		
干预分目标	促进社区组织之间的交流、合作,整合社区资源		

干预策略

此时与重阳节暨老年节的各项筹备工作都紧锣密鼓地进行着,这段时间需要每天确认工作进度,包括人员安排情况、宣传通知情况、物资准备情况等。虽然每天都有进行联系,但仍于 24 日和 27 日分别进行了碰头交流会。

2017 年 10 月 24 日,首先是社会工作者、H 村村委会报告工作进展情况,对活动流程进行确认和梳理,然后是社会工作者和省扶贫队协商关于物资购置的相关情况,接着安排村委会和村中的各个表演队以及有才艺的人员进行联系,邀请他们参与重阳节活动,社会工作者则整理并挑选前来书屋主动报名参加重阳节表演的人员名单。

2017 年 10 月 27 日,主要对重阳节当天的活动流程进行梳理,确认各项物资的准备情况,并安排人员对活动场地进行清理和布置,对表演节目进行彩排。

表 3-7

时间	2017 年 10 月 28 日	次数	1 次
地点	Y 村表演厅		
参与人员	社会工作者、省扶贫队、H 村村委会成员、H 村村民		
干预分目标	提高社区骨干项目执行能力，加强社区对老年群体的关注		
干预策略			

　　重阳节当天的活动由社会工作者、省扶贫队成员、H 村村委会成员、老年协会成员共同组织和协调，并招募了近 20 位平均年龄在 11 岁的小志愿者积极参与到敬老爱老的实践中来。该活动向全 H 村 60 岁以上的老年人发出了邀请，是第一次面向全 Y 寨所有老年人的活动，并注重对往届老年节活动的回顾，渲染敬老爱老的气氛。本次活动利用开放性的现场吸引了很多其他村民和外来游客，扩大了影响力。

七、干预过程

（一）促进社区参与的基本策略

1. 始终以需求导向和问题导向为根本

　　追求个人利益最大化是个人行动的本能，但如果个体需求和动机能在集体行动或团体之中被照顾并满足，同时通过个体与个体之间的良性互动培养出集体归属感和认同感，那么个体会转变价值观和动机，将共同利益作为价值和精神层面的追求。因此，社区居民的需求始终是建立和发展社区社会组织的前提。

2. 以居民自助为本

　　社工通过挖掘"社区领袖"，整合社区内外资源等方式助推社区社会组织培育发展，但在地区发展模式中，村委会和社工只是担任协助者、引导者、推动者的角色，使社区社会组织能够在"社区领袖"的带领下，通过集体力量不断成熟。社区社会组织的运行过程，也是提升居民解决问题能力的过程，培养居民自己决定所需资源、自我协调、自助互助的社区意识。

3. 加强推进社区社会组织之间横向互动

　　社区中存在着不同类型的社区社会组织，社工除了要注重老年协会的培育发展外，也应在组织之间搭建交流互动的平台，拓展社区社会组织服务和活动的对象、领域及内容。

（二）社会工作技巧的运用

为促成有效决策的最终产生，在运用技术的过程中去营造一个开放、轻松、接纳的氛围，使每个参与者能够积极地表达自己的意见，从而使社区参与活动有序、平稳地推进。因此，社会工作者在不同阶段和不同场合都需要使用不同的技巧来促成沟通的进行和意见的达成。

1. 初次进入社区阶段

该阶段我们需要联系社区资源掌握者等社区精英领袖人物，并对社区情况有相当的了解，所以在这阶段要运用倾听、同理反应等沟通技巧，树立尊重理念，重视对方，接纳对方（接纳并不等于认同），关注、关怀对方，运用同感能力，提升沟通质量，沟通交流后要及时回忆总结，且在项目进行过程中要保持联系，保证持续性的沟通。

2. 社区研究调查阶段

在社区研究调查阶段，我们需要同村民进行交流和沟通。因为存在语言上的差异，许多村民普通话生疏且文化素质较低，所以首先需要运用支持性技巧表达关注，主动倾听，运用同理心表达鼓励和支持，和村民建立良好的沟通氛围。同时需要运用引领性技巧，对沟通不畅的地方进行澄清，及时对焦，作简要、具有重点的表述。

3. 建立和发展社区内居民组织

虽然地区发展模式指导社区工作的开展是为了促进当地经济、文化、社会的发展，解决社区公共问题，但更重要的是提升当地居民的社区参与水平和参与能力，所以在建立社区组织时，需要让社区成员建立共同的目标，建立分工明确的组织管理架构。社会工作者作为倡导者和组织者，面对村中众多组织，需要将领导的技巧运用到实践中，积极倾听成员的谈话，对成员的意见作出反映，澄清参与成员所述内容，并进行适当总结，交流思想和情感，拉近和村民们的距离。在与组织进行沟通，以期达成共识的阶段，还需要使用促进和干预的技巧来推动每次会议的进程，引导大家的互动，进行观点的融合。

4. 社区项目管理的方法

社区居民参与意识和能力的提升需要依托具体的社区项目，因此地区发展模式须注重社区项目的开展过程，而具体的社区项目管理技巧包括筹建项目组、项目策划、项目实施、项目监督和评估等。在项目的筹建、策划和实施阶段主要运用的还是沟通技巧和领导技巧。监督技巧则运用到了每一次的工作会议中，每次会议都会对环节和过程进行督促和管理，使其能按期达到预定的目标，项目的经费使用也通过罗列清单的方式交由出资方省扶贫队先审核再确定。评估的方式则是结合全村工作的重点扶贫工作，采取入户走访的形式，对村民的意见进行收集。

（三）困难及解决方案

1. 村民参与度有待提高

项目组在活动设计中集中会议的形式诸多，带有公益的普惠性，覆盖的群体较广；但往往与村民所追求的个人利益观形成紧张的张力，使村民开始怀疑项目的功能与价值，村民平日还有农活任务，紧张的经济活动让村民对活动参与报以谨慎的态度，再加上村中的事物杂乱且繁重，村干部身负多重任务，时间紧张，很难集中精力只投入到一件事当中。因此项目后期的活动中，村民的出勤率相对减少，彼此之间的互动交流仍然不够深入。

宣传与动员，这是减少社工与服务对象距离感最直接的方式。社工在后期通过张贴海报、入户宣传、设置鼓励参与的奖项来激发村民的积极性，并在开展集体会议时一再强调活动的重要性和意义。因此，项目社工还需要更多的耐心和陪伴，毕竟对于精神文明建设项目而言，短时间内取得明显的成效相对不易。

2. 社区组织功能发挥不足

H村有一个极大资源优势在于组织资源。这里家家户户都知晓相关的瑶族歌舞，村中更不乏多才多艺的能人，有一支经验丰富的表演队和几个小的歌舞团队。为了促进经济发展，村内又成立了许多合作社，村民小组在村中更是行动力的载体，但社区自组织的发展也遇到颇多问题，诸如组织制度的建设、管理与协助模式、分工与人员配合等都尚未成熟，其中最大问题在于各个组织的利益分配机制都不成熟完善，经常引起组织内的矛盾，这种组织内的矛盾又经常涉及家族利益，所以在整合组织资源的时候社工常常感到困惑。

在本项目中，社会工作者转变工作方式，由直接参与资源链接到间接动员不同组织，将与组织对接的任务交给村委会。在关系冲突较大的时候，社工邀请村中有公信力的省扶贫队一起进行协调，以缓和组织内、组织间的矛盾，保证同社区组织之间的有效沟通和联系。

3. 社工机构自身能力有缺陷

该机构投入在该项目的人员前后共9人，参与实际工作的共8人，但分成了前后两批进行项目的跟进，所以长期驻扎的是4人，且普遍比较年轻，对于农村社会工作缺乏相应的经验，扎根在农村社会工作者自身的专业能力也在实践中学习和成长。作为推动农村精神文明建设的项目，对于这群年轻的社工们来说，是一次极大的挑战。同时，项目在空间上属于异地执行，督导前来指导工作的次数较少，往往无法持续性关注与投入。作为社工机构本身，需要提供项目工作团队长时间的督导工作及可行性的培训，增强服务团队的专业素养，提升专业技能。

八、结案与后期评估

此次社区活动后，对活动效果的评估主要是通过对部分村民的问卷、访谈和社工的观察。首先是让参与活动的成员填写《社区活动参加者意见反馈表》。该表共设计了 9 个问题，分别是社区活动的目标、时间安排、形式、场地、内容、工作人员的工作表现、工作人员的工作态度、整体评价和活动建议，答案分为非常不满意、很不满意、一般、很满意、非常满意 5 个程度。在社会工作者的协助下共有 30 位村民填写了问卷，只有 4 位在参加社区的目标上选择了很满意，其他人的答案选择的是非常满意。根据表格可以看出，社区的目标基本达成，而且组员对此次社区活动的评价都是满意的，说明达成效果很好。

（一）活动参与增进老人对社区的认同

从活动的筹备、开展到后期的回访，都增加了老人同村中他人交流的机会，增进了与村中其他居民的感情，结交了新的朋友，增强了社区的凝聚力，提高了他们对社区的认同。

访谈时，社工问道："通过这次活动你们觉得有什么收获呢？你们觉得这个活动举办得怎么样，满意吗？"他们都说："很好，很好！"社工主要记录了以下几位老人的具体回答。

(1)"今天真的很高兴，能够让我们老年人也过上这么特别的节日，当了一回客人，看表演、吃东西，还有礼品拿，真希望这样的活动能够再多一些呀！"

(2)"你说盘古开天以来哪有这种好事呐！你们真的太好了，感谢党和国家的政策，感谢毛泽东！都是国家越来越好了，才能让我这种干了一辈子农活的人也能享福，看别人为我表演节目，谢谢你们呀！"

(3)"这个真的好，我孙女也参加表演了呢！我看她跳的挺好的，开心呐！就怕她太害羞了，什么都不敢，没想到这次给我们跳舞，是你们教的吗？不是啊？她自己排的呀！终于有点我当年的样子了。"

(4)"那个电视机上(表演厅的 LED 屏)有我的照片呢！哈哈，老了咯，都不好看了，我这是上电视了吗？下次你们拍照的时候我要穿得更好看一点，穿我自己做的衣服，那上面我绣了好多花纹呢，可好看了，一定要穿给你们看！而且我的粑粑做得更好吃呢，下次我做给你们吃呀！"

（5）"跟你讲，我会打腰鼓呐，你们再搞几次这个活动，下次记得喊我来参加，我表演一段打腰鼓。说不定打了腰鼓，手气能好点，这次抽奖只抽到了四等奖，不行不行，要多抽几次。"

在社工的观察中，可以明显感受到现场的气氛很热闹，老人们在现场参与活动的过程中都很开心。老人们都早早地来到活动现场，等待活动的开始，在接受服务的过程中，他们有和志愿者交流的，有和其他老人交流的，都显得很开心。接受完服务之后，他们都会很礼貌地对工作人员道声谢谢，有的老人在活动结束后甚至要拉着社会工作者去他家吃饭。因此，提高社区老人们的参与交往，可以让老人走出家门，贴近社区，增加与社区其他人接触的机会，对社区的人和事有更多的了解，产生更多的感情依赖，对社区更加有归属感和认同感。

（二）社区动员增强居民的敬老意识

社会工作者通过倡导和资源链接，动员村民参与到活动中来，在这个过程中，社会工作者鼓励儿童和青壮年为改善服务方案出谋划策，提高了村民的积极性。从微观改善的敬老行为营造了村内整体的敬老氛围，增强了敬老意识，优化了老年人活动的社区环境。

在活动中自愿担任志愿者的小朋友们在前期活动筹备中和为老人服务的时候表现得很积极，面对众多老人，他们礼貌地引导爷爷奶奶们入座，为他们端茶送水，节目表演完后献花给老人。前来协助的各个社区组织的成员一大早就开始劳动，为老人们打造了一个良好的节日氛围，甚至在节目表演环节，主动要求参加表演，只为博老人们一笑。看着他们一个个脸上挂着的笑容、他们的言语、他们的表现，笔者就知道这次活动的目标基本达到了。

积极当志愿者的5年级儿童小海（化名）说："我要做最好看的月饼给爷爷奶奶吃，让他们尝尝我的手艺，学会做了以后回家还能给我外婆做，过年了还可以给我妈妈做。"

参加了节目表演的初二学生小琴（化名）说："这个舞蹈我们从两周前就开始排练了，每天还要练习去省里比赛的舞蹈，我们都是抽时间出来排的，大家为了这次活动也真的是很拼了，就是不知道爷爷奶奶们喜不喜欢。"

从最远的一个村组赶过来参加活动的村民大力（化名）说："孝敬老年人是应该的，只是我这些年一直在外面打工，太少回家了，还好现在能在家找到工作，好好陪着我爸。希望下次还能有机会为村里的老人唱歌。"

前来观看活动的村民荣兴（化名）说："为你们（社工）点赞，这些村里的老人不容易啊，白天干活，到老了也不停地干活，几乎一辈子都是在农地里忙活，哪享受过这种待遇，我们真的要好好关心他们，多带他们参与一些娱乐活动，也快乐快乐！"

在此次活动中不仅为老人提供了服务，而且对村内其他居民也产生了积极影响。还有很多村内其他居民都围观了这次的表演活动，表演厅的人流量很大，所以这次活动对村内的影响力也是很大的。围观的其他居民都对这次活动称赞，甚至有人对这次活动竖起了大拇指。社工听到有人在和别人交谈中说："我们 Y 寨真的是时髦呢，你看这个活动搞得好洋气，这些人真不错。"

（三）资源协调促进社区精英的培养

在社区管理层面，由村民担任一定的村委会职务；在社区产业发展方面，各种合作社的社长和协会的会长在社区活动中有相当的话语权；在社区服务中，村组组长和党员都发挥着重要作用。Y 寨中，这些活跃的普通村民，就是社区的精英阶层。社会工作者通过与他们建立联系，形成沟通机制，在达成敬老共识的前提下调动他们的积极性，使其充分发挥自己的热情和能力参与到活动的筹办当中来，提高了他们对资源的协调把控能力，强化了他们对农村活动的组织能力，同时在村民中起到了很好的带头作用，提高了村民社区参与的水平，搭建起了村民和乡村建设之间的桥梁。

尤其是村中的老年协会得到了巩固，协会成员在省扶贫队和社工的帮助下重新参与到协会的建设发展中来，由村中的老支书担任协会的会长，省扶贫队提供资金援助，为老年村民的活动提供了有力保障。在此次活动中，老年协会不仅积极参与到活动的宣传中来，还选出了代表来参与活动，进行文艺表演，展现了老年人的风采，在社会的大舞台上毫不逊色。

村委成员欧阳（化名）早在活动方案定稿前就主动报名参与节目表演环节，并且邀请了家人一起参与，带头主动参与到活动中来，还组织了村中的表演队来参与活动。他对社工说："我特地挑了一首与重阳节有关的歌，和家人在家练了练，都是登不了大台面的节目，但是我借歌传情，表达祝福，觉得这个歌他们（老年人）说不定会喜欢，他们要是真不喜欢，让我们表演队多跳两支舞，这个舞好看。"

村妇女主任周琪（化名）将村中擅长做传统糕点的女性组织在一起成立了

一个食品制作小组，为老年人准备传统佳肴。她在活动结束后说："这些东西他们老人家都吃了几十年了，只怕是吃腻了，但我们这份心意一定要传达出去，姐妹们做了一上午，就是想他们吃得开心。而且我们以后可以办活动，组织大家做小吃。"

农产品合作社的负责人黄多贵（化名）说："我一直就非常热衷于村里的活动，所以这次喊上了我们组的广场舞队来支持。当然啦，这些老人在种植夏橙上有任何问题都可以问我。"

老年协会的成员于震（化名）说："其实我们这年纪做不了什么事了呢，谢谢有这次机会呀，让我们老年人也能上台唱歌跳舞，还能吃到新东西，以后这种活动再多点就好了。"

社区精英领袖的培养，需要社区层面的力量，因为社区领袖的特质不是天生就具备的，而是需要在个人特质上结合培养锻炼而成。通过这次活动，村中精英骨干的能力得到了加强。在实践中接受培训和自我反思总结，才能不断改进领导方式。

九、相关知识链接

（一）敬老文化

敬老文化是人类社会文化中的一个重要的方面，它是人类在社会历史发展过程中，创造物质财富和精神财富的一种体现。作为文化它也是一种社会现象，同时又是一种历史现象，是社会历史的积淀物，它凝结在物质之中又游离于物质之外，是能够被传承的国家或民族的风土人情、传统习俗、生活方式、行为规范、思维方式和价值观念等，是人类在社会中进行交流的、普遍认可的一种能够传承的意识形态。作为观念形态的文化，它也是一定社会的政治和经济的反映，影响和作用于社会的政治和经济。敬老文化是中华民族长期尊老、敬老、爱老、养老过程中形成的行为文化，是人们的生活方式、实际行为、态度、价值等方面的表征。正如习近平总书记所说："敬老爱老是中华民族的传统美德。要把弘扬孝亲敬老纳入社会主义核心价值观宣传教育，建设具有民族特色、时代特征的孝亲敬老文化。"

（二）地区发展模式

地区发展模式又称社区发展模式。社区发展模式是在一个社区之内，鼓励居民通过自助及互助的方式，广泛参与社区事务，解决社区问题，推动社区发展。其工作重点表现在：民主的工作程序、志愿合作、自助、培养社区工作领导人才以及社区教育等。

(三)"993861"人群

近年来，大量年轻农民进城务工，使得我国不少地区的农业生产主要由留守老人、妇女和儿童来完成，这些人因此被戏称为"993861"部队。2006年，北京市农林科学院蔬菜研究中心某研究员在采访中提出了这一说法，突出新农村建设中的问题，引起了大家的关注。之后，大家便常用"993861"来形容现代农村的生产主力。

(四)嵌入式理论

所谓"嵌入"也就是我们物理学理解的将一个物体镶嵌或推进和它等同或者更大的物体当中。最早提出嵌入性概念的是匈牙利学者卡尔·波兰尼，阐述在其《大转型：我们时代的政治与经济起源》一书中。他认为，特定行为在社会中被制度化何以可能以及经济行为是如何被嵌入到社会关系之中的。随后经过格兰诺维特、祖金和迪马乔等人对嵌入概念的不断拓宽和完善，使其已经在社会学理论界上有了一定的地位。进入21世纪之后，国内社会工作专业学者王思斌等人结合国内现实情况，将目光锁定到嵌入性理论并运用到社会工作实务介入途径的探索中，希望能够给中国社会工作未来专业化道路提供新的突破方向。专业社会工作通过精准扶贫的项目参与到村级组织的建设和村落的发展当中来，这既是一种"专业理念"的嵌入，也是一种"工作方法"的嵌入。

(五)活动理论

在活动理论当中，重点突出老人应当主动地参加到相应的社会活动当中。这样一来，才可促使老人对自己拥有一个清晰、准确的定位，对自己进行重新认识，以此来维持相对稳定、充足的活动。老年人应尽可能长久的保持中年人的生活方式和思维习惯来对抗老年的到来，从而把自身与社会的距离缩短到最低限度。老年时期相比中年时期，其社会功能层面降低、社会参与程度降低，老人的精神状态逐步变差。老年时期的社会参与意愿随着角色的转变会变得越来越自主，更加符合个人意愿。可以说这个时期老年人的活动更具进步意义，他们的选择和决定不为生计所迫，不因身份所限，有利于老年人重新认识自己、接纳自己。除受疾病等身体因素影响外，老年人的精神状态和生活满意度更高。这个观点可以被充分加以运用于社会工作行业对于老年的服务中，通过活动理论当中存在的相关价值理念进一步对社区的老人产生相应引导，推动这些老人在社区当中对自己的角色进行重新定位，实现幸福老年。

（六）社会支持理论

社会支持理论的定义：（1）一组由个人接触所构成的关系网，透过这些关系网个人得以维持其认同，并获得情绪支持、物质援助、服务、信息、新的社会接触等。（2）由各种有形的和无形的支持构建起来的支持体系就是社会支持网络。社会工作在对服务对象提供服务前，首先需要从服务对象的个人和环境等方面对他的社会支持网络进行评估，根据需求预估来制定计划。因此，社工一方面需要为服务对象寻找其社会支持网络中的资源进而合理运用，最终达到解决问题的目的；另一方面是为服务对象在社会支持网络中的不足进行弥补和拓展，从而使他们在运用社会支持网络的能力方面有所提升，从而达到助人自助的目的。老人作为社区的一分子，他们的支持网络包括家人、亲朋好友、社区居委会、整个大的社区环境等。而社会工作者则是帮助服务对象运用网络中的资源来提升其对社区的认同，帮助社区的老人弥补和拓展其社会支持网络，使他们掌握并提提升建立和运用社会支持网络的能力，从而达到助人自助的目的。

十、推荐阅读文献

1. 王思斌. 社会工作概论［M］. 北京：高等教育出版社，1999.
2. 宋林飞，周沛. 社区社会工作［M］. 北京：社会科学文献出版社，2002.
3. 吴华，张韧韧. 老年社会工作［M］. 北京：北京大学出版社，2011.
4. 王思斌. 中国社会工作的嵌入性发展［J］. 社会科学战线，2011（2）.
5. 张和清，杨锡聪，古学斌. 优势视角下的农村社会工作——以能力建设和资产建设为核心的农村社会工作实践模式［J］. 社会学研究，2008.

十一、讨论题

1. 关于农村文化建设的持续性观察。

本文主要研究的是地区发展模式在农村文化建设中的运用。但是文化建设是一个需要较长观察期的项目，在短时间内是没有办法立竿见影的。希望能有研究立足项目点，在完成介入项目后，能够有长期的观察和回访，真正发现影响所涉及的方面。

2. 地区发展模式在介入农村扶贫项目中的可行性研究。

地区发展模式相较于社会策划模式和社会行动模式，在中国有更强的可实践性，强调自下而上的居民参与和合作，集体行动起来利用社区已有的资源，解决社区问题，满足居民在社区内的利益诉求，增强社区认同感和归属感的社区工作手法，结合农村的基层民主集中制有很强的实践性。尤其是在惠农政策的支持下，可以将地区发展模式嵌入农村的扶贫工作中进行研究和分析。

案例四：情暖关爱，生活重建

——失独老人生命关爱行动计划

潘泽泉　生舒

　　近年来，失独家庭数量激增，随之而来的社会问题也日益暴露。本文基于生命模式的视角，整合家庭生命周期理论和生态系统理论，围绕失独老人社会生活脆弱性，研究社会工作介入失独老人群体的实务模型并进行探索性小组工作实践过程，以期摸索出实现失独老人社会生活重建的社会工作介入模式，对学术研究和改善失独老人生活现状都有着深远而重要的意义。

一　案例描述

　　本次采用小组社会工作，社会工作介入对象为失独老人，这些失独老人存在如下问题：（1）养老困境，无人照料，面对年老而来的生理机能老化，对于"看病没人陪""养老无处去"的担忧越来越重。（2）心理障碍，内心孤独。这些失独老人的消极心理体验主要有沮丧感、空虚感、苦闷感、单调感、孤独感和寂寞感、无助感和无意义感。（3）人际关系紧张，社会交往困难。失独父母在社会融入方面表现出自我封闭、生活适应障碍以及解决问题能力低下等现象。这些失独老人因其自身的年纪大，社会角色转换更困难，更加容易活在自己的世界中，不愿与他人交往。（4）经济困难，生活窘迫。（5）身体情况差，患病风险大。失独父母身体健康情况不佳，大部分老人患有重大疾病，存在不同程度的精神创伤或心理障碍。

二、案例人物

　　由于 J 街道失独老人数量较大，我们根据问卷调查的接触，选择了较为有代表性的 6 位失独老人进行社会工作介入（具体信息见表 4 - 1）。

表4-1 社会工作介入对象基本信息表

编号	年龄	失去孩子时的年龄	家庭结构	日常活动
A1	71	52	丧偶	无，独居，生活自理困难
A2	51	49	离婚	无，卧床休息
A3	59	49	初婚	在家看电视、散步、钓鱼
B1	54	38	初婚	打麻将，无收入，低保
B2	69	62	初婚	待在家里、烹饪、散步
B3	66	64	初婚	照顾外孙、待在家里

三、社工在案例中的角色与实践的原则

（一）社工的角色

1. 服务提供者

服务提供者是社工最直接的服务角色。社工要认真了解失独老人的需求、身体状况、经济状况、家庭关系及兴趣爱好、年龄层次和自理能力，以此确定小组活动的开展形式，在此基础上为老年人提供一些专业服务。

2. 使能者

帮助失独老人实现自我赋权，适应失独新生活。社工应努力激发老人的内在潜能，在策划和组织小组活动时，要设计有助于老人提升自身能力的活动。

3. 支持者

社工在小组活动中不仅是倾听者、鼓励者，也是支持者。社工应运用同理心站在服务对象的角度思考问题，积极支持服务对象解决问题。

（二）实践原则与专业关系

1. 实践的原则

在生命模式和家庭生命周期理论视角下，失独老人小组社会工作实践应坚持一些基本原则：（1）失独老人与其生活环境不可分离，应审查老人与环境之间的互动关系。（2）评估影响老年人适应性的所有层次的系统，在不同的层面干预老人与其环境之间的调试度。（3）善用老年的生活体验和非正式的支持网络，注重社会整合的重要性。（4）通过正面关系和体验提升失独老人的参与感和胜任感。

此外，基于老年社会工作实务原则，社会工作者还应遵循以下原则：

（1）老年人自愿的原则，尽量调动每位老人的积极性，尊重老人不愿参加活动的选择。

（2）尊重保障老年人社会活动的权利，不替他人做决定，相信他们有成长和改变的能力。

（3）注重老年人个体差异，尊重其对生活意义的理解，鼓励其表达自己的想法，在老年人充分了解的基础上提供和规划服务。

2. 专业关系

在实务过程中，社会工作者与失独老人是平等互惠的合作关系，是老人们所在环境中的重要支持。社会工作者担任的角色包括以下六种：（1）启动，即调动失独老人参与小组积极性，强化参与动机，协助控制情绪。（2）教导，即协助老人们在小组互动中习得解决问题的技巧，提供信息知识等。（3）推动，即促进小组发展，发动环境资源。（4）中介，即协助失独老人链接周围环境资源。（5）倡导，即鼓励和动员全社会积极关注失独老人群体。（6）组织，即组建并巩固小组建立起来的社会网络，并以失独老人为中心建立新的支持网络。

四、资料收集及案情评估

（一）信息收集

失独问题具有敏感性，大多数老人因失独之殇深受打击，不愿主动与人接触，生活较为封闭孤独，对社会有消极情绪，拒绝外人的探访和关怀。因此，接触访谈具有一定的困难，而将失独老人们组织起来，开展小组工作更是难上加难。2015年，长沙市计生局在市区内三个街道开展"关于计划生育特殊家庭开展特别扶助计划"的试点工作，笔者有幸在社会实践过程中参与到J街道计生特殊家庭服务。本人不仅熟悉J街道的自然和社会环境，更有社区工作人员和社会工作机构共同的帮助，获得了由J街道计生部门提供的失独家庭的基本资料。在街道当地人的协助下，笔者能够较为方便的与失独老人接触，建立服务关系，开展深度访谈，了解他们在生活中的困难和需求。

（二）案情评估

1. 社会生活弱参与性

老年人社会参与是与社会接触的重要途径，是适应社会及失独生活的必然选择，有助于老人减少孤独感，满足自身需要，实现自身价值，有利于营造积极的老年生活，[①] 失独老人社会参与内容可以包括经济活动、社会活动、休闲娱乐活动。

J街道失独老人社会参与不足表现为主观上不愿参与和客观上无法参与两种现实。在经济活动方面，J街道83%的失独老人为退休，在政府社会保障及自身收入的支持下，老人们有稳定的经济收入，有为自己提供满足基本生活需要的经济基础，因此在经济活动等领域的参与较少，且再劳动再就业情况很少。在社会活动方面，街道社区会组织一些老年人参加志愿活动或兴趣团体，但很少看到失独老人主动报名参加。在休闲娱乐活动方面，从基本情况调查中可以发现，失独老人更多在自己家中或室内从事个人活动，如读书作画，或参与极少数人一同开展的活动，如棋牌。

除去失独老人自我隔离不愿主动参加社会活动的主观原因外，社会环境中不利于老年人参与的因素和生理条件对老年人参与的限制均会造成他们社会生活的弱参与性。有些老人想走出失独阴霾，有意愿参与社会活动，但失独老人现有的社区生活环境、公共基础建设的不完善造成老年人对社会生活望而却步，如老年人居住楼层高行动不便、城市建设不利出行、社区组织活动不适合老年人、资源获取困难等均对失独老人参与社会造成影响。

同时，对于身体健康状况较差的高龄老人或失能老人来说，社会参与的机会更少、成本更大，他们对参与社会生活产生无力感，自我认知为无法参与或无能力进行参与。

公共基础设施、生活服务等环境因素和老年人健康情况、参与意愿等主观因素都会影响老年人的社会参与程度。J街道失独老人社会参与的减少使他们越来越难以适应外部社会环境，老人们封闭孤独、内心的苦闷情绪也难以宣泄。同时社会还会因为他们的"沉默"而弱化为其提供的有效支持和资源，而社会支持缺位使其进一步被边缘化。

2. 工具性与情感性支持缺失

社会支持网络指由行动者之间的接触而建立起来的，能为个人提供感知的和实际的工具性支持或表达性支持的各种关系结构，包括正式支持系统和非正

[①]　王莉莉. 中国老年人社会参与的理论、实证与政策研究综述[J]. 人口与发展，2011(3).

式支持系统。社会支持理论认为，一个人拥有的社会支持网络越大，就能够更好地应对来自环境的挑战。J街道失独老人现有的正式支持系统主要提供工具性支持，如社会保障、政策环境、医疗保健等，但停留在宏观经济、政策层面的支持，"亡羊补牢"式的支持体系，缺乏对特殊问题及生活隐患的重视，缺少全面性、针对性、前瞻性；非正式支持系统主要提供情感性支持，由于失独老人失去子女，以子女为中心的生活崩塌，加之年老退休，社会活动参与不足，与亲戚、同事、朋友等建立的非正式社会网络也出现断裂，他人的情感支持无法取代来自子女的抚慰，情感支持严重缺失。

社会支持网络的不健全会阻碍失独老人参与社会活动，也会降低老人对生活中困难的应对能力。失独老人缺少社会网络支持和社会交往，封闭自我，自身需求也无法完全得到满足，导致生活质量降低。

3. 社会交往隔离与封闭

当重大生命事件发生且自身无法面对时，人们会出现自我隔离的现象，逃避问题，以回避代替解决。J街道失独老人因无法面对失去子女后的生活压力，将自我隔离起来，断绝与外界的情感交流，封闭内心。还有部分老人因自我认知消极而破坏了原有社会交往系统，老人将失去子女的伤痛归咎于自身或他人的过失，难以释怀怨恨的情绪，或因失去孩子而变得自卑，认为自己"不祥"或"低人一等"，不愿意与人交流，担心被人"说三道四"，更怕别人提起自己的孩子。失独老人因年纪较大，经历了失独创伤后，对外界更具防备和怀疑心理，使他们更不愿与人交往，害怕受伤害，担心在接触过程中被人"揭开伤疤"。

自我隔离是从主观上拒绝社会交往和社会参与，打开失独老人长久封闭的内心并不容易。我们发现大部分失独老人还是有与人交往、宣泄情感的愿望，只是老人们在选择交往对象时，十分慎重。一方面他们不想给人带去麻烦或"被同情"，另一方面他们需要理解和共同话语。

4. 社会适应能力弱化

社会适应是指当生活情境发生改变时，个体的观念、行为方式会随之变化，并与社会环境相互作用达成协调关系从而适应社会环境。对于失独老人，社会适应包括生存性社会适应和发展性适应。J街道近15%的高龄失独老人存在受到身体限制而生活无法自理的问题，如无法独立完成吃饭、穿衣、洗漱等，身体每况愈下，存在生存性适应不良。我国老年人养老、医疗、生活照料等对子女依赖较强，大部分失独老人都更加担心年老之后无人照料，也无人帮助"料理后事"。失独老人无法适应失去子女后的生活，郁郁寡欢，心理极其敏感、脆弱，不愿与人接触更难以适应快速变化的社会，自我认识消极，认为自己是"没有用的废人"，无法发挥自身的价值，存在发展性适应不良。

失去子女后，失独老人的身心状况都急剧下降，表现为体弱多病、精神萎靡、活动能力降低。老人们无法面对老年丧子的情境，无法接受作为失独老人的社会角色，会产生一系列社会适应问题，会拒绝社会生活以逃避现实。

J街道失独老人社会生活问题在很长一段时间里干扰了老人与外部环境的互动，在有外部环境压力阻碍和老人自身的意愿不强的综合作用下，使其社会生活问题具有相当严重性。所幸的是，J街道社会环境存在一些优势资源，为本文研究奠定了良好基础，如政府和社会加强了对失独群体的关注，政府以J街道为试点，购买针对失独老人的社会服务，为街道失独老人购买医疗保险和养老保险；社区日间养老中心和其他老年大学、老年活动室也在建设当中；社工机构也开始为失独老人开展各项专业服务，帮助老人提升能力；链接社区医院和家政服务中心，提供居家医疗养老服务；J街道失独老人自身也具有较好的经济条件和文化程度，这是重新适应社会生活的良好基础。

生命模式视角为我们提供了失独老人生活压力源、问题、严重程度及资源的分析框架。我们根据访谈资料，归纳整合后得出J街道失独老人在生活环境中所体验到的生活压力及其他扰乱他们与环境相适应的问题，包括经济脆弱性、养老缺位、致病风险、社会隔离及生活服务缺少等。这些压力不同程度地削弱了失独老人适应社会生活的能力，并产生了一些身体、心理和行为上的回应，诸如心理敏感脆弱、自我隔离、孤独焦虑、身体健康下降等。面对外部的刺激和压力，我们需要评估失独老人受环境干扰的严重性和应对问题的资源，据此采取有针对性的措施来应对环境压力，而来自环境和老年人自身改变的信息会向我们反馈应对策略所获得的成果。

五、实务目标

本文研究采用小组工作方法进行干预，在生命模式理论视角的指导下，遵循小组工作通用过程，开展介入实务过程。小组活动在个人恢复与发展社会功能方面有特殊效果，它将有相同社会生活问题及社会交往需求的失独老人组织起来，在社会工作者的策划与指导下，为组员提供支持性的社会场景；每周开展1次小组活动，模拟社区互动，创造组员间相互帮助、经验分享和共同成长的机会。通过小组工作介入，失独老人彼此提供信息、鼓励和情感支持，建立起互相理解的共同体和增能的社会支持网络，增强老人社会交往与社会生活的信心、知识和能力，达到生活重建的目标。

（一）干预的目标

本文在生命模式和家庭生命周期理论视角下，采用小组工作方法干预失独老人，遵循小组工作通用过程将干预过程分为五个阶段。在前期筹备阶段，工作者主要采用调查、策划、宣传及招募的技巧，通过访谈和资料收集了解失独老人基本情况，策划规范、可行、有效的小组工作安排，招募组员并建立专业关系，注意充分考虑每位组员的个体差异。在初期开始阶段，工作者要注重运用建立关系、营造环境的技巧，为老年人创造一个接纳性和支持性的服务环境，可以采用表达同理心、鼓励其表达希望和选择、消除压制感受等技巧，使老人们能对环境进行良好适应。在中期发展阶段，工作者主要运用协调关系、缓解竞争、鼓励参与的技巧，帮助老人转移生命压力和平复创伤。小组活动既符合老年人兴趣爱好，又简单有趣，可行性高，全面考虑每一个组员的特点，关心每位组员的反应，使老人们能和环境、他人进行良好互动。在后期成熟阶段，工作者从主导者变为协作者，应用链接资源、倡导的技巧，注重减少组员人际压力及生活环境改善并为可能的议题做准备。在终期结束阶段，工作者运用处理离别情绪和角色变化、跟踪服务、评估的技巧，巩固老人在小组中的行为成果，使其在生活中能保持这些行为，且有能力应对不断变化的环境并对小组进行评估。

（二）评估框架

评估包括对失独老人社会生活的评估和对小组工作成效的评估两个方面，前者主要是在生命模式视角下评估失独老人生活环境、生活压力和资源，后者则依据小组工作实务过程开展针对组员的过程评估和结果评估。生命模式视角下，社会工作者应进行的评估工作包括：首先，了解失独老人社会生活核心环境，评估基础信息，辨识需要关注的系统，包括个人、家庭和社区；其次，聚焦失独老人的压力水平及其社会生活需要与能力之间的不平衡，评估生活压力源，了解失独老人对环境的行动能力；再次，检视失独老人关系网络的品质及范围，观察其与工作者之间的专业关系、服务氛围及组员的改变；最后，探索失独老人更宏大的社会脉络，包括社会保障制度、法律、医疗卫生、技术等资源。在小组工作过程中和小组工作结束时，对小组成员的改变进行评估是小组工作的重要部分，包括评估小组目标达成情况、组员互动情况、小组感受、小组效能等方面。

工作模式是小组工作目标、实施原则及方式方法等整合起来的概念化设计，依据小组目标、组员构成，采取不同的工作模式。本文采用互惠模式，关注小组成员和环境的关系，聚焦于组员间的互动关系及其效果，工作者通过调动小组活动，促进失独老人个体、失独互助小组和社会环境系统间的互相影响，使组员在相互依存中获得成长，激发并挖掘组员潜能，增强个人的社会功能，提升其社会交往和社会生活的信心与能力。后面将系统地展示本文小组工作实践框架，清晰地表明小组各阶段的问题聚焦、实践原则、专业关系、干预技巧及评估技巧，确保小组实务的顺利开展。

七、社会工作干预过程

　　小组工作是由不同阶段组成的动态过程，组员经历着从陌生到熟悉的过程，并随之呈现出不同的状态。因此各阶段工作有不同的侧重点，社会工作者角色和行为也在不断转变。我们将小组工作过程划分为五个阶段：前期筹备阶段、初期开始阶段、中期发展阶段、后期成熟阶段和终期结束阶段，各阶段特点及工作任务见图4-1所示。

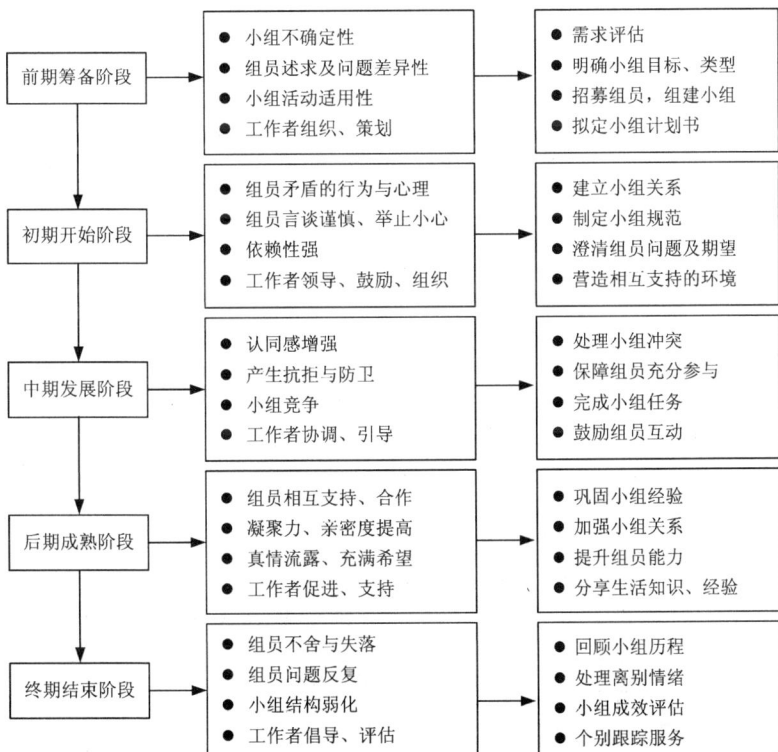

前期筹备阶段	● 小组不确定性 ● 组员述求及问题差异性 ● 小组活动适用性 ● 工作者组织、策划	● 需求评估 ● 明确小组目标、类型 ● 招募组员，组建小组 ● 拟定小组计划书
初期开始阶段	● 组员矛盾的行为与心理 ● 组员言谈谨慎、举止小心 ● 依赖性强 ● 工作者领导、鼓励、组织	● 建立小组关系 ● 制定小组规范 ● 澄清组员问题及期望 ● 营造相互支持的环境
中期发展阶段	● 认同感增强 ● 产生抗拒与防卫 ● 小组竞争 ● 工作者协调、引导	● 处理小组冲突 ● 保障组员充分参与 ● 完成小组任务 ● 鼓励组员互动
后期成熟阶段	● 组员相互支持、合作 ● 凝聚力、亲密度提高 ● 真情流露、充满希望 ● 工作者促进、支持	● 巩固小组经验 ● 加强小组关系 ● 提升组员能力 ● 分享生活知识、经验
终期结束阶段	● 组员不舍与失落 ● 组员问题反复 ● 小组结构弱化 ● 工作者倡导、评估	● 回顾小组历程 ● 处理离别情绪 ● 小组成效评估 ● 个别跟踪服务

图4-1　失独老人小组工作流程图

（一）前期筹备阶段

1. 小组工作介入计划

在小组准备阶段，工作者将根据工作目标及人力、物资等条件设计小组计划，确保小组可实施。小组工作计划是工作者开展服务的依据，是小组开展的必要条件，一份详尽、规范、可实施的小组计划包括小组理念、特征、目的、日程、所需资源、预算、评估方法等。在此将小组活动内容及安排概要作简单介绍，见表4-2所示。

表4-2　小组活动内容安排

小组阶段（时间）	小节目标	活动及内容	预计人数	所需物资
10月9日（9—10点）	（1）相互认识；（2）缓解气氛，营造小组环境；（3）建立小组关系；（4）澄清组员疑问；（5）初步认识小组，明确小组目标	第一节："和你做朋友"（1）社工介绍小组；（2）组员自我介绍、制作名牌；（3）破冰游戏——"猜猜我是谁"；（4）制定小组契约；（5）总结及小组分享，预告下节活动	10人	相机、纸笔10套、硬纸板、笔记本、名牌、白板
10月14日（9—10点）	（1）加深组员认识，巩固小组关系；（2）加强小组交流；（3）生活经验、信息分享；（4）初步形成相互支持关系	第二节："走近你，了解你"（1）回顾上节小组活动内容，巩固小组经验和组员关系；（2）破冰游戏——"名字串烧"；（3）生活自画像；（4）生活分享会；（5）小组总结并预告	10人	相机、纸笔10套
10月21日（9—12点）	（1）丰富社会生活；（2）加强组员互助、信任关系；（3）提升社会交往、协作能力；（4）形成理解、互助氛围	第三节："重阳节郊游"（1）集合及行程解说；（2）分组游玩及景区任务游戏；（3）农家乐、中餐；（4）分享会，活动感受	10人	旅行大巴、医药箱、录像机、提示语、瓶装水、水果、零食

续表 4 - 2

10月28日 (9—10点)	(1)提升组员亲密度; (2)提升合作处理问题的能力; (3)提升组员参与度	第四节:"欢乐生日会" (1)回顾上节活动内容; (2)团体游戏——"心有千千结"; (3)策划生日会; (4)分享小组感受并将举办生日会作为"作业"布置	10人	相机、纸笔10套
11月4日 (9—10点)	(1)回顾小组历程; (2)巩固小组经验; (3)增进组员感情; (4)处理离别情绪; (5)组员评估	第五节:"携手向前" (1)回顾上节活动内容,询问"作业"情况; (2)团体游戏——"捉虫虫"; (3)写下并分享对未来的期许; (4)回顾小组,告知小组解除,处理离别情绪; (5)组员填写评估意见表	10人	相机、纸笔10套、纪念品10套

我们在小组计划书的基础上,对小组分工、环境布置、工具物资等进行了准备,并按照小组计划的时间与安排开展各阶段工作。小组在活动过程中会发生很多突发状况,我们将随具体情境做出临时的调整。

2. 小组招募情况

由于J街道失独老人不经常参与社会活动,社会信息来源渠道单一,且身体素质差异大。因此我们在小组招募过程中,充分考虑失独老人身体状况和日常活动,主要针对街道50~70周岁,身体状况良好,生活能够自理的失独老人,采取走访、电话咨询、社区转介的形式,通过介绍活动内容,吸引老年人来参加,在组员评估及遴选的过程中,考虑到本小组的性质是支持性团体,要求组员能够一同分享信息、压力及应对经验、措施,需要选取有处理失独后生活问题经验、社会生活较为丰富且心态积极的成员。他们虽然在失独老人问题聚焦方面有一定异质性,可能不存在社会生活问题,但他们同样有与人交往、参与社会活动的需求,并且较为积极的组员能够帮助缓解小组气氛,帮助工作者处理组员负面情绪。基于此考虑,笔者在街道失独老人的范围中,走访并鼓励其中两位生活较为积极乐观、热心参与活动的老人(G1、G2)参与研究小组,在他们的带动下,吸引了其他失独老人参加。小组最终招募10人,组员基本情况如表4-3所示。

表4-3　小组成员基本情况

组员	招募渠道	基本信息
G1	走访招募	女，67岁，高校退休教师，独居，社区党支部志愿者，社区活动较积极
G2	走访招募	女，66岁，企业退休职工，与配偶关系良好，退休后想继续创业
G3	走访招募	女，60岁，身体状况良好，不善言谈，抚养第三代，外出活动少
G4	走访招募	女，74岁，与G5是夫妻关系，患有腿部风湿，不常出门，有意愿参加活动
G5	陪同参加	男，79岁，与G4是夫妻关系，年纪较大，陪妻子参加活动
G6	电话访问	女，53岁，身体状况良好，不太适应退休生活，空闲时间经常想起孩子
G7	社区介绍	男，63岁，独居，喜欢喝酒，身体较为健康，希望交朋友
G8	走访招募	女，58岁，退休教师，与配偶关系良好，对新鲜事物好奇
G9	带动参加	女，65岁，独居，身体状况一般，在邻居G1的鼓励下参与小组
G10	社区介绍	女，60岁，经常拒绝电话访问，勉强同意参加活动，参与积极性不强

　　小组成员在年龄、性别及文化水平等基本情况上存在差异。不同年龄、性别的老人认知及行为不同，兴趣爱好和所处于的社会关系网络也不同，不同的文化水平更影响组员对某些问题的看法，这些均影响着小组的气氛与效果。组员平均年龄65岁，其中两位组员年龄超过70周岁，其中G4参与意愿较强，在丈夫G5的陪同下参加小组；小组成员女性居多，女性失独老人似乎更有意愿参加社会活动，更愿意与人交往；小组成员文化水平均在初中以上，很多组员为退休教师、企业职工，对待问题能达成共识。

（二）初期开始阶段

　　经过小组计划、组员招募、物资准备及电话通知组员参加活动等一系列准备工作后，小组第一节活动正式开展起来。初期开始阶段是小组成员间、组员与社工建立关系的重要阶段，是获得组员认同感和信任的重要阶段。在此阶段，社会工作者作为小组领导者、鼓励者和组织者要注意协助组员彼此认识，消除陌生感；澄清组员对小组期望，提供其对小组目标的认识；建立小组契约，营造信任的小组环境（活动内容见表4-4）。

表4－4　小组第一节活动"和你做朋友"过程记录

所用时间	活动主题及内容安排	组员表现
5分钟	主题：社工自我介绍并对小组作初步介绍 内容：社工自我介绍，对成员的到来表示欢迎，介绍活动的主题、大致流程、时间安排等	听过社工介绍之后，组员们有些懵懂，不是特别理解；组员有低头、抱胸的行为，表现拘谨、被动
20分钟	主题：组员自我介绍 内容：（1）组员作自我介绍，说出自己的姓名、居住社区、兴趣喜好等；（2）制作"名牌"，组员把自己喜欢的称呼写在卡片上，夹在胸前，加强记忆	组员介绍从G1开始，顺时针依次进行，只有半数组员说明了自己的兴趣爱好，余下组员仅说了姓名及所在社区，氛围有一些尴尬
20分钟	主题：活跃气氛，深化认识 内容："猜猜我是谁"游戏——组员在纸上画下自己的头像，混在一起后让其他组员随机抽取，组员要猜出画的是谁，对猜对的组员进行鼓励，猜错则由组员们一起猜，作画者不得提示，调动组员活动积极性	社工为组员发放纸笔，组员在自画像过程中比较认真，但耗时超过预期；当有组员猜对自画像时，组员得到鼓励表现得略腼腆，抗拒的组员也逐渐放下戒备，社工在白板上作画引得组员发笑
9分钟	主题：制定小组契约，规范小组 内容：社工述说制定小组契约的目的及意义，鼓励小组成员积极发言，表达对小组的期望	组员了解何为小组契约后出现短暂沉默，在社工鼓励下G2说出了"团结友爱"，其他组员围绕此点展开讨论，逐渐打开话题
15分钟	主题：分享总结，预告下节活动 内容：社工带领大家回顾整个活动过程，请组员分享对此次小组的感受，最后预告下次小组时间及注意事项	除G5、G10外，余下组员都在不同程度上表达了自己的感受，并且为小组提了几点建议

　　在场地布置方面，第一节小组活动地点设置在X社区活动室。X社区地理位置优越，组员步行10分钟即可从家到达活动场地，且在社区公共服务中心开展活动能够减少组员的疑虑，活动室宽敞温馨，桌椅舒适，环境安静，设置了符合老年人生理特征的扶手、便捷通道，针对老年人的需要还添置了饮水机、空调等设备，为组员创造了舒适的环境。生命模式理论重视环境的作用，因此笔者在这一阶段注重对小组活动室的布置和小组气氛的调节，尽力营造出轻

松、愉悦的氛围，将小组环境营造得适合失独老人群体，增强环境对他们的积极影响。

在活动过程方面，社工首先向小组成员进行自我介绍，表明身份，并介绍本次小组活动的目的、内容和流程，澄清组员的期望，与组员建立初步关系，打消组员顾虑。

> 各位叔叔阿姨，大家上午好，我是社会工作服务机构社工，大家可以叫我小S。今天，我们聚集在这里，是参加名叫"伴你同行"的互助支持小组。我们希望能和大家做朋友，也希望我们组员彼此之间能成为知心好朋友，我们互帮互助，一起参加生动有趣的文娱活动，使我们的生活更丰富多彩。（社工）
>
> 在小组活动过程中，大家不要有心理负担，我们社工就是开展社会服务的，而我们的小组就是一个大家庭，我们都是可依赖的，大家有什么心里话都可以在小组中分享，生活中遇到困难我们一起分担压力，遇到开心的事我们一起分享喜悦。希望大家伙通过参加这个小组能够收获更多友谊，分享生活经验，融入社区生活。（社工）
>
> 小组活动一共有五次，每周一次，希望大家每次都能来参加，活动中大家不用刻意注意什么，只要表现你自己原来的样子，有困难或者需求都可以跟我们反映。（社工）

在介绍自己及小组后，社工鼓励小组成员自我介绍。起初成员们还是比较沉默，没有人主动自我介绍，社工采取顺时针轮流介绍的方式让组员介绍自己的姓名、兴趣爱好，同时为组员发放了名牌，方便社工、组员相互认识。由于在开展小组活动前期有走访调研工作，社工对部分组员比较熟悉，发现他们在小组介绍时比平时在家更加小心谨慎，比较拘谨，甚至组员G10是有些抗拒，只说了自己的姓名，并没有多说自己的兴趣爱好。随后，为消除组员间的陌生感、缓和尴尬气氛，促进组员之间相互认识，社工发起破冰游戏——"猜猜我是谁"。小组成员在纸上画下自己的头像，然后混在一起，在其中随机抽取，组员要猜出画的是谁。社工在白板上演示作画，用夸张的漫画手法鼓励组员大胆完成自画像。小组成员都参与其中，有些组员喜欢或擅长作画，瞬间燃起了兴趣，他们逐渐放松下来并投入到小组活动中。在破冰游戏后，组员的参与度有所提升，社工开始引导组员讨论建立小组规范。小组契约对组员与工作者间建立专业关系，促使成员间的支持与互动有积极意义。

　　俗话说"家有家规"，我们小组也要有一个规范，这样才能保证我们小组能够良好有序地进行，我们一起为我们的小家订个规矩好不好呀？比如来参加小组不能迟到呀，等等。我们一起讨论一下好不好呀？大家希望我们小组在今后开展活动的过程中注意哪些方面呢？（社工）

　　在社工的引导下，组员轮流发言，发表对小组规范的建议，并对有异议的建议进行讨论，最终形成以下小组规范：（1）按时参加小组活动，若有事不能参加须提前请假；（2）尊重他人隐私，小组中明确表示不能外露的信息须保密；（3）社工在小组进行活动前须通知，以备组员忘记；（4）小组活动中不轻易打断他人的发言，对他人尊重并鼓励；（5）互帮互助，团结友爱；（6）开展有趣的活动，广泛听取有益意见。对小组规范形成一致意见后，笔者将其写到卡纸上，与组员们一同在卡纸上签下自己的名字，以示对小组规范的肯定和遵守。

　　本节小组最后，社工邀请组员说出对这次聚会的感受及意见，对小组和他人的期望。G1 表示希望多一些户外活动，G2 则希望男性组员能多一些交流等，大多数组员分享了自己的想法，少数组员还保持"戒备"状态。

（三）中期发展阶段

　　在中期发展阶段，组员关系逐渐走向紧密，小组竞争也凸显出来，即便失独老人社会生活参与不足，但根据每位组员性格、社会角色不同，小组内部也会出现竞争和各种可能的冲突。本阶段的重点是加强组员间关系的建立，促进小组内部的良性竞争与和谐，处理冲突，推动小组走向成熟。

　　在中期阶段，社工分别开展了"走近你，了解你"和"重阳节郊游"两节小组活动，组员通过体验这两节活动的团队合作，可以更加深入了解彼此，共同讨论问题，巩固小组关系。"走近你，了解你"小节活动具有承上启下的作用，从巩固组员关系过渡到鼓励组员分享合作；而"重阳节郊游"小节活动则更注重在社会活动过程中加强组员间的合作，两个活动相辅相成，共同促成组员的融入和认同感的增强（活动内容见表 4-5 和表 4-6）。

（1）第二节小组活动

表4－5　小组第二节活动"走近你，了解你"过程记录

所用时间	活动主题及内容安排	组员表现
10分钟	主题：加深认识、回顾上节小组活动 内容：社工带领回顾上节内容，唤起小组意识，介绍本节内容	本节缺席一人，其余组员准时参加小组，G2还带来了一些饼干供大家品尝
10分钟	主题：增加组员相互熟悉，巩固小组关系 内容：通过"名字串烧"游戏，让组员说出自己的姓名、兴趣喜好，并让旁边组员全部复述且加上自己的信息。轮流进行，加强记忆	此环节对老年组员难度较高，对后面组员的挑战较大，而先说完的组员没有充分参与到后面的活动，G1、G2小组领导角色突出
22分钟	主题：分享生活感受，增进交流理解 内容：组员根据近一个月的生活状态画一些最能代表自己心情的图画，组员表达自己所画的含义，并与他人分享及交流	G7在本环节中表现突出，说了很多关于近期生活的感受，引得组员们沉思，G4还悄悄抹了眼泪
15分钟	主题：经验分享，信息交流 内容：鼓励组员相互交流，说出自身对日常活动中的生活压力及遇到困难时的感受及如何面对、解决策略	G1、G2较为积极地分享了生活经验，鼓励组员参加活动、发挥余热；G4、G8、G9则更多地是分享生活感受
10分钟	主题：分享小组感受，澄清组员期望 内容：社工带领回顾活动，表扬表现突出的组员，邀请组员分享活动感受并预告下节活动	大部分组员都表现出愿意融入小组，能够表达自己，G6、G8进步明显，参与性提升

在"走近你，了解你"活动中，有一名组员缺席，其余组员都准时到达小组活动室。社工对本节小组活动进行简单介绍，并开展"名字串烧"的破冰游戏使组员相互熟悉，巩固小组关系。组员G1先说出"我是喜欢读书的G1"，依照顺时针顺序下一位组员就说"我是坐在喜欢读书的G1左手边的喜欢打牌的G2"，并依次进行下去，越往后越难记忆，社工发现每当后面组员记不清有些停顿时，G1和G2这两位较为热心的组员就提醒其他组员，比较急切。社工在此稍

微提醒"我们来考考 G5 叔叔，看看他自己能不能想起来。我们可以用表情和手势提醒，不可以用语言提醒哦。"最后由社工结尾，复述组员们的信息，有几次也没记住，看着组员有的着急，有的挤眉弄眼提醒着，社工能深切地感受到组员间的关怀。在破冰游戏结束后，笔者表示"大家真棒，这么复杂的信息我们都记下来了，我们一起鼓掌来鼓励一下自己"。随后，笔者向组员发放纸笔，让组员根据近一个月的生活状态画一幅最能代表自己心情的图画，并与组员分享自己所画内容的含义。每位组员所画均不同，有的组员画了一座房子、有的组员画了花花草草，组员 G7 画了一个圈，他解释说"这个圈就代表我们现在坐在一起形成的这个圈，最近这两次活动给我很深的印象，让我有期盼，每天都有个念想"。组员分享作画之感后，社工鼓励组员对生活中遇到的困难进行分享，鼓励大家说出在日常生活遇到的困难及对生活压力的看法，组员们一起讨论，遇到类似问题应该如何处理。在这一小节中，组员在社工的引导下都能敞开心扉，以一个比较开放的心情对待。在组员分享生活经验时，有的组员对他人的建议不是很同意，"我觉得你这样想不一定对我们每个人都适用，毕竟每个人家庭情况不同，并不是所有人都像你一样"，这种争执在 G1 和 G2 之间比较明显，两位组员都是急性子，而且年纪相仿，在小组活动中会出现一些摩擦和不明显的竞争。面对小组中的冲突和抗拒行为，社工充当调解人和支持者，在小组总结环节协调组员间的小矛盾，保持组员对整体目标的认识。

各位组员们说的都有道理，都是根据自己的生活实践总结的宝贵经验，没有对错之分，我们开展小组活动就是为了建立一个互相分享的平台，成为一个相互支持的大家庭，大家有什么说什么，可以积极发言，把自己所想所感都说出来。这是我们开展的第二次小组活动，大家都彼此相互熟悉了不少，我们每位组员都有闪闪发光、值得学习之处，跟大家相处使我感到非常愉快，也收获了不少，希望大家在彼此交流中也能发现他人的闪光之处，共同学习，一起进步。(社工)

活动最后，社工带领组员回顾了本次小组中各位的表现及改变，对积极参与活动、真诚分享的组员进行了口头和掌声表扬，鼓励其他组员在今后的活动中增加对小组的信任和参与度。社工预告下次活动将在室外开展，组员们表示期待。

在第二节活动中，组员们都有明显的进步，小组由社工主导逐渐转向组员领导。在这一过程中，大部分组员逐渐适应小组环境，融入小组，能积极参与小组活动并分享自身感受。例如，G6、G8 在刚接触时给人以内向、不自信的感觉，但在第二节活动中已经能清晰、真诚地分享自身生活经历了；G5 在妻子的带动下也参与到活动中，但语言表达仍然较少；G10 缺席本次活动，须在活动后通过电话询问。

（2）第三节小组活动

表4－6　小组第三节活动"重阳节郊游"过程记录

所用时间	活动主题及内容安排	组员表现
30 分钟	主题：集合及行程解说 内容：在社区集合后乘大巴到达公园，在车上讲解本次活动安全注意事项，使组员了解本次活动内容	组员们表现得比较积极，全数准时到达了集合地点，自带了茶水等；在车上听社工讲解行程，都很认真，参与意愿强
90 分钟	主题：开展室外活动，加强交流合作 内容：将组员分组并进行登山活动，在登山过程中设置游戏环境，到各景点完成拍照合影任务，加强组员合作，丰富组员社会生活	组员自行分为两组，志愿者陪同一起登山，组员们乐在其中，相互交流增多。组员与志愿者的交流良好，G4 等组员向医生咨询身体、就医等情况，得到医疗资讯
50 分钟	主题：整顿休息，吃午餐促交流 内容：乘车到桃花岭农家乐吃农家有机午餐，在吃饭间相互交流，饭后还可以根据个人喜好进行采摘、唱歌活动	午餐等待时间较长，组员虽有些饥饿但都很耐心。吃饭时 G7 主动帮助其他组员添饭，照顾他人；G2 在席间表现活跃，组员间的交流也频繁
30 分钟	主题：总结活动，分享感受 内容：在农家展厅进行 PPT 播放，社工展示前两期活动和组员们取得成果，请组员对自我改变进行总结分享，录制影像视频	此次较为正式的分享，组员们表达了感谢和期盼，分享内容触动了组员们敏感的内心，有的激动，有的沉思，G3、G4、G5 都流下了泪水

在"重阳节郊游"小节活动中，社工逐渐退出小组主导地位，在户外场地踩点、人员联络、时间确定及活动流程讲解等必要工作结束后，组员自行分成两组开始了登山之行。社工与其他两名辅助社工、四名高校志愿者和一名社区医

院的医生分别跟着不同的次级小组，协助他们完成登山景点拍照的任务并保障其安全，G2 带领其配偶一同参与了此次活动。登山过程中，组员们一起寻找有提示语标志的景点并完成拍照任务，形成了良好的合作互动关系，既丰富了组员生活又促进了人际交往。志愿者和社区医生也发挥了很大作用，不仅在登山活动中提供了后勤帮助，还与组员建立了帮扶关系，为组员在今后生活中提供支持。登山郊游结束后，我们邀请组员一起去附近的农家乐吃午餐，由于农家乐承办者协调不善，用餐人数较多，造成组员午餐等待时间较长。而等待过程却意外地为组员们创造了一些交流机会，组员间的感情有了质的飞跃。在户外活动的互动中，组员们产生了很多共同话题，组员们自发地展开了话题讨论，小到日常饮食，大到社会时事，话题十分丰富，组员关系更加亲密，小组凝聚力得到提升。在本节活动最后，社工借用农家乐展厅播放了 PPT，将小组前两次活动的剪影、机构服务、政府政策等为组员们进行了详细的介绍，邀请组员们对小组活动的感受进行分享，组员们非常真诚地发表了自己的看法。

> 现在国家政策好了，请大家放心，政府不会忘记我们，我们的日子会越过越好，我现在快 70 岁了，但是我仍然相信我还可以做很多事。大家都没什么好担心的，现在我们聚到一起就能拧成一股绳，一起开心，一起面对生活。（G2）

生命模式的实务目标是通过减轻生活压力，增加个人和社会资源，使人们能够利用更多更好的策略以满足自身需要，进而提高人们对其所处环境的适应度。在小组中期发展阶段，笔者通过互动游戏帮助组员转移生命压力、平复失独创伤，通过绘画分享鼓励组员反思和相互学习，以此帮助组员习得如何在小组乃至社会环境中参与社会活动及建立社会资源。

4. 后期成熟阶段

小组在后期阶段已经比较成熟，小组凝聚力、亲密程度都有所提高，组员之间形成了良性互动，能够更加积极地参加活动，社工在此小节设置了"欢乐生日会"的策划，邀请组员为 11 月即将过生日的社区老人举办生日会，并在必要时提供一些信息和资源，以此促进组员能力的提升，巩固组员在小组中交往和活动参与的兴趣，使小组更加成熟（活动内容见表 4 - 7）。

表4-7　小组第四节活动"欢乐生日会"过程记录

所用时间	活动主题及内容安排	组员表现
5分钟	主题：回顾上节小组活动 内容：社工引领组员回顾上节小组过程，介绍本次小组活动	组员全部准时到达活动室，表现得非常积极，G1主动帮助社工布置场地
15分钟	主题：团体游戏，分享体验 内容："心有千千结"——组员手牵手围成一个圈并记住自己左右两边的人，"解散"时开始随意向圈内走动。喊"停"的时候，组员停止运动，找到开始时在自己身边的人，保持原地不动，重新牵手并想尽一切办法恢复到一个圈，打开中间的"结"	组员们紧握着彼此的手，参与度有很大提高，游戏气氛轻松愉悦。游戏后的分享环节中，G3、G6等主动说出对游戏的感悟，表示游戏很有意义，有提高对小组认识
8分钟	主题：介绍生日会背景及任务布置 内容：社工介绍11月即将过生日的老人，表达想为老人过生日的计划，鼓励组员积极参与	组员们耐心听讲，并表示赞同，认为一起过生日是有必要的，希望每个月都举办一场生日会
35分钟	主题：生日会策划活动 内容：由组员自行组织策划如何为老人过生日并进行分工，形成可行的方案，社工为其提供必要资源，布置"作业"让组员在小组之外开展"生日会"活动，提升小组共同策划能力，加强小组团结精神	组员们自行策划，G1主动担任小组领导者角色，G4、G6、G7等组员都积极参与、提出活动意见。在讨论过程中，组员还向社工询问是否能够提供一些支持
10分钟	主题：分享与讨论 内容：请组员分享参与小组的感受，讨论日常生活中可利用的资源	组员对社工所指明的自身改变表示赞同，得知下次是最后一次活动时表现出犹豫和不舍。G1和G2在结束后向社工咨询小组今后发展以及是否会开展其他活动

在这一节活动中，社工带领组员开展"心有千千结"的团体游戏，组员们开始并不明白游戏的意图，听从社工指挥牵手成圈、记住左右组员、在圈内走动并重新牵手，有些组员离得比较远，很难地才相互牵到，G7在牵手过程中还表现得有些害羞。当他们重新牵手后，场面十分混乱，组员们纠结到一起，难

分彼此。此时社工告诉大家，可以在不松手的前提下，通过各种办法恢复到原来牵手的成圈的状态。组员们开始还表示难以置信，但经过移位、翻转等调整后，发现确实能重新恢复到原来的状态；应组员的要求，开展了第二次游戏，其结果依然如此，组员们才相信。组员们紧握着彼此的手，从心理上增进彼此距离，参与度有很大提高，游戏气氛轻松愉悦。社工邀请组员分享彼此感受，并进行了总结，强调组员互助、支持的重要性。

G6 说："这个游戏说明，团结就是力量啊！"引得其他组员忍俊不禁。G9 说："我觉得啊，这和我们的生活一样，没有解不开的结。"G3 说："我觉得这个游戏还蛮有趣，圈圈绕绕的事情都能理得顺，再复杂的事情最终都能通顺。"社工在组员发言后进行总结："大家说的都有道理，但是大家有没有发现，我们一直紧握着彼此的手呀，其实这就是告诉我们，我们在彼此的陪伴下能够克服困难、打开心结，我们是彼此最好的支持，在大家的共同努力下能够使我们的生活更舒心、更快乐。"

游戏结束后，社工向组员介绍了即将在 11 月过生日的失独老人情况，表达了希望设计生日会，使这些老人能共同过一个难忘生日的想法。组员们表示这个想法很好，并且建议今后每个月都组织一场生日会，使大家都能融入这个大团体中。询问大家意见后，组员 G1 主动承担起组织者的角色，G1 本就是社区党支部成员，在小组成立之前就有一定威望，组员经过三次小组活动后更加信任她。在 30 分钟的讨论环节中，组员们积极参与，发表了自己的看法：

"就去饭店聚个餐，简单方便""我们可以买个蛋糕，但是有点甜，可能有的人不喜欢""现在年轻人都喜欢去 KTV 唱歌，我们也可以去那里看看，我都还没去过""我觉得要不就在家搞吧，可以到我家，我家地方还蛮大，自己做饭又卫生又划得来""我觉得我们不要总吃吃喝喝的，可以向上次一样，搞个郊外野餐""11 月天就凉了，不过岳麓山的枫叶应该都红了，风景应该不错"……

在小组讨论过程中，组员有偏题的情况，社工适时引导，将讨论话题聚焦到生日会上，并承诺机构会有一定经费支持，鼓励组员发挥想法，在保障人身安全和大多数老人乐于参与的基础上策划生日会。讨论结束，有些组员意犹未尽，面对组员自己整理的"策划书"，社工鼓励组员在小组结束后自行联系 11 月过生日的老人，向他们介绍生日会的想法，给组员"布置作业"，在小组之外完成这个生日会的活动。小节活动即将结束之时，社工对本次策划活动进行总结，帮助组员拨开策划活动的表象，使其发现在互动过程中自身的进步和改变，并告知下节活动将是本小组的最后一节，希望组员都能准时参加。

生命模式理论认为发展个人与集体的力量是社会工作行动的焦点，强调组员从自身出发进行决策和行动。这一阶段，笔者在"策划生日会"任务中进行引导，在小组环境中设置了一个"问题"促进组员分工合作，共同解决，并加强给予活动经费支持的内部刺激，增强组员互动和解决生活问题的能力，并最终达到提升组员社会生活能力和社会交往能力的目标。

5. 终期结束阶段

本阶段是小组活动历程的最后阶段，也是最后一次聚会，社工将在本阶段巩固小组的经验，协助组员面对未来，并在小组结束时进行小组评估、相互道别并处理离别情绪（具体活动内容见表4-8）。

表4-8　小组第五节活动"携手向前"过程记录

所用时间	活动主题及内容安排	组员表现
10分钟	主题：回顾上节小组活动，询问组外生活情况； 内容：社工带领组员回顾上节活动内容，考察上节活动"作业"完成情况并询问其组外生活情况，介绍本节小组活动的主要内容	组员表示生日会还在准备阶段，已经联系了两位愿意参加活动的老人。组员熟悉小组流程，角色进入较快
15分钟	主题：团体游戏，营造愉悦氛围； 内容："捉虫虫"游戏要求组员们围成圆圈，在社工口令下去"捉"右手边的人，同时保证不要让自己的左手被抓住	组员参与度很高，并在游戏结束后主动询问社工此活动的意义
15分钟	主题：回顾小组历程，了解组员感受； 内容：社工带领回顾小组全部过程，让组员总结分享小组内容及参与小组的感受；社工预告在小组结束后，机构为组员提供的资源和服务	组员们开始比较沉默地听社工述说，若有所思；邀请组员分享时也不如以往积极，社工开导并预告机构今后活动后，组员稍有放松
30分钟	主题：组员反馈小组印象，描绘未来； 内容：组员分别在纸上写下自己的改变或对小组的印象，也可写出对未来的期许，并在小组中分享	组员自评自身改变及生活状态，真诚地进行分享，认可小组的作用，G2建议设立一面"心愿墙"展示小组成果
5分钟	主题：小组评估； 内容：发放"参与者意见表"进行小组意见调查收集，鼓励组员在日后生活遇到困难时相互帮助或向社工寻求支持，最后赠予纪念品	组员认真填写意见表并再次向社工确认希望未来继续开展活动

　　在本节小组活动开始时，社工带领组员回顾了上一节活动内容，询问了布置的"作业"完成程度如何。组员表示策划活动还未完全执行，将持续跟进，邀请社工一同参与，面对最后一次集会，小组成员略显沉默。随后，在团体游戏中，G7作为唯一男性组员没有上节活动那般不自然，游戏使组员间的气氛较为活跃，组员快速进入小组角色。社工带领组员回顾了小组从组建到成熟的过程，鼓励组员将在小组中获得的经验运用到今后的生活中，大胆与生活中的其他群体建立关系，与他们建立互帮互助的支持体系。社工还为小组成员制作了手工编织的手环作为小组纪念品，鼓励他们在小组外继续保持互助精神及参与社会活动的热情。随后，社工发放了纸笔，鼓励组员在纸上写出自己的改变或者对小组的看法，也可以写下鼓励的话语和对未来生活的期许，帮助小组成员总结和分享小组收获。组员写道：

　　"我希望以后多搞搞这样的活动，我们一起还有个伴儿""我希望大家都身体健康，也希望能继续和大家做朋友""希望以后多开展户外活动""感谢大家对我的关心"……

　　组员的分享既让人感动，又让人欣喜。组员们对彼此、对小组抱有"感恩"的心情，认为小组活动使其生活不再孤苦单调，发现有很多同伴在共同解决问题而非独自面对。社工对组员的改变也感到欣慰，在小组的最后一节活动中，组员们表现出对未来强烈的期待，希望能持续开展类似活动。这既是对小组工作的肯定，又是组员个体走出封闭，向往社会生活的表现。在组员分享的最后，社工进行总结并向组员承诺今后机构活动仍欢迎大家参与：

　　　　本次小组活动是我们最后一次聚会，我们社工仍会在这个街道开展服务，组员们今后遇到其他困难都可以来找我们，当然我相信我们小组的其他组员也能施以援手，因为我们即便不特意组织活动，大家还是朋友、家人，平时还会继续交流，像在小组中一样一起解决问题。在小组的五节活动中，我和大家一样都收获了很多，看到了组员们的改变，大家变得乐于参加活动，乐于与人交往，我非常开心，也感谢大家这么久来的支持。最后请大家记住"有困难，找社工；有时间，做义工"我们机构的大门随时向大家开放。谢谢！（社工）

　　在简单评估小组目标达成情况、小组参与度等指标后，社工认为本次小组至此已达到了小组目标，宣布小组结束并向组员发放了"参与者问卷"，简短地访谈了组员，了解他们对小组活动的整体感受与收获，并与小组成员合影留念。最后，笔者完善小组过程记录与总结报告，反思小组工作的经验及不足之处。

生命模式理论认为人与环境相互影响，同质性小组的环境让组员能敞开心扉，互相理解和勉励，组员间的互动又促使小组更加具有凝聚力，这使组员产生积极的反馈，最终形成人与环境良好的互动。在社工介入结束时要注意识别服务对象对结局的消极情绪和回避，同时还要协助组员保持在小组中习得的社会交往能力、解决生活问题的能力等，以期组员在更大的社会环境中仍能游刃有余地与环境进行良好互动。

七、社会工作介入效果评估

（一）干预过程评估

1. 初期评估及跟进

通过对小节活动监督、观察、记录并进行评估，我们可以发现：（1）小组第一节目标基本达成。组员通过自我介绍和名牌相互认识，在"破冰游戏"的缓解下放松了"警惕"，小组契约初步建立、规范了小组关系，组员在分享总结中加深了对小组概念的认识，了解到小组活动的形式和目标。（2）活动适合老年群体，符合组员能力。本节为室内活动，主要是为了使组员相互认识、了解小组，以分享、游戏为主，活动环节相对较少，且组员都能够理解、参与，在"猜猜我是谁"的游戏中，部分组员还发挥了绘画特长。（3）小组互动有待提升，组员改变不显著。在第一节活动中，组员之间还比较陌生，相互交流较少，大部分组员比较拘谨，在两名较为积极的组员带动下略有好转，组员 G5、G10 的参与度较低，表现出沉默和抗拒。（4）社工须改进准备工作及小组活动节奏。社工在本节活动中的时间控制和调动组员积极性的能力有待提升，如组员在游戏环节用时超过计划时间，社工没能及时推动环节的进程；组员在分享环节较为沉默，社工鼓励大家发言但效果不明显，且组员语言表达惯用长沙方言，社工作为外省人存在不能全面理解之处。

基于以上评估分析，我们提出下节跟进计划：（1）社工在小组开始阶段应努力创造一个可以被组员接受的支持性服务环境，运用"同理心"表现出感同身受的理解，清楚地向组员介绍服务、机构和社工角色，以此抵消组员受压迫经历的影响，鼓励组员表达愿望和选择。（2）改进沟通方式，提升组员参与积极性。第一节的沟通模式以社工为中心呈现链式、轮式状态，组员间沟通较少，在接下来的活动中应通过活动加强组员间的互动，发展全方位沟通模式。（3）小组辅助社工发挥促进、推动作用。充分发挥辅助社工的作用，弥补主导负责社工在经验、临场应变、方言上的不足。（4）关注参与积极性较弱的组员，促进其融入小组。

2. 中期评估及跟进

在这两节小组活动中，我们可以发现：（1）活动目标基本达成。室内的生活经验分享和户外的团队合作共同组成了小组中期发展阶段，在两节活动中，组员充分地进行了互动、交流，奠定了小组互助的坚实基础，组员关系、小组凝聚力及社会支持系统都在此阶段得到了发展。（2）活动内容具有吸引力，组员参与性高。组员们在第一节中曾建议开始户外活动，因此在小组中开展了"平时一个人无心参与"的户外活动，丰富了组员社会生活，为组员今后走出家门、结交朋友增加了可能性。（3）小组互动明显提升，组员行为改变显著。在小组中期，随着小组活动的增多，组员间的互动更加密切，在"走近你，了解你"环节中，组员加深了彼此了解，分享了彼此生活经验，进而建立了相互信任的基础；在"重阳节郊游"活动中，组员们身处拥有自然美景、户外风光的轻松环境，组员们心情愉快，放下了防备并全身心地投入活动，参与度很高，志愿者等角色的参与使老人们能学会与小组外的资源建立关系。（4）工作准备差强人意，仍需提升服务技巧。室外小组对社工筹备、管理能力要求更高，社工在室外小组的准备工作中缺乏与活动相关方的有效沟通，造成活动时间超出预计，午餐等待时间长，对组员身体健康产生不良影响。

据此，我们提出下节跟进计划：（1）提供社会资源，扩大失独老人支持渠道。为组员提供相应社会资源，使其了解在遇到生活问题时应如何解决，向谁寻求帮助。（2）进一步促进组员合作，提升互助解决问题的能力。组员在完成小组任务的过程中加强组员互助、合作能力，使其了解到彼此是可依靠、可共同克服困难、解决问题的互助团体，培养组员们在日常生活中加强联系的意识。（3）开展组员跟进访谈，提供个性化服务。在小组后期逐渐开展组员个别访谈，了解其对小组的看法及自身改变情况，评估是否需要开展其他方面的服务。

3. 后期评估及跟进

小组活动后期成熟阶段，我们发现：（1）小组目标达成情况较好。在团体游戏及策划讨论过程中，组员的亲密度和协作能力有极大提升，建立起了彼此信任、互助的支持网络雏形。（2）小组氛围热烈，组员关系结构稳定。小组活动运作状态良好，组员间更加愿意相互了解、相互合作、相互支持。小组成员在本阶段表现得较为成熟，纪律性很高，彼此之间更信任、更团结。在出席率方面，G5 由于身体原因缺席本次活动，本节出席率为90%。（3）小组活动内涵丰富，组员在参与中有所收获。团体游戏及策划活动不仅仅是为了推动小组进程，而是希望组员通过分享环节能够在活动中有所收获、有所思考，如"心有千千结"团体游戏能使组员了解同伴支持及社会网络的重要，策划活动则为组员们提供今后"抱团养老""互助相伴"的新思路。(4)社工退出领导地位，以支持、协助为主。本节小组活动以组员自身领导为主，社工提供支持，组员自行解决问题、策划活动，不仅团队能力得到提升，还发挥了自身潜能，使组员们获得生活自信心、充实感。

最后一节的跟进计划为：(1)小组总结与离别处理。社工做好小组总结工作，邀请组员分享近期生活改变，安抚小组中的悲伤情绪，并强调即便小组结束，机构仍提供各类服务以满足组员的日常生活需求。(2)巩固小组关系和组员改变成果。通过总结及活动意义分享，社工与组员们讨论自身的改变并分享今后自身发展的可能性，促使组员在小组结束后更好地融入当地社区、更好地适应社会环境。(3)个别访谈，小组成效评估。在小组结束后，约谈个别组员，如小组参与度较低的组员，询问其日常生活的状态及小组对其影响，了解其生活中的其他问题，判断是否开展跟进服务。通过参与者意见表评估小组整体。

4. 终期评估及跟进

小组结束阶段，我们可以发现：(1)目标基本达成。在最后一次小组活动中，通过对往期活动的回顾，加深了组员对整个小组过程的印象；团体游戏的开展让组员加深了情谊、感受了快乐，对未来的期许使得组员对生活充满希望和信心。(2)活动以回顾、分享为主，巩固小组经验。最后一节小组活动以经验总结、分享为主，回顾过去、畅想未来加深组员对生活的认识，巩固了小组活动经验和成果；辅助团体游戏以活跃气氛，缓解组员悲伤的离别之情。(3)组员间互动更加成熟。组员经过几次活动的互动，从生疏、磨合到熟悉，最后发展成良好的合作、互助关系，在小组最后时段组员表现出相互关怀和不舍，组员关系密切到可以在组外相互支持的程度。(4)社工渐入佳境，小组活动组织较好。社工表现愈加专业和规范，能够客观地控制小组组员情绪，专业地结束小组活动并进行评估，小组整体进度与计划相符。

小组结束后，我们可以开展的跟进服务：(1)提供广泛的资源渠道，开展跟进服务。为组员提供后续服务，帮助组员建立资源获取渠道，以便其在今后生活中有能力处理问题，有社会系统支持，生活幸福感得到提升。(2)开展丰富多样的辅助服务。以丰富失独老人社会生活、建立社会支持网络，帮助其走出内心孤苦为目标，在更广阔的社会环境内开展如新年活动、春节联欢等辅助性服务，以巩固小组成员的改变，使其重建社会生活。

（二）小组评估

小组评估是对小组干预或整个小组工作的效果进行信息收集，总结工作中运用的方法，检查介入成果与目标的匹配度，是社会工作者获得小组反馈的手段。小组评估可以帮助社会工作者了解工作过程是否有效，明晰组员的改变，还可以帮助社会工作者总结经验、反思不足进而改善带领小组的技巧。小组工作常用策划评估、监督评估、发展评估、有效性和效率评估四种宽泛的评估方法收集小组过程或结果资料。① 本文利用过程记录表、访谈资料、问卷三种收集资料的工具，采用监督评估、有效性评估两种方法，对"伴你同行"互助小组开展过程评估和结果评估。过程评估中，我们关注小组互动、小组特点、小组功能等方面；结果评估中，我们着重组员个体或小组整体的改变以及目标的达成情况。

1.小组过程评估

过程评估是对介入过程的监测，全面记录小组进程，关注各阶段如何开展并怎样促成最终的介入结果。在过程评估中，过程记录表和访谈资料是重要的评估材料，通过对组员表现的观察和组员的自我表述，我们可以发现小组变化并适当修改小组计划，反思小组进程中的优劣。小组过程各阶段描述中均有对其目标达成情况、活动适合度、组员互动情况及社工表现进行反思评估，笔者通过提炼汇总，以更直观、全面的角度对小组进行过程评估，见表4-9。

表4-9 小组总结性过程记录

活动节次及参与人数	组员变化过程	阶段性目标达成情况
第一节（10人）	组员间比较陌生，气氛相对尴尬；破冰游戏和绘画让组员产生了些兴趣，有些组员对这种新颖的集会感到好奇，个别组员仍然沉默，参与游戏的配合度不高	完成了组员相互认识，澄清小组期望的目标。但组员彼此交流还不多，小组关系较弱
第二节（9人）	组员熟悉小组环境，参与小组游戏的积极性更高，能够在社工的引导下完成小组任务；在分享环节有些拘谨，需要社工引导	组员由于身体原因缺席1人，其他组员完成了小组活动，在处理生活问题的能力上有所提升

① 特斯兰. 小组工作导论(第五版)[M]. 刘梦, 译. 北京：中国人民大学出版社, 2010.

续表 4 – 9

活动节次及参与人数	组员变化过程	阶段性目标达成情况
第三节（17 人）	在游玩的过程中，社工和志愿者会与各组员沟通、闲聊日常，组员比以往更为健谈，还有组员讲述个人以往经历，组员间也能良好交流，共同完成小组任务；组员更喜欢户外活动，气氛很好	组员在娱乐活动中完成小组任务，既愉悦了心情又有了良好的合作，达到了丰富社会生活的目标，为在组外主动参与社会生活奠定基础
第四节（10 人）	组员熟悉度大幅提高，提前到达活动场地进行交谈，闲聊分享各自生活。在小组讨论过程中，由组员自己主持，讨论逐渐升温，气氛活跃	组员在完成任务时能分工合作，共同解决问题，达到了提升社会生活能力的目标
第五节（10 人）	组员得知本节是最后一节活动时略显失落，但通过分享经验、体会，组员对自己的未来更加期盼，更有面对社会生活的信心；组员相互鼓励，有的组员流下了眼泪	组员在分享中相互鼓励相互安慰，建立起互助的社会支持系统，建立了对未来生活的信心和期待，积极性提高

生命模式视角重视小组互动、小组环境及小组活动对组员的影响，本案例不仅在小组介入中关注组员关系的建立及小组环境的营造，在评估过程中也将人与人之间、环境与人之间的互动作为重点。

2. 小组互动模式评估

在小组的整体氛围和每节小组过程中，组员都经历着从生疏到熟悉的变化。所以从第二次活动开始在每节小组开始之时，社工均通过带领组员回顾上节活动内容来恢复组员间的互动。组员在小组活动过程中的变化是十分显著的，有些组员本就较为开朗，只是在失独的标签下不愿轻易表露自己，在同质性群体中，他们能相互理解，对彼此信任度高。组员 G1、G2 在小组中有不可小觑的榜样、示范作用，她们虽然也经历过失子之痛，但个人社会生活能力较强、社会资源丰富，积极以自身社会经验帮助其他组员，组员在他们的热情帮助下逐渐打开心扉，接纳并主动参与小组活动，树立了生活信心，建立起互助关系，失独老人个人的组织、领导、人际交往和生活能力明显增强。图 4 – 1 展现了小组过程中，组员与社工、组员与组员间的沟通模式变化。

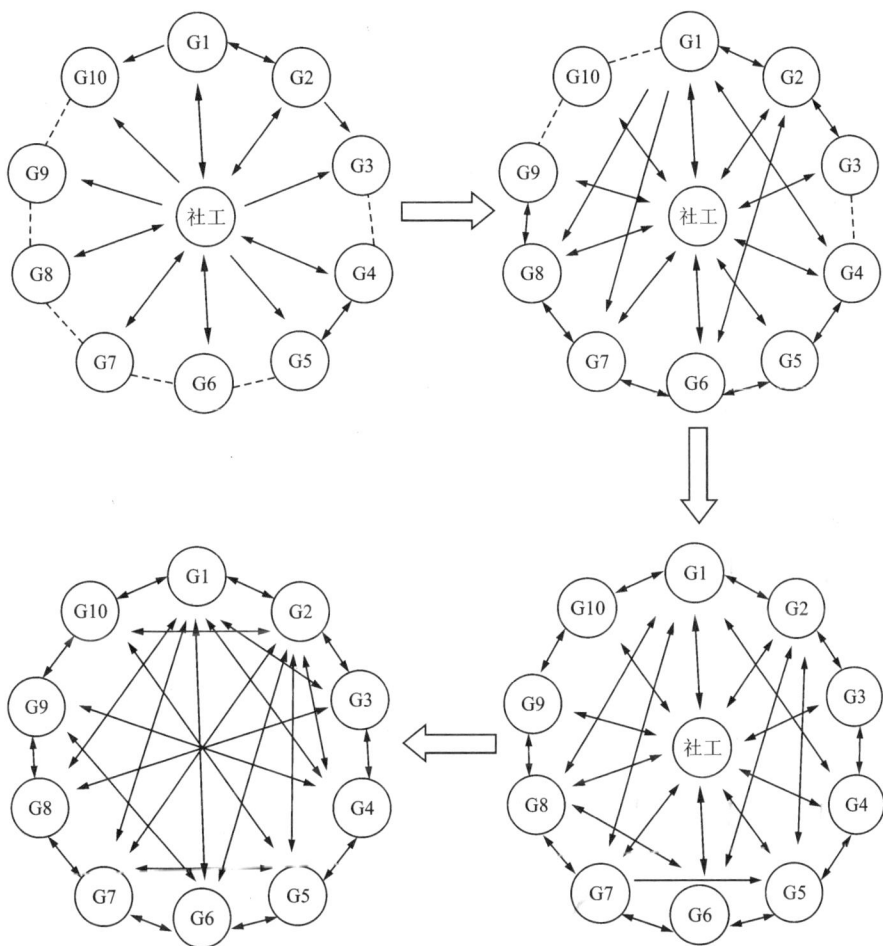

图 4 – 1 小组沟通互动模式过程变化

在初期开展阶段，以社工为中心，沟通以轮形模式为主，组员间交流较少；在中期发展阶段，社工仍在推动小组沟通的进程，沟通模式以轮形为主，组员间发展成局部链形的沟通；在后期成熟阶段，社工逐渐退出主要沟通位置，沟通模式呈轮形、环形并向全通道式发展；在终期结束阶段，社工退出沟通互动中心，每位组员都能参与到沟通、分享之中，初步形成全通道沟通模式。

3. 小组特点评估

关于组员构成，10 名小组成员均为 J 街道失独老人，平均年龄 65 岁，其中 8 名女性、2 名男性，性别构成差距较大，男性组员参与的融入程度和互动深度都明显低于女性组员；组员招募以自愿参与为主，2名老人是由社区介绍参加，2名老人在家人、朋友的带动下参加，成员的选取符合小组介入对象和目标的要求。关于小组性质，本小组为支持性小组，主要任务是促进组员间的关系建构。组员在团体游戏、生活分享、户外郊游、任务完成、互动交流中形成了良好的相互关怀、相互支持的社会关系，他们为彼此提供了生活经验分享、精神慰藉、结伴娱乐、协助解决问题等支持。关于小组环境，社区支持、场地、时间等小组外部环境设置既符合老年人身体心理特点，又能保障小组的顺利开展，室内小组活动场地安全、保护组员谈话隐私、设有无障碍设施，室外郊游场地景色优美，游玩体力消耗少；小组内部环境，如小组气氛、小组互动、组员关系等方面，社工在每次活动中都积极营造开心、温暖的气氛，利用转移组员注意力、安慰等方法缓和低沉的气氛，使组员在小组中感到轻松、舒适，便于组员坦露真实情感。

4. 小组活动评估

本文小组活动设计注重目的性和参与性，为实现小组功能及目标奠定基础。小组在初期、中期两个阶段活动以生活事件、经验分享为主，组员能够在讨论中表达对失去子女后生活的感受，建立起相互理解和信任的关系；在中期阶段的室外活动中，组员通过充分地自主交流，相互了解，建立起互助支持网络；在小组后期及终期，组员通过团结协作完成小组任务，提升共同解决困难、处理生活问题的能力。小组活动内容吸引组员参与、活动形式符合老年人特点、活动层次逐步加深，小组活动作为载体，有目的性地开展以实现深层的小组目标，最终推进组员建立互助关系，丰富了社会生活，使其适应并有能力处理作为失独老人的社会角色及其社会生活问题。

5. 小组结果评估

结果评估是在小组最终结束阶段，采用有效性评估方法对小组目标实现程度进行评估（见表4-10）。经过5次小组活动，社工按照小组工作计划完成所有内容及各项任务，在小组成员自愿参与的基础上鼓励组员积极参与各小节活动，保障组员出席率，基本实现小组预定的主要目标。

调查通过访谈组员，了解其在参与小组后的改变，评估小组介入过程对其社会生活问题的解决程度即社会生活参与度、社会支持状况、社会交往范围及能力、社会适应改善程度。

表 4 – 10　小组目标达成情况分析

评估项目	预定目标	评估方法	达成情况
出席率	每节活动出席率达 90% 以上	出勤表	出席率 94%，完成目标
目标达成	积极参加小组活动，组员收获快乐	观察	开展户外郊游及若干小组游戏，组员们积极参与，感到快乐
	组员间建立良好互动关系，加强彼此联系	观察	所有组员均能较好地与彼此交流，男性组员稍微有些不善言谈
	提升处理社会生活问题的能力，建立信心	访谈	极大提升了组员对未来生活的信心，分享交流使其感受到有很多同伴的帮助，减少空虚孤独
组员意见	组员满意度达 90% 以上	反馈表	达成，见表 4 – 11

（1）组员社会生活参与度提高。通过丰富的社会活动，吸引组员参与，激发其参与兴趣，增加组员参加组外活动的可能性；在小组信任、安全的环境中，组员可以放下戒备参与活动，在实践中提升参与能力，不再担心、畏惧社会生活；在小组活动中，组员丰富了空虚、孤独的日常生活，对未来充满期盼，向往并主动参与其他形式的活动。

　　小组开展的活动我都有参加，还叫上我爱人一起去爬山，我觉得这个形式非常好，希望多搞点活动，我们失去亲人以后，一天到晚没得事干，感觉苦恼，大家聚在一起，快乐一点，还好一些。感谢社工、互助组为我们提供这么好的生活，我们要活在当下，快快乐乐过好每一天。（G2）

　　我的情况还有一些不同，我就是一个人，退休之前每天要上班还比较充实，退休之后就是孤零零的一个人，经常很失落，无所事事。自从参加了小组活动，有与其他组员微信联系，能够经常策（聊天），精神上就痛快些，没得那么孤单、寂寞，对于我们这种家庭的人特别地受益，希望普遍开展活动，对我们进行精神上的慰藉。（G6）

（2）组员社会支持网络得以强化。小组的开展使组员认识到自身是"失独者"但并不孤单。本小组是支持性小组，重视组员间互助体系的建立，组员通过团体活动、生活分享、任务共担等建成相互信任、相互关怀、相互支持的紧密团体。在组外，社工积极链接社区公共服务中心、卫生所、商店等资源，为组员乃至街道内的其他失独群体提供便民服务、绿色通道、价格优惠等服务。组内的互助系统和组外的社会资源整合为失独老人提供了情感性支持和工具性支持。

> 小组开展这么久以来，大家都感到比较温暖，开展了一些活动，我们这些人都是孤独的人，社工和小组成员比较关心我，经常打电话询问有什么困难需要帮忙，有些我们想不到或不好意思说的，小组社工会主动提出，有问必答……（G7）

> 我们成立了互助组，大家就像一个大家庭，家庭成员要是有困难需要帮助的，我们就可以向互助组寻求帮助。我生病患上了面瘫，互助组的几个人上门看望我，心里觉得很感动，不是说送了什么东西，关怀和爱护比什么东西都重要一些。一想到这，心情就好激动，感到好温暖，互助组就是我们的家，是我们的精神支柱。（G9）

（3）组员社会交往范围扩大。参加小组活动后，组员走出自己封闭的世界，交往范围扩展至社区内同质性群体，收获了更多的友谊。在郊游活动中，志愿者、社区医生与组员开展积极的互动，并为组员提供组外的陪伴、就医等服务，创造更多的交往机会。参与团体游戏和分享生活使得组员的交往能力有所提升，从在小组中被动地接受问答，到分享生活事件，再到关心其他组员并与其他人主动交谈，心理上的信任和被理解的安全感使组员不再畏畏缩缩地欲言又止，而是大方地表达心中所想，结交能够相互理解、相互安慰的朋友。

> 我原来就爱结交朋友，也想把我们这个群体组织起来，相互结个伴儿，但是我能力有限，也不知道怎么去联系更多的朋友。自从小组成立以后，这些小伙子、小姑娘（社工）利用专业的方法为我们这一群体开展了很好的服务，让我们建立了联系，能够更广泛地团结起来，让我们重新感受到了温暖和关爱，谢谢他们。（G1）

> 一开始我是不愿意来参加这个活动的，社区小王和社工总找我，要我来。这之前我是难得出门的，不愿意与人交往，但在这里都是一样的人，他们说什么我都懂，我们的心是一样的，G1大姐对我还蛮照顾，时间长了我发现我也爱跟他们一起玩。（G10）

(4)组员社会适应能力提升。在生活经验分享环节中，组员诉说自身是如何适应并应对失独后的生活，为其他组员适应今后生活、应对生活问题提供了参考。组员在小组过程中逐渐接受自身"失独"的事实并不如以前那般"不愿谈及"，适应了"失独老人"这一社会角色。组员在相互交往中认识到自身有能力应对未来生活并打开心结主动去接触社会、适应社会变化。

> 我一直不愿承认我崽就这样没了，有一段时间我和我老婆天天去他单位找领导，让他把我的崽还给我。年纪大了没办法，没了孩子在身边什么都不顺畅……陪我老婆参加这个活动后，我也挺有感触，除了孩子，还可以靠国家、靠政府、靠这些伙伴们一起面对生活。日子还是要过的，我们就好好地过下去，让他(儿子)也放心。(G5)

在小组"参加者意见表"调查中，小组成员对自我认识、小组活动以及小组社工的工作表现等方面的评价均值都很高(小组满意度评估结果见表4-11)，由此可见，组员对小组的认同度较高，小组活动对组员参加社会活动、建立社会关系、适应社会环境具有积极意义。

表4-11 小组满意度评估

	N	极小值	极大值	均值
1. 我喜欢参加此小组活动	10	4	5	4.6
2. 我认为小组可达致目标	10	3	5	4.4
3. 我满意小组的时间编排	10	4	5	4.6
4. 我满意小组活动内容	10	4	5	4.7
5. 我能在小组中表达观点	10	4	5	4.4
6. 我能在小组中感受快乐	10	4	5	4.8
7. 我能在小组中交到朋友	10	4	5	4.7
8. 我觉得小组经验有意义	10	3	5	4.4
9. 我能在小组中习得新知识	10	3	5	4.3
10. 我满意工作人员的工作表现	10	5	5	5

5. 小组总结

在J街道和各社区的大力支持下，我们开展了此次小组活动，虽然前期准备工作很漫长、艰难，但小组活动也取得了一定成效。首先，通过小组活动的开展，部分失独老人群体聚集起来，他们面对相似的生活问题，能够更好地建立相互信任和理解的关系，在同质性群体的支持下，能够更好地面对今后生活中的困难。其次，通过丰富多彩的小组活动，失独老人能够更广泛地参与到社会生活中，小组内部的游戏互动、人际交往、户外郊游为老人今后的社会活动产生示范作用，增加了老人对今后生活的信心和期盼。最后，小组活动的开展，帮助失独老人了解社会工作方法和理念，鼓励他们在遇到生活困难时能够向社会工作机构寻求帮助，为社会工作服务 J 街道和失独领域打下了坚实的群众基础。

尽管小组活动顺利完成，但在小组活动开展过程中仍存在一些问题需要反思。从小组成员构成上来讲，组员女性居多，男性组员表现有些不自然，且组员中有一对配偶，在活动过程中会相互影响，不利于组员表露真实想法。从小组设计方面看，小组过程共 5 节，用时 5 周，介入时间相对较短，且缺乏在小组外进行跟踪和评估。在小组活动开展过程中，组员有流动的情况，有的组员会缺席，有的组员则带来了配偶，虽然这种情况只出现了一次，但组员需要重新熟悉，重新建立关系，对小组产生了一些影响。从小组环境设计方面来讲，社工考虑组员的年纪特征，小组活动比较单一，而组员反映不希望总在室内进行分享，因此社工对小组环境进行调整，增设的"重阳节郊游"活动，既符合重阳节的节日意义，又符合老人外出游玩的需要。从小组工作者角度来讲，社工虽有小组带领的工作经验，但社会阅历尚浅，对失独群体的"同理心"和安慰的话语缺少说服力，且社工比较年轻，容易使老人们想起已逝的子女，产生伤感情绪。从小组评估方面来讲，社工主要采用观察法、访谈法和问卷法，通过观察组员参与活动的行为改变、小组活动满意度评估表的分析等方面对小组进行评估，并没有运用到专业的行为量表对组员参与社会生活、社会交往等方面进行测量，缺乏专业性的评估。

八、相关知识点链接

(一)杰曼和吉特曼的生命模式理论

20 世纪 70 年代，杰曼和吉特曼(Germain & Gitterman)用生态概念阐述美国人际社会工作，进而提出生命模式(life model)。生命模式又称"生活模式"，是运用生态视角的重要干预方式。它认为，人们相互依赖并与环境相互影响、相互依存，人与生俱来便有与所在环境和他人互动的能力，人与环境之间的互动是交互性适应(reciprocal adaptation)。[①]当社会问题产生,社会环境随之改变,人们与其所在环境的交互性适应可能性降低。在生命模式视角下,社会工作的目标是增强人们与其环境之间的适合度,充分考虑环境对个人的影响,干预生活空间,并通过减轻人们生活压力,增加其个人和社会的资源,使其能够利用更多更好的应对策略和影响环境的力量以满足需要,进而提高人们对其所处环境的适应度。[②]

针对社会工作介入失独老人社会生活问题,生命模式聚焦于失独老人与环境的关系,社会工作者要在失独老人所在的自然环境与情境中去理解他,了解失独老人生活中的事件、转变及压力,分析是环境中的何种因素干扰了老人们与环境相适应。社会工作者以改变失独老人社会生活环境为切入点,以增进失独老人个人能力为目标,加强建立社会支持网络,增进失独老人社会参与,进而增强个人与环境间的调度度。通过创造一个老人可接受的支持性服务环境、帮助老人转移生命压力和平复创伤、发展其个人与集体的力量,帮助其融入社区和社会,重建生活。

(二)家庭生命周期理论

"生命周期"(life course)这一概念源于生物学,指生物体从出生到成长、衰老直到死亡所经历的各个阶段和整个过程。与个人的成长相同,家庭也具有成长、发展的自然变化过程,一个家庭以夫妻关系的正式确立为诞生标志,直至夫妻二人的相继死亡而解体。学者以普通标准家庭为例,根据家庭成员的互动关系和任务要求将家庭生命周期分为八个阶段,即家庭形成期、子女学前期、子女学龄期、青少年家庭期、子女独立期、家庭调整期、中老年夫妇期和老年家庭期。随着家庭生命周期的过渡,家庭结构和家庭规模也随之变化,家庭成员在家庭发展的不同阶段会呈现出不同的互动关系及需要,家庭在每个阶段都会面对不同的任务。家庭生命周期理论认为,家庭成员在每个阶段完成生命任务的情况会影响家庭向下一个阶段顺利过渡,每位家庭成员均需为适应新的角色和新的任务而做好准备,而两个阶段的过渡期往往是家庭最脆弱的时期,是家庭事件的多发期,意外的生活事件或社会环境重大变革都会导致家庭生命轨迹的偏离,造成家庭成员不能很好地与其社会环境相适应,导致社会交往和社会生活出现问题。

---

① 何雪松.社会工作理论[M].上海:上海人民出版社,2007.
② 派恩.现代社会工作理论(第三版)[M].冯亚丽,叶鹏飞,译.北京:中国人民大学出版社,2008.

九、推荐阅读文献

1. 派恩. 现代社会工作理论(第三版)[M]. 冯亚丽，叶鹏飞，译. 北京：中国人民大学出版社，2008.

2. 迪特里克. 老年社会工作：生理、心理及社会方面的评估与干预(第二版)[M]. 隋玉杰，译. 北京：中国人民大学出版社，2008.

3. 周伟，米红. 中国失独家庭规模估计及扶助标准探讨[J]. 中国人口科学，2013(5).

4. 李茜. 社会工作视角下失独家庭互助行为模式[D]. 成都：西南财经大学，2013.

5. 孙鹃娟，梅陈玉蝉，陈华娟. 老年学与老有所为国际视野[M]. 北京：中国人民大学出版社，2014.

十、讨论题

1. 如何理解失独老人生活重建的本质。
2. 如何理解生命模式理论对生活重建具有指导意义。
3. 论述小组工作介入失独老人生活重建的主要方法、过程及效果。

案例五：寻找生命之光

——老年丧偶危机介入

陈立新

一、背景介绍

（一）基本情况

张奶奶，年龄77岁，一个月前由于老伴因病去世而成为独居老人，没有固定的收入来源，居住在比较偏远的农村地区，与周围居住的邻居相距较远。房屋面积是三室两厅，有三个儿女，但是一般情况下都是独自一人生活，过节时才会有人来串门。老人在几年前不幸摔跤之后，身体受损，加上年轻时辛苦劳累，一直务农，导致双腿行动不便，外出行动要依靠拐杖才能进行。张奶奶双眼有高度近视，需要佩戴高度近视眼镜，双耳也呈半失聪状态，需要依靠助听器才能进行交流，因此张奶奶经常会有悲伤、落寞、空虚和忧虑等负面情绪。

（二）家庭情况

张奶奶有三个儿女，其中大儿子结婚之后就居住在外地，二女儿和三女儿都已经嫁出去多年，她们都生活在不同地区。张奶奶在其丈夫去世之前，一直都是两老相依为命，而在丈夫去世之后，张奶奶一般都是一个人生活，只有在过节的时候儿女才会回家看望她，并且给予一定的经济资助，这些经济资助也是张奶奶最主要的经济来源。张奶奶内心的伤痕得不到弥补，老伴去世带来的伤痛，一个人生活的不习惯，导致她经常呈现出郁郁寡欢的状态。

二、案例分析

（一）服务对象面对的问题

1. 个人问题

（1）身体方面。由于服务对象（张奶奶）年纪较大，腿脚不太方便，生活上有诸多不便，平时日常生活用品的采购均需别人的帮忙才能完成。在老伴去世之前，服务对象的身体各方面都还很正常，但是在其老伴去世之后，服务对象茶饭不思，导致身体变得越来越差，平日就只是待在家里不做事。

（2）精神方面。由于老伴的去世，服务对象受到了巨大的精神打击，时常怀念老伴去世之前的好，在做一些重活、遇到难处的时候，服务对象常会陷入痛苦之中，认为自己什么都做不好，无法忍受一个人的孤老生活，认为自己活在世界上毫无意义，有想随老伴死去的消极想法，精神一度处于崩溃的边缘。

2. 家庭问题

虽然服务对象有三个儿女，但他们都分布在不同的地区，每个人都有自己的核心家庭，而他们又由于工作的原因，很少有时间能回老家去探望服务对象，平日里只能通过手机这一通信工具来进行交流，并且交流的时间很少。

以前服务对象与老伴相依为命，现在就只剩下服务对象一人，独居无伴。因丧偶而带来的孤独和伤心，使服务对象产生孤寂、落寞、忧郁等一些消极情绪，因此经常会有轻生的念头。

3. 社会问题

（1）随着中国社会文化的变迁，大家庭逐渐解体，核心家庭成为社会生活的主体结构，因此一旦年迈的夫妻中有一方过世，另一方就成了独居老人。

（2）社会对老年人有独特的政策照顾，但主要是针对老人的基本生活需求和物质需求给予经济补助，而忽视了老年人精神方面的需求。

（3）现阶段，邻里关系已不像以前那样亲密，人们越来越注重私人空间，很少与周围人交流，这也是造成服务对象寂寞孤独的一个方面。

（二）理论的运用

危机介入的方法是解决服务对象问题的第一步，运用优势视角理论，发掘服务对象的优势，帮助服务对象走出因丧偶带来的忧虑和伤感等负面情绪。采用社会支持理论，建立良好的社会支持网络，健康和谐的社会环境是促进服务对象解决问题、实现人生价值的重要保障，使服务对象不仅能得到物质上的帮助，还能得到精神上的慰藉。社会工作者应协助服务对象寻找一切可能的资源，并利用起来，用直接和间接治疗相结合的方法来开展社会工作，注重服务对象内心情感的变化，同时也不能忽视服务对象所处的家庭条件和生活环境，最后达到解决服务对象问题的目的。

三、服务计划

以危机介入的方法进行服务，改变服务对象的消极思想，使其走出阴霾，树立新的生活态度。首先，与服务对象的邻里沟通，用邻里的温暖抚慰老人，并让服务对象认识到不能跟着老伴去死，认识到自己的价值，不能随便放弃生命。其次，延伸服务，以老年人增权工作理念，增强服务对象的社会地位，使其感受到自己的人生价值和社会价值。

（一）及时处理，积极对待

老伴的去世给服务对象带来很深的心理阴影，造成的危害性极大，使服务对象产生了严重的心理问题，身体状况也是每况愈下，因此需要社会工作者及时接案、尽快处理。危机介入的首要目标是以危机的调适和治疗为中心，尽可能地降低危机造成的危害，避免不良影响的扩大。在此案中，服务对象处于迷茫无助、失去生存希望的状态，因此在危机介入时首先应与服务对象尽快沟通，让服务对象认识到生老病死是自然规律，树立正确的人生观念。

（二）提供支持

社会工作者在帮助服务对象面对和处理危机时，要充分利用服务对象所拥有的资源，包括亲友支持和家庭支持，为服务对象提供必要的支持资源。首先，社会工作者要与服务对象的子女沟通，让子女认识并意识到服务对象的艰难处境，多关怀服务对象的内心，要多陪伴服务对象，让服务对象感觉到自己生活的意义，使其走出阴霾，寻找自己的生活乐趣。其次，由于服务对象长期居住在农村，邻里也可以成为服务对象的支持资源，邻里之间多走动，平日里相互帮助，加强联系。近邻往往是独居老人的重要支持力量。

（三）重振生存信念

危机的发生使服务对象产生情绪不稳、身心受伤的状况，社会工作者首先应该了解服务对象的想法，帮助服务对象着手解决危机，使其恢复生存的信念，利用增能的方法来让服务对象恢复自己的社会功能，为服务对象寻找自己的爱好和兴趣，让其将生活重心转移，将注意力从老伴的去世中转移到自己的新生活中，从而让服务对象从悲伤的情绪中走出来。

（四）发挥社会功能

服务对象在危机产生过后，自主能力下降，身心受损严重，社会工作者应该帮助服务对象树立新的生活态度，增强自主能力，发挥社会作用。因服务对象长期生活在农村，对农村的各种事物都比较熟悉，所以可以从这一方面出发，发挥出服务对象的特长，使其积极参与村里组织的活动，让村民们能够组建成一个互帮互助的群体。

四、实施服务计划

（一）第一阶段：直面危机、系统脱敏

1. 初步接触

在社会工作者第一次接触服务对象时，服务对象正处于丧偶的悲痛中，这时候，社会工作者的理解和安慰是走进服务对象内心的第一步。

2. 整合资源

服务对象有三个儿女，社会工作者积极与其子女进行交流，对其表明服务对象现处的困境，需要儿女出一分力量。丧偶会给老年人的晚年生活带来重大的打击，所以社会工作者嘱托子女要经常看望服务对象，多与其进行交流，帮助服务对象走出悲痛。除此之外，社会工作者走访了服务对象的邻居，与其邻居进行交谈，俗话说"远亲不如近邻"，因为近邻往往能让服务对象感受到身边的温暖。

3. 系统脱敏

服务对象在丧偶之后感到悲伤和孤寂，家庭环境对其来说产生了重大的变化，服务对象常常因为无法处理一些事情而产生消极的想法，因此常怀念丈夫去世之前的事情，从而走进了悲伤的死循环。社会工作者在与服务对象会面几次之后，与其产生了亲近感，从而得以进一步引导服务对象认识到生老病死的规律，生离死别总是无法避免的，是人生必然的阶段。让服务对象接受老伴比自己先走的事实，避免让其陷入痛苦的回忆中，辅助服务对象控制悲伤的情绪。

4. 第一阶段总结以及下一阶段的目标

社会工作者帮助服务对象从危机中走出来，重新树立积极的生活态度。在

第二阶段,社会工作者应该帮助服务对象发掘自己的兴趣和爱好,让服务对象转移注意力,注重自身能力的挖掘。

(二)第二阶段: 发掘兴趣、自我增能

(1)社会工作者通过进一步与服务对象的交流,发现服务对象平时的兴趣就是与邻里一起在家里看乡村剧场。社会工作者组织服务对象和周围邻居开展了一场会议,谈谈彼此的兴趣爱好,发现他们平时除了在家做家务之外,闲来无事的时候一般都是独自看电视,于是社会工作者提出让他们经常聚在一起,大家一起看剧比独自在家看会更热闹一些,大家也欣然接受了这个建议。

(2)鼓励服务对象参加各种活动,比如打桥牌、唱红歌等,村子里大多数都是五六十岁的人,他们的兴趣爱好大多相同,因此也有共同的话题。社会工作者走访了村里的养老院,发现院里老人们大多是参加唱歌、看戏等娱乐活动,于是鼓舞服务对象走出家门,与养老院里的老人们多来往,以此排遣寂寥和孤独。

(三)第三阶段: 增权

服务对象在村子里居住时间很长,其在老伴去世之前在村里一直担任着村干部,对村里的事物了解得比一般人都多,服务对象在村里的名声威望也比较大,因此村里的干部在登记村民信息时会经常找服务对象帮忙。服务对象一开始陷在自己的悲痛中,不是很乐意帮助村干部来进行调查,社会工作者通过第一阶段的情绪疏导,让服务对象渐渐走出回忆,通过第二阶段兴趣爱好的发掘,让服务对象的性格渐渐变得开朗起来,于是在这个时候,服务对象因能够为村里做出贡献而感受到了自己存在的意义。

渐渐地,服务对象走出了丧偶的阴霾,朋友和亲人的关心填补了这一颗孤寂和悲伤的心,她为村里做了自己力所能及的事,找到自己存在的意义,服务对象的生活又开始充满了希望和爱,因此社会工作基本结案。

五、案例评估

(一)目标达成情况评估

服务对象变得开朗了许多,与养老院的老人们打成了一片,经常与他们一起看戏、打牌,她的子女也经常打电话来慰问。一年后,在社会工作者来进行回访的时候,服务对象正与好友在家里看电视,大家在一起边看电视边聊天,

偶尔还模仿电视里的情景来开玩笑，服务对象已不再是满面愁容，而是满面春光。

由此可见，服务对象已从丧偶的悲痛走了出来，并且发现了自己的人生意义，与很多人结交成了好朋友，参加村里娱乐项目的次数也越来越多。因服务对象乐于帮助别人，在村里树立了一定的威望，人们也尊称她为"张大姐"。

（二）社会工作者评估

社会工作者在服务过程中与服务对象建立了良好的关系，运用专业的社会工作方法和技巧达到了助人自助的目的，根据服务对象的特殊情况采用了优势视角理论和社会支持理论等方法来进行服务，帮助服务对象解决了危机，实现了价值，得到了服务对象的认可。

（三）服务对象的评估

在进行回访时，服务对象表示自己现在的生活很幸福，重新认识到自己的生存意义，接受了生老病死的自然规律，与亲人、邻居的关系也变得更加亲密。

六、专业反思

社会结构的变化使空巢老人变得越来越多，除了空巢老人之外，孤寡老人和独居老人也成为社会上经常存在的现象。人在晚年失去相濡以沫的老伴而成为独居老人是一件让人非常痛苦的事情，甚至有一部分人忍受不了悲痛而去自杀，这是老年社会工作中常会遇到的事情，这个时候社会工作者的危机介入是十分必要的，解决危机带来的伤害、帮助服务对象缓解心理和情感上的压力是刻不容缓的责任。大家庭的解体和核心家庭的转移是老人孤独感产生的社会原因，尊老爱老和养老抚老是中华民族的传统美德，人们对于养育自己的父母都有不可推卸的责任，适时地表达关心和爱护，一通电话、一声问候、一次看望等这些在后代看来是一些微不足道的事情，都会是独居老人生存的力量。在老年社会工作中，社会工作者应该注重老年人的内心需求，不论是精神需求，还是物质需求，都是需要社会工作者去进行深度的探求和发现的，是社会工作者的使命。

首先，社会工作者在对服务对象进行专业帮助的时候，一是应该耐心地倾听服务对象的诉说，鼓励服务对象把内心的痛苦和烦闷都诉说出来，以得到精神上的支持和慰藉。二是要关注服务对象身边的资源，家庭和朋友都会对服务对象身心状态产生重要的影响，生活环境是服务对象身心变化的重要影响因素，营造一个舒适、愉快的环境有利于服务对象转移注意力走出危机。社会工作者应该鼓舞服务对象积极参加社会活动，多在外面走动，创建自己的朋友圈，寻找自己的兴趣和爱好。

其次，社会工作者在进行服务时，不仅要知道服务对象的需求，而且还要结合服务对象的自身状况，在实施方案的时候充分考虑服务对象的参与程度，结合科学的社会工作方法来开展工作。在服务对象处于不同的阶段时，要采用相应的社会工作方案，只有对症下药，才能解决问题。

最后，社会工作者应该要有一双善于发现的眼睛，发现服务对象的症结所在、发现服务对象的需求、发现服务对象的优势、发现服务对象的进步。丧偶老人往往在内心会受到极大的创伤，这个时候，社会工作者不仅应该注重服务对象所面临的问题，而且要看到服务对象的优势，本着助人自助的社会工作理念，让服务对象能够自己走出悲伤，发掘人生意义。全社会也应该对老年人更加重视，构建完善的社会服务体系，重视老年社会工作的开展，给予一定的经济支持和社会支持。这是促进社会文明进步的重要一步，也是构建健康和谐社会的重要条件。希望全社会都能够积极关注老年工作的发展，关爱社会上的孤寡老人。

案例六：卸下忧虑，敞开心扉

——压力之下的老年人个案研究

谢冰清　邱晓洁　雍昕

一、案例描述

（一）背景分析

1.个人基本资料

L阿姨今年74岁，是一位退休工程师。家中一共七口人，丈夫77岁，是一位省政府法制办的退休老干部。女儿患白血病20余年，经过治疗，病情已经得到了控制，一直未成家，目前在距离市区不远的一家理疗店做理疗工作，平时很少回家。儿子因年轻时没有分配到一份好工作而受到刺激，患有轻微的精神分裂症，情绪不稳定，一直处于无业状态，日常生活基本可以自理，但是平时足不出户，不与外界交流。儿媳妇年少时脑部曾受过重创，思维较为迟缓，精神状态不太稳定，对教养孩子不热心，与公婆相处懒于家务，目前在社区美发店上班。孙子今年5岁，在社区附近幼儿园就读。孙女3岁，暂未上学。

2.社区基本资料

L阿姨所居住的小区为我国北方某省会城市的一个省委社区，建造的时间较早，老年人口占小区总人口75%以上，受教育水平相对较高。社区内基础设施较完善，并建立有相应的老年人活动中心。居民关系较为紧密，相处融洽，对彼此的家庭基本情况较为了解，能够形成一种互帮互助的社区氛围。

（二）问题及需求分析

问题及需求内容见表 6-1 所示。

表 6-1　问题及需求分析

社会工作者评估服务对象所需要解决的问题（按优先次序排列）	服务对象自我评估需要满足的需求（按优先次序排列）
1.纾解案主的情绪问题，减轻其心理压力； 2.改善家庭成员之间的关系，促进沟通，减少家庭矛盾，恢复家庭功能； 3.促进案主人际交往及社区融入，建立社区、社区居民等非正式社会支持网络； 4.缓解家庭经济负担，提供实质性的物质援助； 5.改善案主的家庭卫生情况，创造良好的生活环境	1.改善儿子与儿媳之间的关系，并缓和由此引发的家庭矛盾的需求； 2.改善家庭经济状况，获得经济支持，减轻家庭经济负担的需求； 3.结交同龄朋友，融入社区生活的需求； 4.改善家庭卫生环境，减轻家务劳动的压力

二、案例人物

1.案主

L 阿姨

2.案主的家庭系统

L 阿姨的丈夫；儿子及儿媳；女儿；孙子及孙女。

3.案主的支持系统

（1）正式支持系统：社会工作者；社区组织工作者；基层政府工作人员（社区居委会及行政人员）。

（2）非正式支持系统：案主家庭成员；小组成员；社区热心人士；案主邻居。

三、社会工作者的角色

在此次服务的开展中，社会工作者主要扮演如下四种角色（按主次顺序依次排列）。

（一）服务提供者

社会工作者首先是向服务对象（案主）提供服务的人。服务的提供主要包括心理辅导、物质帮助、劳务服务、政策信息的提供等。在本次服务的开展中，社会工作者为 L 阿姨提供了情绪支持，纾解其情绪问题，并协助其成功申请低保，为其提供了物质帮助，在一定程度上缓解了家庭经济压力。

（二）支持者

在提供服务的过程中，社会工作者不但要为服务对象提供直接服务或帮助，也要鼓励服务对象在可能的情况下自强自立、克服困难、自我决策，即"助人自助"。因此，社会工作者应该成为服务对象积极反应的支持者、鼓励者，并应尽量创造条件使服务对象自立或自我发展。在本案例中，社工在为 L 阿姨提供情绪支持等直接服务的同时，鼓励 L 阿姨积极参与社区小组活动，主动与他人沟通交流，促进其自我发展，增强其独自面对和解决问题的信心与能力。

（三）资源链接者

社会工作者通过社会服务机构与制度，对社会资源与机会进行有效的分配，建立资源网络。在社会生活中，社会资源是有限的，同时由于生活环境的限制，人们往往不知道其周围存在什么资源，哪些资源可以为己所用。社会工作者将社会与提供资源、服务的系统之间建立必要的联系，引导人们使用这些资源与服务，使案主在需要时能够充分利用资源网络，满足其需求。在本案例中，社会工作者作为 L 阿姨和社区手工小组、社区居委会、家政公司之间的中介力量，为需求方（L 阿姨）和资源提供方（小组、社区、家政公司）建立了紧密联系，实现了资源链接与整合。

（四）教育者

社会工作者提供信息与机会，使社会成员更有效地发挥自身的社会角色并预防问题和困难生活情境的发生。社会工作者根据案主对社会适应性的需要，以他们易于接受的方式，提供各种信息，教授或帮助其学习特定的社会生活技能，其中包括使受助者维持和改善生存条件的基本技能、解决社会生活中各种问题的方法等。在此次服务的提供中，社会工作者通过教授 L 阿姨相关的情绪管理技巧和人际交往技巧，有效地缓解了 L 阿姨在情绪上、人际交往上存在的技巧性不足，在一定程度上增强了其情绪调节、自我管理能力和人际交往能力。

四、信息收集及案情评估

(一)接案及关系的建立

社工在协助开展"亲子英语"活动时，发现了案主与其他家长有明显的不同。首先，案主相对于其他孩子的家长，年纪偏大，其他孩子的家长都是父母，而案主则为孩子的奶奶；其次，案主在活动开展过程中，远离人群，自己独自一人坐在角落中，社工前往对其进行建议，案主给予冷漠的反应；最后，案主在活动过程中，一直低着头，脸上神色郁郁，透露出不开心。这一系列的表现引发了社工的关注，社工主动向社区的工作人员及"亲子活动"中的其他组员家长了解案主的情况。在初步了解案主的情况后，社工决定向案主提供服务。

社工通过对社区居委会和案主邻居进行访谈，初步掌握了案主的基本信息，随后社工敲响了案主的家门，社工首先告知服务对象自己的身份以及自己工作的性质，服务对象之前参加过社工组织的儿童亲子活动，所以对社工比较信任。随后，社工告知此次前来的目的是因为在上次活动中观察到 L 阿姨情绪不太好，并询问是否需要帮助。L 阿姨表现出了明显的抗拒，社工决定从案主的孙子孙女入手，对案主孙子孙女在"亲子英语"小组中的表现进行了表扬，然后询问案主对于参加"亲子英语"活动的感触以及在学习英语过程中有没有遇到什么困难。提到这里，服务对象打开了话匣子，先是对社工举办此次活动表示了感谢，随后在社工的引导下，提及了自己孙子孙女的悲惨命运，社工运用同理心和开放式提问的技巧引发案主的进一步倾诉，并在此过程中，适当地给予其回应，为案主营造一种真诚、安全的氛围。在 L 阿姨表达完自己的想法后，社工告知案主自己将会遵循保密原则，不会泄露案主所提供的任何隐私性信息。同时运用了总结和对焦的技巧，准确地表达了对案主处境的理解，获得了案主的信任。在此基础上，社工与案主建立了专业关系并签订了保密协议和个案责任书。

(二)信息的收集及评估

1.信息收集的方法

社工向社区居委会工作人员了解了案主家庭的基本情况，包括案主的家庭住址，案主家庭成员的基本信息，得知案主家里有一儿一女，儿子患有轻微精神疾病，已婚，儿媳也有一定的精神问题，两人育有一儿一女。案主的女儿之前患有白血病，经治疗现已得到控制，未婚，独自居住(家庭结构见图 6 - 1)。

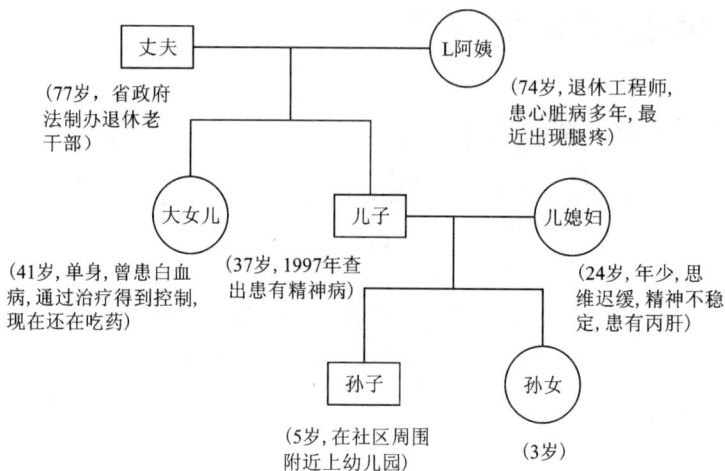

图 6-1　L 阿姨家庭结构图

　　社工对案主的邻居进行了访谈，从案主邻居的口中了解到案主的家庭关系不和谐。案主的儿媳妇不顾家、也不照顾孩子，曾多次看到她早出晚归，住在同一社区内很少回家。案主的儿媳妇与案主儿子之间经常发生争吵，案主的儿媳妇曾多次谩骂案主，对案主不尊重，邻居曾进行劝阻，但效果不佳。同时，邻居还告知社工，案主最近情绪十分低落，不愿与人沟通，隐约向邻居透露出对自己处境的绝望，认为自己的人生不幸、悲苦。

　　社工与案主建立了初步的专业关系后，在与其的交谈中了解到，服务对象觉得自己的人生充满波折，很"命苦"，老天对她不公平；不仅让她的女儿、儿子都患有疾病，还让她有一个好吃懒做、不顾家的儿媳妇；并表示自己最近的身体状况不太好，也不敢去看病，怕花钱，拖累家人。对自己将来去世后，未来家庭成员无人照顾表示出了极大地担心与忧虑。现在每天都要忙于做家务，非常疲劳，身体吃不消。儿媳妇今年 23 岁，家在农村，早年父母离异，跟随爸爸生活，缺乏家教，没上过学，幼时在村里玩耍脑部受到重击，疑似后来脑部发育受影响，智力相对低下、情绪不稳定、思维方式不太正常；儿媳妇在家里好吃懒做，公婆年龄大，却不协助做家务，爱出去玩，平时对家人粗暴无礼，时常对丈夫和公婆大吵大闹，甚至还打架。在案主的陈述中，案主表现出了对于儿子儿媳之间关系的忧虑和无奈，以及对儿媳所作所为的不满，并担心儿媳与儿子之间的关系会影响到孙子孙女的成长。同时，社工进入案主住所后，观察到案主的家庭环境脏乱、卫生状况较差，询问后得知案主一人承担家务劳动，但由于近几年案主的身体和精神状态变差，对于家务劳动已经力不从心，再加上最近腿疼发作，更是没有精力和时间打扫卫生。

社工在与案主儿子的交谈中，观察到案主儿子的精神状态良好，可以与人进行基本的沟通，当社工询问其是否想参加工作时，案主的儿子表现出明显的抗拒，社工怕刺激到案主的儿子，及时转变了话题。随后在与案主儿子的交谈中得知，案主家庭的家务劳动均是案主一人承担，负担较重。妻子不顾家，很少帮忙，也不照顾孩子，不尊重自己的父母，双方经常因为各种原因爆发争吵。

社工在与案主的儿媳妇交谈中发现，案主的儿媳妇身体健康，语言表达也较为顺畅，待人接物算是正常。原为全职在家，但她不喜欢闷在家里，喜欢外出。曾经发生了多次意外事故，家人为了避免类似事再次发生，就在社区玲玲美发店给她找了一份工作，帮助店老板玲玲姐给顾客洗头发，每月500块钱工资。在工作的过程中，由于学习、适应能力不强，服务质量受到了较大的影响。但玲玲姐考虑到案主家庭及其儿媳的基本情况，一直留她在店里，平时还经常给她做饭吃。在工作完后回到家中，案主儿媳几乎不做任何家务，也不关心孩子的生活和学习情况，对自己在家庭中扮演的角色和承担的责任完全没有意识，也不了解。

2. 评估

（1）案主的优势：

①案主是一名退休工程师，知识水平较高，沟通理解能力较强，曾有自己的朋友，平日里与邻居相处和睦，为重建社会支持网络提供了有利条件。

②案主与丈夫之间关系融洽，丈夫十分关心和尊重妻子，日常会帮助妻子做家务。

③案主所在社区文化底蕴较好，邻里关系和睦，社区居委会工作人员负责敬业。

④案主的家庭情况符合获取经济支持（低保）的要求。

（2）案主的存在的问题：

①案主自身的健康状况差，患有心脏病，近期腿脚经常疼痛。

②案主家庭经济困难，家中唯一的收入来源是其丈夫的退休金，这笔收入不但要支付家庭日常开支、孙子的学费还要用于自己和儿子每月的医药费，家中之前的存款全用于女儿疾病的治疗，生活过得十分拮据。

③案主的家庭支持系统功能存在问题，家庭关系不和谐，家人之间的沟通存在障碍，家庭成员的支持匮乏，家务劳动繁重，案主没有时间和精力去发展自己除家庭系统之外的人际交往圈。

④案主的儿子患有精神疾病，女儿患有白血病，虽然得到控制，但没有完

全治愈，这给案主带来了极大的痛苦，时常忧虑疾病的复发。

⑤案主的情绪低落，精神状态不佳，受生活中不幸事件的长期压抑，导致案主出现了一种自卑和厌世心理。

五、目标设定

（一）总目标

建立服务对象的社会支持网络，增强服务对象的家庭功能，提升服务对象的人际交往能力。

（二）分目标

（1）减轻服务对象的心理压力，缓解不良情绪，学习自我情绪调节的方法与技巧。

（2）学习人际交往技巧，结交一定数量的朋友，丰富生活内容，提升生活质量。

（3）改善家庭成员之间关系，减少家庭冲突，增强家庭成员之间的相互支持功能，减轻案主的家务劳动压力。

（4）获得经济支持，改善家庭经济状况，减轻家庭经济负担。

（5）链接资源，改善案主家庭卫生情况。

（6）学习家务劳动技巧和手工作品制作，提升自我效能感。

（三）服务实施各阶段分目标

各阶段服务计划见表 6－2～表 6－7。

表 6－2　第一次服务干预计划

时间：2017 年 4 月 12 日	地点：案主家中
服务对象：L 阿姨	参与者：社工、L 阿姨及其丈夫、女儿

本次服务目标：

　1. 让服务对象了解社工的身份和所提供的服务；

　2. 通过观察与会谈进一步了解案主及案主家庭系统的具体情况；

　3. 引导 L 阿姨表达内心的真实感受，纾解情绪

表 6 – 3　第二次服务干预计划

时间：2017 年 4 月 15 日	地点：案主家中
服务对象：L 阿姨及其儿媳妇、儿子	参与者：社工、L 阿姨及其儿媳妇、儿子

本次服务目标：

1. 了解案主儿子与儿媳之间存在问题的原因，引导案主儿子与儿媳进行沟通，化解两人之间的矛盾，构建家庭和谐氛围；

2. 了解案主儿媳不顾家等行为背后的原因，转变儿媳的错误认知；

3. 为案主及其儿媳创造一个良好的沟通环境，引导案主及其儿媳妇进行有效沟通和交流，改变案主及其儿媳双方对彼此的误解和错误认知，缓和婆媳关系，创造良好的家庭氛围

表 6 – 4　第三次服务干预计划

时间：2017 年 4 月 20 日	地点：案主家中
服务对象：L 阿姨及其儿媳妇、儿子、丈夫	参与者：社工、L 阿姨及其儿媳妇、儿子

本次服务目标：

1. 了解案主、案主儿媳、案主儿子之间关系改善情况，对案主、案主儿媳、案主儿子已有的良好改变给予肯定，巩固取得的良好成效；

2. 发展案主的家庭支持网络，动用家庭成员的资源，帮助案主分担家务劳动；

3. 邀请案主参加社区"巧手兰心手工坊"小组活动；

4. 告知案主社工正在帮助案主申请低保经济支持，和案主家庭一起准备所需相关资料

表 6 – 5　第四次干预服务

时间：2017 年 4 月 24 日	地点：XX 省委活动室
服务对象：L 阿姨及其儿媳妇	参与者：社工、L 阿姨、社区社会组织领袖谢阿姨、手工小组组员

本次服务目标：

1. 发展 L 阿姨的社会支持网络，帮助案主加入社区手工小组，并适应小组节奏；

2. 让案主在小组活动中放松心情，感受到社会、社区的温暖，提升自己的幸福感，改变悲观视角下的错误认知；

3. 继续跟进案主、案主儿子与儿媳之间的关系改善情况，巩固已有成效

表6-6   第五次服务干预计划

时间：2017 年 5 月 12 日	地点：案主家中
服务对象：L 阿姨及其家人	参与者：社工、家政服务人员、全家庭成员

本次服务目标：

　　1. 社工链接 XX 家政服务公司，为案主及其家人提供家庭清洁服务，改善案主生存环境，减轻案主家务劳动负担；

　　2. 教授 L 阿姨及其家人一些做家务小技巧，增强其做家务的能力，减轻案主的家务劳动负担；

　　3. 了解 L 阿姨在家庭中的转变，并巩固其正向改变

表6-7   第六次服务干预计划

时间：2017 年 5 月 16 日	地点：案主家中
服务对象：L 阿姨	参与者：社工、小组老师、全家庭成员

本次服务目标：

　　1. 了解 L 阿姨在小组活动中的表现，巩固其正向改变；

　　2. 了解 L 阿姨在家庭中的转变，并巩固其正向改变；

　　3. 提前告知 L 阿姨即将结案，处理好离别情绪，为服务的结案做好准备

六、干预过程

（一）引导案主合理宣泄自己的情绪，释放压力

　　L 阿姨长期生活在照顾轻微精神分裂的儿子、担忧患有白血病的女儿、照顾年幼的孙子孙女、一人负担家务劳动、儿媳妇不孝顺、家庭经济状况差的生活情境中，产生了大量的负面情绪。由于案主自身性格较为要强，不愿意向周围的人倾诉，同时由于长期服务于家庭，案主的朋友、同事等相关的社会支持网络也逐渐弱化，案主缺少倾诉和提供支持的对象。于是，社会工作者在与案主建立了专业关系后，通过个案会谈的形式，运用鼓励、同理心、探索—描述—宣泄、"空椅子"等技巧引导案主讲述自己在生活中遇到的不愉快事件以及对生活、自己、他人的看法，为案主提供了必要的情绪宣泄的机会，通过社会工作者的了解、接纳和同感等方式减轻案主的不安。同时，社工运用积极倾听的技巧，引导案主分享在儿子、女儿生病过程中自己内心的痛苦感受、一人负

担家务劳动的力不从心，并同理案主在遭遇这些事件时痛苦但坚持克服、坚强的反应，鼓励和支持案主的表现。当案主表现出对自我的否定时，社工便引导案主一起回顾克服种种困难的经历，引导其聚焦所做的努力，鼓励其接纳自我，增强自我效能感。同时，社会工作者还可以通过直接表述自己的态度和意见促使 L 阿姨发生改变，让她感受到关爱。

（二）改善家庭关系，提升家庭系统的支持功能

通过与邻居和案主的会谈中，社工了解到案主的家庭关系不和谐，家庭的支持功能丧失，具体表现为：案主的儿子与儿媳之间矛盾冲突多，案主对此忧心忡忡，担心影响孙子孙女的健康成长；案主与儿媳之间也存在着问题，儿媳对案主不尊重，不顾家，不照顾子女，案主家务工作量大；案主的丈夫为了维持一家生计终日在外奔波，对案主的关心较少；案主的女儿因为受不了弟媳的吵闹，很少回家。鉴于此，社工分别对案主的儿媳、案主的儿子进行会谈，运用叙事疗法帮助两人分析冲突产生的原因。遵循案主自决的原则，在征求了两人的意见后，社工根据夫妻二人"小孩脾气"的实际情况，以"过家家"模式为切入点，协助案主制定夫妻关系改善的具体计划。例如：制定不闹事表彰计划；制定打架吵架公约；案主儿子与儿媳分工带孩子等。随后，社工与案主及其儿媳两人进行会谈，采用叙事疗法使案主及其儿媳发现自己的错误和对方的优点，并采用家庭系统理论帮助案主儿媳认识到家庭中每个角色都存在着相应的责任。结婚后，作为母亲、儿媳、妻子角色的扮演者，理应承担起照顾家庭的责任，需要分散一些其他方面的精力，这样才能保持家庭的平衡。最后，社工使用"角色扮演"小游戏，使家庭成员意识到案主家务劳动负担的重大，促进他们参与家务劳动意识的提升，减轻案主的家务劳动量，使案主感受到家庭的温馨和家庭成员的尊重，让案主有自己的空闲时间参与社区活动，发展自己的人际关系，增强自我效能感。

（三）加入手工小组，融入社区生活，发展社会支持网络，增强自我效能感

通过对案主问题的分析，发现案主缺乏社会支持网络，其非正式支持网络中的丈夫、儿子、女儿、儿媳并没有充分发挥作用，非正式支持网络不健全。因此，社工通过沟通技巧的培训，营造沟通氛围，解决婆媳矛盾，发挥案主家庭非正式支持网络的作用。同时，社工借助小组工作方法，鼓励案主参加社区小组活动，建立并增强其社区社会支持网络。经由社工的介绍，案主加入了社区中正在开展的手工小组，在进入小组之前，社工联系了手工小组中的居民领

袖——谢阿姨，告知谢阿姨有关案主的一些基本个人情况，如 L 阿姨性格比较内向、不爱说话、第一次参加可能跟不上等，希望谢阿姨可以在小组开展的过程中多照顾案主，为案主营造一个温馨、接纳的小组环境，并帮助案主融入手工小组。在小组开展过程中，社工也观察到谢阿姨十分照顾案主，主动积极地将案主介绍给小组成员，主动询问案主是否有困惑、对案主给予肯定的鼓励等。之后，在案主与社工的交谈中，曾多次提到了自己的手工小组同伴，并向社工展示了自己的手工成品，社工在案主的脸上看到了笑容。

（四）链接多方资源，减轻案主家务压力

社工充分发挥资源链接者的角色，运用社工机构志愿者的资源，链接了 XX 家政服务中心，为 L 阿姨及其家人提供了一次家庭卫生清洁服务。同时，社工还请求家政工作人员教授案主一家人一些家务小技巧，为了方便案主再次学习，社会工作者还将家政工作人员的示范教学用摄影机录了下来。在案主家庭成员认识到了家务劳动与家庭中每个人相关的基础上，社工与案主的其他家庭成员制定了分担家务劳动的计划，案主的儿子、儿媳和丈夫欣然答应，儿子表示自己以后会承担起家中的主要家务劳动，儿媳和丈夫也表示下班回家后会帮助案主做些家务。在下一次的会谈中，案主十分开心地告知社工其儿子和丈夫最近的转变，社工对此提出了表扬和鼓励。

（五）合理运用相关政策，为案主家庭提供经济支持

案主的儿子有轻微的精神分裂症，无工作，儿媳妇幼时脑部受过伤，现在在社区的一家理发店工作，月工资 500 元，女儿在理疗机构工作但还要支付自己的医药费用，孙子在上幼儿园，案主没有工资来源，案主丈夫的工资支持一家的开支。基于这些条件，案主家的情况满足低保家庭的条件要求，于是社工在相关法律政策的框架下，积极与社区居委会工作人员联系，成功帮助案主一家申请了低保，提供了一定的经济支持。同时，社工运用社工机构的相关资源，为案主提供了一定的经济物质上的支持。

七、评估及反思

（一）评估

1. 过程评估
（1）在与案主沟通的过程中，社工通过真诚关怀和严谨工作的方法获得了

案主的极大信任，并与案主建立了良好的专业关系。案主由最开始的被动反应转变为主动倾诉和表达，社工结合相关资料与案主的表达，对案主表达了同理，并给予了情感支持，纾解了案主的情绪问题。

（2）社工鼓励案主进入小组后，案主通过与其他组员的交往，笑容也多了起来，更乐于与其他组员进行沟通和交流，并主动向社工展示自己做的手工作品。

（3）案主家庭成员看到了案主的积极转变，在对社工服务表示极大认可的同时，也表现出了对于案主的支持和理解，家人都承担了一定的家务，减轻了案主的家务负担。家庭关系趋于缓和，尤其是儿子儿媳间的冲突减少，婆媳关系也朝着正向转变发展，家庭功能在一定程度上得到了恢复。

（4）在为案主建立社区居民、小组成员等非正式支持资源的同时，社工还帮案主链接了正式支持资源。针对案主的家庭经济情况，社工通过资源链接和信息的获取，协助案主申请到了低保名额，为其家庭减轻了一定的经济负担。

2. 效果评估

（1）案主能够以一种更加积极的态度看待家庭成员及家庭的问题，并学会了自我情绪疏导的方法和技巧。

（2）案主在小组中学会了自我表达和人际交往的技巧，慢慢敞开心扉，主动地与人沟通，并建立起了小组成员的非正式社会支持网络。同时，通过手工作品的制作以及组员的支持与鼓励，增强了案主的自我效能感，面对生活更加有信心。

（3）通过后续的跟进以及案主家庭成员、邻居、社区居民的反馈，家庭成员之间的关系有了明显改善，尤其是案主儿子与儿媳妇之间的关系。两人对于社工制定的"夫妻公约"履行度较高，基本能够做到分工照顾孩子，并保持每天一到两小时的沟通时间。据邻居反馈，案主一家人晚上也会出现在小区的活动区，看上去关系融洽。案主也因为儿子儿媳关系的改善而减少了对于儿媳的埋怨，也减轻了因家庭成员间紧张关系带来的压力。

（二）反思

1. 是否存在个人价值观涉入

在提供服务的过程中，社工始终以社会工作专业价值观为指导，客观看待案主以及案主的家庭系统，强调"制度与规则"。但是社会工作是一门关于"人"的科学，因此对于案主的情感关怀与支持是非常必要的。

2. 专业方法的使用是否适当

在此次的服务提供过程中，社工运用了聆听、同感、真诚等专业技巧，引导案主表达自己的需求以及对问题的看法，但是案主并没有很快地消除疑虑，对年轻社工是否真的能够感同身受并为自己提供所需要的服务表示了一定的质疑。社会工作者所使用的同感、支持、披露等专业技巧没有较好地达到预期效果，应该充分考虑服务对象与工作者在年龄、经历、认知等方面上的差异。

八、相关知识链接

（一）个案会谈

个案会谈是指个案工作中工作者与案主面对面有目的的专业谈话。支持性技巧是指工作者通过身体及口头语言的表达，令案主感到被尊重、被理解、被接纳，从而建立信心的一系列技术。支持性技巧主要有专注、倾听、同理心、鼓励等。

（二）同理心

同理心是指工作者进入并了解案主内心世界，将这种了解传达给案主的一种技术与能力。同理心包括情绪同理和角色同理两个层面的内容，情绪同理即同感，是指工作者如同亲身体验一样感受案主的感受，是一种受他人状况感动的能力；角色同理是指工作者了解案主的情境、参考构架及观点的能力，角色同理要求工作者尽量放下自己的参考构架和文化背景，站在案主的角度去理解案主的问题及其相关的行为。

（三）空椅子

空椅子是格式塔流派常用的一种技术，是使来访者的内射外显的方式之一。这种技术常常运用两张椅子，要求来访者坐在其中的一张空椅子扮演一个"胜利者"，然后再换坐到另一张椅子上，扮演一个"失败者"，以此让来访者所扮演的两方持续进行对话。通过这种方法，可使来访者充分地体验冲突，且来访者在角色扮演中能从不同的角度接纳和整合"胜利者"与"失败者"，因此冲突可得到解决。通过两部分的对话，使人们内在的对立与冲突获得较高层次的整合，即学习去接纳这种对立的存在并使之并存，而不是要去消除一个人的某些人格特质。

（四）社会支持网络

社会支持网络指的是一组个人之间的接触，通过这些接触，个人得以维持社会身份并且获得情绪支持、物质援助和服务、信息与新的社会接触。依据社会支持网络理论的观点，一个人所拥有的社会支持网络越强大，就能够越好地应对各种来自环境的挑战。个人所拥有的资源又可以分为个人资源和社会资源。个人资源包括个人的自我功能和应对能力，后者是指个人社会网络中的广度和网络中的人所能提供的社会支持功能的程度。以社会支持网络理论取向的社会工作，强调通过干预个人的社会网络来改变其在个人生活中的作用。该理论重视个人的社会网络及在社会网络中获得支持的程度，其目的在于强化个人的社会资源，增强个人的社会整合度，协助个人解决生活中的问题。协助案主发展或维持社会支持网络，有助于其从社会支持网络获取一定的资源和社会资本，用以解决日常生活中的困难，使其正常的生活得以有效维持。特别是对那些社会网络资源不足或者利用社会网络能力不足的个体，社会工作者致力于给他们以必要的帮助，帮助他们扩大社会网络资源，提高其利用社会网络的能力。

（五）人本主义治疗理论

人本治疗法中的自我概念是指当事人如何看待自己，自我概念决定了接受和处理经验的方式和态度。人本主义的治疗目标是致力协助当事人更加独立，能按照自己的意愿办事，使其性格更为统合。该理论不在于解决当事人表面的问题而是协助当事人成长，使他可以有效处理将来会面对的问题。

（六）萨提亚家庭治疗模式

萨提亚家庭治疗模式认为人活在三个系统之中，即个人、家庭、个人和家庭所处的生活环境。这三个系统不断互动，个人在互动中形成自尊。在辅导流程中使用评估自尊、沟通形态、家庭规则、追思过往重整旧经验以及新旧经验统合的方式。治疗的目标是当事人再次发现自己内在的能力和资源。

九、推荐阅读文献

1.陈芳.萨提亚家庭治疗模式评述[J].社会心理科学，2013(2).

2.周湘斌，常英.社会支持网络理论在社会工作实践中的应用性探讨[J].中国农业大学学报(社会科学版)，2005(2).

3.陈涛.社会工作专业使命的探讨[J].社会学研究，2011(6).

4.徐涛.人际交往障碍的社会工作介入研究[D].陕西：西北农林科技大学，2016.

5. 孙永军，黄晓莎. 社会工作价值观的改进：一种中国文化的视角［J］. 社会工作下半月（理论），2010(2).

十、讨论题

1. 在本案例中，服务的问题和需求是多方面的，社会工作者需要协助服务对象辨识问题的轻重缓急，及时满足其最迫切的需要。在同案主讨论决定解决问题的次序时，应该遵循哪些原则？

2. 在本案例中，案主及其丈夫的自我照顾能力随着年龄的增大逐渐降低，而案主家庭系统中的其他成员需要接受照顾。面对这样的问题，社会工作所能够提供的后续服务有哪些？

3. 在本案例中，服务对象不属于主动求助的案主类型，而是由社会工作者观察并主动接触发展成为服务对象。对于这种类型的服务对象，社会工作者应该如何来消除他们对机构和工作者的不信任甚至是怀疑，并引导他们成为服务的主动接受者？

第二部分

青少年社会工作

案例七：我需要关爱
——农村留守儿童介入计划

杨成胜   黄秀敏

一、案例背景

2016 年 11 月，民政部发布了农村留守儿童摸底排查的结果，我国农村留守儿童共 902 万人。农村留守儿童由（外）祖父母监护的是绝大多数，占89.3%；由亲戚朋友监护的和无人监护的分别占 3.3% 和 4%；一方外出务工而另一方无监护能力的大约有 31 万人，占 3.4%。由于父母角色不到位或看护人照顾难以满足儿童的需求等原因，留守儿童在自身成长及社会化过程中会面临很多方面的问题。留守儿童的问题不仅关系着自身健康发展和家庭和谐，对未来社会的稳定与发展也产生了一定的负面影响。

四都坪乡位于湖南省张家界市永定区西南部，地理位置偏远，交通不发达，基础条件差，经济发展水平落后，绝大部分劳动力都外出务工，该乡留守儿童人数大约达到 80% 以上。根据 2015 年的数据，该乡一共有 360 名留守儿童。该乡的留守儿童主要是由学校以及其监护人来管理，学校每年会进行一次家访，在年底留守儿童父母回家的情况下和家长沟通，告诉他们有关孩子的情况，还经常开展一些有益于儿童身心健康发展的活动，比如：植树、扫墓、文艺表演、郊游等。

小云就是众多留守儿童中的一员。小云，9 岁，就读于四都坪乡的中心学校，是四都九校三年级的一名学生。在小云 6 岁时，父母因感情不和离婚，父亲重新组建了家庭，很少关心小云的情况，只是按时给小云抚养费，小云和妈妈、外婆一起生活。小云的妈妈和外婆几乎没有收入来源，家庭经济条件差，一家三口仅靠小云父亲给的抚养费生活，难以维持家用。因此，小云的妈妈为了维持家庭的正常生活外出打工，每年只有过年的时候才能回家，与小云相处时间少。小云平时和外婆一起生活，小云的外婆已经 70 多岁，身体状况不好，再照顾小云更是力不从心。小云很懂事，经常帮助外婆做家务，照顾外婆，和外婆关系很好。小云很少主动和母亲联系，与母亲的关系差，与父亲更是没有来往，小云心里总是埋怨父母，她认为既然你们现在不管我，当初为什么要把我生下来。

由于年纪还小，承担的家务太多，小云总是处于一种很疲惫的状态，在学校学习也力不从心，导致小云的学习成绩落后。她也想要努力去学习，但是由于性格内向，从不敢主动向老师和同学寻求帮助，小云外婆的文化水平较低，无法给予小云学习上的辅导。小云性格内向，害怕与人主动交流，平时在学校里总是独来独往，在学校的班级集体活动中总是默默一个人坐在一边，不主动参与集体活动，在学校没有什么朋友，有烦心事不知道该和谁诉说，内心感觉到很孤独。

二、案例人物

（1）案主：小云。
（2）与案主密切相关的关系人：小云的父母、外婆。
（3）主要介入工作者：社会工作者、学校老师、乡政府相关工作人员。

三、社工在案例中的角色

（1）支持者。
（2）倡导者。
（3）资源获取者。
（4）服务提供者。

四、理论基础

（一）优势视角

优势视角是指作为社会工作者所应该做的一切，在某种程度上要立足于发现和寻求、探索和利用案主的优势和资源，协助他们达到自己的目标，实现他们的梦想，并面对他们生命中的挫折和不幸、抗拒社会主流的控制。[①]总的来说，优势视角要求社会工作者发现并关注案主自身的资源和优势，强调案主个人能力和潜能的发掘，以达到帮助案主的目的。

(二)生态系统理论

生态系统理论是将系统论、社会学和生态学紧密结合起来的基础理论，是社会工作最重要的基础理论之一。查尔斯·扎斯特罗阐述了个体与社会环境之间形成的多重系统以及两者之间的互动关系，他们把个体的生存环境看成一个完整的生态系统，个人也是生态系统的一部分。他认为，人的生态系统可分为三种基本类型：宏观、中观和微观系统。[②]在整个社会生态环境中，人类行为与社会环境相互联系、相互影响。具体来讲，微观系统的行为会受到中观系统如家庭成员、家庭环境和家庭氛围的影响，同时也会受到宏观系统如文化、社区、制度、习俗等各方面社会因素的重要影响；反之，个人行为对于这些系统同样也会产生重要影响。生态系统理论视角下，生态系统中部分和整体是相互依赖的，家庭或个人的大部分问题产生于系统内部成员之间或家庭与环境系统之间。环境对人们来说可能是有帮助的，但也可能是一种阻碍。社会工作者要做的就是协助人们认识其环境系统，改善环境系统，促使环境对人们更有帮助。

五、信息收集及案情评估

(一)接案与建立关系阶段

所谓建立关系是指社工与服务对象建立起相互信任的专业关系，专业关系的建立有助于服务过程的顺利进行。本案例中，社工对小云的了解是从其外婆开始的。在与小云外婆交谈的过程中，社工了解到小云家庭经济条件不好，和母亲关系生疏，小云的外婆对小云和女儿的关系表示担心，希望社工介入帮助小云。

第一次会谈在小云的家中进行，在会谈开始阶段，小云不敢主动与社工交谈，只是简单地回应社工提出的一些问题。社工通过初次的访谈，对小云的家

---

① Saleebey. 优势视角——社会工作实践的新模式[M]. 李亚文，杜立婕，译. 华东理工大学出版社，2004.

② Charles H. Zastrow & Karen K. kirst – Ashman. Understanding Human Behavior and Social Environment, Sixth Edition, THOMSON BROOKS/COLE, 2004.

庭环境和生活状况有了大致的了解，并做出了简单的评估，认为小云是一个性格比较内向的孩子，不愿意主动与人交流。

社工前往小云所在的学校向小云的班主任了解情况，小云的班主任提到小云学习成绩不好，平时不太爱说话，小云的母亲经常打电话到学校了解小云的学习情况。在随后开展的班级活动中，社工也观察到小云不主动参与班级活动，总是默默地看着。社工随即主动和小云交流，询问她为什么不参加活动，小云说她不想参加。

第二次会谈也在小云家中进行，社工询问小云的近况，问她有没有什么烦恼的事情或者困难，小云主动说到作业不会做，社工提出辅导小云做作业。在辅导的过程中，小云和社工的关系逐渐变得亲近起来，小云也主动谈到学习中的一些困难，在社工提到在学习上有问题可以向老师和同学请教时，小云说到她不敢请教老师和同学。社工采用倾听、同理和自我披露的方法逐渐引导小云更多地表达自己的想法，小云也逐渐表达出对社工的信任，开始向社工讲述自己的真实想法，社工和小云建立了相互信任的专业关系。

（二）信息评估阶段

通过对小云相关资料的收集，绘制生态系统图（见图7－1）。

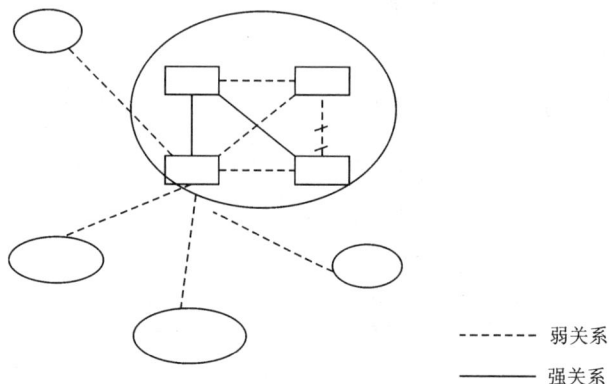

　　　　　　　　　　　　　　　　－－－－－－　弱关系
　　　　　　　　　　　　　　　　―――――　强关系

图7－1　小云的社会生态系统图

图 7-1 的大圆内是小云的家庭系统，外围是对小云及其家庭有影响的不同社会系统，这些系统与小云及其家庭相互作用、相互影响，构成了小云及其家庭的社会生态系统。

1. 微观系统(个人系统)

存在的问题：小云性格内向，不主动与人交流建立关系，与同辈群体之间的关系较弱。

资源和优势：小云有想要表达自我和与他人建立关系的诉求，在学习上有上进心，想取得好成绩。

2. 中观系统

(1)家庭系统。

存在的问题：在小云的家庭系统中，家庭成员之间关系失调，小云与外婆关系亲密，与父母关系都较为生疏。小云与外婆生活在一起，母亲由于工作原因，基本上过年的时候才回家，父亲另组了家庭，只是每月按时支付微薄的抚养费用，小云和父母之间的联系较少，缺乏父母的关爱和家庭教育，对父母产生怨恨的心理。

资源和优势：小云和外婆的关系很好，小云的母亲很关心小云，经常打电话询问小云的情况。

(2)学校系统。

存在的问题：该地区经济贫困，教育资金不足，中心学校一般是一个年级一个班，统一上课，学校的基础设施不足，仅有一个篮球场，学生可活动的场地很少。而且该学校的老师中，只有极少数是专业教育人员，大多是非正式老师，专业教育人员缺乏。而且相对于学生的学习兴趣和心理状况，学校更加关注的是学生的学习成绩。

资源和优势：学校设置了工会办公室和学生资助管理的办公室，可以为有困难的留守儿童提供帮助，同时还具备了一个心理咨询室，但基本上是老师主动去找有困难的学生，或是其他老师向心理咨询的老师引荐的。该乡还有一个少年宫，一共有9个班级，每周四还会开办一些兴趣课程，如声乐、美术、舞蹈等课程，鼓励感兴趣的儿童踊跃参与。

3. 宏观系统

(1)社区系统。

存在的问题：社区基础设施不完善，缺乏有利于留守儿童身心健康发展的基础设施，在关爱留守儿童、帮助他们成长方面缺乏主动性和有效的帮助。

资源和优势：这个地区80%以上的儿童都是留守儿童，社区对待留守儿童都是一种友好和关爱的态度。

(2)乡政府系统。

存在的问题：乡政府相关部门工作人员无法及时有效地提供有针对性的帮助。

资源和优势：乡政府相关部门工作人员对当地留守儿童的规模和情况比较了解，意识到留守儿童及其家庭面临很多困境，对经济上有困难的留守儿童给予经济补助。

六、目标设定

(一)案主存在的问题

(1)家庭关系失调，怨恨父母，与父母关系差。

(2)性格孤僻内向，害怕与人交流。

(3)学习成绩差。

(4)家庭经济条件差，成长压力大。

(5)缺乏同辈群体交往。

(二)案主的资源和优势

(1)有想要改变的诉求。

(2)学习上有上进心。

(3)母亲和外婆对她很关心。

(4)有社区和政府的支持。

(三)干预目标

(1)总目标：改善小云家庭关系，促进小云个人的改变。

(2)具体目标：①促进小云和父母之间关系的缓和，改善家庭关系；②学习与人交流的方法与技巧，鼓励小云主动表达自我；③建立小云与同辈群体之间的联系，融入班级集体；④掌握学习的方法和技巧，提供课业辅导；⑤为小云家庭提供经济上的支持，改善家庭经济条件。

七、干预过程

（一）个案工作

针对小云家庭关系存在的问题，以及小云性格内向，害怕与人交流的问题展开个案工作介入。

1. 第一次会谈

时间：2016 年 5 月 3 日。

地点：小云家。

对象：小云。

目标：帮助小云正确认识自我的优势。

主要内容及采用的技巧：采用鼓励的技巧，以表扬和赞许来表达对小云优势的认同，帮助小云认识和挖掘自身的优势，提高服务对象的自我意识，提高小云的自信心。

2. 第二次会谈

时间：2016 年 5 月 10 日。

地点：小云家。

对象：小云。

目标：了解小云不愿意主动与人交流的原因。

主要内容及采用的技巧：采用引导和倾听的技巧，鼓励小云说出自己内心的想法。小云表达出自己胆子小，不敢主动与人交流，但是自己想多交朋友，有与人建立关系的诉求。

3. 第三次会谈

时间：2016 年 5 月 17 日。

地点：小云家。

对象：小云。

目标：增强小云的自信心和主动表达自我的勇气。

主要内容及采用的技巧：采用行为预演的技巧，通过角色扮演的方式，让小云学习人际交往的技巧，通过练习可以增强案主的自信心。在练习结束后以布置家庭作业的方式帮助小云巩固对这些技巧的学习。

4. 第四次会谈

时间：2016 年 5 月 24 日。

地点：小云家。

对象：小云。

目标：巩固前几次会谈效果。

主要内容及采用的技巧：通过角色扮演的方式，巩固之前学习的方法和技巧，对小云的进步给予表扬和认同，对不恰当的地方共同进行探讨修正。

5. 第五次会谈

时间：2016 年 5 月 31 日。

地点：小云家。

对象：小云。

目标：了解小云对家庭和父母的看法。

主要内容及采用的技巧：社工运用引导宣泄、倾听、同理等技巧，引导小云说出自己对家庭及父母的看法，鼓励小云诉说自己的想法。通过会谈，社工了解到小云对父母有怨恨的想法，总是抱怨父母常年不在家，缺乏父母的关爱。实际上，社工通过与小云父母联系和前期信息收集过程了解到，小云的母亲十分关心小云，小云的父亲由于新家庭的原因，只能默默地关心小云，小云和父母亲之间缺乏沟通和交流，存在误解。

6. 第六次会谈

时间：2016 年 6 月 7 日。

地点：小云家。

对象：小云、小云父母。

目标：增进家庭间的沟通和理解。

主要内容及采用的技巧：运用家庭治疗模式，促进家庭之间的沟通交流，在社工的引导下，小云和其父母分别进行了沟通和交流，社工引导父母表现出他们对小云的关爱，鼓励小云表现出对父母的真实看法，促进他们之间的沟通。让小云理解到父母的辛苦和难处，了解到母亲是为了维持家庭的生活并不是不爱自己。

7. 第七次会谈

时间：2016 年 6 月 14 日。

地点：小云家。

对象：小云、小云父母。

目标：加强小云与父母之间的联系。

主要内容及采用的技巧：社工和小云的父母沟通，在条件允许的情况下，多回家陪陪小云，给予小云更多的关爱。社工可以设定目标，增加彼此的联系，一周最少打 4 次电话，每次时间最少 5 分钟。同时，鼓励小云多主动和自己的父母联系。

8. 第八次会谈

时间：2016 年 6 月 21 日。

地点：小云家。

对象：小云。

目标：评估介入效果。

主要内容及采用的技巧：询问小云和父母之间的联系是否达到之前设定的基本要求，了解小云的感受以及对父母和家庭的看法。

（二）小组工作——学习互助成长小组

针对小云提高学习成绩和人际交往的需求，根据与学校老师的沟通和资料的收集，社工拟开展互助成长小组活动。小组招募了 8 名成员，包括和小云有类似学习和交往需求的同学 6 名，2 名学习成绩优秀、外向、人际关系好的同学。

1. 小组基本信息

（1）小组名称：让我们共同成长。

（2）小组性质：学习互助成长小组。

（3）小组人数：8 人。

（4）小组次数：5 次。

（5）小组时间：2016 年 5 月 21 日—2016 年 6 月 18 日。

2. 小组目标

（1）提高组员自信心和交往能力。

（2）促进组员之间的交往，建立正面积极的人际关系。

（3）促进学习经验和方法分享，提升组员学习能力。

3. 理论基础

（1）社会学习理论。

社会学习理论认为，行为是在对他人行为的观察和评价过程中习得的。同时，该理论重视榜样的作用和强调自我调节的作用。获得什么样的行为以及行为的表现如何，有赖于榜样的作用。

（2）马斯洛需求理论。

马斯洛将人的需求分为五种，按层次逐级递升，分别为：生理的需求，安全的需求，归属与爱的需求，尊重的需求，自我实现的需求。安全的需求包括与别人建立良好的人际关系；归属和爱的需求是希望与他人建立感情的联系或被群体接纳。

4. 小组活动计划（具体内容见表 7 - 1 ~ 表 7 - 5）

表 7 - 1　第一次小组活动

时间：2016 年 5 月 21 日；地点：少年宫

序号	活动环节	目标	内容	所需时间	所需物资
1	社工介绍小组	让组员对社工和小组有清晰的认识，明确小组目标	社工进行自我介绍，表明身份和目的，介绍小组的目标、内容等	10 分钟	
2	组员自我介绍	促进组员之间的相互认识	组员依次进行自我介绍	10 分钟	
3	"以名字找人"	增进组员间的相互认识	每个参与人员拿一张写着不是自己名字的卡片，在场地内寻找卡片名字的主人，找到之后并交给他，同时要去寻找自己的名字。所有人都拿到自己的名字卡片后，佩戴在身上，方便之后活动参与时大家相互认识	15 分钟	卡片、笔
4	"抢凳子"	活跃气氛，消除组员之间的距离感	选择一组人和比人数少 1 的一组凳子，大家齐围着这组凳子走或跑，音乐声停止，未能抢到凳子的人被淘汰	15 分钟	音乐、凳子
5	澄清疑问	使小组成员对小组有更清晰的认识	小组成员提出自己的疑问，社工进行解答	5 分钟	
6	制定小组契约	明确小组规范，促进小组活动顺利开展	小组成员共同讨论制定小组规范	15 分钟	纸笔
7	组员分享	促进社工了解组员对活动的感受，更好地制定后期小组内容	组员分享对此次活动的感受以及对以后小组活动的期望	15 分钟	
8	社工总结	总结第一次小组活动	社工总结此次小组活动，介绍下次小组活动的安排	5 分钟	

表 7 - 2 第二次小组活动

时间:2016 年 5 月 28 日;地点:少年宫

序号	活动环节	目标	内容	所需时间	所需物资
1	回顾与介绍	促进组员间信息交流	社工带领组员回顾上次活动内容,分享上周经历,社工介绍本次活动内容	10 分钟	
2	"记忆大师"	提高组员参与小组的积极性,增进相互认识和了解	给每个成员提供纸和笔,让其写出自己能够记住的组员名字以及特点,看谁记得最多,记得最多的获得"记忆大师"称号	15 分钟	纸笔
3	"微笑握手"	鼓励组员主动与人交往,增强自信心	在前期组员相互认识的基础上,要求组员之间相互微笑握手,并对对方说一句最想说的话,表扬对方,说出他的五个优点	15 分钟	
4	"角色互换"	增强自己对别人的信任,体会信任别人的感觉。帮助小组成员建立社交信任感,增强自己的社交能力,促进组员与他人建立关系	1. 小组成员两两一组,分成 4 组,一人扮演哑巴不能说话,一人扮演盲人蒙住眼睛,两人在不说话的情况下,哑巴和盲人相互配合用肢体动作交流,哑巴帮助盲人绕过障碍物。 2. 一组中的两人进行角色互换,即哑巴和盲人的角色互换,让成员体验帮助别人和信任别人的感觉。注意:障碍物可以进行更换,避免后面的"哑巴盲人"对障碍物过多熟悉使游戏作用减弱。 3. 将 4 个小组分成两个大组,进行比赛,分别计时,时间少的获胜。进一步促进成员间的信任感和关系。 4. 小组成员分享这个游戏带来的感受,还有被别人信任以及信任别人的内心感受	30 分钟	凳子、椅子、遮眼布
5	组员分享	组员分享参加此次小组活动的感受	组员依次分享对小组活动的感受,说出自己在小组中的收获	15 分钟	
6	社工总结	总结第二次小组活动	社工总结此次小组活动,介绍下次小组活动的安排	5 分钟	

表 7 - 3 第三次小组活动

时间：2016 年 6 月 4 日；地点：少年宫

序号	活动环节	目标	内容	所需时间	所需物资
1	回顾与介绍	促进组员间信息交流	社工带领组员回顾上次活动内容，分享上周经历，社工介绍本次活动内容	10 分钟	
2	问题分享	促进组员自我表达和自我认识，帮助组员分析和思考自己与人交往过程中的困境	给每个组员提供纸和笔，让他们写出在人际交往和与人交流的过程中所遇到的困难。每个组员依次分享自己所遇到的困难，然后展开讨论，分享感受	20 分钟	纸笔
3	角色扮演	让组员学习解决人际交往过程中遇到问题的方法和技巧，提高解决问题的能力	组员对分享环节所提出的问题进行角色扮演，模拟问题的情境及解决措施，社工提出建议，并分享解决问题的对策	30 分钟	
4	"巧解千千结"	培养团队意识，增强组员之间的合作	所有参与者围成一个圈，记住自己身边的人；每个人闭着眼往前走三步，与之前站在自己身边的人拉手；所有人的手连接形成一个交错的套，在不松开手的情况下通过移动自己的身体变换位置来解开交错的套	10 分钟	
5	组员分享	分享活动感受	组员分享自己在活动中的感受及收获	15 分钟	
6	社工总结	总结第三次小组活动	社工总结此次小组活动，介绍下次小组活动安排	5 分钟	

表 7 – 4　第四次小组活动

时间：2016 年 6 月 11 日；地点：少年宫

序号	活动环节	目标	内容	所需时间	所需物资
1	回顾与介绍	促进组员间信息交流	社工带领组员回顾上次活动内容，分享上周经历，社工介绍本次活动内容	10 分钟	
2	学习是非题	帮助组员认识和了解自己的学习态度	通过几条是非题，如"学校是一个开心的地方""学习是一件令人痛苦的事情""认真听课就能拿高分"等，让组员写下自己的看法，引导组员建立正确的学习态度	25 分钟	纸笔
3	榜样模范	学习经验和方法的交流	组员主动分享自己在学习中的经验和方法，和其他组员进行交流互动，社工总结补充组员提出的方法，引导组员间相互的学习	25 分钟	
4	头脑风暴	激发组员学习兴趣	让组员在纸上尽可能多且具体地写出学习的好处。写时注意保密，当大家都完成之后，再大声宣读。当组员每读一条学习好处时，组员可以讨论，以此来激发组员学习兴趣	15 分钟	纸笔
5	组员分享	分享活动感受	组员分享自己在活动中的感受及收获	10 分钟	
6	社工总结	总结第三次小组活动	社工总结此次小组活动，介绍下次小组活动安排，并提醒组员下次是最后一次小组活动	5 分钟	

表 7 – 5　第五次小组活动

时间：2016 年 6 月 18 日；地点：少年宫

序号	活动环节	目标	内容	所需时间	所需物资
1	回顾与介绍	促进组员间信息交流	社工带领组员回顾上次活动内容，分享上周经历，社工介绍本次活动内容	10 分钟	
2	互助学习队	加强组员间的交流和学习互助	建立互助学习队，促进大家互帮互助、共同学习、共同进步，同时告诉组员互助队不仅在小组进行时有效，在小组结束后仍然有效	20 分钟	
3	自评和互评	让组员回顾整个小组活动，并进行自我总结和组员互评，了解自己的进步与收获	由社工带领大家就前几次活动进行回顾，引导小组成员反思自己的收获和变化。团体围圈而坐，由一位成员当主角，大家讨论对他现在的印象与刚参加团体时有何不同，看看他参加团体后改变了什么？然后请他们谈感受以及自己之前预期和目的是否达成，接着再换另一位成员。依此类推，对每位成员进行反馈以及对社工的评价与建议	30 分钟	
4	祝福传递	缓解离别情绪，组员间相互祝福、道别	活动结束时每人发一明信片，请成员在其顶端写上"对 XXX（自己姓名）的祝福，然后传给每位成员，每人都写下自己对他人的祝福和建议，或用绘画形式表达。当转完圈，每位成员细细阅读他人的祝福，并一一道别	15 分钟	明信片、笔
5	社工总结	总结五次小组活动，处理离别情绪	社工对整个小组活动进行回顾总结，注意观察大家的情绪变化，正确地处理组员的离别情绪，结束小组进程	15 分钟	

5. 小组评估

（1）评估方法。

问卷法、访谈法、观察法。

（2）评估内容。

过程评估：在整个小组过程中，部分组员在小组开始阶段比较沉默，不主动表达自我，但是随着小组活动的开展和社工的引导，逐渐表现出积极参与小组活动的态度，活动开展过程比较顺利。

结果评估：小组活动基本达到预期的目标，组员间建立良好的人际关系，组员自信心有所增强，对学习的态度都有积极地改变，互助学习队在小组结束后仍然进行，但是在短期的观察中，部分同学学习成绩提高不明显。

（三）社区工作——留守儿童友好社区建设

1. 评估方法

（1）观察法。

观察法是指研究者有目的、有计划地用自己的感官或者是借助辅助工具直接观察被研究对象的一种方法。社工通过实地研究，对四都坪乡的环境、基础设施、留守儿童现状等情况进行了实地观察，了解社区留守儿童的需要及其所处的环境。

（2）访谈法。

访谈法是通过研究者与被调查对象面对面交谈的方式实现的。社工为了获得更加有效真实的资料，分别与四都坪乡政府相关负责人、学校校长、学校老师、留守儿童监护人以及留守儿童进行了访谈。

2. 社区留守儿童需求分析

根据 2015 年的数据，该乡一共有 360 名留守儿童，小学阶段的农村留守儿童共有 251 名，占多数；初中阶段的留守儿童共有 109 名，占少数。该乡的留守儿童双亲留守占 66%，单亲留守占 34%。双亲留守的一般是由祖父母或者外祖父母看管照顾，以前有过儿童单独居住生活的情况，但现在没有了。由于该乡大多都是留守儿童，因此他们并没有感觉到父母外出务工，自己成为留守儿童的特别，没有感受到与非留守儿童的差别。

（1）关系建立的需要。

人际交往的问题可以从两个方面来说。一是与父母交往的问题。经过调查了解到，该地区留守儿童的父母基本上都是在年底才回来，偶尔会有在节假日回来的。儿童时期是需要父母的陪伴和教育的，家庭是促进儿童能够健康成长的最为重要的环境。由于父母长期不在身边陪伴，他们缺乏安全感，渴望父母的关爱，缺少家庭教育，与人交往的能力不强。二是与同辈群体的交往问题。由于该地区绝大部分都是留守儿童，所以他们不会由于自己是留守儿童而在心理上觉得自己和别人不一样，自己是特殊的。尽管如此，他们还是会非常羡慕非留守儿童的同辈群体，羡慕他们的父母可以经常陪伴在孩子身边。因此，他们和非留守儿童相比是比较封闭的，不太愿意主动和别人交往。

（2）能力提升的需要。

由于父母长时间在外务工，基本上没有时间来管教自己的孩子，而监护人大多年纪较大，文化水平较低，没有能力和水平辅导孩子的学习。当孩子在学习上遇到困难，比如学习方法不对或者是对问题的理解较慢，而又无法寻求帮助时，他们就很容易会对学习产生挫败感，从而无心学习。在缺乏家庭教育、缺乏监管的情况下，孩子的自觉性较差，对学习的兴趣不高。

（3）安全教育的需要。

留守儿童处于未成年阶段，自我防护意识较低，对事物的认知不全，再加上父母不能够在身边好好地保护他们，因此他们在面对危险的时候往往不能好好地保护自己，容易受到意外的伤害和成为被不法分子侵害的对象，人身安全不能得到有效的保障。该地区山水环绕，还有一个水库，到了夏天天气炎热的时候，很多儿童会去水库里游泳，而留守儿童由于缺少父母的看管和引导，安全意识低，独自或者结伴游泳的时候容易发生溺水事件。

（4）家庭教育的需要。

家庭是儿童最主要的社会化因素，良好的家庭环境能够给儿童提供温暖与支持。由于该地区留守儿童的父母经常不在身边，他们在遇到问题时都得学会自己解决，遇到困难时也不能及时向父母寻求帮助，而家长也无法及时了解到孩子的需求并给予回馈，久而久之，他们的情绪不能得到及时的释放，诉求得不到回应，也就容易产生心理上的压力和问题。这些问题主要表现在以下三个方面。一是自卑内向。在缺少父母关爱和指导的情况下，他们会因为遇到麻烦而自己又经验不足无法解决时产生自卑挫败的心理。二是孤独抑郁。和父母的长期分离会让他们产生孤独无依的感觉，甚至一些农村留守儿童会因为过度思念父母而产生怨恨的心理。三是逆反消极心理。农村留守儿童由于家庭和成长环境容易缺乏安全感，对人和事物经常保持怀疑的态度，不容易相信别人，也不轻易接受他人，留守儿童在这一时期特别容易产生逆反心理，尤其是对老师和亲友的管教。

3. 社区资源的评估

社区中心学校有一个篮球场和操场，能够为儿童提供娱乐的场地，学校还匹配了工会办公室和学生资助管理的办公室，可以为有困难的留守儿童提供帮助,同时还具备了一个心理咨询室。社区有一个少年宫,一共有 9 个班级,每周四还会开办一些兴趣课程,如声乐、美术、舞蹈等课程,鼓励感兴趣的儿童踊跃参与。社区内有一所卫生院。乡政府相关部门工作人员支持服务的开展,配合相关工作的进行。

4. 社区工作模式

地区发展模式认为社区问题的解决主要依赖于社区内部资源的发掘和利用,强调社区成员通过参与和合作,以集体的形式来挖掘和利用社区资源,共同解决社区问题,满足社区需求,增强社区凝聚力和归属感。

5. 方案制定

儿童友好社区建设是指整合社区资源,建立有利于儿童身心健康发展的社区,具体包括:完善社区基础设施建设,建设有利于儿童身心发展的游戏场所和设施;社区文化建设,营造良好的社区氛围;创新社区儿童参与机制,引导儿童参与社区活动,通过参与社区活动来了解社区和社会等(见表 7 - 6)。

表 7 - 6 社区活动方案

名称	服务对象	目标	内容
健康安全教育	社区儿童	培养儿童的健康安全意识	对社区儿童进行健康安全教育,传授一些健康安全的知识,教给他们一些自我保护的技巧
育儿知识经验讲座	社区儿童的监护人	提高监护人养育和教育孩子的方法和技巧	教授儿童监护人一些有关儿童教育的方法和理念,引导监护人多了解孩子和关心孩子情感方面的需要
卫生宣传活动	社区居民	引导社区居民养成良好的卫生习惯、培养健全的身心状态	在社区、学校、村卫生院等场所设点进行卫生宣传与咨询活动,包括环境卫生、饮食习惯与营养、心理卫生、专题类卫生教育活动
兴趣培养课程	社区儿童	培养儿童兴趣,促进儿童发展	开展兴趣课程,如音乐、美术、舞蹈、体育、手工等课程
建立社区儿童之家	社区儿童	建立社区儿童服务平台,为儿童提供学习和娱乐的场所	以社区儿童之家为平台,开展活动,丰富课余生活,为社区儿童提供支持和帮助

6.社区行动

经过前期资料收集评估和方案制定的过程，确定了实施社区服务方案。在实施过程中根据具体情况调整方案。

（1）健康安全教育。

时间：2016 年 6 月 25 日。

地点：社区少年宫。

服务对象：社区留守儿童。

目标：培养社区留守儿童健康安全意识。

服务内容：邀请社区卫生院医护人员、社区派出所人员，对社区留守儿童进行健康安全教育。具体内容包括：①身体健康成长；②心理健康；③安全意识培养；④自我保护方法。

服务开展：社工与学校老师合作，动员组织全校学生参与健康安全教育活动，邀请相关专家进行健康安全知识教育和普及。

评估：本次健康安全教育基本达到预期的目标（普及健康知识，培养健康安全意识和自我保护技巧）。

（2）育儿知识经验讲座。

时间：2016 年 6 月 26 日。

地点：社区广场。

服务对象：社区儿童监护人。

目标：提高监护人养育和教育孩子的方法和技巧。

服务内容：邀请育儿专家和社区人士进行育儿知识技巧的教育与分享。具体内容包括：①儿童发展各阶段的特点和可能遇到的问题；②正确解决儿童问题的方法；③普及科学教养知识，学习正确的教养方式；④倡导监护人关注儿童情感和心理上的需求，加强与儿童的沟通交流；⑤解答留守儿童监护人在教养过程中遇到的困惑。

服务开展：在乡政府有关工作人员的协助下，社工动员和组织部分社区儿童监护人参加育儿知识经验讲座，进行育儿知识宣传教育。

评估：本次活动基本达到了活动目的，儿童的监护人认识到采用适当方法来养育和教育儿童的重要性，在活动过程中也学习到了在教育儿童的过程中适用的方法和技巧。他们对活动给予了肯定，表明获益良多。

（3）卫生宣传活动。

时间：2016 年 6 月 29 日。

地点：社区、学校、卫生院。

服务对象：社区居民。

目标：引导社区居民养成良好的卫生习惯、培养健全的身心状态。

服务内容：在社区、学校、卫生院设点进行卫生宣传咨询活动。具体内容包括：①发放卫生知识宣传页；②设点播放卫生健康知识视频；③卫生健康知识咨询与解答。

服务开展：利用社区有效资源，建立志愿者队伍，定期在社区进行卫生知识宣传，普及卫生健康知识。

评估：这次宣传活动起到了一定的宣传作用，但是宣传过程中仍然存在部分社区居民不重视卫生方面的宣传，不参加宣传活动（不学习宣传手册，不看宣传视频）的情况，降低了宣传的有效性。

（4）建立社区儿童之家。

时间：2016 年 7 月 2 日—2016 年 7 月 23 日。

地点：社区少年宫。

服务对象：社区儿童。

目标：建立社区儿童服务平台，为儿童提供学习和娱乐的场所。

服务内容：以社区儿童之家为平台，开展多样化的活动，开展兴趣培训课程，注重儿童兴趣培育与发展，丰富课余生活，提供良好的学习环境，周末安排志愿者或老师为儿童提供学习上的辅导，为社区儿童提供支持和帮助。

服务开展：首先是社区儿童之家的建立。与社区少年宫相结合，在少年宫原有设施和服务的基础上，拓展和建设新的服务设施，提供多样化的服务内容。培育和发展志愿者队伍，动员学校老师、乡政府相关部门工作人员等社区居民加入志愿者队伍，建立以乡政府为主导，多元主体共同管理的制度，为儿童提供多样化的服务，促进儿童健康成长。

评估：由于乡政府、学校及社区比较重视儿童发展，所以社区儿童之家的建设比较顺利。在活动开展过程中，社区儿童积极参与活动，社区儿童之家的基本建设达到了预期的目标。

7. 成效评估

通过活动的开展，基本达到了预期的目标，在社区营造了关爱留守儿童的氛围，社区儿童的监护人也认识到了正确教养儿童的重要性，促进了儿童的健康成长，为他们的发展创造了良好环境。通过采用问卷和访谈的方法，对社区居民进行了满意度调查，90% 以上的居民对此次活动的开展表示满意。

八、相关知识链接

（一）马斯洛需求理论

马斯洛将人的需求分为五种，按层次逐级递升，分别为：生理的需求，安全的需求，归属与爱的需求，尊重的需求，自我实现的需求。

（二）社会支持理论

社会支持理论是指个人运用其关系网络获得帮助和资源来改善目前的处境或者协助解决当前的问题。社会支持是人们在日常生活过程中形成的相对稳定的支持，是指对个人生活、发展有利的支持，是人与人在相互交往过程中所形成的，它可以为人们提供生活和情感上所需要的帮助与支持，满足人们的需求。它分为正式性的支持和非正式性的支持，也可以划分为物质上的支持和情感上的支持。

九、推荐阅读文献

1. 王思斌. 社会工作概论（第二版）［M］. 北京：高等教育出版社，2008.
2. 朱眉华，文军. 社会工作实务手册［M］. 北京：社会科学文献出版社，2006.
3. 王思斌. MSW 教学案例集［M］. 北京：北京大学出版社，2016.

十、讨论题

1. 政府在对农村留守儿童介入时可以发挥什么作用？
2. 社会工作者在介入过程中应该注意哪些问题？

案例八：破茧成蝶，自信成长
——勾蓝瑶村留守儿童自信成长小组

陈立新　张发姣

一、案例背景

　　勾蓝瑶村是一个少数民族聚居区，地处湘南边陲，与广西富川县交界，交通位置偏远，经济条件落后，属"十二五"期间国定贫困村。2015 年，该村被湖南省委组织部、省扶贫办确定为省民政厅的驻点扶贫村。勾蓝瑶村现有居民 364 户，共有 2113 人，其中贫困户 153 户、贫困人口 642 人，95% 以上的人口为瑶族。村中约有一半人口外出务工，另一半常住村里的多为"993861"人群。全村有儿童 309 人，其中一年级以下儿童 152 人，一年级至六年级儿童 157 人。该村经济发展落后，交通闭塞，为了维持家里的开支，村中青壮年基本都外出打工，80% 以上的儿童成了留守儿童，小小的年纪便没有了父母的关爱和呵护，产生了柔弱、自卑、孤僻、叛逆等一系列的心理问题。

　　自信成长是人生阶段中非常重要的一项内容，少年时期作为个人自我完善、形成独立人格及完善个性特征的重要阶段，对事物的正确认知能力、人际交往能力的培养与发展都非常重要，因此笔者希望通过小组社会工作方法来促使其健康顺利地渡过这个阶段。小组活动面向 4~6 年级的儿童，这个年龄段的儿童具有初步自我意识，能够相对恰当地表达自我，通过促进他们的朋辈融入，形成留守儿童之间相互学习、相互关怀、共同成长的交流模式，从而提升孩子的自信心以及增进学习兴趣。

二、问题的陈述与分析

　　通过日常接触、监护人反馈和学校老师沟通，笔者了解到很多留守儿童普遍存在成绩偏差、性格柔弱、胆小自卑和沟通能力差等问题。很多孩子从小就离开了父母，由爷爷奶奶带大，有的家庭父母一年回来一次，有的家庭父母三年左右回来一次，甚至有的父母狠心不管，完全交给爷爷奶奶带。在走访中发现有些孩子非常胆怯、怕见陌生人，有人来访仅躲在门后，眼神里充满了好奇，却不敢走上前来，当走出门后浑身不自在，用手捂着自己的眼睛，不敢说一句话。另外，这里的孩子成绩普遍较差，考试成绩在 10 分以下属于"正常"现象，爷爷奶奶对此充满了无奈，但没有任何办法。社工对这些问题有了大致了解后，通过定期开展小组活动提升孩子自信，使其更积极主动地学习。

三、"破茧"自信成长小组计划

（一）小组理念

秉承社会工作的基本价值观，引导服务对象参与小组活动、积极互动和相互协助，帮助他们改变自卑现状。在活动中，遵循保密、坦诚、尊重、倾听和不批判的原则。

（二）小组目标

1. 整体目标

（1）培养组员自信的心理品质，在日常学习生活中能够大胆自信地进行交流，建立良好的人际关系。

（2）找到缺乏自信的根源，在生活中学会提升自信的方法，使他们寻回自信，健康快乐地成长。

2. 具体目标

（1）认识到自己的优点，找回自信，学会在同学、朋友中大胆自信地主动打招呼、说话。

（2）敢于表达自己的观点，不害怕在公众场合讲话，克服内心的恐惧，提升自己的沟通能力。

（3）提升观察能力，善于和伙伴分享自己的感受，更积极主动地去学习。

（4）对于个别自信心严重缺乏的成员，工作者在小组工作过程中投入更多的关注，注意他们的特殊需要，帮助他们在小组中找到归属感。

（三）小组的性质

小组的性质：封闭式成长小组。

（四）小组对象

小组对象：10～12 岁勾蓝瑶村留守儿童（11 人），遵循自愿参加的原则（对象信息见表 8－1）。

表 8－1　参与小组的留守儿童基本情况

序号	姓名	性别	年龄	家庭基本情况
1	小勾	男	11 岁	爸爸妈妈在外打工，从小和爷爷奶奶妹妹在家，只与两个朋友交流，与其他人都不说话，眼神里充满了恐慌、不安，成绩很差
2	小春	女	11 岁	爸爸在外打工，妈妈有甲亢，带着两个弟弟和小春在家，放学后只爱在家里看电视，很少出去与朋友交流
3	小志	男	10 岁	爸爸在外打工，与爷爷奶奶姐姐在家，非常害羞、腼腆，成绩非常差
4	小芳	女	11 岁	爸爸妈妈在县城打工，3 个月左右回家一次，和爷爷奶奶住，比较自信，可以带动小组气氛
5	小丽	女	10 岁	爸爸妈妈在外打工，和爷爷奶奶弟弟在家，来书屋玩，不敢正面与社工讲话，常常躲在同学身后
6	小波	男	11 岁	爸爸妈妈在外打工，和爷爷奶奶妹妹在家，比较自信，可以带动小组气氛
7	小艳	女	12 岁	爸爸妈妈外出打工，和奶奶弟弟在家，比较乖巧听话，胆子小
8	小雄	男	11 岁	爸爸妈妈在外打工，和奶奶妹妹在家，比较懂事听话，胆子小
9	小翠	女	11 岁	爸爸妈妈长期在外，已有几年没回家，和奶奶住在一起，姐姐在上大学，口才很好，但有点儿自卑
10	小靖	男	10 岁	爸爸妈妈外出打工，和爷爷奶奶姐姐在家，不爱和同学玩，只喜欢自己一个人看电视，成绩非常差
11	小荷	女	10 岁	爸爸妈妈外出打工，胆小腼腆，说话声音非常小，眼神充满了恐惧与不信任，成绩非常差

（五）活动时间

活动时间：每周一次。

（六）小组模式

小组模式：治疗型小组。

（七）招募方法

社工通过日常的接触与观察、朋辈推荐、入户走访等方式筛查鉴别组员，最终确定了 11 名组员（注：还有一个较小的女孩子是组员小勾的妹妹。因为小勾缺乏自信，没有安全感，所以允许他与妹妹一同前来参加小组）。

（八）理论依据

1. 生态系统理论

在生态系统理论视角下，服务对象可以通过与环境的互动而得以发展。该理论强调以服务对象自身为主体，同时合理利用身边的资源，形成一个全面的社会支持生态系统图。我们可以从以下的支持系统分析，为服务对象的问题介入提供合理的理论依据。

（1）微观系统：该系统主要强调服务对象自身的基本情况，包括个人的性格、生活习惯以及心理状态等。根据服务对象的实际生活，了解其自身的优势及所遇到的具体困境，实事求是地为其提供符合其自身需求的个性化服务方案。

（2）中观系统：该系统是指与服务对象密切相关的群体和组织即为非正式的社会支持，包括家庭、亲属、朋友及社区等。该系统注重服务对象临近的资源，重视社会网络强大的支援力量。中观系统可划分为两个层次：一方面分为中间系统，即发生关联的小群体，主要包括家人、亲戚、邻居、同事、同学等；另一方面分为外在系统，外在系统主要包括街道办事处、医院、残联、工作单位等。服务对象可以充分利用这些资源，寻找合理的支持网络。

（3）宏观系统：该系统主要是指影响服务对象的较为宏观的政策制度、文化、价值观。该系统对服务对象的影响是基础性的，也是较为有效的，合理的政策扶持对服务对象的生活改观具有重要的现实意义。

以上三个系统形成服务对象的社会支持网络（见图 8 - 1），合理协调及充分利用这些资源有助于科学、有效地协助服务对象摆脱生活困境。留守儿童由于父母的离开，造成家庭结构缺失、父母长期缺位等重大家庭结构变化，造成

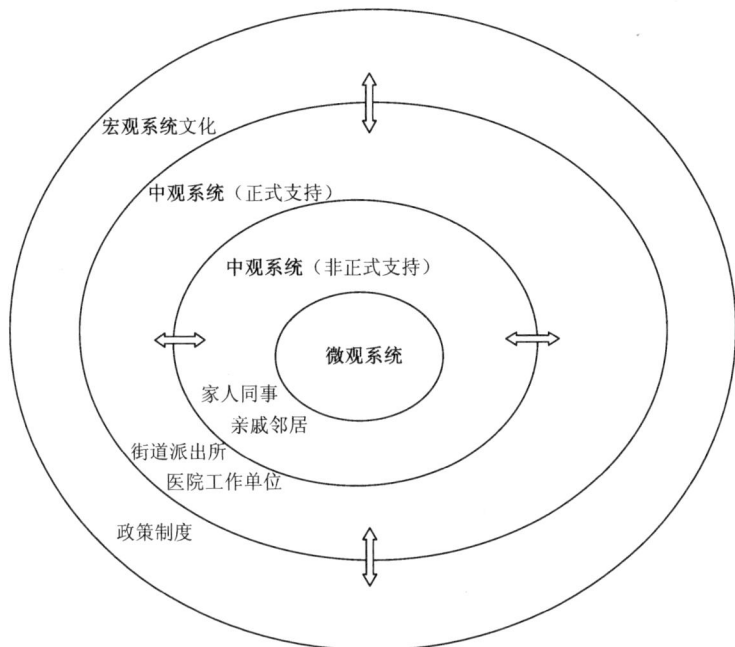

图 8 - 1 生态系统理论视角下的社会支持模型

中观系统的失衡,这些事情的经历和发生,往往会成为留守儿童心理问题形成的一个重要原因和方面。家庭系统的失衡又会进一步影响儿童生态环境中的微观生态系统和宏观生态系统。该理论对留守儿童所面临的特殊处境具有较好的分析和说明,并且在解释环境因素对个体发展的影响方面具有重要意义。另外,该理论也利于进一步解释留守儿童自卑心理的形成。

2. 优势视角理论

在社会工作中,"优势视角"是一种全新的工作理念,它强调社会工作者要立足于发现、寻求、探索并有效利用服务对象的优势和资源,协助他们实现自己的目标。这一理论强调人类精神的内在智慧,强调每个人都具有内在的转变能力。抗逆力是优势视角的理论内核。留守儿童自信心的不足与成长环境密切相关,社工可以在优势视角理论的指导下,通过找寻留守儿童及其家庭中的内在资源和优势以及制度优势并加以利用来帮助留守儿童提升他们的自信心,同时协助多方主体,构建关爱留守儿童的长效机制。

（九）小组活动计划

小组活动具体内容见表 8 - 2。

表 8 - 2　小组活动计划

次数/名称	目标	内容
第一节 "你我初 相识" （2 小时）	利用破冰游戏协助组员彼此熟悉；介绍小组的目标以及加强组员的团队意识；制定小组规范	1.填写一份罗森伯格自信心测量表，了解每个孩子的心理状况。 2.社工介绍成立"破茧"自信成长小组的背景以及小组的目标，同时社工与组员分别进行自我介绍。 3.破冰游戏：一元五角、口耳相传、你比我猜。 4.分享活动感受。 带出感受：不管是一元还是五角，都有自己的价值，没有优劣之分，在一个团队中更是如此，五角和一元同样重要；与人沟通是非常重要的，当我们说话声音很小的时候别人是无法听清的，所以在日常的交流中，应勇敢自信地说出自己的想法。 5.共同制定规范与制度，成员签字。 6.布置作业：回想自己印象最深的一件事，下次活动时勇敢表达给组员听
第二节 "认识自我" （2 小时）	学会并敢于在公共场合分享自己的感受；引导小组成员认识到每个人都有自己的特点；益智游戏可开发智力，协助组员在游戏中开动自己的小脑筋	1.回顾上次活动内容，同时介绍这节活动的目的和意义，提醒组员要遵守小组规范。 2.社工与组员轮流分享自己印象最深的一件事。 辅助社工及时关注每个孩子的情况并提供帮助，协助11个组员开口说出自己的小故事。 3.自我探索游戏：动物蹲、自画像。 通过每个组员选出自己最喜欢的一个动物代表自己，映射出自己身上的优点；同时通过自画像，组员可进一步认识自己，展示一个真实的"内心的我"。 4.益智游戏：跳棋。 会玩跳棋的组员教不会的组员，彼此沟通交流，把自己的技能教给另一个同学，增强自信心；不会玩的同学也可以增长一项技能游戏。 5.小组成员分享活动感受。 6.布置作业：收集下周中最开心的一件事，下次活动与组员一起分享

续表 8－2

次数/名称	目标	内容
第三节"欣赏自我"（2小时）	让小组成员勇敢地说出自己的优点；让组员认识自己是否有把握机会的意识和表达的愿望；在机会面前需要勇气和信心；最后通过益智游戏来促进孩子间的沟通、合作与智力开发	1.回顾上次活动的内容并介绍这节活动的目的和意义，提醒小组成员遵守小组规范。 2.社工与组员轮流说出自己一周以来最开心的一件事；协助组员敢于在公共场合勇敢表达自己的想法，还可提升他们细心观察的能力和善于发现的能力；个别孩子不知道说什么的时候，不要批评指责，社工可准备几个简短精彩有意义的小故事，让他在组员中大声朗读。 3.社工把写有评语的组员自画像分发下去，每个组员拿着自己的自画像，站起来介绍自己画的这幅画，并说出自己的三个优点，增强自信。 4.礼物大拍卖活动。 社工准备好3个精美礼品，对礼品进行描述。每个小朋友都可能得到这份礼物，但是需要在小组中间进行演讲，对于内向的孩子可从"为什么想得到这个礼物？""可以用它来做什么？"之类的引导词进行引导。 5.拼图大赛。 小组成员随机抽出社工准备好的简单拼图，每个组员根据自己手中的拼图去找寻自己的组员，最后把小组成员分成4组，完成拼图大赛游戏。 6.社工总结本次活动，小组成员分享这节活动带给自己的感受。 7.布置家庭作业：每个人制作一个卡片，下次活动送给想送的组员
第四节"自信自我"（2小时）	学会发现别人的优点并欣赏，促进相互肯定与接纳；通过询问他们的小心愿，关爱孩子们的内心需求	1.带领大家一起回顾上节小组活动的内容，并一起朗读规则。 2.两人三足游戏。暖身活动，加深彼此的团队协作意识。 3.送出自己制作好的卡片，送出卡片的时候说出别人的优点（考虑到个别同学可能没有人送，三位社工也制作了卡片）。 4."优点轰炸"游戏。 从第一个组员开始，其他人轮流说出他的优点及欣赏之处（如性格、相貌、处事、能力等），利用这个游戏了解自己在别人眼中有哪些优点。 5.询问组员的小心愿。 每个组员说出自己的小小心愿，社工默默为他们准备心愿礼物，在最后一次小组活动中满足他们的小小愿望。 6.社工进行这节内容的总结，并让大家说一说活动的感受以及自己在活动中的收获。 7.布置作业：想出一些解决问题的方法和途径，下次活动时一起探讨

续表 8 - 2

次数/名称	目标	内容
第五节 "自信 大考验" (2 小时)	共同探讨增强自信的有效办法及途径；通过主动和"陌生人"交流的方式锻炼孩子的自信与胆量	1. 回顾上一节活动的内容。 2. 组员一起探讨增强自信心的方法，最后社工进行总结，提供一份"提高自信心的 8 条建议"。 3. 收集"陌生人"信息。 勾蓝瑶村是一个旅游景点，周末会有来来往往的游客，鼓励组员主动和游客交流。最后评出谁收集的信息最多，并发放小礼物。 4. 分享活动感受或者自己的收获。 5. 告知组员下次的小组活动为最后一次
第六节 "自信 每一天" (2 小时)	体验团体带来温暖和力量，获得支持与信心；体验到被关爱的感觉；处理离别情绪	1. 回顾整个小组的历程。 2. 发表在活动中的感言。 3. 合唱"我相信"。 先由社工教"我相信"这首歌，然后大家牵手一起合唱，全体成员在一个充满温馨甜蜜而有凝聚力的团体中增强自信，走向更好的生活。 4. 社工发放"心愿小礼物"。 5. 合影以及问卷评估：检查组员发生的改变。 6. 社工总结并评价大家获得的进步。嘱咐期望，希望大家都能够自信快乐地成长

四、"破茧"自信成长小组的实施过程

(一)第一节活动：你我初相识

目的：协助组员彼此认识，同时介绍小组的目标与意义；建立小组规范。

小组活动开始，社会工作者向组员表达大家能够聚在一起开展小组活动是非常难得、非常有缘分的一件事情，随后介绍前期的一些准备工作，下面的游戏活动、礼物经过了精心挑选，并说明活动的持续时间以及本次小组活动的目的与意义，希望大家坚持参加，这对自己的成长非常有帮助。大家互相自我介绍，可说说自己的兴趣爱好，增加彼此的了解。在"你我初相识"环节，组员进行了 3 个破冰游戏——口耳相传、一元五角和你比我猜。破冰游戏能打破彼此

之间的陌生感，促进成员相互认识，增进彼此的熟悉度。小小的活动分享会，促使大家勇敢地表达自己的内心感受。接下来，明确小组的规范和制度。由社工和组员一起来制定小组规范，社工再作一些补充和修正，并一起签订小组契约书。最后布置作业，回想自己印象最深的一件事，下次活动时勇敢表达给组员听。

（2）第二节活动：认识自我

目的：引导组员认识到每个人都有自己的特别之处，与别人是不一样的，以及促进孩子的智力开发。

首先回顾上一节活动内容并绍介这节活动的目的意义，同时提醒组员要遵守小组规范。其次社工与组员轮流分享自己印象最深的一件事，鼓励每个组员勇敢表达自己的想法，对于胆小害羞的孩子进行耐心引导，辅助社工及时关注每个孩子的情况并提供帮助，协助11个组员开口说出自己的小故事。接着开展两个自我探索的小游戏：动物蹲和自画像。每个组员选出自己最喜欢的一个动物代表自己，映射出自己身上的优点，同时通过自画像小游戏组员可进一步认识自己，展示一个真实的"内心的我"。然后是益智游戏：跳棋。会玩跳棋的组员教不会的组员，通过组员之间的彼此沟通交流，把自己的技能教给另一个同学，增强自信心；不会玩的同学也可以学会一项益智游戏。最后小组成员分享活动感受，鼓励每个组员说出自己的想法。布置家庭作业，收集下周中最开心的一件事，下次活动与组员一起分享。同时社工收上每个孩子的自画像，后期写上评语，下次活动分发下去。

（三）第三节：欣赏自我

目的：鼓励孩子勇敢表达自己，让孩子在机会面前有表达的勇气和信心，以及促进孩子的沟通合作与智力开发。

首先回顾上次活动的内容并介绍这节活动的目的和意义，提醒小组成员遵守小组规范。接着社工与组员轮流说出自己一周以来最开心的一件事。协助组员在公共场合勇敢表达自己的想法，还可提升他们细心观察的能力和善于发现的能力。当个别孩子不知道说什么的时候，不要批评指责，社工可准备几个简短精彩有意义的小故事，让他在组员中大声朗读。然后社工把写有评语的组员自画像分发下去，让每个组员拿着自己的自画像，站起来介绍自己画的这幅画，并说出的自己的三个优点，增强自信。再进行礼物大拍卖活动。社工准备好3个精美礼品，对礼品进行描述。每个小朋友都可能得到这份礼物，但是需要在小组中间进行演讲，对于内向的孩子可从"为什么想得到这个礼物？""可以用它来做什么？"之类的引导词进行引导。第三个游戏是拼图大赛。小组成员随机抽出社工准备好的简单拼图，根据自己手中的拼图去找寻自己的组员，最后把小组成员分成4组，完成拼图大赛游戏。最后社工总结本次活动，小组成员分享这节活动带给自己的感受并布置家庭作业：每个人制作一个卡片，下次活动送给自己想送的组员。

（四）第四节：自信自我

目的：学会发现别人的优点并欣赏，相互肯定与接纳。通过询问他们的小心愿，关爱孩子们的内心需求。

首先带领大家一起回顾上节小组活动的内容，并一起朗读规则。其次是两人三足的暖身活动，加深彼此的团队协作意识。接着送出自己制作好的卡片。送出卡片的时候说出别人的优点（考虑到个别同学没有人送，三位社工也制作了卡片），加深对自己的了解。然后开展"优点轰炸"游戏。从第一个组员开始，其他人轮流说出他的优点及欣赏之处（如性格、相貌、处事等），被称赞的成员说出哪些优点是自己以前知道的，哪些是自己不知道的，以及知道自己这么多优点后的感受。很多组员表示完全不知道自己还有这样的优点，也更加了解别人眼中的自己。接下来询问组员的小心愿。每个组员说出自己的小小心愿，社工默默为他们准备心愿礼物，在最后一次小组活动中满足他们的小小愿望。最后社工进行这节内容的总结，并让大家说一说活动的感受以及自己在活动中的收获，并布置家庭作业：想出一些解决问题的方法和途径，下次活动一起来探讨。

（五）第五节：自信大考验

目的：发挥集体力量探讨增强自信的有效办法及途径；通过主动和"陌生人"交流的方式锻炼孩子的自我表达能力、自信与胆量。

首先回顾上一节活动的内容，组员一起探讨增强自信心的方法。然后社工进行总结，提供一份"提高自信心的8条建议"。接着是收集"陌生人"信息的活动，主要是在户外进行，因为勾蓝瑶村是一个旅游景点，周末会有来来往往的游客。社工利用这样一个活动鼓励组员主动和游客交流，对于不知道如何开口的孩子，社工可先写出几个固定的问题，让组员先按照列出的问题去询问（例如：①先做个自我介绍；②游客的家乡是哪里；③坐什么交通工具来的；④路上花了多少时间；⑤向游客介绍勾蓝瑶村的景点）。其他内容可自由发挥。结束后评出谁收集的信息最多，发放小礼物。最后分享活动感受和自己的收获，并告知组员下次的小组活动是最后一次。

（六）第六节：自信每一天

目的：通过手牵手一起唱歌的方式让组员体验到小组带来温暖和力量，获得支持与信心；通过满足小心愿让他们感受到被关爱的感觉；注意处理好个别组员的离别情绪。

首先回顾整个小组的历程，社工对所有的活动与组员取得的进步进行一个总结。让组员谈谈自己在活动中的感受，引导每个孩子发表活动感言。好几个孩子感觉自己获得了进步，孩子们说，"自己胆量变大了，也不怕站起来发言了""我不知道自己原来有这么多的优点""在小组中一起玩得很开心"等。接着社工教组员学唱"我相信"这首歌，并组织大家手牵手一起合唱。全体成员在一个充满温馨甜蜜而有凝聚力的团体中获得支持与鼓励，走向更好的生活。然后让辅助社工拿上为大家准备的心愿小礼物。每个组员看到礼物都很惊喜，当发到他们手上的时候，简直不相信这是送给自己的，还一再确认要不要还回来。通过满足他们的小小心愿来鼓励他们："以后要勇敢自信，这是社工姐姐对你们进步的奖励"，并嘱咐期望，希望大家都能够自信快乐地成长。最后大家一起合影留念，并作问卷评估，检查组员发生的改变。

五、对"破茧"自信成长小组的评估

小组活动过程中，社工定期鼓励组员把参与小组活动的感受以及建议表达出来，社工可对小组活动及时做出调整并观察组员的表现。同时在活动中，社工也会通过走访的形式向监护人了解组员获得的进步。在小组活动开始前与结束后，社工会请服务对象填写有关小组的自信心测量表，通过量表的方法评估组员。对小组的综合评估有如下几点。

（一）过程评估

1.服务对象满意度评估

服务对象对整个小组活动的评价是非常积极的，表示还想继续参加这样的活动，组员给小组活动打分都是90分以上；同时服务对象对社工准备的活动内容非常喜欢，很多游戏都是他们从来没有玩过的，对"你比我猜""优点轰炸""收集信息""满足心愿"等活动留下了非常深刻的印象。100%的小组成员认为三位社工指导者在小组中发挥了很好的作用，对社工的服务态度表示满意。这是社会工作者充分运用"尊重、接纳、平等、助人自助"专业理念的一种表现。

2.社工评估

在每次小组过程中，社工对组员都会有考勤，组员的出勤率达到90%以上，甚至有其他儿童也想前来参加的现象。在活动的开始阶段有两个特别内向的组员无法突破自己投入到游戏中，社工带领其他组员一起为他耐心细致地讲解，利用朋辈群体的力量帮助其融入。在第三节小组活动，社工明显感受到组员开始有了变化，几个羞于开口的孩子能在游戏中融入大家，在分享环节也能单独表达却不怯场。在团体凝聚力上，小组经历了从整体力量分散到逐渐开始聚拢，再到成员进一步团结直到最后高凝聚力小组的这样一个总的变化过程。在与组员小勾以及小蓝的访谈中发现，两位组员都表示自己经历了对小组活动的开展有所担忧到完全信任其他组员，并且与其他组员团结一致完成小组目标的心理变化过程。在小组活动的后半期，根据工作者的观察，组员基本形成了较高的凝聚力。

第四小节活动结束后，在日常相处中，几位社工有一个明显的感受，以前永远都是躲在别人身后的小丽开始主动积极地来书屋帮助社工整理书籍，而且会单独来到书屋与我们一起交流最近学校发生的事情。特别内向的小勾也开始表现出一些积极主动的表现，特别是在社工无意间利用他的兴趣点教会他骑单车以后，他对我们的防备心理完全放下，经常会带着妹妹来书屋看书，与我们一起下跳棋等。还有一个组员刚开始在游戏中与大家玩得很开心，但在我们的分享环节却一句话也说不出来，社工几次运用问答的方式，引导他开口说话，后面六节小组活动下来可以感受到他的改变，终于敢于站起来说话，不会扭扭捏捏，平常也会主动来和我们打招呼，发现他迈出了自己害怕的那一步，这对于一个小孩子来说已经是很大的进步了。

3. 监护人评估

在活动开展前期，社工通过每个家庭的走访，让监护人了解到小组即将开展的活动，并希望邀请孩子来参加，所有的监护人都表示同意，很开心有社工可以带领孩子一起成长。在活动中期，社工会主动去走访询问孩子的变化，爷爷奶奶都表示他们能参加这样的活动非常好，感觉孩子有进步，出去找朋友玩的次数多了。活动结束后，有三位家长反映，"以前周末孩子都是在家看电视，现在会出来找你们玩了，也知道来书屋借书拿回去看了"；五位家长反映，"现在自己的孩子更乐观开心了，遇见陌生人说话也没有唯唯诺诺的感觉"；一位家长反映，"孩子更爱表达自己了，也爱看书了"；另外两位较自信的孩子也更加敢于发表自己的观点。

（二）效果评估

活动开始前与结束后，社工要求每个组员完成一份自信心测量表，从测量表的角度来评估组员的进步。在最后一节小组活动中，社工有问到组员的收获，85%以上的组员都有说到自己更有自信，胆量更大了。有几个组员说，"自己胆量变大了，也不怕站起来发言了""我不知道自己原来有这么多的优点"
"在小组中和大家一起玩很开心"等话语。所有的组员在小组结束时都说希望还
有其他类似的活动，还想和大家一起玩。

（三）持续更进

小组活动从整体上来说是非常成功的一次活动，但是社工预想在半年后和
一年后对 11 位小孩的变化有一个追踪跟进，进一步观察他们的改变是否得到
维持。

六、对"破茧"自信成长小组的反思

（1）"破茧"自信成长小组的聚焦于服务对象的自卑心理问题。小组的目标
明确，服务方案具体，开展活动比较有针对性，为实现小组的目标、功能找到
了一个很好的切入点。

（2）三位社工在小组活动中发挥了很好的引导作用。当一个人主持时，其
他两个人则是小组中积极的响应者和辅助者，特别是有的组员在开始阶段无法
突破自己的时候，两位社工在一旁耐心细致地引导，促使其参与活动，增加了
整个小组的融合度。

（3）在人员招募过程中，个别组员有抵触情绪。有一个小组成员因为害怕，
开始时拒绝参加活动，社工耐心细致地对他讲解活动内容，尊重他的意愿。出
乎意料的是，最后这个组员竟然带着自己的妹妹一起来到活动现场。社工在处
理有抵触情绪的孩子时，应给予更多的耐心与尊重。

（4）在招募与活动中，社工对自己的工作内容、服务理念向村民和孩子进
行讲解，还在微信公众号推送开展的小组活动。这不仅宣传了社会工作者，而
且提升了社会工作者在大家心中的良好形象，为后续其他工作打下了基础。

（5）在两人三足的游戏活动中，出现了道具准备不充分的情况，这直接影
响了活动的效果。今后在道具准备阶段需要注意。

（6）开始没有说好具体的奖励与惩罚机制，中途有缺场组员，给大家留下
了随意的感觉。在以后的活动中应该引起注意。

在整个小组过程中，服务对象共同参与、共同进步，大家积极互动、相互
帮助、分享感受，在一个轻松愉快的氛围中获得成长。在讨论中，大家学习到
了增强自信的具体方法，同时在分享感受、诉说自己的小故事、团队协作中不
知不觉地提升了自己的自信与胆量。从开始的被动参与到后来积极主动参加，
这都是小组取得成功的地方，达到了小组的预期目标。

三位社会工作者在活动中相互协助，把自己所学的理论知识付诸实践，对社工来说也是一次新的尝试，丰富了自己的实践经验，提高了专业服务水平和能力，获得了成长。

七、参考文献

1. 邬志辉，李静美. 农村留守儿童生存现状调查报告[J]. 中国农业大学学报(社会科学版)，2015(1).
2. 康绍霞. 刍议农村留守儿童的社会支持[J]. 社会工作，2007(16).
3. 石兰蕊. 让学生表现出适当自信的策略[J]. 科学教育，2010(2).

八、思考

1. 还有哪些提升留守儿童自信的方法？
2. 留守儿童在小组中获得的改变该如何保持？

案例九：阳光下重新绽放的生命

——失地青年社会资本重建行动计划

潘泽泉　刘惠芝

　　新型城镇化加速的背景下，失地农民的社会资本逐渐贫乏与弱化，成为边缘性群体。失地青年是这一群体的主干力量，后续发展涉及社会稳定，各地政府采取各种积极措施帮助失地青年解决就业、社会保障等问题。近年来，民政局购买社工服务，开展对失地青年的职业技能培训、创业就业指导。这种服务实际上是一种"弱关系"带来的外部资源，有利于失地青年形成积极的社会资本投资。

一、案例描述

　　调查研究对象为 L 社区 20～45 岁的失地青年群体，在城市化过程中，因土地被征用而从农村搬迁至安置社区，身份从农民向市民转换，成为已就业或等待就业的城镇居民。社工为其提供专业的、具体开创性的服务，促进失地青年积极创业与就业。此项目的社会意义是探索社会工作介入失地青年创业就业的本土化模式。L 社区失地青年的传统社会资本断裂，而现代社会资本没有完全定型。失地青年的社会资本存在不足是失地青年就业的一个重大障碍。

　　个案存在的问题：L 社区失地青年传统型社会资本处于"断裂"状态，现代型资本处于"过渡"状态；L 社区失地青年社会关系网络范围小，同质性强，具有封闭性；L 社区失地青年对新社区、社会组织不信任，参与社区事务及社会组织活动少；L 社区失地青年获取社会关系网络资源能力不够，就业困难。

二、案例人物

　　案主 A，男，30 岁，身高 169 cm，已婚，高中文化，身体健康，失地后无工作，性格内向，不喜出门，爱好游戏、打牌。老婆 28 岁，高中文化，失地后一直在家带小孩，无工作。夫妻生育一儿一女，儿子 6 岁，上小学一年级，就读于岳麓区梅溪湖实验小学；女儿 3 岁，上社区幼儿园，现住家和苑 5 单元 1012。父亲 56 岁，母亲 53 岁，父亲、母亲身体良好，现住在家和苑 5 单元 1506。姐姐，33 岁，十年前嫁到隔壁村。奶奶已逝，爷爷 78 岁，身体良好，跟儿子同住。一家人原居住在 C 市梅溪湖街道学湖村。2008 年，土地被征收。2012 年，全家被安置到 L 社区家和苑小区 5 单元。拆迁前，全家以种植葡萄为生，每年收入达 7 ~ 8 万。房屋拆迁后，政府赔偿 200 平方米的安置房，其中 145 平方米的房间家里人自己居住，剩下 55 平方米加上自己购买的 25 平方米凑成一个小户型用来出租。政府赔偿拆迁款 60 万，自己居住房屋装修花掉 30 万，购买 25 平方米的房屋花掉 15 万，剩余赔偿款 15 万。

三、社工在案例中的角色与实践的原则

（一）社工的角色

1. 服务提供者

服务提供者是社工最直接的服务角色。社工要认真了解失地青年的需求、身体状况、经济状况、家庭关系及兴趣爱好、年龄层次和自理能力，以此确定小组活动的开展形式，在此基础上为失地青年提供一些专业服务。

2. 使能者

帮助失地青年实现自我赋权，适应失地新生活。社工应努力激发失地青年的内在潜能。在策划和组织小组活动时，要设计有助于失地青年提升自身能力的活动。

3. 支持者

社工在小组活动中不仅是倾听者、鼓励者，也是支持者。社工应运用同理心站在服务对象的角度思考问题，积极支持服务对象解决问题。

（二）实践的原则

1. 实务过程中目标和职责保持一致性

实务过程中，社会工作者必须明确要完成的目标，自己的权利和职责，以及可能达到的效果和结果。社会工作者不可以超越自己的职责范围，实务过程应围绕失地青年社会资本重建的目标。例如，失地青年系统的心理问题可能来

自不同系统的影响，那么作为社会工作者来说，从正式系统和社会系统分别介入的职责和目标是不一样的。社会工作者必须认清是什么系统与失地青年系统失衡导致社会资本问题。社会工作者介入不同系统时，职责是不一样的，达到的效果也不一样。

2. 情境重要性原则

"人在情境中"是说人处于社会环境之中，人的问题是环境发生改变引起的，情境决定了你的目标和举措。社会工作者在实务过程中，要注意失地青年身处的实际环境，与社会环境的互动行为。失地青年的社会环境发生改变，失去土地，搬迁至城市社区，无法融入城市生活及就业困难。基于这种现实情境，社会工作者应关注失地青年现在的日常生活网络。社工在进行社会资本重构时必须是建构现代型社会资本，帮助失地青年从日常生活网络中获取资源，使失地青年适应城市并就业成功。

3. 注重过程性原则

系统理论注重过程，注重关系和互动以及内容和结果是如何发生的。社会工作者可以识别失地青年生活在某一部分之中的技巧和关系。这些技巧和关系能够移植到存在问题的其他情况。有助于分析系统之间如何互动。比如，重构失地青年家庭社会关系网络时，会引起失地青年非正式系统关系网络的问题。失地青年与亲属关系不和谐会引起失地青年与社区居民关系问题。

四、信息收集及案情评估

（一）信息收集

为了解失地青年的社会资本问题，笔者设计了半结构访谈提纲，在社区实现工作期间，对L社区20名失地青年进行访谈。根据收集的资料，总结出L社区失地青年的社会资本的问题。根据L社区失地青年人口数，笔者根据问卷调查的数据，选择较具代表性的20名失地青年（8名男性、12名女性）进行访谈。笔者在整理资料时将访谈对象进行编码，编码的第一位代表访谈的个案，第二位为性别，第三位为个案访谈序号。例如，"C－M－1"为1号男性青年个案。访谈对象基本信息见表9－1。

表9-1 访谈对象基本信息

编号	年龄	家庭人数	文化程度	有无工作
C-M-1	38	9	初中	无
C-M-2	32	8	高中	有
C-M-3	26	6	高中	无
C-M-4	20	10	高中	无
C-M-5	43	6	小学	无
C-M-6	35	9	初中	有
C-M-7	26	10	高中	无
C-M-8	42	7	小学	无
C-W-1	23	9	大专	无
C-W-2	36	8	高中	有
C-W-3	30	9	高中	无
C-W-4	41	12	初中	无
C-W-5	39	12	初中	无
C-W-6	34	10	大专	无
C-W-7	37	12	初中	无
C-W-8	40	9	小学	无
C-W-9	25	11	高中	无
C-W-10	28	9	高中	无
C-W-11	25	10	高中	无
C-W-12	39	9	初中	无

（二）案情评估

1. L 社区失地青年社会资本问题

社会资本问题是笔者根据文献资料和收集 L 社区失地青年访谈资料所得，资料表示 L 社区失地青年社会资本存在诸多问题，重构社会资本是必要的。

（1）L 社区失地青年传统型社会资本处于"断裂"状态，现代型资本处于"过渡"状态。

传统社会资本是以"血缘""亲缘"为核心的。这种天然的亲属、邻里关系是失地青年征地前先天形成的。失地前，L 社区失地青年的社会关系网络主要成员是亲人、邻居，这些网络成员主要集中在居住地。以前他们的生活是依山傍水，生活方式是跟亲人一起下地劳作，跟邻居闲聊玩耍。与亲人、邻居的关系较为密切，互动频繁，很少与外界人员交流。失地后，生活环境的巨大改变使得 L 社区失地青年的社会资本弱化，严重的表现为断裂。大量的社会资本受损导致失地青年的物质和精神生活受到创伤，必须重构其社会资本才能使他们更好地生活。

L 社区失地青年搬迁至城市后，以"友缘""业缘"为基础的现代型社会资本没有建构起来，处于过渡期。他们的生活环境和生活方式都发生变化后，失地青年没有习惯城市生活，与城市人打交道。他们与城市居民都是"陌生人"关系，没有太多的交流与互动。与城里人交朋友的过程中，思维与行为有差异，易产生矛盾。L 社区少部分失地青年失去土地种植工作，在城市找到一份基层职业，工作时还是会受老板、城里人排挤、歧视。

（2）L 社区失地青年社会关系网络范围小，同质性强，具有封闭性。

L 社区失地青年身上具备传统观念和小农意识，社会关系网络中以"亲人""邻居"为主要交往对象。从网络的性质看，失地农民的社会网络关系的绝大部分限于本群体内部，同质性强。这种社会关系网络比较狭小，具有封闭性。

（3）L 社区失地青年对新社区、社会组织不信任，参与社区事务及社会组织活动少。

L 社区成立不久，管理体制不完善，功能弱，居民对社区的信任完全不够。社区自治功能不强，许多原本社区拥有的功能都无法发挥，很多与居民的矛盾渐渐显现。比如社区卫生管理体制没有完善，社区居民拒交物业费，物业不给清理社区垃圾，居民生活被垃圾包围，怨声载道，时常到 L 社区居委会投诉、闹事。

L 社区自成立以来引进了五个社会组织，针对不同群体提供不同的服务，可是居民似乎根本不理解社会组织的意义，对社会组织不信任，社工组织的活动也不积极参加，都是持怀疑态度。具体原因是失地青年只关心切身利益，不想给自身找麻烦。

（4）L社区失地青年获取社会关系网络资源能力不够，就业困难。

L社区失地青年在社会分层体系中地位较低，能够占有的资源有限，社区、社会组织、街道、政府等正式系统资源利用率低。L社区失地青年找工作大部分都通过亲人、熟人介绍，很少自己上门直接应聘，就业渠道非常狭窄。失地青年社会参与能力较低，获得就业机会和就业信息的途径小。"弱关系"网络资源获取能力低。

2. 系统视角下问题聚焦

（1）失地青年各层次系统划分。

失地青年由于失去土地，征地前后环境系统发生很大改变，基于这一特殊性，对失地青年社会资本重构前，必须将失地青年失地前后的各系统层次进行对比分析。失地前，失地青年的非正式系统有家庭、邻居、朋友，正式系统有村居委会、乡镇，社会系统有政府、医院、学校。失地后，失地青年的非正式系统有家庭、邻居、城市居民，正式系统有社区居委会、街道办事处、社工机构，社会系统有政府、医院、学校、企业、物业。从失地青年失地前后的各系统来分析，失地青年的各系统都发生了较大的变化。

（2）能量流动分析失地青年系统问题。

系统理论认为，人类社会是一个大系统，各部分相互交叉，彼此渗透，形成错综复杂的网络。该理论假设系统为了维持自我生存和继续发展，必须通过与其他系统的互动获得能量。反之，如果系统不能与外界系统发生互动产生能量，那么将会产生"熵"。失地青年，由于土地被征收这个客观原因，失地前后的环境系统发生很大变化。根据系统的"交互性"特征，系统的某一部分发生改变，此变化会与其他部分相互作用，它们也会发生变化。所以，失地青年的环境系统发生改变，他的自身系统必须发生变化来达到自我平衡状态。同时，他的自身系统需要与环境系统发生能量交换来维持自身发展。所以，社工的主要任务是帮助失地青年维持自身系统平衡及促进失地青年自身系统与环境系统产生能量互动，让失地青年融入环境，促进人与环境的和谐发展。

首先，社工帮助失地青年维持自身系统平衡，必须在不改变失地青年本身特征的前提下，接纳环境变化，即以"血缘""地缘"为依托编制而成的社会关系网络转化成以"业缘""友缘"为依托编制成的社会关系网络。其次，社工促进失地青年自身系统与环境系统的能量互动，即失地青年在建成的社会关系网络中获得资源使自身受益。社工帮助失地青年重构社会关系网和促进网络中各成员的交流互动来获取资源使自身受益。根据林南对社会资本的定义，社工就是帮助失地青年进行社会资本重构，如图9-1所示。

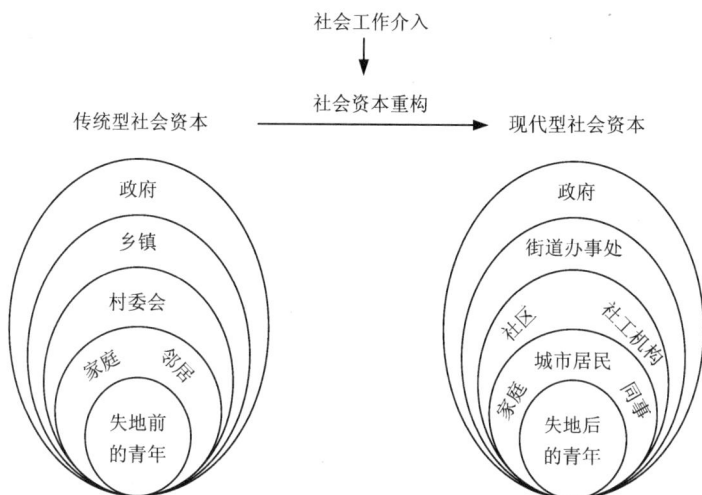

图9-1　失地青年社会资本重建示意图

五、目标设定

本文研究采用小组工作方法进行干预，在生命模式理论视角的指导下，遵循小组工作通用过程。

（一）干预的目标与技巧

1.干预目标

社工帮助案主的总体目标是：案主社会资本重建。

分级目标：

（1）维护初级社会关系网络。

（2）拓展次级社会关系网络。在系统理论指导下对案主社会资本重构，社工从案主系统及案主的三大帮助系统（非正式系统、正式系统及社会系统）制定计划。

具体计划如表9-2所示。

表9-2　案主社会资本重建干预计划

实务过程	实务议题	实务一级目标	实务二级目标	实务方式
协助案主	社工以系统理论做指导，案主系统与环境系统是一个有机整体，案主系统适应环境，与环境和谐相处。社会工作实务聚焦维持案主系统与环境系统的和谐性	激发案主拓展社会关系网络的主观能动性	1.增强形成关系纽带的能力。2.提升自我应对能力的自信。3.改变传统保守的观念。4.认清角色。5.提升人际交往能力	社工明确自己的角色以及制订计划。社工担任治疗师、经纪人的角色。社工劝导案主同意接受帮助并参与到协同工作中。社工寻求帮助并改变案主协同工作的人，与社工一起合作，侧面引导案主改变，解决案主系统问题，使案主系统与环境系统协调发展。介入过程中，社工应注意考虑案主的特殊性和整合案主的实际资源
协助案主与家庭	社工以系统理论做指导，系统理论在家庭中的工作尤其重要。系统理论聚焦家庭系统之间有效功能的联系。其次，它强调系统之间的"交互性"，案主系统与家庭系统相互作用，任何一部分发生变化，另一部分也会发生变化。社工实务聚焦于发展案主与家庭的沟通方式以及案主与子女的互动	建立案主与家庭之间和谐的关系网络，并促进网络成员的信任与沟通	1.解决夫妻矛盾。2.加强亲子沟通。3.积极参与家庭活动	社工担任协调者和经纪人角色。社工根据案主需求，帮助案主与专业的社工机构建立联系，将案主转介给其他社工机构。此社工机构给案主提供最有效的服务，同时社工还要与此社工机构进行谈判，保证服务质量
协助案主与邻居、城市居民群体	社工用社区发展理论做指导，实务议题是发展关爱性社区、促进积极伙伴关系的手段。社工实务聚焦促进案主与社区邻居的积极伙伴关系、友爱互助	建立案主与群体关系网络，并促进网络成员的互助和支持	1.建立与社区邻居、城市居民的伙伴关系。2.加强案主与社区居民、城市居民的互助和支持	社工思考接近邻居的方式，对社区环境、居民、权利和领导进行了解，联络并把所有人集合在一起。社工确定目标、优先次序。社工确定自己的角色安排，系统分类，计划阶段性工作。社工鼓励案主参与群体活动，扩大社会资本容量。同时，社工担任使能者角色，使案主与邻居、城市居民和睦相处、互帮互助。邻里关系是丰富社会资本的体现

续表 9 - 2

实务过程	实务议题	实务一级目标	实务二级目标	实务方式
协助案主与正式系统	系统理论实务议题是案主的生活压力源，通过向案主系统施压的方式发挥作用。受影响的系统可能是个人或社区。社工实务聚焦增强案主正式支持网络。同时，社区理论实务议题是发展利于公益的活动、增加个人对社区的接受力、增进社区健康和社会适应力、增进环境公平和社会公平。减轻案主的生态压力，特别聚焦于案主的利益损失	建立案主与正式系统之间的关系网络，并促进合作与互利行为	1.疏通主张权利的通道。2.增加对社区的接受力。3.提升对社区的信任度。4.加强案主社区志愿服务精神建设。5.提升参与社区政治事务积极性。6.积极参加社会组织活动。7.提升知识、信息掌控能力	社工明确自己的角色，制订计划。社工担任倡导者的角色。在案主不能表达自己利益诉求时，社工代表他们获得利益。社工担任协调者、组织者角色。社工协调案主与街道办事处工作人员、社区工作人员、社工之间的关系，组织案主参与社区政治事务、社区志愿服务、社会组织活动。案主通过参加活动，建立对社区、社会组织的信任，促进案主与正式系统的合作、互惠
协助案主与社会系统	系统理论实务议题是适应发生在个体与他们的社会环境之中。系统作为社会系统的一个子系统，案主的个人发展与社会发展息息相关。社工实务聚焦让案主适应社会生活。以社会发展理论做指导，实务议题是社会排斥和能力培育。社工实务聚焦实现案主就业，促进社会稳定	建立案主与社会系统广泛的朋友、同事关系以及促进网络成员合作和互惠	1.建立与企业工作人员的同事关系。2.加强与企业互惠行为。3.积极参加企业招聘活动。4.利用企业资源获得就业机会	社工明确自己的角色，制订计划。社工担任相关角色，帮助案主解决就业问题以及解决案主与同事的相处问题

2. 干预技巧

系统视角下社会工作介入失地青年社会资本重建是从案主系统、非正式系统、正式系统、社会系统四个方面进行重建，介入过程必须注意失地所在系统的实际情况。社会工作者介入时应使用相应的技巧。

(1)失地青年系统干预技巧。

失地青年本身的一些心理问题，将阻碍社会工作者建构其社会资本，社工必须先帮助失地青年系统做出改变，帮助失地青年系统适应环境系统。社工利用自己的专业知识和技巧使案主自己发生改变。社工介入失地青年系统时必须注意失地青年的特殊性。失地青年是被动进入陌生的城市生活，土地生存意识浓厚，不愿积极主动地融入城市生活，传统的思维模式还在影响着案主的行为，使失地青年不能融入城市生活。基于这一特殊性，社会工作者必须利用案主原有的"血缘""地缘"的这种信任关系，来影响案主自身做出变化。通过直接干预和间接干预，帮助失地青年社会资本重建。

(2)非正式系统干预技巧。

失地青年的非正式系统中有亲属、邻居、城市居民。家庭系统在失地青年系统中能量输入最多，是失地青年系统的稳定器。基于系统理论"交互性"特征，家庭系统改变，会与其他部分系统产生相互作用。如果失地青年的稳定器失效，社会工作者必须修正稳定器，实现失地青年系统的平衡。失地青年家庭社会资本包括家庭成员沟通、互动等。失地青年失地后，亲属是失地青年主要的情感支持。社会工作者重建失地青年社会资本时，必须从失地青年实际家庭情况及家庭需求出发，增加失地青年与亲属的密切联系和互动频率。而失地青年的非正式系统成员没有社区朋友、城市居民朋友、同事。失地青年要提升自己的群体性地位，就必须与这些系统成员建立联系。社会工作者介入非正式系统时要建立失地青年与社区居民、城市居民之间新的联系，并促进他们的交流互动。

(3)正式系统干预技巧。

失地青年正式系统中，失地青年不知道也不会利用社区、社会组织系统，甚至这些系统的政策会给失地青年系统制造新的问题，或者与失地青年系统发生冲突，使失地青年对社区不信任，与社区发生利益冲突。失地青年不知道社会组织的作用，不知道利用这个专业助人系统。但是失地青年需要利用这些组织提升就业技能和拓宽自己获取信息的渠道。所以社工建立失地青年系统与这些系统之间的联系，促进这些系统之间的互动，就是帮助失地青年社会资本重建。

(4)社会系统干预技巧。

失地青年与社会系统的企业有着莫大的联系，失地青年需要就业，需要与企业建立联系，并从企业系统获取机会资源就业。而且失地青年要市民化转型，就必须建立"业缘"关系网络。所以，社工介入社会系统时，要帮助失地青年实现就业，建立同事关系。如果失地青年的社会系统需要有学校、医院系统,那么社会工作者帮助失地青年建立与这些系统的联系,并促进失地青年系统与这些系统的能量交流。

(5)系统视角下失地青年社会资本重建实务框架。

系统视角下失地青年社会资本重建,社会工作者按照系统理论将失地青年自身系统、非正式系统、正式系统、社会系统进行划分,从四个系统预估失地青年的社会资本问题,并制定干预目标。在干预实施之前确定媒介系统、目标系统、行动系统和案主系统。通过对失地青年直接干预和间接干预来达到社会资本重建目标。最后,评估失地青年系统能量流动情况。系统视角下失地青年社会资本重建实务模式,如图9-2所示。

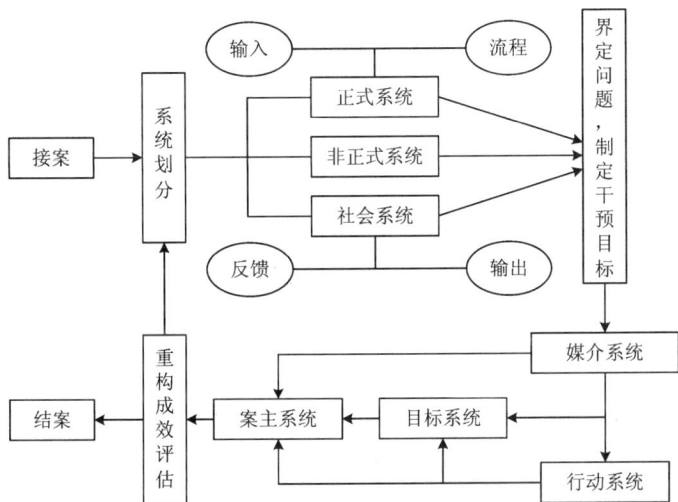

图9-2　系统视角下失地青年社会资本重建实务模式

(二)评估框架

1.案主社会资本重建需求

案主从传统的种植生产方式和农村熟人社区中剥离,要去适应并融入城市生活,属于被动城市化群体。这种剥离意味着他们原有的建立在血缘和地缘基础上的社会关系网破裂,原有的社会组织解体,社会网络遭到破坏,社会关联度低。案主所生活的城市能利用的社会资源少,关系网络缺失,没有建立一张有利的社会关系网,所以无法从关系网获得资源使自身受益,导致案主被抛到主流社会之外,使其生存空间减少,阻碍后续发展就业。所以,案主需要社会资本重构(案主社会资本情况见表9-3)。

表 9 - 3　案主社会资本情况

系统分类	问题描述	社会资本问题聚焦
案主系统	案主性格内向，生活态度消极，觉得生活没有意义。不与社区邻居、城市居民来往，习惯传统的生活方式，不能改变自身来适应环境的改变，对城市生活感到陌生。找工作受挫，焦虑失眠，沉迷游戏，逃避就业。遇到事情不能够从他人那里获得帮助。案主小农意识浓厚，没有认同城市居民身份	1. 形成关系纽带能力差。 2. 适应能力差。 3. 自我观念保守、不开放。 4. 自我效能感差。 5. 责任感不强。 6. 人际交往障碍。 7. 角色模糊
非正式系统	案主失地后，无地可种植，无经济来源。妻子抱怨案主没有工作，不能赚钱，不带孩子，不照看父母，案主对妻子不胜其烦。案主爱好游戏，不关心女儿教育问题，很少参加家庭讨论活动、亲子互动活动。与社区邻居打牌娱乐发生经济纠纷后，不再与社区邻居来往。与城市居民也无来往。案主的社区邻居朋友、城市居民朋友寥寥无几。案主遇到烦心事情时，只想玩游戏，无人倾诉烦恼，不能从他人那获得情感支持	1. 家庭情感支持网络弱化。 2. 非正式网络规模小。 3. 人际关系同质性小，异质性大。 4. 缺乏沟通技巧。 5. 亲子关系疏远。 6. 家庭互动活动少。 7. 没有与邻里、城市居民建立伙伴关系。 8. 与社区居民、城市居民交往有障碍。 9. 不能与社区邻居、城市居民群体合作、互助
正式系统	由于新社区的管理制度不完全，社会功能没发挥，案主对社区信任度低。案主前不久因为社区垃圾事件与社区工作人员 ZY 发生口角，联合社区几个小伙在社区闹事。案主与街道办事处人员、社区工作人员、社会组织工作人员交往甚少。最近一年案主极少参与社区事务、社会组织活动、社区志愿者服务活动，也不参加社区、街道组织的技能培训班、讲座获取知识资源。案主没有从社工机构获取就业信息。案主有家庭问题也不知道可以向社工专业机构寻求帮助	1. 正式网络规模小。 2. 获取正式网络资源能力弱（知识、技能、信息等）。 3. 社区信任度低。 4. 社区的接受力弱。 5. 参与社会组织活动少。 6. 主张权利的渠道拥塞。 7. 义务与期望的集体效应缺失。 8. 成员资格的非受益性
社会系统	案主前不久找过几次工作，没有合适的渠道，只能通过相熟的朋友找工作。因为没有在城里工作的朋友，只能从周边商区贴的招聘广告得知消息。案主又不会找社区工作人员、社会工作者、城市居民获取就业信息，企业的招聘活动不常参加。案主几次面试都被拒绝，就业困难	1. 社会网络成员数目少。 2. 与企业互动频率少。 3. 参加企业招聘活动少，就业渠道窄。 4. 不能开发与利用社会网络资源实现就业

　　从案主失地前的社会关系网络来看，主要是亲属及几个玩伴。失地后，亲属随案主一起搬迁至社区，L1、L2 失地后被安置到另外的社区，L3 家里没有拆迁，留在农村，案主与他们都很少联系了。也就是说，基于"亲缘""地缘"的社会关系网络处于"断裂"状态。而失地后，案主的日常生活网中也只有家属和少量社区邻居。案主的社会关系网络还是基于"亲缘""地缘"，案主的社会网络中没有社区、社会组织、街道办事处、企业等网络节点，基于"友缘""业缘"的现代社会资本不足。由于案主与家属的互动交流变少，与城市居民关系陌生，对新社区的不信任，社区事务，社会组织参与过少等，案主基于"友缘""业缘"的社会关系网络处于"过渡"状态。同时，案主与社区居民、城市居民、社区、街道办事处没有互惠合作，不能快速融入城市生活。案主的社会资本问题为：一是社会关系网络规模小，同质性强；二是社会交往中以"强关系"为主，不能利用"弱关系"网络资源使自身受益。

2. 系统视角案主社会资本问题预估

　　案主的周边环境发生改变，案主不能依赖其周边环境得到满意的生活。案主在失地后，被动地从农村生活环境搬迁至城市生活环境中，生活环境发生了重大变化，案主不能适应现在的生活环境，不能与环境和谐共处。案主系统与原来的环境系统发生中断，与现在的环境系统联结程度低，环境系统不能给案主系统提供能量输入，而案主系统不能适应环境系统的改变，不能接受和利用能量输入来维持自身的生存和继续发展，案主系统面临崩溃的危险，也就是所谓的"熵"。案主系统要维持平衡的稳定状态，必须在不改变自身特征的情况下，适应环境系统，做出相应改变，与环境系统发生能量交换，形成反馈回路。那么，社工的主要任务是增强案主系统与环境资源之间的联结，促进案主系统与环境系统的能量发生能量互换。

　　Pincus 和 Minahan 提出人类有三大帮助系统，即非正式系统、正式系统、和社会系统。从案主失地前的三大帮助系统分析，案主的非正式系统是家属、几个小时候的玩伴 L1、L2，非正式系统是学湖村、天顶乡。社会系统是学湖村卫生服务站、天顶中学、长沙县三中。而失地后，案主环境中的非正式系统有家属，社区邻居 L3、L4、L5 以及网友；正式系统有 L 社区居委会，至善、仁和等社工机构，梅溪湖街道办事处；社会系统有 C 市医院、梅溪湖中学、岳麓区实验小学、岳麓区政府、企业、商会。

　　从失地前案主系统与环境系统的能量流动分析。首先，失地前案主系统与家庭系统的能量交换是畅通的，表现在没有和妻子、儿女、父母产生过矛盾，能够提供感情支持。妻子、儿女、父母对案主系统输入正面能量。案主系统与家庭系统也是正面输出，案主系统与家庭系统能够形成反馈回路。其次，案主系统与同伴圈系统能量交换也是顺畅的，案主的同伴圈生活在案主的周围，也是相熟的几个人，交流互动比较频繁。案主系统对同伴圈系统也是正面输出，案主系统与同伴圈系统能量形成反馈回路。最后，案主系统与村委会系统的能量交换是较少的，但村委会系统、乡镇系统对案主系统的少量输入都是正面的，案主系统对村委会系统、乡镇系统的少量能量输出也是正面的，案主系统与村委会系统能够形成反馈回路。而案主系统对于政府系统了解甚少，没有太多的能量互换。案主也早已脱离学校，案主系统边界脱离学校系统边界，再没有发生过能量交换。案主及家庭身体良好，案主系统边界远离医院系统边界。失地前案主系统生态如图 9-3 所示。

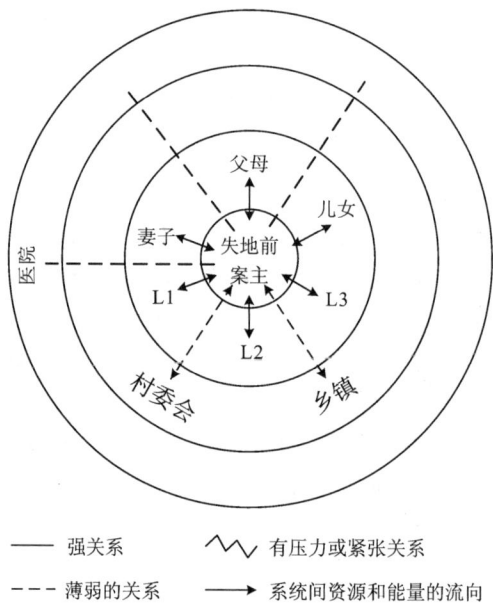

　　　　——— 强关系　　　　　〰〰 有压力或紧张关系

　　　　--- 薄弱的关系　　　　→ 系统间资源和能量的流向

图 9-3　失地前案主系统生态图

　　失地后，案主的非正式系统有妻子，父母，女儿，爷爷，社区邻居 L3、L4、L5，网友 R1、R2。L3 住在家和苑 6 栋 1305，L4 住在家和苑 7 栋 1209，与案主同在一个小区，偶尔与案主打牌。网友 R1、R2 是与案主一起玩游戏的朋友。失地后，案主系统边界与家庭系统边界疏远，家庭系统情感能量不能进入案主系统，案主系统传递的信息和能量都是负面的。表现在案主失地后无工作，沉迷游戏，不与妻子沟通交流，不关心小孩教育，不孝顺父母。妻子系统给案主系统输入的也是负面能量，输入方式不正确。案主系统与家庭系统的能量边界渐渐疏远，没有持续的能量交换。家庭是案主系统的稳定器，是案主能量交换量最大、最频繁的中观系统，一旦这个稳定器失效，案主系统失衡，案主只能消耗自身系统能量。

案主系统与社区邻居系统的能量交换频率较少。案主只有 L3、L4、L5 几个社区邻居朋友。案主与社区邻居 L3、L4、L5 产生过经济纠纷，之后很少联系，案主与其他邻居都是"陌生"关系。社区邻居系统对案主系统输入较少，案主对邻居系统的输出也较少，案主系统不能与社区邻居形成反馈回路。案主系统与城市居民系统根本没有能量交换，案主系统根本不知道，也不希望利用城市居民系统。案主系统边界与城市居民系统边界偶尔接触，城市居民系统对案主系统的输入也是负面输入较多，表现在案主与城市居民没有建立朋友关系，排斥与城市居民交流的心理。案主找工作时，也受到城市居民的打击。所以，案主系统与城市居民系统不能形成反馈回路。

案主系统与社区系统能量交换不频繁，且社区系统制造的政策给案主系统带来了新的麻烦。因为社区管理制度不完全，社会功能没有显示出来，所以社区与案主之间发生矛盾，案主不信任社区，也不参加社区的大小事务。案主系统对社区系统的输入都是负面能量居多。但是社区系统对案主系统的能量输入是强制性的，也是正面的。比如社区为案主发展引进社会组织服务、提供职业技能培训等。案主系统对社区系统的输出信息较为负面，案主系统与社区系统不能形成反馈回路。

案主系统刚开始也不信任社工机构系统，不知道这个专业系统在他的生活中有什么必要性，甚至觉得社工机构系统会给他带来麻烦。表现在案主对社工专业系统不了解，对社工的服务持怀疑的态度。但是社工专业系统对案主系统的能量输入是积极、正面的。后来，案主开始信任社工机构，建立专业关系，互动频繁，社工机构对案主提供专业服务，解决实际生活问题。案主系统与社工系统能量交换顺畅，能形成反馈回路。

案主系统与街道办事处系统能量交换较少，案主系统不能利用街道办事处系统。街道办事处系统对案主系统的能量输入是正面的，街道办事处系统大力引进社会组织，联合社区系统为案主提供就业政策指导。案主系统对街道办事处系统的输出是非常少的，不能形成反馈回路。

案主系统与学校系统能量交换较少，案主在自身脱离学校后，虽然自己的女儿正在上学，但案主对女儿的学习并不是很关心，没有参与女儿的教育活动，与女儿学校甚少联系。案主系统与医院系统能量交换较少，案主家庭身体状况良好，与医院接触较少。案主系统受家庭系统的影响需要工作，需要与企业系统产生能量交换，而案主系统却不知怎么利用企业系统，不能与企业系统发生能量交换，不能形成反馈回路。失地后案主的系统生态如图 9 - 4 所示。

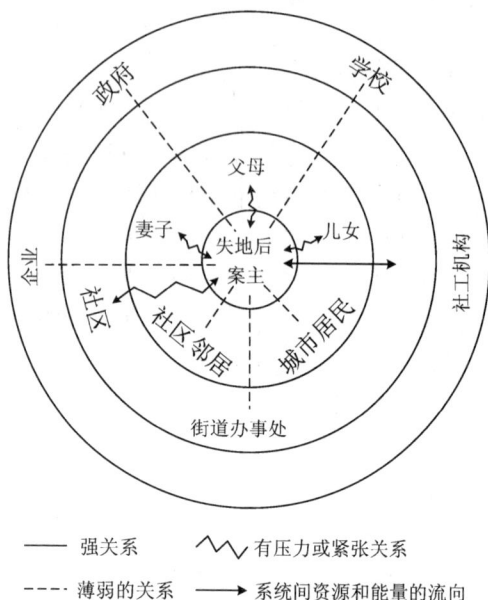

图 9 - 4　失地后案主系统生态图

通过对案主各系统能量流动分析，案主与所涉及系统的问题如下：

(1)案主系统不能够吸收和利用外界系统的能量输入，只能消耗自身能量；对外界系统的能量输出不多，自身系统不能达到平衡状态，面临崩溃。

(2)案主系统与家庭系统能量输入不畅通。

(3)案主系统与群体系统能量交换少。

(4)社区系统、社会组织系统为案主系统带来新的问题，案主系统不希望利用这些系统。

(5)案主系统没有与城市居民系统、企业系统建立联系，没有发生能量交换。

六、干预过程

(一)社会工作介入过程

社工服务案主的流程包括：协调服务系统资源、监督服务、服务过程反思、服务效果评估。社工整合能够完成目标的资源系统，排除资源障碍，担任不同角色开展服务，监督服务的流程及效果。社工对服务过程进行专业反思，对服务效果进行评估后，调整下一步计划，进一步提高服务质量。

1. 案主系统的干预

第一次介入。

目标：增强形成关系纽带的能力、提升自我应对能力的自信、改变传统保守观念、认清角色、提升人际交往能力。

社工角色：治疗师、策划者、鼓励者、使能者等。

时间：2015 年 9 月 13 日—2015 年 9 月 30 日。

媒介系统：社工。

案主系统：A。

目标系统：A + L1 + L2。

行动系统：社工 + L1 + L2。

介入过程：社工收集资料，了解到案主小时候的两个玩伴拆迁时安置在 Q 社区，两人都有工作。L1 在梅溪湖地铁站当保安，L2 参加过厨艺培训，目前在祁隆餐馆当厨师。两人与案主旧时关系很好，案主比较信任他们。社工必须利用案主对原有"地缘"的信任关系，来间接干预案主自身做出变化。而且社工在 L 社区实习服务时，观察到失地青年在遇到自己失地前的邻居玩伴时，会一起讨论以前的种种生活趣事，乐此不疲。所以社工想通过"怀旧"的方法对案主进行辅导。"怀旧"的方法通常用在老年人社会工作中，但是，案主失地前后生活变迁差异大，案主有回顾以前农村生活的特征。案主回顾往事的方式是与亲朋好友谈论往事，怀念农村那种悠闲生活和家乡山水，尤其是自己孩童时期的生活。"怀旧"的方法可以帮助案主缓解工作压力和烦闷情绪，帮助案主从找工作的挫败感中走出来，直面现实中的问题。希望案主对于现在的生活有所领悟，逐渐适应现在的城市生活。

2015 年 9 月 13 日，社工拜访案主，将第一次介入计划跟案主商量。这次计入服务活动由社工担任策划者角色，为达成目标策划了一次茶话会活动。茶话会的策划主题是"告别农村生活，迎接城市生活"。会议分为三部分：第一部分，案主与玩伴回忆过去的生活；第二部分，案主与玩伴讨论进入城市后的生活变化；第三部分，社工对活动进行总结。社工将活动策划与案主商量后，案主表示同意，因为自从搬迁至 L 社区，他与 L1、L2 很久没有联系。社工坚持"助人自助"的原则，相信案主有改变自己的潜能。社工让案主自己联系 L1、L2，告知活动消息，发出邀请。社工做此安排有两个目的：第一，提升案主与他人形成友谊关系的能力；第二，提升案主与外界交往的能力。案主在邀请

L1、L2 时有遇到困难，因为他们都有工作，时间难以统一。案主有点退缩，动摇了聚会决心。社工告知案主自己想办法协调时间，一定要邀请 L1、L2 参与茶话会。最终，案主与 L1、L2 协商于 9 月 15 日在案主家中相聚。

2015 年 9 月 15 日上午 9 点，L1、L2、社工如约到达案主家中。9:30 开始茶话会活动。这次活动社工主要担任治疗师、主持人角色。

活动记录

（人员：社工、L1、L2、A；时间：2015 年 9 月 15 日；地点：A 家中）

社工："大家好，我是湖南至善社会工作发展服务中心刘社工。感谢大家参加这次茶话会。我们这次聚会主要是聊聊失地前后大家生活上的变化。"

L1："A，搬迁后，我住在家兴苑，你住在家和苑，相隔不远，怎么总是没看你人影了，你小子跑哪里赚大钱了，都不记得兄弟几个了。想当初村里几个要好的，跟你一起长大的，一起钓鱼耍、打牌、河坝游泳，日子潇洒呢。"

L2："对对对，我们小时候经常到河坝去游泳，那个水库的水深着呢，你小子有一次差点溺水，还是 A 救的你。后面你们关系好的像穿一条裤子。"

A："那一年我记忆深刻啊，我看着你小子钻进水里没有出来了，我当时也是刚学会游泳不久，心里害怕啊。可又想要是不救你，我这哥们太没情义了，出门时，我还答应你奶奶照看你。最终还是救了你，也是你命大。"

（这是 A 第一次对过往的回忆，A 想起此事，倍感自豪。L1 也露出对 A 感激的微笑。A 在脑海中重塑的回忆就会从另一个侧面使 A 自我得到一种重塑。每一次建构的过程都能让 A 本人对自己的认识和形象更清晰。社工立马对 A 的话进行总结，有助于 A 发现自身的价值。）

社工："A，你这么勇敢啊，答应 L1 奶奶的事，就算害怕都要完成啊，很有责任心嘞！"

L1："刘社工说的对，我佩服 A 当时的勇气呢，十分感谢他啊！"

（社工在此处担任治疗师角色，帮助 A 消除挫败的心理问题，增加 A 面对困难的自信。A 失地后，一直处在自卑、自闭的心理暗示下，沉迷游戏，不愿与外界太多交流。）

L2："我们小时候一起下田劳作，秋季去你家葡萄园帮忙，咱们那时跟你爸妈到城里卖葡萄，攒点零食钱，记得不？"

A："记得呀，我们那时周末到城里，看着城里学生穿校服上学，还可以打游戏，可美慕他们了呀。我那时为了到城里买游戏机，没到田里给我爸干农活，我爸气得要打死我了。"

L1："我们小时候想买个玩具得攒好久零花钱，大老远跑城里来买玩具，走几小时都不嫌累啊！"

（A第二次回忆小时候故事，过去住在乡下，只美慕城里人生活好，买东西方便，交通也便捷，而现在自己住在城里，却不愿与城市居民打交道。社工要转变A对城里人的偏见，让A不再传统、固执，帮助A适应城市居民的身份。）

社工："A，你看你小时候还美慕城里人生活，现在自己也是城市居民了，也可以过城市生活了，可以与城里人自由交往，你可以把你小时候想做的事都做了呀。大家也可以说说自己搬迁后的生活感受啊。"

（社工不仅让A明确自己城镇居民的身份，改变A固有的传统思维。同时将活动顺利转向第二个环节。）

L1："现在咱们到城市了，城里世界比我们农村强多了，想找什么活都可以啊。现在城里也比我们那时乡下好玩了，可以唱歌。婆娘都开始学广场舞了，小孩子上学啥的都方便了。"

L2："是的，刚搬到Q社区，我在想接下来干点什么事啊，我这个人比较好吃，你们晓得吧，我就在城里报了个厨师培训班，刚好社区外新开一家餐馆，我家老婆催着我去试试，没想到老板看中了我。A，你身强力壮，我看干什么都行，有大把工作机会，慢慢找。"

A："是吗，我没有出去玩过，改天你们有空，带上兄弟我也去唱唱歌呗，还有你们都在外面工作发财，也帮我看看有能干的活不，我只有你们几个相熟的好朋友能帮忙。"

社工："L2，你不错呀，知道利用自己的优势去找工作啊，还会用城里资源提升自己就业技能。A，你也可以跟L2一样，先让自己学几门手艺，再找工作啊。先认识几个城里朋友，在让他们帮你获取信息，这都是可以的呀！"

A："恩，是的，社工说得对，可以多出去试试，找工作也可以交朋友嘛。"

（社工担任鼓励者角色，鼓励A与城市居民交往，告别农村生活，开始城市生活。）

（活动最后环节，社工做会议总结。）

社工："感谢大家参加这次活动，虽然大家过去有很多美好的回忆，我们珍藏在心里。现在我们生活在城市，应该学习城市居民生活方式，与社区居民、城里人多接触交流。我们没有土地可以耕种，需要上班赚钱，过去的日子悠闲自在，现在城市的生活更是丰富多彩，就业机会也特别多，只要大家勇敢地走出去，就可以靠自己双手致富。我们身处的这个社会环境还是给我们带来不少的好处，我们应该珍惜，好好生活。"

2.非正式系统的干预

（1）第二次介入。

目标：改善夫妻关系、加强亲子沟通、促进家庭成员互动。

时间：2015 年 10 月 8 日—2015 年 10 月 25 日。

地点：仁和家庭服务中心。

媒介系统：社工 + 仁和家庭服务中心。

案主系统：A。

目标系统：A + A 妻子 + A 儿女。

行动系统：社工 + 仁和家政服务中心专业人员 S2 + A + A 妻子 + A 儿女。

社工角色：经纪人、转介者、服务监测者。

介入过程：见表 9 – 4 所示。

表 9 – 4　案主社会资本重建第二次介入过程记录

社工角色	介入过程	过程反思
经纪人	2015 年 10 月 8 日，社工准备介入 A 家庭系统。家庭成员信任关系、亲子亲密关系都是家庭社会资本的指标。社工要帮助 A 系统修复与家庭成员的关系，必须筛选有利资源。L 社区仁和家庭服务中心专门针对家庭治疗服务。此时，社工选择经纪人角色，将帮助解决案主问题所需要的系统资源联系到一起。社工帮助 A 选择合适的服务资源并谈妥提供服务的条件，关心 A 可以得到的服务质量及关心案主获取服务时遇到的困难	1. 明确职责。社工根据案主家庭问题明确自己的职责，然后根据角色，开展服务内容。社工的目标是改善案主家庭关系，增加案主社会资本。 2. 注意案主家庭特殊性。案主家庭沟通模式不良，家庭问题较为复杂，必须转介其他专业机构给案主提供高质量的服务。 3. 运用系统理论。系统视角下，家庭的沟通模式是评定案主家庭社会资本的指标。所以，社工注重解决案主与妻子的沟通问题
转介者	2015 年 10 月 9 日，社工联系仁和家庭服务中心李主任，告知 A 与其家庭情况，并一起探讨改善案主家庭问题的方法。李主任告诉社工最近机构准备在国庆过后，开展一次家庭沟通小组活动。李主任分析 A 家庭资料后，答应社工让 A 加入此次小组活动。李主任带领社工会见了小组活动负责人 S2。社工通知 A 到仁和家庭服务中心一起商讨服务计划并介绍 S2 给 A 认识。社工与 S2 商量小组活动要达到的目标，同时参与仁和家庭服务中心对 A 进行服务监测	1. 协调资源。案主社区系统中有专门治疗家庭问题的专业机构。社工联系了专业机构为案主提供服务，减少服务的浪费与重叠性。 2. 保证服务质量。社工帮助案主联系机构之后，与专业机构进行了谈判，案主得到服务的时候，社工必须在一旁监督服务，保证案主问题得到解决。 3. 监督服务传输。社工必须记录案主在小组活动的全部过程，对案主的行为、心理进行描述，以便与专业机构一起评估案主目标达成情况

续表 9 - 4

社工角色	介入过程	过程反思
服务监测者	2015 年 10 月 10 日。A 与社工、妻子、小女儿到达仁和家庭服务中心，S2 与其他小组成员也陆续到达活动现场。活动第一节是"我们是相亲相爱一家人"，主要目标是帮助小组家庭成员增进感情。A 在第一节活动中与妻子表现得不是特别亲近，主要是 A 本身不情愿与妻子沟通。妻子表现却比较活跃。活动第二节"说出你与家人的故事"中，A 开始主动讲出自己在农村的一些旧事，故事中很少提到妻子。A 妻子却讲述自己与丈夫以前一起劳作的种种往事。活动第三节"夫妻协力"，A 与妻子一起完成主持人交代的任务。A 与妻子沟通游戏取胜技巧，表现亲密。活动第四节"角色互换"，丈夫与女儿交换角色，A 在扮演女儿角色时显得特别别扭，不知自己该做什么，A 略显尴尬，觉得自己没有关心过女儿的生活。活动第五节"父女同心"，活动要求父女一起玩"夹气球"游戏，活动中 A 和女儿默契配合，获得小组第二名。活动第六节"我爱我家"，A 的女儿完成了一篇作文"我的家人"，由夫妻共同念出来。A 女儿写的是以前一家人在葡萄园摘葡萄的趣事，A 与妻子开心地念出女儿的作文	1. 享受同等服务。社工必须帮助案主与其他小组成员享受同等的服务。如果案主在服务过程中遇到困难，社工必须帮助案主解决困难，使服务顺利开展。 2. 改善沟通方式。活动过程中，案主与妻子的关系改变是社工关注的重点。活动第一节，案主与妻子关系还是紧张状态。活动第二节，夫妻关系发生转折，案主意识到自己与妻子的沟通问题。案主露出惭愧神情，觉得自己很久没有听妻子诉说心事了。活动第三节，案主主动与妻子商量活动方法并达成目标。 3. 亲子互动。活动第四节，案主与女儿互换角色，很明显地暴露了自己不关心女儿的缺点，案主羞愧难当，意识到自己作为父亲的失职。活动第五节，案主与女儿合作默契，沟通得当，关系亲密。案主发现自己与女儿在一起很开心、幸福。 4. 家庭全动员。活动第五节，案主与妻子、女儿合作良好，主动与家人亲密接触，案主家庭幸福感提升

（2）第三次介入。

目标：建立 A 与社区邻居、城市居民的伙伴关系，加强 A 与社区居民、城市居民的互助和支持。

时间：2015 年 11 月 1 日—2015 年 11 月 25 日。

地点：L 社区家和苑运动场。

媒介系统：社工。

案主系统：A。

目标系统：A + 社区邻居 + 城市居民。

行动系统：社工 + A + 社区邻居 + 城市居民 + 运动会负责人。

社工角色：鼓励者、协调者、组织者、策划者。

介入过程：见表 9 − 5 所示。

表 9 − 5 案主社会资本重建第三次介入过程记录

社工角色	过程记录	过程反思
鼓励者	润龙杯社区冬季趣味运动会于 2016 年 11 月 20 日在 L 社区家和苑举行，目的是活跃社区氛围，增强社区居民参加社区活动的兴趣。活动招募 10 名志愿者，社工鼓励 A 参加运动会并担任志愿者。A 对运动会很感兴趣，说自己高中读书时，在学校运动会拿过百米赛跑冠军，以后就再也没有参加过类似的活动了。可是 A 对于志愿者服务不太情愿，碍于情面，A 不愿做后勤服务工作。社工几番劝导无用	1. 目标一致性。社工将案主目标与趣味运动会目标合理结合在一起。社工投其所好，让案主既参加运动会，又解决自身问题。 2. 运动趣缘。社工利用普特南增加居民社会资本的建构途径。趣缘关系组成的社团、俱乐部是一种非常重要形式的社会资本
协调者	因为 A 不愿意当志愿者做后勤服务，社工必须协调 A 和系统的资源障碍。社工联系运动会负责人 ZW，让 A 只做准备运动会物资筹备志愿服务，表达了 A 很诚心想为社区居民服务。ZW 最终应允下来，让 A 只负责运动会物资筹备工作	自决原则。社工坚持案主自决原则，社工不能强迫案主听从自己安排。如果案主与社工意见不一，社工必须寻找其他解决办法
组织者	在准备物资过程中，A 联系了做易拉宝老板李某和出租展架老板张某，并找物业借了运动会道具，还在淘宝网上购买体育器材等。参加运动会过程中，A 拿到百米跑的第一名，社区居民向 A 讨教经验，A 积极回应社区居民。A 在参加"三人四足"游戏时，社工担任组织者角色，让 A 与其他两位赛友 L7、L8 一起商量赢得比赛的对策，互相交流。并让他们互相加了微信，成为朋友。同时，社工鼓励 A 与社区居民一起领奖、交流、互助	1. 建立与城市居民的友谊。案主在筹备运动会时，接触不同的城市居民，产生互惠行为，案主用此次机会建立与城市居民的联系。 2. 社区居民互帮互助。社工积极引导案主在参加运动会过程中与社区居民建立互助关系，与相同爱好的社区居民建立友情，并促进案主与邻居的互动
策划者	2016 年 11 月 21 日，社工给 A 和社区运动会刚认识的朋友策划一次活动，联络彼此的感情。社工给 A、L7、L8 等建立一个微信讨论群，大家在里面探讨活动的内容和方式。经一致通过，A 和 L7、L8 等人决定本周末进行登山活动	跟踪服务。社工为巩固案主在运动会与社区居民建立的关系，特别为案主策划一场活动，让案主与社区居民关系稳定发展

（11月30日下午，社工在L社区碰见A和L7、L8从岳麓山登山回来。）

L7："A，你身体不错啊，早知道你有这方面爱好，住在一个社区，就应该多约活动啊。不仅仅搞活动，以后有什么事都可以找我们。"

L8："下次有机会再去搞点其他什么活动，我有几个同事也是爱好登山的，下次叫上他们与你认识，一块儿登山。"

A："以前我不爱出门，也不知道社区还有这么多共同爱好者，有幸上次运动会认识你们，以后还请你们多照顾啊。"

（三人有说有笑地离开了……）

3. 对正式系统干预

第四次介入。

介入目标：参与社区政治事务、增加社区志愿服务精神、参加社区职业技能培训获取知识。

时间：2015年12月1日—2015年12月15日。

地点：L社区家和苑小区。

媒介系统：社工。

案主系统：A。

目标系统：A＋社区＋社会组织。

行动系统：社工＋A＋社区＋社会组织。

社工角色：倡导者、协调者、合作者、资源链接者等。

介入过程：见表9－6。

4. 对社会系统的干预

第五次介入。

目标：建立与城市居民的同事关系、增加与企业互动频率、积极参加企业招聘活动、利用企业资源获得就业机会。

时间：2016年4月14日—2016年6月10日。

地点：L社区家和苑小区。

媒介系统：社工。

案主系统：A。

目标系统：A＋企业。

行动系统：A＋社工＋企业。

社工角色：资源链接者、合作者、解决问题者等。

介入过程：见表9－7所示。

表9-6　案主社会资本重建第四次介入过程记录

社工角色	过程记录	过程反思
倡导者	2015年12月1日，A和几位社区小伙伴再一次到L社区居委会反应社区垃圾成堆无人处理的情况。A曾与社区工作人员ZY发生过冲突，A向社工寻求帮助，说社区不理会居民的需求，现在社区的垃圾发臭，没办法生活。社会工作为倡导者角色，代表A的利益，向社区争取和保护A的利益。社工找到社区陈书记，询问社区处理此类事件看法。陈书记说社区正要召开内部会议，准备处理这件事情。社工提议社区召开联席会议，商讨处理垃圾的办法。参会人员应该是社区、社会组织、社区居民、物业。陈书记说可以考虑社工的提议。具体人选交给社区主任HQ。社工找到HQ，争取让A作为居民代表出席会议。HQ答应考虑此事	1.权益倡导。社工倡导者角色体现在社工代表案主表达和争取他们的权利，获得需要的服务。社工代表案主利益，要求社区解决生活垃圾问题。 2.成员资格受益性。社工在介入过程中帮助案主获得参加会议的权利，案主的民主权益得到体现，增加了案主成员受益性，也增加了案主社会资本
协调者	2016年12月2日，社工告诉A出席会议的事，A表示不想参加。社工知道A之前因为社区垃圾事件与社区闹矛盾，以后再也不信任社区，不参加社区事务。社工想借此次机会化解A与社区矛盾，协调A与社区的关系，以后能和谐相处。社工劝A说社区对处理垃圾事件的态度很真诚，邀请社区部分居民一起商议此事，并且还有物业也参与解决。经过社工半小时的劝导，A才下定决心参与处理垃圾事件	增加社区接受力。当案主与社区产生矛盾时，社工必须处理对抗。社工教会案主怎样处理与他人的关系障碍。矛盾双方必须取得彼此的信任，才能化解矛盾。所以，社工努力建立案主对社区的信任关系
合作者	2015年12月3日，社工与A是合作者关系，与A一同参加社区联席会议，争取居民权益。L社区陈书记、黄主任、TH、L社区5名居民代表、物业中心管理员2名工作人员、至善社工3名在L社区三楼会议室召开会议。会议持续2小时，A代表居民说出需求，并表示居民交了物业管理费，必须得到相应服务。社工提出以人为本的社区发展理念。最后，会议决定请物业中心定期清理L社区垃圾，由社区居民共同承担费用，社区负责收取	发展网络。社工发展案主的人际关系网络，运用社区工作，发展案主与社区间的合作关系。社工鼓励案主与社区合作一起解决垃圾事件，利用此机会建立案主与社区的人际关系网络

续表 9－6

社工角色	过程记录	过程反思
资源链接者	2016 年 12 月 5 日，社区要招募十名社区保安巡逻员，晚上巡逻，负责居民的人身安全和财物安全，A 也想报名参加志愿服务。社工了解到社区委托至善社会机构办理志愿者招募事项，所以，社工联系了同事让 A 去机构报名。通过筛选，A 顺利加入保安巡逻队。此后，A 与 L 社区的居民相交甚广，给社区领导汇报工作，与不少商家交往频繁	增强社区志愿服务精神。社工被视为社区经纪人，利用社区一切资源帮助案主解决问题。社工利用社区招聘巡逻保安队的机会，来增进案主对社区居民的志愿服务。同时，案主在群体中的权威、地位得到提升
引导者	2016 年 1 月 7 日，A 在巡逻时，看见至善社会工作服务发展中心的社工在社区做宣传，准备举办"暖阳冬日"包饺子活动。社工引导 A 主动报名参加活动，提示 A 带上自己的母亲。小时候他母亲给他做过饺子，A 一直惦记着母亲包的饺子。1 月 10 日，A 与母亲于 10 点来到家和苑 5 单元 101 活动现场。活动过程中，社工帮助 A 与至善社工建立友谊。A 与社工交流顺畅，与母亲默契配合。活动最后，案主赢得第三名的成绩	积极参与社会组织活动。关系和互动是相关联的。社工让案主参与社会组织活动，与专业人员建立专业关系。案主信任社会组织，以后会自觉参加社会组织活动
咨询者	2016 年 1 月 15 日，A 找到社工说自己现在每天晚上除了上班外，白天还想找份正式职业，多交一些城市居民朋友。社工询问 A 最近找工作的情形，A 说自己感觉面试没什么问题，但就是没有结果。社工分析了 A 找工作的过程，发现 A 缺乏就业技能，还帮助 A 分析了他的性格优势	优势分析。社工在案主倾诉自己找工作困难时，社工必须注意倾听，给予案主宣泄情绪的机会。同时，社工利用优势理论，挖掘案主的潜能，激励案主，有助于案主增加自信
服务整合者	2016 年 1 月 25 日，社工帮助 A 寻找就业技能培训的办法。社工联系社区，询问是否有就业技能培训班，社区主任告诉社工，社区为扶持失地青年就业，准备举办会计、计算机、育婴师等基础技能培训班。社工得知消息后，立马告诉 A，让 A 报名参加	获得就业支持。社工帮助案主解决工作问题，必须增加案主的人力资本。所以，社工要联合社区帮助案主提升就业技能。而能给案主提供就业支持的就是社区、社会组织
劝导者	2016 年 3 月 10 日，L 社区第一期计算机培训班招收学员。社工劝导 A 报名参加，并且告诉 A 培训期间要注意的事项。半个月后，A 做了培训班班长，并且负责了通知学员，联络老师等事务	参与社区组织活动。案主在培训期间，作为班长能与社区学员联络感情，与老师也建立了师生关系。此时，A 可以与正式系统的人建立关系网络

续表 9 - 6

社工角色	过程记录	过程反思
引导者	L 社区计算机培训班第一期举办效果很好，街道办事处听闻此消息，要求社区选取优秀学员作为社区榜样，带动社区其他居民学习，并邀请优秀学员到街道办事处进一步学习计算机知识。社工让 A 去社区申请优秀学员，并申请做社区模范。A 于 3 月 15 日到街道办事处报到，培训半个月后拿到结业证书	参加街道办事处活动。案主通过参加街道办事处活动，结识街道办事处工作人员，形成自身与正式组织的关系纽带，为以后街道给案主提供支持建立基础

表 9 - 7　案主社会资本重建第五次介入过程记录

社工角色	过程记录	过程反思
链接资源者	2016 年 4 月 14 日，社工得知至善社会工作发展服务中心与 L 社区联合举办的"春日送暖，就业帮扶"招聘会将在 L 社区家和苑小区举行。社工听闻此消息，立马拜访 A，告知 A 此次招聘会的相关信息，并帮助他分析自身优势，传授 A 面试的技巧	建立案主与企业关系。案主通过参加招聘会建立与企业的联系。由于案主身份地位与专业人士有差距，并没有与企业专业人士有太多交流的机会。社工还是要链接资源，为案主创造接触企业专业人士的机会
合作者	2015 年 4 月 15 日，社工与 A 一同来到招聘会现场，A 前后面试了十家企业。A 找工作时有些气馁，社工鼓励 A。最后，面试步步高超市理货员一职成功，A 欣喜若狂，对工资也特别满意，步步高人事部苏经理特别欣赏 A 朴实的性格	促进案主与企业人员互动。社工作为案主找工作时的伙伴，及时关注案主的情绪，适时给予鼓励。案主在面试成功时，社工要表扬案主，强化案主的积极行为
组织者	2015 年 5 月 10 日，社工想进一步建立 A 与企业的感情。社工联系社区书记，商量让步步高来社区作企业宣讲会，既可以带动社区居民就业，又可以让企业引进人才。社工还跟社区书记提议，让 A 作为这次活动的主持人，分享自己找工作的心得，作为社区就业模范带动社区其他居民就业。社工这一想法得到书记的认同。5 月 15 日，A 和苏经理在 L 社区三楼作企业宣讲	巩固案主与企业关系。社工利用案主就业的成功案例，去鼓励更多社区居民就业，使案主在社区的个人权威得到提升。社工让案主成为企业与社区的媒介者，引导案主学习怎样利用自己的资源

续表 9 - 7

社工角色	过程记录	过程反思
倾听者	2015 年 5 月 30 日，社工到 A 家中拜访，询问 A 工作情况。A 说一切都好，只是与同事相处遇到一点麻烦。A 说自己在步步高上班，领导看好，自己干活得劲，就是与其他同事相处得不是特别好，主要是自己刚进步步高，与领导关系好，老员工们看着眼红。还有每次同事一起搞活动时，他无法融入集体，特别尴尬	案主自我效能感提升。社工必须澄清案主问题，让案主知道自己与同事相处的问题的原因。案主自我面对困难的能力提升，在陈述问题时没有想过逃避问题。
解决问题者	2015 年 6 月 5 日，社工去 A 工作地点了解实际情况。社工先联系苏经理，问询 A 工作情况，苏经理说 A 工作上进，并带领不少 L 社区居民到公司上班。社工又询问 A 的几个同事，其同事面对社工都不说话。社工必须帮助 A 与同事建立友谊，以让 A 能在职场持续工作	稳定同事关系。社工帮助案主解决与同事的紧张关系，必须先收集同事相关问题资料，以便帮助案主解决与同事关系的矛盾
策划者	2015 年 6 月 10 日，社工联系步步高苏经理，动员经理举办一场员工聚会活动，增进员工感情。苏经理接受社工的建议，并派遣行政处 SQ 与社工一起策划。社工负责活动方案设计，起草活动方案，目标是增进 A 与同事的感情。为了达到此目标，社工让 A 做活动组织者，组织大家去长沙市南郊公园开展烧烤活动。活动期间，A 联系同事，准备聚会材料。A 做事踏实、细心，得到很多同事的认同。活动中，A 与 T1、T2、T3 建立了深厚友谊	明确职责范围。社工在整个介入过程中，要明白自己的职责，不可以超越自己的职责范围。社工帮助案主的同时，必须考虑公司的利益，让案主更好地融入公司这个大集体。社工的目标是帮助案主，关注案主的问题是否得到解决，社工要联合企业一起解决案主的问题

七、评估

（一）干预过程评估

1. 介入过程评估

整个实务过程中，社工必须对每一个介入阶段进行评估，包括服务的质量、案主的满意度等，评估的参与者是案主及社工。

社工第一次介入案主系统后，进行第一次评估。社工邀请案主到梅溪湖加油站进行一次深度访谈。

访谈记录

（对象：A；地点：2015年10月1日；地点：梅溪湖新市民加油站。）

（2015年10月1日，上午9点，A走进服务站，精神奕奕，心情较好，见到社工会热情打招呼。10点，社工与A会谈开始。）

社工："茶话会后，还有没有失眠的症状？一周失眠几次？"

A："刚开始，我还是有失眠的症状，一周大概有三到四次，后面心情好一些了，失眠没那么严重了，大概一周有一次失眠。晚上睡觉深沉一些了，没有想太多工作的事。现在没有玩游戏玩得太晚，每晚睡得早。"

（A因找不到工作导致的失眠、焦虑的症状明显好转，生活规律，心态良好。）

社工："A，聚会后，你一周出去几次？接触了哪些人？做了哪些活动？"

A："周末我约L1、L2玩了一次，自己三天五天去城里看看招聘消息，应聘几次，没有结果。现在不怎么玩游戏了，以前一直不敢出门交朋友，现在我要多出去走走。"

（A与L1、L2再一次相聚，这说明A形成关系纽带的能力有提升。A主动放弃游戏，出去找工作，从挫折的阴霾中走出来了。哪怕找工作受挫，也能继续坚持，A面对困难可以自信应对。A的思想观念及行为方式发生转变，不再封闭自我，对外面的世界充满好奇，开始接触外界新鲜事物，并尝试与城市居民交往。）

社工："你现在对城市生活陌生吗？想跟城市居民交朋友吗？"

A："城市生活还是很好的，干嘛都方便，城市里的人还是喜欢跟我们打交道，他们觉得我们老实啊。我上次找工作，认识一位城里人，他也在找工作，我们经常交流找工作的经验。"

（A告别传统单一的生活方式，开始接受城市的生活方式，与城里人的心理距离在慢慢缩小。A开始在社会交往、社会参与等方面向市民身份转变。）

社工："你对此次服务满意吗？对下一步计划有什么意见？"

A："这次服务很好，不仅让我跟多年的玩伴相聚，还让我意识到我自己的问题，感谢你！通过上次活动，真心感受到自己想出去结交朋友。可是，我在外面遇到什么事情还是不想与家里人商量，家里人对我总是不满意，我现在比较烦恼，还需要刘社工帮忙。"

社工："好的，你可以把你跟家人的相处情况告诉我，我尽力帮你。下一阶段主要解决家庭问题。"

2. 非正式系统干预过程评估

2015 年 11 月底,社工对案主非正式系统的介入结束。12 月 2 日,社工去案主家拜访,对第二阶段的介入进行评估。参与评估者有社工、A、A 妻子、A 大女儿、A 邻居。

访谈记录

(访谈对象：A 及其亲人、邻居、朋友；时间：2015 年 12 月 2 日；地点：案主家中。)

社工："你参加家庭小组活动后,有什么想法?"

A："刘社工,我说心里话,刚开始我感觉别扭,第二节活动时,我才发现我自己已经很久没有关注我老婆了,太久没有和她好好交流了。以前在乡下,我从田里回来,晚饭后与老婆还能闲聊会儿,现在已经很久没有与她交心了。我那天回去后,跟老婆说以后多陪她和孩子,多关心孩子学习。活动第三节时,我与女儿角色互换,我真的不知道小孩子是怎么生活和学习的。我感到很羞愧,和孩子交流得太少。这个活动很有意义。"

(案主与妻子的关系慢慢愈合,夫妻由陌生、别扭到配合默契,这是矛盾开始化解的征兆,夫妻双方的交流、互动变得频繁。社工达成解决夫妻矛盾的目标较好完成。)

社工："A,现在跟妻子的感情怎样? 一周交流几次?"

A："我老婆现在不跟我唠叨赚钱的事情,说只要我帮她照看孩子,孝顺父母,工作可以慢慢找。我现在每天陪老婆做饭,一起接送小孩,有空陪她逛逛街。只要我出去找工作,她就会全力配合我,如果气馁了,她便鼓励我。我有时回到家会跟她分享找工作的事情。"

(A 谈到妻子全力支持自己,能够给 A 提供情感支持,两人沟通良好,为 A 找工作奠定基础。家庭情感支持网络建立成功。)

社工："是啊,你老婆还是很关心你的,她希望你找份工作,也是想着家里日子过好点。你们应该多换位思考,相互交流,夫妻同心解决困难。那你现在跟儿女、父母关系怎么样?"

小 A："我现在每天与女儿的相处时间是 3 小时左右,灵活安排时间接送女儿上学,有空就辅导小孩作业。现在与女儿相处后,我发现小孩子还是很希望父母多陪伴他们,每周和老婆陪她到外面去参加一些活动。"

(A 与女儿每天的相处时间为"3 小时",安排为"接送小孩""辅导作业""分享趣事"。A 与女儿关系和谐,能量交换频繁,对女儿的教育开始关心备至。加强亲子沟通的目标完成。)

社工："你好,你现在跟你丈夫相处得怎样? 经常交流吗?"

A妻子："社工你好，我丈夫比以前好多了，找工作积极，也会帮着我干点家务，有时他接送孩子上下学，对父母也客气很多，我们相处得挺好。"

社工："小朋友你好，你最近跟你爸爸相处得怎么样啊？"

A女儿："姐姐你好，我爸爸现在经常来接我放学，还辅导我写作业。我经常和他聊学校里的趣事，周末还能和他一起去外面玩，比如郊游什么的。"

（"分享趣事""辅导作业""干家务""周末一起玩"这些词眼都说明A在积极参与家庭活动。社工帮助A积极参加家庭活动的目标完成。A与亲人的关系在A的社会资本中占据重要位置，是A社会关系网络的重要构成。这种"血缘"的社会关系网络中，成员关系比较紧密，互动越频繁，A的社会资本就越大。）

社工："家庭关系现在不错嘛，上次参加完运动会后，有认识新朋友没有？"

A："有啊，交了不少朋友。刘社工，这次运动会真的太棒了，我很久没有参加这类活动了，我认识了咱社区的L7、L8，城里人R3，还有打印店老板R4，社区工作人员G1。现在我们可熟了。"

（A开始与社区居民交往，与城市居民合作。A的社会交际圈不再是同质资源互动。A的非正式网络中出现L7、L8、R4、G1成员，网络规模增大，这些个体为A提供一种或多种支持，是社工拓展A非正式支持网络成立的标志。）

社工："他们都是做什么职业的？现在你与他们有交流吗？多久联系一次？"

A："L7是自己创业，在城里开了家粉店，我们经常联系，我经常去他家吃粉，没事就约他去钓鱼。L8是工厂水电工，四十岁了，我们只有周末能一起活动，偶尔打打牌什么的。R3是健身房教练，二十几岁小伙，还没有谈对象，我经常去他们健身房玩，我要有钱了就上他那健身，等有工作再说吧。R4是个女老板，开运动会那会儿我倒是经常联系，现在联系较少，不过社区的人要做东西我都是介绍他们去她那。G1，你认识的，社区公务员，有时会去社区跟他聊聊社区的事情。"

（A的非正式网络成员中L7创业者、L8水电工、L9健身教练，这些网络成员的性别、年龄、婚姻、文化程度等方面都与A不相似，A的非正式网络异质性增大了。这些成员与A的关系是邻居、朋友、顾客等非亲属关系，可以给A提供不同的帮助。社工帮助A建立"友缘"的社会关系网络基本完成。）

社工："那你交了这么多朋友，生活是不是开心了很多？有什么烦心事是不是可以找人聊聊，有什么事也可以找别人帮忙了呢？"

A："是呀，我有几个要好的哥们，我心情不好就找他们聊聊，也可以一起搞搞活动，家里有事我也可以找他们帮忙。他们有事也会找我商量。"

社工："L7 你好，你和邻居 A 的关系怎样？他有给你帮助吗？"

L7："A 啊，小伙子人不错，力气大，上次我家搞装修，他帮了我个大忙，虽然认识不久，这小伙很够情义啊！"

（A 与社区居民建立伙伴关系，互帮互助，团结合作。社工帮助 A 与社区邻居互帮互助实务目标基本完成。）

社工："R3 你好，你是长沙市居民吗？你怎么认识 A 的，你们现在还联系吗？"

R3："我有个亲戚在他们社区，刚好那天社区开运动会，我就去看看，报名了百米跑，就认识了 A。没想到我一个健身教练跑步会输给他。后来他还经常到我的健身房来玩。"

A 在遇到事情的时候，可以向这些非正式网络成员寻求帮助，这些支持可以是情感、物质、精神等。A 与城市居民建立了友谊关系，并且能够合作、互动、互惠。社会关系网络成员规模增大，网络异质性增大，网络成员关系密切。社工建立案主系统与非正式系统的合作互利关系网络目标基本完成。

3. 对正式系统干预介入过程评估

社工对正式系统进行长时间干预后，进行了第三阶段介入过程进行评估。评估参与者有 A、社区工作人员。

2016 年 1 月 11 日，社工在梅溪湖新市民加油站对案主进行深度访谈。

访谈记录

（对象：A；时间：2016 年 1 月 11 日；地点：梅溪湖新市民加油服务站。）

社工："A，社区垃圾事件解决了吗？社区工作人员都熟了吗？社区的活动现在参加吗？"

A："现在社区没有太多垃圾了，物业派专业清洁人员每天打扫，社区做事还是靠谱的。社区的那几个工作人员我现在都很熟了，打过好多次交道，跟陈书记、黄主任、G2、G3、G4 合作了好多次，我比较信任他们。社区的一些技能培训班我都积极参加，比如计算机技能培训班和一些讲座。"

（陈书记、黄主任、G2、G3、G4 这些社区的工作人员，成为了 A 的正式网络成员。"信任""合作"这些字眼体现在 A 与正式网络成员的互惠行为。A 信任 L 社区工作人员，主动融入 L 社区生活，并积极参加 L 社区事务，与 L 社区的工作人员交流互动。社工让 A 参与社区事务的目标达成。A 发现以前自己利益受损需求谋求自己正当利益和权利时，所想到的办法就是上访，希望政府能够出面为其解决。而现在 A 遇到事情，可以找社区工作人员商量对策，与他们成为合作伙伴。社工疏通 A 主张权利的通道目标达成。）

社工："你加入社区巡逻队，都认识了哪些人？有没有特别的事情发生？"

A："刘社工，你还别说，加入巡逻队，社区给我补贴几百块钱，在晚上7点到9点工作，我可以在这段时间接触社区好多人。上次，黄阿婆买菜回来，高血压发作在电梯门口摔了一跤，我急忙通知她家人送她去医院，很危险，因抢救及时才苏醒。她儿子女儿很感谢我，还给我送了好多水果。我现在跟物业管理的同事也很熟，R5是我很好的哥们，经常交流。"

（A在做社区巡逻队保安时，与邻里打交道多，义务帮助不少L社区居民，这是A扩大自己个人权威的付出。A积极加入社区组织，作为社区组织的成员，尽自己义务，也享有组织对其提供各种资源的权利。这就是在增加自己的社会资本。）

社工："包饺子活动呢？有没有认识社工机构的朋友，后面有没有经常参加社会组织活动？"

A："包饺子活动，我认识了至善组织的S3、S4，他们都很友善，我觉得他们搞活动很专业，又有趣。后面我还参加了他们机构举办的象棋大赛，不过没拿奖。至善组织给我提供就业信息和就业指导，我现在找工作没有那么的盲目了，并且发现了自己的优势，我相信很快能找到工作。"

（A积极参与社会组织活动，认识了社会组织专业人员S3、S4，他们可以给A提供各种帮助。A的正式网络规模变大，人际关系异质性增强，新的社会资本在积累。）

社工："A，对于此次服务满意吗？对于接下来的计划有什么想法吗？"

A："刘社工，我对你的服务十分信任。我现在最需要解决我的工作问题，这是我比较头疼的事。我需要工作，全家人就靠我养活了，我们赔偿款所剩不多了。"

（A对社工服务较为满意，并对下一步计划提出意见。）

4. 对社会系统的干预介入过程评估

社工在2016年6月10日结束第四阶段的实务工作。社工在梅溪湖新市民加油站对案主进行深度访谈。

访谈记录

（访谈对象：A、苏经理、T1、T2、T3；时间：2016年6月12日。）

社工："A，参加企业招聘会有什么收获？有认识企业专业人员吗？他们都是做什么的？你与他们联系多吗？"

A："刘社工，我上次和你参加企业招聘会，收获很多。苏经理面试我时，问我有什么特长，我一时答不上来。她让我别紧张，看我身体挺结实，还参加计算机培训得过优秀奖，适合她们公司理货员一职。面试后苏经理看我挺老实的，找工作也真诚，就说招我了。我兴奋"死"了，想着终于遇到'伯乐'了。进入步步高工作后，我的直接上司是T1，他跟我爸一样大，做这行几十年了，经常指导我工作。我们还成了忘年交，他爱下棋，我经常陪他下。"

（苏经理、T1是A的直接上司，社会地位高，与A联系频繁，A社会关系网络规模增大，A的主要关系群体不再是较为底层的人群。T1作为A的直接领导，与A成为朋友，维系他们交往的是工作，A的生活圈子、交往范围扩大，"业缘"社会关系网络建立起来了。A的社会关系不局限于地域之内，他的社会交往网络表现出异质性、广泛性、开放性。在这张"弱关系"型社会网络中，A可以利用"弱关系"资源为自己带来更多生活的、文化的、社会的信息资源。）

社工："A，现在在步步高上班，与同事相处怎样？"

A："我现在与同事相处很好，上次公司聚会，我作为组织者认识不少同事，如T2、T3、T4。T2是市场营销人员，T3是销售部的，T4是行政处的，都是长沙市居民。他们与我经常联系，交流工作，互相帮忙，关系挺好的。"

（A与T1、T2、T3之间建立同事关系。A的社会关系网络中逐渐出现这些年龄、性别、家庭、职业与A都不同的人。"工作上互相帮忙"这些字眼体现A与同事的互惠、合作关系，"工作经常联系"体现A与同事之间联系频繁，能量交换变多。社工帮助A与他人建立同事关系、实现就业的目标完成，A以"业缘"为核心的关系网络初步建立。）

社工："你认识的这些同事、朋友会经常和他们联系吗？共事机会多吗？"

A："我们除了工作上的事，也聊家里的事，我有什么事情都可以找他们帮忙。工作之外，我们经常会约着玩，还去了同事家里做客，我觉得现在我的生活很充实，感觉自己天天在进步，很开心！"

（A除了找到工作之外，还能与同事频繁交流，有什么事情也可以找同事帮忙。社工帮助A建立就业支持网络的目标完成。）

（二）结果评估

社工对案主进行5次服务，每次服务时间为几个月，整个介入时间长达一年。社工在结束专业关系时，社工对案主与各系统能量流动和社会资本重建效果进行评估。而关于社会资本评估指标体系有很多，不同学者研究社会资本的角度不同，测量指标差异较大。本文研究侧重于案主的社会关系网络，最终目标是建立现代型社会资本。现代型社会资本特征是基于"友缘""业缘"为主的社会关系网络。这种社会关系网络规模较大，所以社工将案主的社会关系网络评估指标分为：社会关系网络规模、社会关系网络的关系构成、社会关系网络的密度、社会关系网络的异质性（见表9-8）。

表 9 − 8 案主社会资本重建评估及测量指标

评估指标	测量指标
网络规模	案主的社会关系网络成员数目(一个网络成员提供的支持无论有几种，都只能算一个网络成员)
网络的关系构成	案主与网络成员的具体关系(亲属、邻居、朋友、同事、其他)
网络的密度	案主与社会关系网络成员的关系程度(接近程度、多久相见、认识多久)
网络的异质性	案主与社会关系网络成员的某种社会特征(性别、职业、教育程度)方面的不同

1. 案主系统能量评估

从案主各系统能量流动分析，案主系统现在能够适应城市生活，接受环境的改变，能够与环境和谐相处。外界对案主系统能量输入多，案主系统能够接收和利用外界能量输入，并对环境的影响形成反馈回路。

(1)案主的非正式系统。社工修复了案主家庭系统稳定，案主的家庭能够给予案主正面的情感能量输入，表现在妻子给案主就业支持，孩子给案主情感支持。案主系统与家庭系统的边界慢慢靠拢，能量交换频繁，系统之间能形成反馈回路。案主系统与社区邻居系统能量交流顺畅，能量互换频繁。案主系统对社区邻居系统的能量输出较以前多，所以社区系统对案主系统能量输入也多。案主系统与城市居民系统的能量交换也频繁了，案主系统边界与城市居民系统边界慢慢靠近。

(2)案主的正式系统。案主系统与社区系统、社会组织系统建立联系，系统之间交流顺畅、频繁。案主系统与社区系统交流顺畅，能量交换较以前多，社区系统给案主系统输入的能量包括知识、机会、信息等。案主系统对社区系统输出信任，案主系统与社区系统能够形成反馈回路。社会组织系统给案主系统输入信息、支持等能量，案主系统给社会组织系统输出信任、支持等能量。案主系统知道利用社区系统和社会组织系统获取自身所需要的能量，维持自身系统的需要。

(3)案主的社会系统。社工帮助案主系统与社会系统建立联系主要是建立与企业系统的联系。企业系统给案主系统提供金钱、机会、情感能量，案主系统与企业系统能够形成反馈回路。

社会工作介入案主及其各个系统后，案主的系统生态如图 9 − 5 所示。案主系统体现以下三个特征。

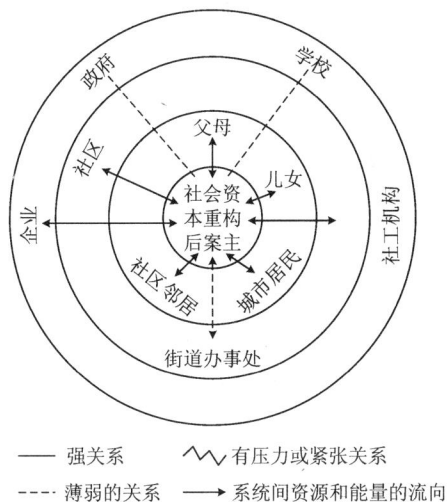

图 9 - 5 介入后案主系统生态图

（1）稳定性。案主系统的稳定性表现在案主能够接收和利用输入来维持自身系统的需要。案主系统能够接受来自各个系统的能量输入，并且接纳变化。从图 9 - 5 可看出，对案主系统输入能量最大的是家庭系统、社区系统、社会组织系统及企业系统。案主系统能够接收这些系统的不同能量，尽管这些系统给案主系统提供的能量输入方式是不同的，案主系统也能够调整自己接受变化。

（2）分化。案主系统具有分化特征，随着社会工作介入的推移，案主系统的构成要素更加多样化，主要表现在外界对案主系统的能量输入更为多元化。以前，案主系统只能接受家庭系统的情感输入，现在案主系统能接受企业系统提供的物质、机会等能量，以及社区系统提供的知识、信息等能量。

（3）开放性。案主系统具有开放性特征，社工介入之前，它具有封闭性。介入后，案主系统可以接受不同系统提供的能量，并且与其他系统能量交换频繁。

2. 案主重建后社会资本状况

重建社会资本后案主的社会关系网络，如表 9 - 9。社工收集案主的各层关系资料后，社工为了解案主的社会关系网络，与案主一起完成社会关系网络表，这张表并非客观反映案主的社会关系网络情况，但是社工可以通过此表对案主的网络规模、趋同性、异质性、密度有大致了解。社工将案主的关系网络成员进行编码，编码的第一位是与案主的关系，亲属 F、邻居 L、朋友 R、社工 S、同事 T、公务员 G 表示；第二位是编号；第三位是姓氏大写代称。

表9-9　重建社会资本后案主的社会关系网络

编码	与案主的关系 1.亲属 2.邻居 3.朋友 4.同事 5.专业人员	性别 1.男 2.女	文化程度 1.初中以下 2.初中 3.高中 4.大专 5.大专以上	职业 1.单位上班 2.个体经营 3.待业 4.其他	接近程度 1.不接近 2.有限接近 3.非常接近	多久见面 1.每年 2.每月 3.每周 4.每天	认识多久 1.几个月 2.1~3年 3.3~5年 4.5年以上
F-1-C	1	1	1	4	2	2	4
F-2-C	1	1	2	3	3	3	4
F-3-Z	1	2	2	3	3	3	4
F-4-H	1	2	2	3	3	4	4
F-5-C	1	2	1	4	3	4	3
F-6-C	1	1	1	4	3	4	4
L-1-L	2	1	3	3	3	1	4
L-2-C	2	1	3	3	3	1	4
L-3-C	2	1	2	3	3	1	4
L-4-W	2	1	3	3	2	2	3
L-5-Q	2	1	3	3	2	2	3
L-6-A	2	1	3	3	2	2	2
L-7-G	2	1	4	2	2	3	1
L-8-W	2	2	3	3	2	4	1
L-9-B	2	1	4	3	3	3	1
L-10-c	2	1	3	2	3	3	1
L-11-D	2	1	4	1	2	3	1
L-12-S	2	1	3	1	3	3	1
L-13-K	2	2	3	2	2	3	1
L-14-V	2	2	4	3	1	2	1
L-15-Q	2	1	2	3	2	4	1
L-16-H	2	1	2	4	3	4	1

续表 9 - 9

编码	与案主的关系 1.亲属 2.邻居 3.朋友 4.同事 5.专业人员	性别 1.男 2.女	文化程度 1.初中以下 2.初中 3.高中 4.大专 5.大专以上	职业 1.单位上班 2.个体经营 3.待业 4.其他	接近程度 1.不接近 2.有限接近 3.非常接近	多久见面 1.每年 2.每月 3.每周 4.每天	认识多久 1.几个月 2.1~3年 3.3~5年 4.5年以上
R - 1 - B	3	1	2	2	3	2	2
R - 2 - G	3	2	3	1	3	2	2
R - 3 - L	3	2	2	2	2	3	1
R - 4 - T	3	1	5	2	3	3	1
R - 5 - Q	3	1	5	2	2	3	1
R - 6 - B	3	1	4	1	2	3	1
R - 7 - C	3	1	4	3	1	3	1
R - 8 - V	3	1	5	3	3	3	1
R - 9 - B	3	1	3	2	2	3	1
R - 10 - D	3	1	3	2	2	2	1
R - 11 - N	3	1	3	2	2	4	1
T - 1 - W	4	2	5	3	3	4	1
T - 2 - R	4	1	4	2	3	2	1
T - 3 - O	4	1	5	2	3	2	1
T - 4 - A	4	2	3	1	2	2	1
T - 5 - D	4	2	4	2	3	2	1
T - 6 - G	4	2	4	4	2	2	1
S - 1 - L	5	2	5	1	3	4	2
S - 2 - D	5	1	5	1	2	3	1
S - 3 - K	5	1	5	1	2	3	1
S - 4 - B	5	1	4	1	2	3	1
S - 5 - W	5	2	5	1	3	3	1

社工对数据进行统计得出，案主的社会关系网络数目成员由原来的 15 人变成 43 人，其中亲属占 13.95%，邻居占 37.2%，朋友占 25.58%，同事占 13.95%，专业人员占 11.62%。性别方面，男人占 65.5%，女生占 24.5%。文化程度方面，初中以下 12.38%，初中占 23.35%，高中占 30.76%，大专占 29.5%，大专及以上占 10.27%。接近程度方面，不接近人数占 9.08%，有限接近占 45.42%，非常接近占 45.5%。见面频率方面，每年见面人数占 23.5%，每月见面人数 35.76%，每周见面人数 28.24%，每天见面人数 12.5%。认识时间方面，认识时间在一年以内的人数占 60.9%，认识 1~3 年的人数占 20.56%，认识 3~5 年的人数占 10.1%，认识 5 年以上的人数占 8.5%。

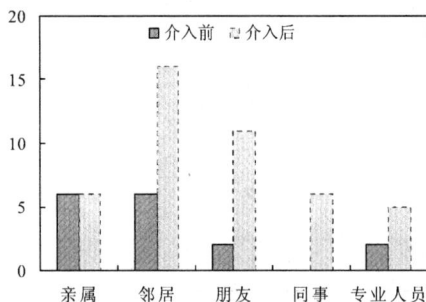

(a)关系构成对比

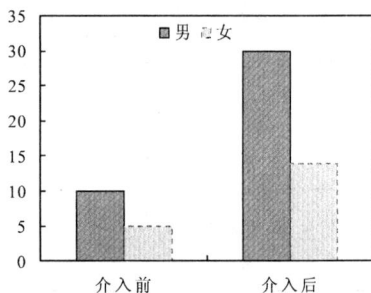

(b)性别对比

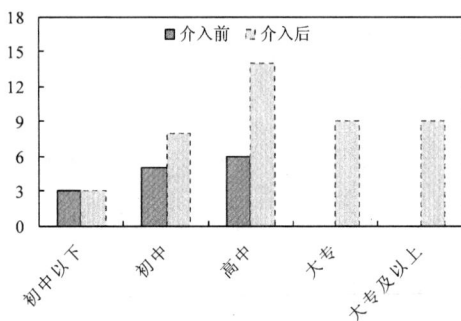

(c)文化程度对比

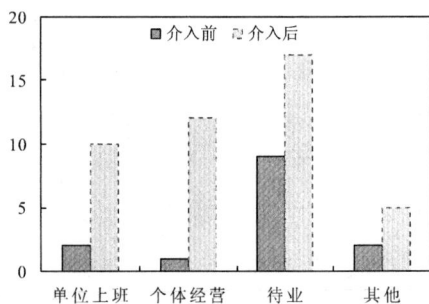

(d)职业对比

（e）接近程度对比　　　　　（f）见面频率对比

（g）认识时间对比

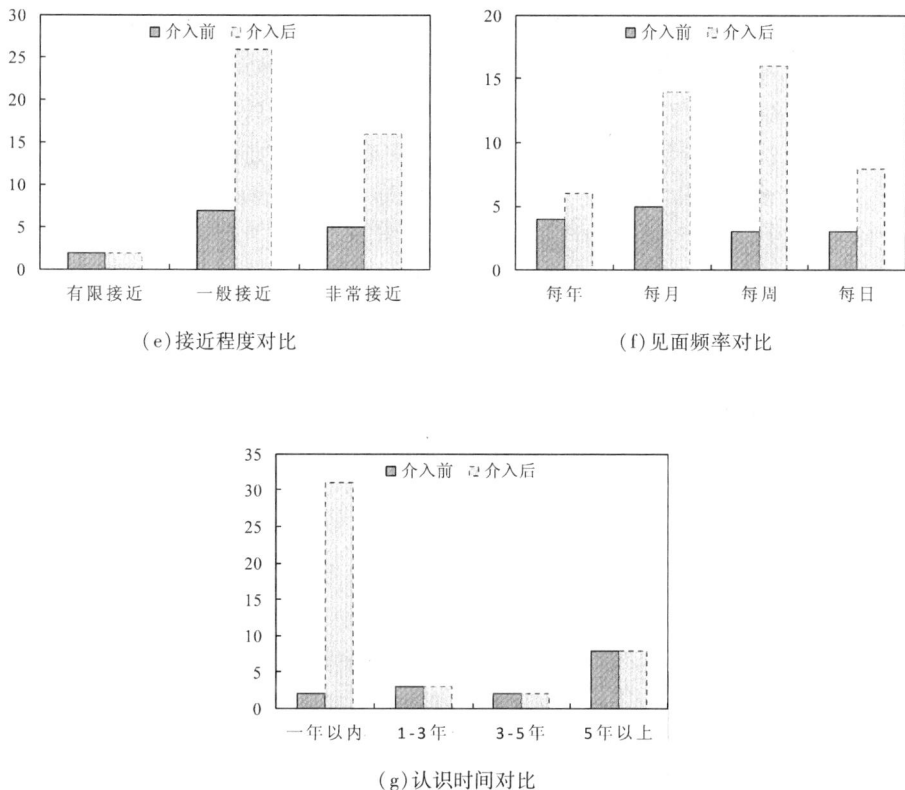

图9-6　介入前后案主社会关系网络的对比

（1）与关系构成对比图［图9-6（a）］可以看出，案主的网络规模明显增大，案主现有网络规模中邻居与朋友占多数，也就是说，社工强化案主初级社会关系网络时，介入案主与邻居的关系效果较好。主要原因首先是案主在社区巡逻保安队工作，可以接触大量的社区居民，并且帮助社区居民，居民乐意与案主成为朋友。其次，案主在适应城市生活中，慢慢学会与城市居民良好地互动，与城市居民建立友谊关系。同事成员数目也明显增加，从无到有。这是社工介入的一个重大突破，案主在社会资本重建前没有就业，没有任何同事，社工通过提升案主就业技能、参加招聘会、获取就业信息等措施让案主就业，同事人数增加，说明社工拓展次级社会关系网络的效果良好。案主的社会关系网络中出现不少朋友与同事，"友缘""业缘"社会关系网络基本建立。

（2）从性别对比图［图9-6（b）］来看，介入前男女比例相差较大，大部分网络成员是男性。介入后，案主网络成员还是以男性为主，原因是案主是男性身份，所以选择交往的对象以男性居多。不过女性人数较以前有增加，也就是说，社工介入过程中，案主与异性接触的频率增加，网络的异质性增强。

（3）从文化程度对比图［图9-6（c）］来看，介入前案主的网络成员文化程度层次较低，大部分集中在高中文化水平，大专及以上文化程度的网络成员没有。而社工介入后，案主的网络中出现大专及以上的成员，且占总人数的43.18%，原因是案主接触的社会组织成员、社区、街道工作人员文化程度都较高。这说明社工在建立案主与社区、社会组织的关系网络效果较好，社工拓展次级社会关系网络的目标完成。

（4）从职业对比图［图9-6（d）］来看，介入前案主的网络成员大部分职业是待业，案主生活在一个失地农民群体圈子，这个圈子的大部分人都是失去土地且没有工作的。介入后，案主的社会关系网络仍是待业的成员较多，因为案主生活在无工作人群圈子内，就业是失地农民群体需要解决的一个重大问题，需要政府、社区、企业等多种多方支持才能解决。但是社工介入后，案主的网络成员中单位上班人员与个体经营户的人数明显增加，案主成功就业，进入职场圈，这个圈子的人都是上班族，只是由于背景、身份、文化等客观因素使案主与职场圈子的人交往不多。案主社会关系网络异质性增加。

（5）从接近程度对比图［图9-6（e）］来看，介入前，因案主性格内向、不善交际等原因，案主与网络成员亲密度一般。社工介入后，案主与外界交往互动频繁，参与各种活动，与成员的交往密切，尤其是与家庭、同事的互动增多。这说明社工协助案主与家庭建立关系的过程中效果良好，案主的网络密度增强。

（6）从见面频率对比图［图9-6（f）］来看，介入前，案主与外界的交流少，不主动参与活动。而介入后，案主每月、每周、每日与他人见面。也就是说，案主的人际互动能力提高、社会参与度增加。

（7）从认识时间对比图［图9-6（g）］来看，介入前，案主生活在一个熟人圈子，与社会关系网络成员的认识是以5年以上为主。而社工介入后，案主与他人认识的时间集中在社工服务的一年时间内。案主的圈子不再是熟人圈，很多是刚认识的朋友、同事等。

总而言之，社工介入前，案主的传统社会资本占主导，社会关系网络基于"地缘""血缘"，社会交往对象以"强关系"为主，网络规模小，网络密度小，同质性高，网络提供的支持和资源有限。而社工介入后，案主的社会资本更接近现代型，案主网络规模增大，密度增强，异质性增加。同时案主通过"弱关系"获取支持和资源增加。社工介入案主社会资本重建有一定的成效，但是种种困境下，案主的现代型社会资本没有完全建成，还需要政府提供相关社会政策与制度保障、社区搭建平台、企业提供就业帮扶等。

八、相关知识点链接

（一）社会关系网络的相关研究

法国社会学家布尔迪厄最早对社会资本理论进行研究。1980 年，法国社会学家布尔迪厄在《社会科学研究》杂志上发表的《社会资本随笔》提出了社会资本这个概念。布尔迪厄是这样定义社会资本："实际或者潜在资源的集合，这些资源与由相互默认或承认的关系组成的持久网络有关，而这些关系或多或少是制度化的。"布尔迪厄从微观层次上定义社会资本，认为社会关系网络是个体可以利用的，用于实现个体目标的资源。社会网络不是自然赋予的，必须通过投资于群体关系这种制度化的战略来建构，并且是其他收益的可靠来源。波茨是美国社会学学会主席、美国普林斯顿大学的教授，他也从社会网络的角度总结前人对社会资本研究的不足，将社会资本的来源进行分类，深化对社会资本的研究。波茨定义社会资本："一个人通过他们的成员资格在网络中或者在更宽泛的社会结构中获取短缺资源的能力，获取社会资本的能力不是个人固有的，而是个人与他人关系中包含着一种资产。"近年来，著名美籍华裔社会学家林南教授对社会资本的研究也引起了学术界的广泛关注，他在《构建社会资本的网络理论》一文中写道："社会资本可被定义为嵌入于一种社会结构中的可以在有目的的行动中摄取或动员的资源。"他定义社会资本是嵌入于社会关系网络中的，可以测量的实体性资源或财产。而社会关系网络以及存在于社会关系网络中的信任、合作、互惠等规范。林南把人的行动划分为工具性行动和情感性行动，研究的重点在于个人如何通过运用社会资本获取和使用社会网络中的资源以获得工具性行动中的回报，保持情感性行动的收益，他的研究为社会资本理论的发展和完善奠定了良好的理论基础。

（二）系统功能主义的相关研究

科尔曼在《社会理论的基础》一书中，从功能主义定义社会资本。科尔曼认为，社会资本就是个人拥有的并表现为社会结构资源的资本财产，由那些构成社会结构的要素组成，主要存在于人际关系和结构之中，并为结构内部的行动提供便利。科尔曼从中观角度对社会资本进行了解析，认为社会资本不仅是个人利益增加的手段，也是解决集体行动问题的重要资源。美国社会学家科尔曼从社会结构功能意义上论述了社会资本的概念，他认为，"社会资本的定义由其功能而来，它不是某种单独的实体，而是具有各种形式的不同实体。托马斯·福特·布朗从系统主义的角度定义社会资本，社会资本是一种个人间的关系模式在社会网络中分配资源的过程体系。社会资本个体包括自我、关系网络和社会环境三个因素，社会资本包括三个层次，即微观、中观与宏观，三个层次的社会资本各有侧重点。

（三）基于社会组织结构视角

美国哈佛大学教授普特南对社会资本的定义是："社会资本指的是社会组织的特征，如信任、规范和网络，他们能够通过推动协调的行动来提高的社会的效率。"他将社会资本从个人层面上升到宏观层面，从自愿群体的参与程度角度来研究社会资本。普特南认为，信任是社会资本的一部分，互惠规范、公民参与网络能够促进社会信任。

（四）社会资本建构实务研究

较早研究社会资本对组织和社区影响的是美国社会学家普特南，他站在公民共同体角度来分析和强调社会资本的重要性，认为只有社会资本存量够丰富，公民共同体才更易产生互助合作行为，达成集体行动能力越强。普特南在调查意大利行政区政府时发现，某些行政区公民能积极参与，彼此信任对方办事公正，遵守法律，推崇团结、公民参与以及整合，政府能够有效地管理公共事务，满足本地居民的要求，人们的生活和工作轻松、快乐。而另外一些行政区公民对社团的参与非常稀少，在当地居民看来，公共事务是某些人如老板或政治家的事，不是自己的事。几乎每一个人都认为法律注定要被破坏，但是由于担心其他人无法无天的行为，他们又要求严刑酷律。每个人几乎都感到无能为力，有被剥夺感和不幸福感，造成这种差异的是这些地区在社会资本方面存在差异。所以，普特南提出社区社会资本建构路径，信任传统是社会参与的基础，社区内各类自治组织以及类似轮流信用制度的互惠规范都需要有信任的铺垫，而这些社会参与网络的形成促成了集体行动的产生，而集体行动又密切了社区关系，信任由此增强。此外，普特南在《独自打保龄球———美国社区的衰落与复兴》中认为，以趣缘关系组成的社团、俱乐部是一种非常重要形式的社会资本，人们通过这些趣缘团体进行社会活动和社会交流以获得社会支持。他将社团及俱乐部数量的减少以及人们参与积极性的下滑作为美国社会资本存量下降的重要证据。

九、推荐阅读文献

1. 李琳. 灾后社会资本重建[M]. 武汉：华中师范大学出版社，2011.

2. 黎熙元，童晓频. 中国城市社区建设的可持续性与社会资本的重构——以广州市逢源街安老服务为例[J]. 中山大学学报(社会科学版)，2005(3).

3. 潘泽泉. 社会资本与社区建设[J]. 社会科学，2008(7).

4. 李惠斌，杨雪冬. 社会资本与社会发展[M]. 北京：社会科学文献出版社，2000.

十、讨论题

1. 如何经由社会工作介入建立失地青年就业支持网络？

2. 如何理解社会工作介入失地青年社会资本重建的意义？

3. 试论述社会工作介入失地青年社会资本重建的主要方法、过程及其效果。

案例十：一个被遗弃天使的蜕变

——想叫一声妈妈怎么那么难

李梦　刘玉梅

一、案例描述

案主廖思玲（化名），11 岁，就读于当地的明德小学。案主出生后不久，其父亲就在郴州煤矿场打工时意外触电身亡，其母亲回湖北老家后不久便失去了讯息。目前案主借居在叔叔家，由年迈的爷爷奶奶照顾，但是爷爷近期手术，卧床休息。其他家庭成员还有太奶奶（奶奶的母亲）、婶婶、堂弟。叔叔在镇上上班，很少在家。案主平常主要与爷爷奶奶和堂弟生活在一起。爷爷奶奶都有退休金，叔叔婶婶工作也比较稳定，经济虽不富裕，但是也够日常生活。

案主曾经几次走失，走到别的村镇里面去了。爷爷、奶奶和叔叔几经周折才找到案主。据案主自己回忆："我真的不知道，我只是看着别人都往那边走，我就跟着往那边走，走着走着，我也不知道到哪里去了。"遇到这种情况，奶奶会生气，然后责怪案主："好歹也是这么大的人了，做事还一点儿也不动脑子，将来该怎么办啊，被人卖了都不知道啊！"

幼年丧父的记忆在小小的廖思玲心中留下了不可磨灭的创伤。案主对父亲的记忆已经比较模糊，但是会经常向爷爷奶奶问起关于父亲的事情。据奶奶说，案主经常会盯着父亲的照片发呆。案主的家长会一般都是由奶奶去参加的，有一次开家长会时，案主一定要让叔叔来参加。叔叔不来案主便哭闹不已，后来她才告诉家人说其他同学的爸爸都会来参加家长会，但是自己却没有爸爸，就想要叔叔像爸爸一样去参加自己的家长会。

对于亲生母亲，廖思玲的感情比较复杂。一方面，她不太愿意谈及自己的母亲，在与社工的交谈中她一般这样说："我也不记得她（妈妈）了。"另一方面，她又非常渴望母爱，她经常不由自主地称呼自己的婶婶为妈妈。问及原因时，她说："我就是觉得婶婶比较像（妈妈）。"但是婶婶认为这样不符合文化习俗，所以不允许案主管自己叫妈妈，她和案主的奶奶说："她（案主）又不是没有妈妈的，再说她妈妈万一哪天回来又认女儿了呢？到时候还怪我乱认别人的女儿，不让思玲认她的亲生妈妈呢！"案主说："想叫一声妈妈怎么那么难。"

二、案例人物

在本案例中，通过上述案主相关情况与背景介绍，我们可以梳理出案例涉及的主要人物，包括案主、与案主密切相关的关系人以及主要介入工作者。

（1）案主：廖思玲。

（2）与案主密切相关的关系人：奶奶，叔叔，婶婶，堂弟，太奶奶，班主任，数学老师，案主的同学及伙伴。

（3）主要介入工作者：社会工作者。

三、社工在案例中的角色

个案工作是一个连续的工作过程。在个案介入的各个阶段，社会工作者需要扮演不同的角色以推进服务进程。

（一）教育者

此处的教育者有两层含义，第一层是在了解案主的基本情况及在校的日常表现并与案主建立关系后，对其数学、语文开展学业辅导，通过基础的学业辅导，建立与案主的联系，取得案主的信任。第二层指的是在介入过程中通过榜样示范、观察和模仿等对案主的认知进行重塑，帮助她理性、客观地看待自己的遭遇；帮助案主澄清需求，认识自己，修正不恰当的行为反馈模式，促进其与外界的理性沟通。

（二）治疗者

案主早年遭遇人生巨变，其父亲去世，母亲离家出走至今未归，导致案主产生不安全感等心理困扰。社会工作者要运用自己的专业知识和训练帮助案主宣泄郁闷情绪，提高自己的认知能力，正确看待人生中的事情，学习处理自己情绪，应对生活和学习上的困难。

（三）资源链接者

本案例中，社会工作者针对廖思玲学习成绩不够优秀的情况，可以链接学校老师或大学生资源，在社工退出后可以继续为其提供知识和学习方法上的指导。针对家里堂弟偶尔会打扰到案主学习的情况，可以联系社区教育资源，为社区学生提供晚托服务，解决照料、学习和安全的问题；也可以倡导成立社区自主性学习小组，让社区里的同学互相监督学习。针对案主的户口情况，也可以联系社区的资源，帮助其寻找解决问题的方法。

四、信息收集与案情评估

（一）接案

社工在机构的社区日常服务过程中从其他社区成员处听说了廖思玲（案主）的情况。于是社工主动向社区居委会详细了解廖思玲（案主）的情况，之后，社工在组织其他社区活动时对廖思玲进行了初步观察，社工认为这是一个值得介入的案例，符合社会工作"助人自助"的要求。所以社工对案主及其家人说明了情况和意图，案主和家人同意了社工介入；在明确了双方的权利义务的前提下，与案主签订了服务协议，正式确定了双方的服务关系。本案例是社工主动介入个案，接案形式是通过面谈，属于外展案例。

（二）建立专业关系

专业关系的建立，可以从信任者的角度（案主）和受信者（社工）的角度两个方面考虑。

在本案例中，案主对自己的问题有比较清楚的认识，自我改变意愿强烈，求助的意愿也比较强；但是本案属于社工主动介入，所以在介入前期，为了取得案主的信任，社工在举办社区青少年"我的职业梦"演讲比赛时，采取主动联系案主、鼓励案主参加活动、帮助她修改演讲稿并且排练等形式"预热"；因此，在个案开始之前就取得了案主的信任。

由于案主有过被抛弃的经历，所以依赖性较强。在介入过程中，社工要特别注意减少案主对社工的依赖。经过几次课业辅导，案主对社工认可程度逐渐提高，产生了移情倾向，案主表达出想要社工一直陪着她的愿望，于是社工通过"遇到问题我能行"的活动，引导服务对象回忆自己在生活中曾经独立解决过的困难，并说明是如何解决的，以此来增加案主的独立自信。

　　在个案工作中,情感因素是必不可少的,但是社工还是要尽量将私人关系与专业关系区分开来。所以在介入前,需要澄清案主的权利与义务。案主的权利包括:要求社工机构对自身情况严格保密,有权查阅修正个人数据;有权参与服务评估,对社工的工作提出改正意见;有权提出转介申请;有权获得社工无条件的尊重和接纳;有权参与整个服务过程等。案主的义务包括:表达自己最真实的想法和情绪,尊重、信任社会工作者;按约定积极主动地参与每次服务过程;真诚对待社会工作者与社会工作服务等。

(三)会谈情况

　　会谈是社会工作者与案主及与案主密切相关的其他人物之间讨论问题、建立专业关系的过程,是有目的、有意识的人际互动。通过会谈,要明确双方的权利与义务,会谈内容见表10-1。

表10-1　会谈情况表

时间	地点	会谈对象	会谈笔记
2015.09.10 09:00—10:00	社区活动室	社区主任	在举办社区活动的间隙,社区主任找到社工,介绍了廖思玲的情况。社工认真倾听,与社区主任讨论造成廖思玲问题的原因——可能是因为从小被母亲抛弃,所以容易对家人产生依赖。社工还与社区主任讨论社工介入的可能性,社区主任表示会介绍廖思玲的家人给社工认识,双方约定了大概时间
2015.09.15 10:00—11:00	社区活动室	廖思玲	社工在参加社区活动时社工注意到台上的小朋友在演讲时廖思玲却在东摸摸西碰碰,于是社工便到廖思玲身边坐下。她发现社工坐在旁边,立马停下了小动作,但是一会儿便又控制不住自己了。于是社工主动介绍了自己,邀请她和社工一起将双手放在桌子上,挺直腰板坐好。廖思玲觉得社工有些奇怪,社工就岔开话题,决定以后再找机会逐渐深入交流

续表 10 - 1

时间	地点	会谈对象	会谈笔记
2015.10.11 9:00—11:00	案主家中	廖思玲 及家人	在社区主任的带领下，社工主动上门寻访（廖思玲不在）。廖思玲的爷爷奶奶在家，社区主任向案主的爷爷奶奶介绍了社工的主要工作和此次前来的目的，爷爷奶奶听说有人主动帮忙解决困难很高兴，拉着社工便说起了廖思玲的情况，表示很愿意接受社工的帮助
2017.10.20 08:00—09:00	社区 活动室	廖思玲	廖思玲并没有接受爷爷奶奶的提议接受社工的帮助。在一次社区活动前，社工看见廖思玲在准备活动需要的黑板报，于是便主动上前夸奖案主画得好，廖思玲听见社工的夸奖有点羞涩，于是社工乘胜追击和案主交谈起来，并说社工的工作就是助人自助，是一个相互帮助的过程，接受帮助并没有什么可以害羞的。廖思玲对社工逐渐信任，并简单说明了自己的学习压力，有注意力不集中等问题，但始终没有谈到家庭。最后她表示可以和社工一起互相帮助，社工欣然同意，并要求她告诉家人，廖思玲表示了同意
2017.11.01 14:00—16:00	社工机构	廖思玲 及家人	廖思玲的叔叔终于有时间回家了，叔叔从爷爷奶奶那了解了情况，于是便带着廖思玲一起过来了。社工与廖思玲和她叔叔交流部分疑问后，进一步梳理主要问题，了解叔叔与廖思玲的期望，初步达成服务协议，完成接案

(四)预估

　　根据访谈情况,从生态系统视角出发,社会工作者分析了案主自身及与所处环境互动中存在的问题、资源和优势。具体内容如表 10 - 2 和表 10 - 3 所示。

表 10 - 2　个人优劣势情况

优势	劣势
认知能力:案主 11 岁,五年级,具备一定的认知能力,具有较好的表达能力;学习方面基础知识掌握比较好。 操作智力:喜欢画画,画作不错;喜欢唱歌、跳舞;擅长跳远和短跑。 交际能力:有良好的朋辈关系,朋友比较多。 身体状况:健康状况良好	认知情况:注意力易分散;学习成绩不理想。 行为情况:存在多动行为,有走失的情况;容易产生对他人的依赖。 情绪情况:班上经常展示同学的画画作业,但是案主的从来没被展示过,案主认为是自己的作品不完美,存在不自信和自卑情况;案主从小被母亲抛弃,所以一直对母亲存在压抑的怨恨情绪

表 10 - 3　支持系统情况

家庭支持系统情况	朋辈群体支持情况	其他社会支持情况
幼年丧父,母亲离家出走,至今未归,原生家庭支持不够。现借住于叔叔婶婶家,叔叔婶婶常年在外地打工,缺乏必要的父爱和母爱;爷爷最近手术,需要奶奶照顾,无暇顾及案主	案主人缘比较好,在学校里朋友比较多,有十个以上,主要是一起玩游戏,偶尔也会发生矛盾,但是过几天能自行和好;在社区也有很多一起玩耍的朋友,其中有一个是案主最好的朋友,在生日的时候会互相送贺礼	案主与班主任及英语老师的交流比较多,因为老师很和蔼,英语老师 40 岁左右,有一个儿子比案主年级高

五、目标设定

(一)个案干预目标

　　本案例中,案主存在负面情绪,有多动行为,学习成绩不理想。因此社工制定了以下帮助案主的目标。

1. 分目标

（1）以学业辅导的形式开展学习辅导。学习目标是从20多名上升到10多名，强化学习的兴趣，学会学习的方法等。

（2）通过社会学习理论的强化法，矫正多动现象，同时帮助案主学会独立。

（3）在父母的问题上，可尝试性地做些工作，进一步了解案主是否对父母存在一些因情感缺失导致的心理压抑等问题。

2. 总目标

（1）帮助案主树立正确认知，增强理性思考能力，缓解不良情绪压力。

（2）提升学习成绩，帮助案主学会自主学习。

（3）帮助案主减少依赖性，增强独立性，建立案主社会支持系统。

（二）具体干预方案

社工在服务过程中的具体干预方案见表10－4所示，经过接案、介入、评估、结案四个过程。

表 10 – 4　具体干预方案

过程	目标	介入系统	干预策略	时间安排
接案	了解案主的基本情况	社区居委会主任及家庭成员对案主的看法和评价	澄清：帮助访谈对象说明案主的情况，并参与修改和完善服务方案	2015.11.05
	与案主监护人（叔叔）首次面谈并签订服务协议	家庭	真诚交流：说明双方的权利和义务	2015.11.08
	澄清问题，学业辅导	个人	学习我可以：针对案主的问题，根据课本制定测试题对案主的学习基础进行测试，以此肯定案主的学习能力，提高案主的学习积极性	2015.11.08

续表 10-4

过程	目标	介入系统	干预策略	时间安排
介入	宣泄情绪，改善错误认知	个人	全家福：利用绘画治疗的相关技术，让案主尝试说出对家人的看法，以此了解案主内心的想法，并为下一步治疗做准备。 我想说：运用"空椅子"技术，让服务对象先后假设椅子上是自己和母亲，形容她们当下的状态，把最想说的话说给对方听。通过让案主想象双方的对话，宣泄案主对母亲的怨恨情绪。 听我细诉：给案主一张白纸，让案主写出目前所遭遇的三件不如意的事情，然后让她选择一个最愿意与之分享情绪的人分享纸上的内容，下次访谈时告诉社工案主的感受。 ABC理论介绍：让服务对象明白诱发事件本身不是造成事件的原因，人们对行为结果的看法和观念才是，通过改变不良认知，可以改善人的行为	2015.11.15
	观察案主表现，重识支持系统	个人、学校、班级	访谈讨论：通过与案主的班主任及数学老师的访谈交流，从学校支持系统的角度来评价案主的资源	2015.11.27
	改善多动现象，提高注意强度	个人	定心咒：第一步，起立默数一分钟，时间到坐下，计算案主的反应时间；第二步，要案主闭上双眼，回想今天教的课程，再让案主向社工重复。 你画我猜：利用案主的绘画才能，让案主在规定时间内画出现在最想表达的情绪，通过任务的紧迫感，提高案主的注意力，改善多动现象	2015.11.29
	与案主的叔叔婶婶沟通，进一步了解情况	重要他人	访谈讨论：通过与案主的叔叔婶婶交流，从家庭支持系统评价案主的资源，促进家庭成员的相互了解	2015.11.29
	重塑学习信心，提高学习能力	个人	巧学习：讨论当前学习中的困难，让案主概括曾经学习优异的经验，学习班上名列前茅的同学的有效学习方法。 奖罚分明：运用行为主义的强化法，根据案主想要一辆自行车的愿望，与案主家长商量，通过奖励自行车的方式鼓励案主学习	2015.12.6

续表 10 – 4

过程	目标	介入系统	干预策略	时间安排
介入	提高案主的独立性	个人	困难大冲关：通过游戏的方式与服务对象一起回忆生活中成功解决的困难，并说明是如何解决的，增强自我效能感	2015.12.13
评估	与案主讨论目标达成情况及学校表现，进行评估	个人、班级、学校	说出你的改变：引导案主及其家庭成员对案主近期的改变逐条写下来，回顾案主的成长，让案主对自己更有信心	2015.12.14
结案	巩固已有成果，协助案主学会适应生活和健康成长	个人、学校	独立成长：告诉案主结案后其他社会支持情况，回顾案主的改变，鼓励案主独立解决生活中遇到的困难	2015.12.18

六、干预过程

（一）初步了解案主基本情况

2015 年 11 月 5 日，在社区主任的陪同下和案主家人进行了第一次谈话，包括案主的爷爷、奶奶和叔叔（婶婶不在家）。第一次访谈的主要目的是帮助访谈对象了解案主的情况，并鼓励他们参与修改完善服务方案。

社工："叔叔，您知道小玲内心深处的一些想法吗？比如您觉得和婶婶是否能当她的爸妈？"

叔叔："我们其实心里把小玲当作自己的孩子，但始终还有她亲妈在，哪天回来了总还是要相认的，她婶其实也是这样想的。另外我们没有太多的时间，大部分的时间我们都在外面打工，也没太多时间在家。"

爷爷："我一身病，也苦了小玲和大家，没啥能帮上忙的。小玲从小苦，小时候就有这么多磨难，一切都挺难的。像她小时候那几次差点跑丢，说起来这个孩子还是命太苦了。"

社工："小玲之所以表现出不安全感以及对大家的深切依赖，其实也是她这个年纪的孩子在遭遇一系列事情之后做出的应激反应。大家各自都有各自的难处，但也还是尽力在引导小玲的这个方向上一起努力。这个年纪的孩子很容易沉浸在这种悲痛中，在小玲伸出手想要抓紧大家时，需要有人能够拉紧她的手，给她足够的支持与关心，但同时也需要适当地锻炼小玲独立的一面。这些困难既然是无法逃避的，就还是要帮助她正确面对这一切，调整好心态迎接未来。"

叔叔："嗯，是，有时候我们也这样想，但是却不知道怎么做，有时候感觉小玲有话要对我们说但又不愿意找我们说。"

案主心里一直很渴望母爱和父爱，会羡慕别的小朋友有爸爸妈妈，这是隔代教育所无法弥补的。案主幼小时被母亲抛弃的负性记忆，一方面压抑了案主情绪，使案主在渴望母爱与恐惧亲情之间十分矛盾，另一方面使案主存在不安全感，害怕失去现在拥有的叔叔婶婶的爱，进一步造成了案主在成长过程中出现的对他们（叔叔婶婶）的过度依赖的行为。此外案主还存在多动行为，具体表现为坐不住，不能等候他人，不能长时间的维持注意力，如上课容易开小差，经常东张西望。案主与同伴关系相处较融洽，对自己学习成绩不够优秀、爱玩、好动等特点有一定的认识，但是自己无法克服，表示很苦恼，希望得到外界力量的帮助。

结束与家人的访谈之后，社工与案主在案主的房间单独玩了一个10分钟的小游戏"缺点大冲关"，社工和案主都在纸上写出自己认为自身当下最迫切改变的三个缺点。在此基础上，社工和案主就案主关心的问题和需要解决的问题达成一致，以此作为下一阶段介入的目标。

总结：第一次介入的难点是对案主需要解决的问题达成共识。特别需要注意的是，社工要以案主为中心，家长访谈是对案主问题的旁敲侧击，使案主本身意识到希望改变的方面是需要社工和案主的共同努力去解决的。在这个阶段，社工利用一个小游戏，达成了与案主的共识。

（二）澄清问题，学业辅导

2015年11月8日，在案主家中，和案主进行了第二次接触，进一步了解和完善案主的个人信息，主要包括如下几个内容。

（1）案主的背景。案主目前正就读明德小学五年级，年龄11岁，兴趣爱好主要是画画唱歌还有跳舞。学校经常展览同学们的绘画作品，但是案主的作品一直没有被展示过，她觉得是自己的作品不够完美（可能存在不自信甚至是自卑的一面）。案主擅长跳远，运动会拿过名次。对自我的认识是一个活泼调皮的女孩，爱玩，语文数学成绩不是很好，经常上补习班。

（2）与同学的关系。在学校有好朋友十个以上，主要是一起玩游戏，偶尔也会发生矛盾，但过几天能自行和好；在社区也有很多一起玩耍的朋友，其中有一个是案主最好的朋友，在生日的时候会互相送贺礼。

（3）与老师的关系。案主称述自己最喜欢英语老师，因为老师很和蔼，有时候不布置作业。英语老师 40 岁左右，有一个儿子比自己年级高。

社工："现在如果谈论学习的话，有没有你很感兴趣的模块呢？"

小玲："一般吧，学习就那样。"

社工："如果要选一些比较有难度的课程的话，你会怎么选择呢？"

小玲："语文跟数学啊，不怎么喜欢文字，也不太喜欢算数，有时候上课感觉很头大。比较喜欢英语，喜欢听老师说，也喜欢读。"

社工："有没有想过不喜欢的语文和数学也可能非常有趣呢？"

小玲："怎么说？"

社工："比如看到比较好看的故事书、电影或好听的音乐，这些都可以归到与语文相关哦，语言就是很美妙的东西。你应该也有很多喜欢的歌吧？"

小玲："嗯……好多，也有歌词小抄本。"

社工："要不要唱几句喜欢的歌呢？"

小玲："哈哈，还是不要了……"

这一阶段的主要任务是学业辅导，针对案主对自己语文和数学成绩不是很满意的情况，通过"学习我可以"活动进行数学和语文的辅导，以课本为基础，编制几个测试题进行测试，发现案主对书本知识基本能够掌握，智力属于正常水平；课业辅导后，与案主的交谈中发现，案主的语言表达能力还有反应能力都比较强，但是注意力维持时间较短，在课业辅导以及后面的放松绘画过程中，总是离开自己的座位，或是一直去拿东西，或是翻看社工的文件袋。最后案主希望社工能经常去陪她，担心可能会对社工产生依赖，后期工作应尽量避免这种情况的产生，并引导案主学会独立自主。

总结：本次会谈的目的是了解案主基本情况及在校日常表现。与案主建立关系后，社工担任教育者的角色，对其数学和语文开展学业辅导；担任引导者的角色，帮助案主进一步深化自己的认识，挖掘自身更多的潜能；担任联系人的角色，主要是建立和学校的老师还有家人之间的信息沟通的桥梁；担任使能者的角色，协助案主学会利用自身拥有的资源解决自己面临的困难。

（三）宣泄情绪

2015 年 11 月 15 日，在案主家中进行了第三次会谈，和上次个案会谈一样，只要是星期天，社工打过去的电话都是案主接听，同时也是案主为社工开门。当天，案主奶奶不在家，爷爷在家带着两个孩子，中午还为两个孩子准备午饭。和爷爷打完招呼后，社工进入案主房间，准备教案主利用网络教学软件学会在网上独立学习，提高其学习的自主性。但是刚打开电脑，没学几分钟，弟弟就来了，总是吵着玩电脑看动画片，所以教学计划只能暂时搁浅。案主表示，平时在家，弟弟也会影响其学习，但是奶奶在家的时候会把弟弟带出房间让她安心学习。

针对这一情况，社工利用绘画治疗的相关技巧，在一种自然和谐的氛围中，和案主讨论有关的问题，了解案主内心的真实想法。社工给案主定了一个主题，叫作"全家福"，社工先尝试说出自己对全家福的看法：全家福是自己还有爸爸妈妈在一起的合照。而案主则说，自己只有叔叔婶婶和奶奶。当社工试图问她为什么没有爸爸和妈妈时，案主的表情有些不自然，然后低下头不说话，整个对话中能感觉到案主在回避关于父母的任何事情，这意味着案主还没有足够的心理准备去面对。社工以转移话题的方式将她从这种情绪中解脱出来。社工询问案主这次期中考试的成绩，她不好意思地笑了笑，说数学和语文都没考好。案主英语一向不错，所以问她英语成绩时，她好像找回点自信，告诉社工考了79分，差一分就80分，而考到80分是她的目标，因为奶奶说三门（数学、语文和英语）都考80分以上，就答应她要什么买什么。案主一直想要一辆单车，但是都没好意思开口，所以一直想要好好努力学习达到目标，实现愿望。但是自己每次都控制不住想去玩，不能安心学习。为鼓励和强化案主的学习动机，社工帮她分析了成绩不好的大概原因：案主的粗心是很大的一个问题。要改正这一缺点，就需要加强家庭作业的练习。案主很喜欢新商定好的目标，并承诺会继续努力。

在谈论了案主的学习成绩方面之后，社工用游戏的形式来引导案主进入今天的主题：运用"空椅子"技术，让服务对象先后假设椅子上是自己和母亲，形容她们当下的状态，把最想说的话说给对方听。通过让案主想象双方的对话，来宣泄案主对母亲的怨恨情绪。在最开始，案主比较反抗这种方式，社工密切关注，引导案主说出自己的想法。在过程中，社工运用肢体动作、眼神来体现对案主的共情。最后在社工的帮助下，案主宣泄了自己对母亲的怨恨情绪。

社工："是不是感觉这样把心底的想法说出来会好受很多？"

小玲："嗯，说出来感觉没有那么压抑了。"

社工："有些事情说出来就没有那么让人难受了，我也在你的故事中学习和认识了很多。想不想跟我沟通一下关于现在的家人呢？"

小玲："怎么说，叔叔婶婶他们吗？"

社工："是呀，之前跟你的家人聊了聊，其实他们也有发觉有些做法不是很妥当，但他们也表达了对你的爱护与关心，这里也想知道你对他们的一些想法，比如你觉得谁对你是最亲近的呢？"

小玲："婶婶吧，不过大家都很忙，我也不知道，有时候觉得其实想找他们说说话，但他们很忙，来不及听我说，再后来就不怎么想说了。"

在和案主的交谈中，我发现原来案主的婶婶不在炎陵县城上班，而是在附近的某一个地方，平时不怎么回家，只是周末会打电话回家问候。案主希望婶婶能在家陪她，可是知道婶婶要在外面挣钱，所以很矛盾。因为下次的计划是去访问案主任课老师以了解案主在学校的表现情况，所以社工邀请案主带社工去认识去往学校的路。在路上社工与案主能很自然地聊天，案主一直说让社工陪她到过年，社工没有直接拒绝她，而是以会有奖励为目标鼓励她好好学习。在路上，案主突然提到自己的母亲在她一岁的时候就离开了，所以对妈妈的印象就是很坏。由于案主奶奶告诉她，婶婶就是她妈妈，所以案主心理可能存在自我暗示，并希望真正的叫婶婶为妈妈。

最后给案主布置了今天访谈后的作业：拿一张白纸，写出目前所遭遇的三件不如意的事情，然后选择一个最愿意与之分享情绪的人，分享纸上的内容，下次访谈时告诉社工有什么感受。

总结：这次的会谈，社工了解到案主其实主要是和爷爷奶奶还有一个小弟弟生活在一起，这种隔代教育弥补不了案主在心理上对母爱和父爱的需要。案主有幼小被母亲抛弃的负性记忆，对母亲可能存在怨恨的压抑情绪，需要进一步了解并帮助其疏导。

（四）重识学校支持系统

2015 年 11 月 27 日，在案主就读的学校与其班主任和任课老师进行了会谈。首先关于案主的学校表现情况，数学老师反映案主平时比较活泼，与班级同学相处较好，擅长体育类的项目，如跳远、跑步等，但是学习成绩一般，数学成绩较差，平时上课的时候有很多小动作，注意力不集中，疑似多动症表现，希望得到一定的矫正。虽然参加了补习班，但是对成绩提高没有什么明显的帮助。班上其他同学也有类似的情况，学校布置的作业完成效果好可能有补习班的作用，但对学生的学习能力提高作用不明显。与同班级由爸爸妈妈亲自教育的孩子相比，由爷爷奶奶照看的或者是送往补习班的学生的学习成绩普遍低于前者。

班主任反映，案主的爷爷平时比较偏袒案主，特别是婶婶在教育案主的时候。奶奶对案主的要求较高，特别是学习上。婶婶在家的时候案主的作业都是婶婶指导，完成较认真，学习成绩也会有所提高。她与同学相处较好，比较受欢迎，但是与同学发生摩擦时，表现出争强好胜的心理。因为没有父亲和母亲的照顾，可能需更多的陪伴。

总结：社工针对案主在学校的实际情况，在下一阶段要继续以课业辅导为切入点，重点帮助案主矫正多动现象，克服学习困难；同时以家庭的和睦氛围弥补孩子在父爱母爱方面的缺失；以专业的理论视角出发，运用相关的方法和技巧提供帮助和服务。

（五）改善多动现象，提高注意力

2015 年 11 月 27 日，在机构内和案主进行了第四次接触。考虑到在家里做课程辅导以及相应的心理辅导会受到弟弟的干扰因素，所以这次在机构中心的办公室进行相关的工作。通过对其进行数学辅导，指出她注意力不集中、有些多动的现象，让案主明确认识自己的问题所在，并通过自身的努力加以克服。

小玲："在这里辅导感觉好舒服。"

社工："是吗？那就要更用功读书哦！这里是我们办公的地方。"

小玲："嗯，喜欢这里。"

社工："这里比较安静，你就把这里当作是你一个人的课堂，是不是很想学点什么呢？"

小玲："好。"

社工："但是答应我要集中注意力哦！不能总是走神，之前好多次看你学着学着就走神了，肯定是从书上跑到游乐场去了。"

小玲："是有点难保持很久的注意力集中，但是我会努力的。"

这次在办公室的辅导明显比在案主家辅导的效果要好，这是社工和案主的共识。她说这次没有弟弟的打扰，学习得更加认真，领悟得也更透彻些。这次主要是教案主学会如何找出方程问题的数量关系以及解方程式，社工在老师三步法（找出未知变量设 X，然后明确数量关系列等式，最后就是解方程）的基础上，又加了第四步，就是代数值检验，这一点对案主存在的粗心问题能够得到很好的矫正。在学习的过程中，询问案主在遇到不会的问题是如何解决时，她说数学和语文这两门她一般只会做选择题，其他的都不会就空着。问到为什么不问爷爷奶奶时，她指出爷爷奶奶都不会，也不想问别人。之前了解到她所住的小区有个好朋友，是六年级的，于是鼓励她下次遇到问题时，可以积极主动的去向她的好朋友寻求帮助，培养案主主动求助的意识。在教案主四步法的过程中，发现她的领悟能力特别强，属于一点就通的类型，可塑性和接受能力都比较强。

但案主有一个问题很明显，总是趁社工不注意的时候，忍不住跑去活动室，在教她学习的时候也有同样走神的现象，她如果遇到不懂的问题时会显得特别不耐烦。

在完成了基本辅导后，社工运用行为主义的技巧与案主进行了一个小游戏：第一步，让案主起立默数一分钟，时间到坐下，计算案主的反应时间，反复几次，锻炼案主的耐心；第二步，要案主闭上双眼，回想今天学的课程，再让案主复述课程内容。刚开始案主表现得很不耐烦，但教授的课程能回忆出大部分时，案主非常开心，说第一次觉得自己记忆力特别好。

在此基础上，社工又和案主玩了你画我猜的游戏：让案主在一定时间内画出现在最想表达的情绪。刚开始案主还沉浸在完成了上个任务的兴奋中，通过让她深呼吸的方式，案主得以快速静下心来，并在一刻钟内画出了内心的感受。画中是这次与案主交流的场景，人物都带有笑脸，表示很开心。通过布置任务带来的紧迫感，提高了案主的注意力，改善了案主的多动现象。但是社工要注意在这过程中，案主产生反抗情绪时要循循善诱，不能逼迫命令案主。

总结：社工针对案主在学习时的行为表现及情绪波动的情况，在以后的辅导过程中，要重点帮助案主明确认识自己问题的严重性，并教会案主学会维持自己的注意力，矫正多动现象，摆脱粗心的现象；学会遇到难题时要冷静思考，而不是以情绪发泄的方式来应对；学会克服学习困难的问题。社工须从专业的理论视角出发，运用相关的方法和技巧提供帮助和服务。

（六）重识同辈群体支持系统

2015 年 11 月 19 日，在小区内与案主的同学和小伙伴们进行了交流和会谈。之前从案主的口中得知，这周日的下午案主会与小伙伴一起玩"全员加速中"的游戏，这是当下湖南卫视的一档综艺节目，小朋友们将这个综艺节目转化成自己玩的游戏，所以社工鼓励案主主动提出和他们一起玩游戏。

社工："以前大家会邀请小玲一起玩吗？"

伙伴 A："有时候会呀，但是她经常都说没时间、没兴趣，最后就算了。大家也提的比较少了。"

社工："这次是小玲主动要求加入你们，大家怎么看呢？"

伙伴 A："挺好的呀！其实感觉到小玲平时有很多烦心事，能找我们一起玩，说明心情好了很多哦！"

伙伴 B："平时小玲跟我沟通比较多，但也基本上很少能主动加入我们一起玩的游戏，这次真的是挺少见的，但应该她心情什么的也好很多了吧，平时很难见到她这么开心，可能因为她家里的那些事情吧！"

社工："大家还是要经常主动邀请小玲加入大家的游戏呀，大家对她的帮助也是很大的。"

伙伴 A："嗯，必须的。"

这群小伙伴经常会组织在一起玩游戏，但是案主是第一次主动参加，为了以后能够很好地融入其中，案主自己主动带了一些糖果，于第一时间赶到约好的地点，等其他的小伙伴一到就将自己的糖果主动分享给别人，还主动与小伙伴聊天。从观察的结果来看，能够明显地感觉到案主的同辈关系相处得比较好。

在游戏的过程中，社工与其中两位小朋友简单了解了案主的情况，他们表示很喜欢和案主一起玩，案主人缘比较好。为了让小朋友在以后的学习和生活中能够相互帮助，让他们明白相互合作的重要性，在游戏的最后，社工组织大家聚集到一起，分享自己参加活动的心得。

总结：社工针对案主与同辈群体相处过程的表现情况，协助案主明白自己的社会支持网络，同时让案主学会在遇到困难和挫折的时候主动寻求同伴的帮助，满足案主获得一定情感连接的需求。

（七）重塑学习信心，提高学习能力

2015 年 12 月 6 号，案主的爷爷主动送案主来机构进行相关辅导。原先以为老人家是出于对社会工作的一种信任危机，因为几次向爷爷奶奶询问婶婶及叔叔的电话号码，爷爷总是含糊其词，左顾而言他的样子。但是当爷爷来到办公室与社工提及案主曾经多次走失的经历后，才明白是出于对案主安全问题的格外重视和担心，所以才有诸多的不放心。同时，这次爷爷来到机构办公室，亲眼看到工作场所并了解到相关的情况后，信任度有所增加。社工向爷爷提出希望帮助案主申请一笔省民政厅下由福彩机构提供的资助，需要了解并补充申请的相关资料，可能要向叔叔或者婶婶做一些家庭调查，所以需要其联系方式，这才打消爷爷的顾虑，答应晚上和婶婶商量之后再回复。

社工："我可能需要跟你沟通以前一些不好的经历，哈哈，现在还会害怕不，之前差点走丢的那几次。"

案主："不了，还有印象，每一次都有。"

社工："嗯，可是让爷爷他们没少担心呀！差点就不愿意今天让你过来了。"

案主："现在也不会了，也算是懂事很多。"

社工："嗯，那我可能要跟你先聊聊这些具体的事情，然后再开始我们今天的课程辅导哦！"

案主："好。"

对于爷爷所提及案主曾经走失的情况，社工在对案主进行辅导前，向案主明确了解其具体的经过。案主表明曾有四次，第一次的时候是和爷爷一起去超市，自己一个人等在外面，然后就走开了，走着走着就走到了警察局，最后是

警察送她回家，后面还有几次也是类似的情况。进一步询问她为什么会走失的原因时，她不好意思地笑了笑，然后说自己也不知道为什么……

本次对案主的课业辅导进行得很顺利，因为上次帮助案主在数学方面做了一些预习功课，她反映上课的内容更容易接受，上课听课也更认真了，老师还夸奖了她，这在无形中强化了案主对数学的学习兴趣和学习动力。这次主要是帮助她在复习的基础上，进一步做预习的辅导，并鼓励她养成预习的习惯，这样才能更好更快地学习，顺利达到提高成绩的目标。

在基础辅导完成之后，社工让案主回想当前学习遇到的困难，让其概括曾经学习优异的经验，以此来达到巩固提升的效果。社工布置案主在课余时间观察班上名列前茅的同学的有效学习方法，下次访谈时和社工一起讨论交流。

社工："如果让你选择一份礼品的话，你会选择什么呀？是不是就是自行车呢？上次你提过。"

小玲："自行车吧，这样就可以骑着自行车和朋友去郊游。我一直很想骑车，借朋友的车骑过几次，想能拥有自己的一辆自行车。"

社工："哈哈，那我们可以做个约定呀，实现梦想就得付出努力对不对？"

小玲："嗯嗯，啥约定？"

社工："期末考试我会根据你现在的情况，指定一个目标，只要达到了就可以实现这个愿望。"

小玲："我觉得很难，爷爷他们也一直觉得我学习就那样了……"

社工："那你愿不愿意去尝试呢？如果爷爷他们也会支持这个约定的话，你有没有信心去实现呢？"

小玲："有！"

最后社工运用行为主义的强化法，根据案主想要一辆自行车的愿望，与爷爷商量，只要案主期末考试能达到一定目标，就会奖励案主自行车。在爷爷、社工、案主都在场的情况下，对这一约定达成了共识。

总结：对于爷爷的顾虑和不信任，要及时发现并主动做出相应的处理，以免影响工作的顺利开展。工作关系的建立不仅是在接案的时候需要强调，在中期也要维持和巩固良好的工作关系。不仅是和案主之间，与案主家人的关系也是十分重要的。

对于案主多次走失的经历，要善于运用认知行为疗法，帮助案主明确乱走的行为可能会让爱她的亲人担心、难过，让她知道这种行为是不正确的，要及时纠正。强化案主的学习动机，并鼓励案主学会养成预习的好习惯，进一步提高学习的兴趣，学会正确的学习方法。

（八）重建家庭支持系统

2015 年 12 月 7 号，与案主的婶婶在机构内进行了会谈。首先与婶婶讨论的问题是关于案主平时的行为表现，经婶婶谈及，案主确实存在之前确认的一些多动行为现象。例如：坐不住，相比同龄人不能长时间地维持注意力及不能耐心等候他人，所以才会出现走失的情况；案主因为注意力不集中，所以出现学习困难等问题。

婶婶对案主的学习很是重视，经常主动与任课老师保持电话联系，询问案主在学校的表现情况，并希望老师对案主能有更多的关注和关心，对案主的学习成绩不是十分满意。上次期中考试，三门主课没有一门达到 80 分，言语中有些失望，因为自己在外挣钱，也是希望为她的成长创造一个好的环境，给案主报名上辅导班，但是成绩一直不见明显提高。

社工将案主在接受服务后的表现以及对案主的看法与婶婶分享。案主主要是缺乏父母的陪伴，同时由于叔叔婶婶常年在外面打工，案主在父爱和母爱长期缺失的后期成长中又得不到满足，造成出现一些如叔叔所说的依赖现象和情感脆弱的表现，以及多动行为、学习困难等诸多问题。社工将老师反映的大部分在辅导班里的学生成绩明显不如由父母在家指导的成绩好的情况告诉案主家人，并分析一方面辅导班的效果可能不是十分明显，另一方面可能是缺乏来自父母相应的监督造成的，提出希望婶婶能多一点时间陪伴案主。案主接受服务后，在社工的引导下对自己学习时的多余动作及后果得以认识、加以重视，并努力克服；社工帮助案主学会了预习的方法，培养了预习的学习习惯，进而学会主动的学习。

最后，因福彩公益金"关爱三区孤儿"项目的相关申请材料，需要向婶婶了解案主的户口问题，然而得到的信息和社区廖主任还有爷爷的信息出现了不对称的现象。社区廖主任反映案主有独立的户口，爷爷表示案主在爷爷户口上面，婶婶多次强调案主在叔叔的户口上。之前也有过类似的申请机会，但派出所无法开证明材料，理由是母亲虽然早已经回到湖北老家再也没有回来过，但还在世，所以户口的情况需要进一步调查。

总结：对于叔叔和婶婶常年在外地打工的事实，造成案主及其案主的堂弟成为留守儿童，社工希望能够说服他们尽可能就近工作，如若不能就多主动用电话和孩子保持联系，让案主尽可能得到关爱。对案主生活方面家人要多给予关心，让案主得到一丝母爱的补偿；在学习方面，要主动询问并督促案主养成预习的习惯，帮助案主学会学习。

（九）独立面对生活

2015 年 12 月 13 日，社工在机构内和案主进行了结案前的最后一次沟通。之前和案主商量好这周准备结案的事情，给了案主充分的时间为结束这种专业关系做好心理准备，从案主的情绪反应来看，还是能比较积极地面对这次会谈。不想显得过于刻意，所以还是先帮助案主做课程的复习以及预习辅导，考虑案主即将要面临期末考试，有必要协助她做好全面的复习，以便能够更有信心检验自己学习的方法和成效。

案主反映经过这段时间的指导，现在课后会主动地开始计划复习了，也学会了预习功课，上课注意力明显比以前集中，对学好数学和语文也越来越有自信。同时老师对案主最近的上课表现也表示小动作明显少了，听课也越来越认真了。

社工："这段时间在一起我们沟通了很多，也对你以前的生活有很多的了解，作为亲密好友的我，看到了你的进步与改变，对我来说是一件非常有意义的事情。"

小玲："嗯嗯，对我也是，觉得自己改变了很多。"

社工："分享了那么多你的故事，也是时候来给你分享一些我的故事，好朋友之间总是互相倾诉，对吧？感觉这段时间对我的改变也挺大的。"

小玲："好呀，我也想听姐姐你的故事。"

社工与案主分享了自己的童年学习经历。社工曾经学习成绩比较差，后来在老师的细心指导下，慢慢学会了如何学习，并主动和案主交流自己的学习经验以及生活经验，教会案主面对成长中的挫折和困难时如何应对，使案主学会以更理性的情绪和更正确的方式去解决问题，鼓励案主更加独立、更加勇敢。

最后，社工通过游戏的方式与服务对象一起回忆了生活中成功解决的困难，并说明是如何解决的，增强自我效能感；引导案主对自己近期的改变逐条写下来，回顾案主的成长，让案主对自己更有信心。

案主的改变和进步得到了老师以及案主的实际监护人爷爷奶奶的认可以及肯定，案主的多动行为明显得到控制，注意力也相比以前更加集中，能更有耐心、更加独立地面对学习和生活中的困难。案主的问题基本得到解决，经与案主交流已初步达到介入目标。

总结：经长期相处，案主往往容易对社工产生移情，所以在结案时社工要特别注意不要使案主产生被抛弃的感觉，告诉案主其他社会系统支持情况，鼓励案主独立自主地解决生活中遇到的困难。

七、结案与评估

(一)结案

在本案例中,经过九次访谈介入,案主的进步比较明显,也得到了老师和家长的认可。案主多动的现象减少;注意力维持的时间比之前持久;学习成绩有所提高;负性情绪得到抒解;独立性提高,依赖性降低;经与案主交流初步达成预定目标;双方达成共识,互相道别,正式结案。

(二)服务对象现状描述

1.评估意见

已经达到当初与服务对象商定的目标。多动行为得到控制,依赖现象明显改善,能够主动学习。

(1)案主自我评估:认为自己比以前更自信了,在学习的时候更认真,特别是遇到自己不会的问题时,能够比较冷静和耐心地去思考,会寻找解决问题的方法,也愿意主动找同学寻求帮助。

(2)任课老师反映:案主上课的小动作基本没有了,注意力明显集中,也能主动举手回答老师提出的问题,表现较以前认真了。

(3)爷爷奶奶反映:案主在家期间明显比以前更开朗、更主动学习了,遇到问题的时候,不会总是以哭来面对,也更独立了。

(4)社工观察结果:案主在思考问题时,能够更加耐心,左顾右盼的表现基本上可以克服,多动行为明显减少,依赖的现象明显改善,能主动预习和复习功课,预计目标基本达成。

2.工作反思

由于案主多动,行为不稳定,容易出现反复,故介入过程较长。在介入中要注意案主的重要他人出现的顾虑和不信任,应及时发现,并主动做出相应的处理,以免影响工作的顺利开展。工作关系的建立不仅是在接案的时候需要强调,在中期也要维持和巩固良好的工作关系。不仅是和案主之间,与案主的家人的关系也是十分重要的。

3.跟进建议

在至善社工团队、校方、班主任以及家庭的多方配合之下,案主认知发生改变,不适当的多动行为得到控制,并学会自我控制和独立处理问题,与同学相处较以前更融洽。下学期可以进行回访,跟进其行为的稳定性。

八、相关知识链接

认知行为治疗是由 A. T. Beck 在 20 世纪 60 年代提出的一种有结构、短程、认知取向的心理治疗方法，主要针对抑郁症、焦虑症等心理疾病和不合理认知导致的心理问题。它的主要着眼点放在患者不合理的认知问题上，通过改变患者对己、对人或对事的看法与态度来改变心理问题。其主要有 ABC 理论：A 指与情感有关系的事件（Activating events）；B 指信念或想法（Beliefs），包括理性或非理性的信念；C 指与事件有关的情感反应结果和行为反应（Consequences）。通常认为，事件 A 直接引起反应 C。事实上并非如此，在 A 与 C 之间有 B 的中介因素。A 对于个体的意义或是否引起反应受 B 的影响，即受人们的认知态度、信念决定。认知评估或信念对情绪反应或行为反应有重要影响，非理性或错误认知导致异常情感或行为，而不是事件本身。

九、推荐阅读文献

1.贝克. 认知疗法：基础与应用（第二版）［M］. 张怡，孙凌，王辰怡，等译. 北京：中国轻工业出版社，2013.

2.萨提亚. 萨提亚家庭治疗模式［M］. 聂晶，译. 北京：世界图书出版公司北京公司，2007.

3.许莉娅. 个案工作（第二版）［M］.北京：高等教育出版社，2013.

4.谢伊青.社会工作专业关系中的案主信任［D］.上海：复旦大学，2013.

十、思考与讨论

1.本案例中，社工与案主的关系是什么？你认为在社会工作介入过程中，应该与案主保持什么样的关系？

2.如何运用社会工作的专业技术提高案主的独立性？

3.如何将社会工作价值观与专业技巧方法有机统一？

第三部分

女性社会工作

案例十一：贫瘠的土地上，向阳花开了

——农村留守妇女的个案介入

谢新华

"作为贫困户，家里条件也不好，里里外外全靠我一个人张罗，巧妇也难为无米之炊啊！"

一、案例描述

海莲，女，37 岁，是一位农村留守妇女。海莲的丈夫常年在外务工，她作为家中唯一的青壮年，要承担照顾双方老人和两个小孩的责任，劳动强度大，肩上担子重，自己的身体状况也不是很好，甚至连内心的苦闷也无处诉说。"只有自己一个能担事，你不做谁去做，只能强撑着。"海莲一说到这，眼眶都红了起来。

海莲娘家在 O 村，兄弟姐妹三个，她是家中老大。16 岁初中未毕业就外出打工供弟弟妹妹读书，海莲弟弟在海莲的经济支持下一直读到大学毕业。忙碌的日子总是过得格外快，海莲一晃 28 岁了，父母也开始催促她赶快成家。为了方便照顾父母，海莲嫁给了隔壁 H 村的小伟。

海莲出嫁后，她的户口自然也迁到了丈夫小伟家。2015 年，H 村被湖南省委组织部、省扶贫办确定为省民政厅的驻点扶贫村，H 村内部进行了贫困户的精准识别。农户首先提交申请，后经村民代表大会推荐的评议小组组织评议、乡镇人民政府审核、县级人民政府审定。层层筛选后，县级人民政府再将审定结果在贫困户所在村和村民小组公示（公示不少于 7 天），最后逐级上报省人民政府农村扶贫开发工作机构备案。海莲家通过村、乡镇、县、省的层层筛选考核后被确立为建档立卡的贫困户，享受国家和政府制定的相应扶贫政策。

在社会工作者的入户访谈中，社工注意到海莲家的老房子面积较小，祖孙三代六口人共同居住、略显拥挤，房屋年代久远、屋内采光不好。在谈论到政府为贫困户提供的"易地扶贫搬迁政策"时，海莲表示自己对这个政策不是很了解，且家中老人在这住了一辈子舍不得离开，最主要的是搬迁需要的钱家里拿不出。

社会工作者在与海莲的交谈接触中，不断被海莲这股子身处窘境、仍坚强乐观的正能量触动，不禁思索作为专业社会工作者的自己能为海莲做些什么。

二、案例人物

（一）案主的基本情况

海莲（案主），37 岁，H 村三组成员，属于建档立卡的贫困户。娘家在距离 H 村车程十多分钟的 O 村，16 岁初中未毕业便外出打工供弟弟妹妹读书，28 岁嫁给小伟，户口迁入 H 村，育有一儿一女。婚后，海莲最初同丈夫在外打工，一双儿女留在老家给爷爷奶奶带，直到儿子 3 岁时回乡至今。现在在家中务农，种植了一亩多的花生，采摘榨油后可供全家人吃一年；种植有 300 余棵沃柑，次年 3 月左右成熟，收购价每斤 7 元左右。果树专家建议每隔 20 天施一次肥，但家中无力承担频繁的肥料支出，海莲便用榨过油后的花生渣滓泡水发酵做肥料用。海莲还养了一头牛和几只鸡，小牛崽养到过年卖，以此实现增收；几只鸡则是养到过年宰杀，给家里人改善伙食。

海莲自身身体状况一般，患有慢性宫颈炎、慢性胃炎的毛病，每月须按时服药。农闲的时候海莲在村里农家乐帮工，一个月去四五天，每天 100 元的工钱。家中的主要收入来源有丈夫外出务工的工资和海莲在村内农家乐帮工挣的钱，另外还有村中土地流转的补助和家中两位老人微薄的养老金。

海莲在谈论到自身现状时总是说"家里就是这样子，有什么办法，我不去做就没人做了，老人又整不动""生病了也要去做，不然庄稼坏在地里了怎么办，都是我的责任"。海莲在言谈中总是流露出一股悲伤的情绪，但当社工运用同理心对海莲表示心疼时，海莲又常常反过来宽慰社工。

（二）相关关系人

1. 案主丈夫

案主丈夫小伟在广东肇庆从事电镀工作。"半年也不打个电话回家""回家了就好吃懒做只知道玩手机、不干活"，据案主表述，丈夫存不住钱，没有金钱概念，属于有多少钱就花多少的类型，"一年到头也没有多少钱打回家"。

2. 案主公婆

案主的公公婆婆都快 70 岁了，公公身体还算硬朗，平日里在家帮忙放牛，村里有人需要帮忙的时候他也会去做小工挣些钱。案主婆婆身体一向不好，一出生便患有哮喘和支气管炎，使得婆婆"喘气如风箱"，需要常年卧床休养。婆婆的身体状态也是随着天气而变，天气寒冷就容易犯病、喘不上气来，天气温暖时婆婆精神稍好些，就会帮着家里捡些树枝作柴火用。

3. 案主儿女

案主儿子，大轩，6岁，幼儿园大班，安静内向，每日早晚有幼儿园校车接送，一学期学费1700元。

案主女儿，小娟，8岁，小学三年级，活泼好动，性格开朗，能说会道，语文成绩较落后。

4. 案主爸妈

案主娘家就在距离H村车程十多分钟的O村，案主的妹妹外嫁，弟弟迁入城中，家中仅父母二人。案主的爸爸患有心脏病，日常看病就医需要海莲陪同。

（三）案主的困境及需求

1. 经济方面

家庭经济主要来源为丈夫外出务工的工资和案主在村内农家乐帮工挣的钱，微薄的收入难以维持一大家子的支出，较为窘迫，需要有关单位给予一定的帮扶。

2. 健康方面

案主自身身体状况一般，患有慢性疾病须常年服药；婆婆也是疾病缠身，常年服药。需要减轻案主家看病买药的负担。

3. 心理方面

存在认知困境，心中焦虑，忧心忡忡，情绪易激动。需要帮助案主排解其消极想法，增加自信，塑造积极乐观向上的人生态度。

4. 精神文化生活方面

作为家中唯一的青壮年，案主是家务农活全包，农忙时她基本没有属于自己的时间，农闲时她则靠看电视打发时间。需要加强案主与其社会支持系统的互动，丰富案主的精神文化生活。

5. 子女教育方面

案主的女儿小娟在学期初因不习惯新课程，成绩略为落后，这使重视学习的案主与女儿的沟通互动出现问题。需要帮助女儿提高成绩，改善案主与女儿的互动方式。

（四）相关介入工作者

1. 社会工作者

社会工作者作为主要介入工作者，在其中发挥着关键作用。社工以科学知识为指导，运用专业的方法和技巧介入，秉持助人自助的核心理念，遵循案主自决的原则为案主链接资源、提供物质与精神上的支持，使案主增加自信心，实现增能，促进其全面发展。

2. 行政人员

H村是湖南省民政厅的驻点扶贫村，本案例中的案主作为建档立卡的贫困户，自然是能享受国家政策给予的福利待遇。社会工作者也在干预过程中，为案主积极链接资源，联合驻H村扶贫工作队对案主给予支持，使其能最大限度地享受相应的政策福利。

三、社工在案例中的角色

（一）指导者

社会工作者通过专业的工作技巧和价值观，对案主的困难予以心理上的理解和支持，并且在服务过程中鼓励、帮助案主。通过分析案主的问题，指导、协助案主分析自己的困境、认清自身的问题，最后秉承案主自决原则、让案主自己做出决定。在全面收集资料阶段，社会工作者对海莲的基本情况有了一定的了解后，针对海莲与其家人之间有偏差的沟通互动方式提出了一些改善意见，建议海莲把咆哮式沟通换成更为温和的沟通方式，加强与家人间的沟通。在工作者的指导下，海莲与家人间的互动确实得到大大改善。海莲总是觉得什么事情都是"自己一个人扛着，有苦说不出"，社工便为海莲分析她的社会支持网络，指导她正确认识并利用自己可以利用的社会支持系统，在她彷徨迷惘、不知如何改善自身所处的困境时，社工积极为其出谋划策。

（二）资源链接者

为服务的顺利开展而争取资源是社会工作者的重要责任。社会工作者应该有能力争取到相关方面的支持，否则他们就难以开展工作。在此案例中，社会工作者的服务是被湖南省民政厅购买，为省民政厅驻H村扶贫工作队提供服务的。在这样的背景下，社会工作者能更便捷地为案主海莲链接与扶贫攻坚相关的资源。

在社会工作者的资源链接中，海莲忧虑的看病就医问题得到了解决，扶贫队给村内所有贫困户购买了城乡医疗保险，报销比例提高 10%，起付线降低50%；子女教育问题上，其子女能享受"两免一补"的政策福利；在社会工作者积极的链接资源中，更是为其家庭争取到享受旅游红利的优惠，将海莲家纳入了乡村旅游机制受益保障范围，获得土地流转收入。社会工作者资源链接的结果一定程度上为海莲解决了其经济、就医和子女教育问题，减轻了压力。

除链接与扶贫相关的资源外，社会工作者还为海莲链接了与果树培育相关的培训，以期让家中种植有 300 余棵沃柑的海莲能实现增产增收。

（三）赋权者

赋权是一种参与的过程，是将决策的责任和资源控制权授予或转移到那些即将受益的人的手中。社会工作者应该促使海莲在知晓自己基本权益的基础上，努力争取公平待遇，享受国家与地区的扶贫攻坚相应政策。

海莲在社会工作者为其链接资源的过程中，认识到积极争取自身权益的重要性，改变了之前不争不抢的性格，纠正了以前那种"是自己的就是自己的，不是自己的你怎么争取都没用"的想法。海莲意识到争取自身合法权益的重要性，认真研读了相关脱贫攻坚政策，并对符合条件的补助进行申请。比如，政策中有"对家庭经济困难的、处于学前教育阶段的幼儿可以给予每年一千元的入园补助；对家庭经济困难的、处于义务教育阶段的学生每年补助生活费一千元"的条例，海莲在符合条件的情况下分别为儿子女儿申请了该项补助。

四、接案及案情评估

（一）接案

接案是社会工作者与潜在案主开始接触，了解其需要，帮助其逐渐成为案主并接受社会工作服务的过程。它是社会工作者与潜在的案主沟通达成共同解决问题初步协议的整个助人过程的开始。本案例中，社会工作者在为案主女儿小娟辅导作业的过程中，与当时还是潜在案主的海莲逐渐熟悉，了解到她家庭的基本情况，更是听她倾吐了许多她作为农村留守妇女的艰辛与不易。社工不禁想更深入地了解她的情况，帮助她宣泄不良情绪，疏导其内心的苦闷，使海莲能理性乐观地看待问题，正确处理生活中的挫折；挖掘海莲的潜能，使她肯定自我价值，提升自己的能力，重塑自我，最终得到全面发展。最终，在社会工作者的主动接触下海莲成为社工的案主。案主属于自愿性案主。

1.案主资料的准备

在面谈前事先研读案主的资料，因案主海莲是湖南省民政厅帮扶的贫困户，所以社会工作者可以通过扶贫手册、档案等材料了解其基本信息。除利用已有的文字资料来收集信息外，社会工作者还在村内走访村民的过程中，通过案主的社会网络(见图 11 - 1)了解案主个人和社会处境两个方面的情况。其中运用了访谈与观察的方法。

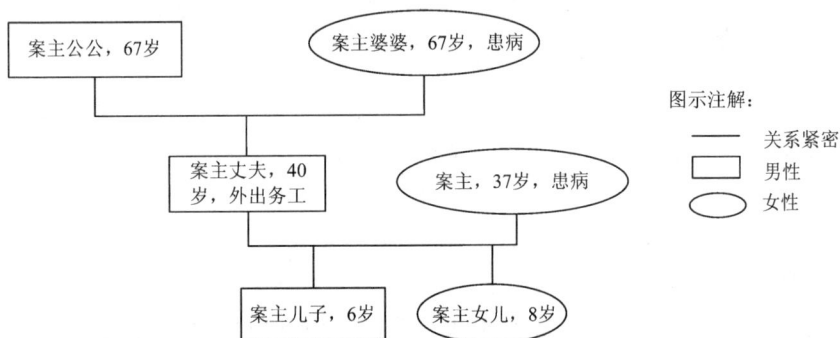

图 11 -1　案主家庭生态结构图

2.拟定初次面谈提纲

详细的面谈提纲可以帮助社会工作者理清工作思路，从而在面谈时有备无患，且能够有序地与案主进行沟通，探讨他们的问题，澄清有疑问的地方，以提供切合案主需要的服务。本次提纲中主要包括：介绍社工自己和自己的专业；简要说明本次会谈的目的和内容、双方的角色和责任；介绍机构的功能和服务、相关政策和工作过程；征求案主对会谈安排的意见，对机构和社会工作者的期望；询问案主是否有需要紧急处理的事情，以便提供及时的协助；了解案主的基本情况，掌握身体、心理、家庭、经济多方面的详细情况，核验社会工作者前期掌握信息的真实性；掌握案主的主要困境和需求，并一起界定问题。

(二)面谈

在此案工作中，社会工作者计划运用人本治疗模式。人本治疗模式并不注重具体的技术方法，它更注重的是社会工作者自身的品格和态度，它认为社会工作者只有提供真诚、同感和无条件的积极关怀，全身心地与案主交流，才能为案主创造和谐、信任、宽松的辅导环境，促进案主的自我发展。此外，人本治疗模式还强调个案辅导关系、关注个案辅导过程。

社工与案主的第一次正式面谈于 2017 年 9 月 22 日在 H 村书屋展开，书屋的装饰摆设都恰到好处，不至于让案主产生紧迫感，能让案主舒畅、无拘束地与工作者进行沟通。

社会工作者运用真诚、积极关注、同感等技巧与案主进行沟通，了解案主身体、心理、家庭、经济方面的基本情况、困境和需求。社会工作者秉持建立专业关系的七大原则(个别化、有目的的情感表达、适度的情感介入、接纳、非评判态度、案主自决、保密原则)，顺利按照事先准备好的面谈提纲与案主进行沟通交流，建立了专业的关系，并约定以后每隔一周来一次，每周五下午同一时间，如果有特殊情况再电话联系约定时间地点。

(三)信息评估

通过与案主的进一步沟通，以及广泛的社区走访，工作者对案主的社会—心理层面的信息进行了初步评估。以社会生态系统理论作为指导，"个人的行为不仅受社会环境中的生活事件的直接影响，而且也受发生在更大范围的社区、国家中的事件的间接影响。因此，要研究个体的发展就必须考察个体不同社会生态系统的特征"。社会工作者从微观、中观、宏观三个层面对案主进行了信息评估。

在此案例中，作为微观系统的案主自身，案主性格外向活泼，能很快与人打成一片，邻里之间相处和睦，但其心直口快的性格偶尔也会引起小口角。她作为留守妇女，家中唯一的青壮年，不仅要负担家庭内部照顾老人孩子的责任，更是要承担干农活的任务。但案主自身的身体状况也不是很乐观，繁重的家庭压力总是压得她喘不过气来。

作为中观系统的家庭，案主一家六口人，上有二老，下有一双儿女，幸福美满，除丈夫在外务工对案主所起的支持作用略微弱外，美满的家庭对案主起到了很大的支持作用。但是案主因为女儿近期成绩下滑的缘故，同女儿之间的沟通出现了一些小问题。

从宏观系统来分析，案主作为建档立卡的贫困户，能享受国家与政府提供的相应的扶贫政策，但与相关行政人员缺乏沟通，"他们都是领导，我们是农民，哪敢和他们说啊"。案主的认知偏差导致其对可享受的有关政策一知半解。

五、目标设定

（一）案主面临的问题

1. 经济问题

外出广东务工的丈夫"发多少、花多少"，没有多少钱打回家；家中种植的农作物并没有让海莲挣得可观的收入，家里的收入主要靠两位老人每月共150元的养老金和海莲在村内农家乐帮工一个月400～500元的工资维持。800元不到的月收入要支撑两个孩子上学，以及一大家子的生活开支，略微艰辛。家里的积蓄也都借给了做生意失败的海莲弟弟。"大病都不敢生，家里哪有钱看病"，海莲无奈地说道。

2. 健康问题

海莲自己患有慢性宫颈炎、慢性胃炎的毛病，每月需要按时吃药，因家境艰辛去不起县城医院，每月就在附近S村的一位老中医那拿药，一个月几十元的支出。海莲婆婆患有哮喘及支气管炎，一年打两次补针，平时靠补品和药物维持，每月200元左右的支出。秋冬天寒，婆婆犯病严重时，则需要去医院住院治疗，支出就更多了。

3. 心理问题

繁重的农业劳动、照顾老人孩子的压力、照顾娘家父母的责任，加上丈夫外出且与家人稀少有沟通，近期还因女儿语文成绩不如意而导致母女间的沟通障碍，这些压力让海莲感到身心疲惫。再加上社会支持不足，无人为其分忧，痛苦和烦闷的情绪无法得到恰当的排解，这更是让海莲感叹"什么都得靠自己"。

4. 精神文化生活问题

农村留守妇女的闲暇生活基本以看电视、聊天串门、走亲戚、打麻将为主，明显缺乏有意义的文体活动，导致精神文化生活的匮乏。海莲也表示，"忙的时候还好，没空想这些。可闲的时候不行啊，每天就这样看看电视真是有点没劲"。

5. 子女教育问题

海莲十分重视子女的教育。据其表述，甘愿放弃在外一个月七八千的工作回来留守家中，就是不放心小孩给爷爷奶奶带，而选择自己带。但女儿这学期升入三年级后，新开的作文不知道怎么写，语文成绩落后，使海莲心情郁闷，并导致其与女儿的沟通互动出现问题。

（二）资源和优势

（1）海莲自身乐观、性格开朗，有着明显的性格优势。虽偶尔因心直口快的性格与人发生小口角，但无伤大雅。在谈论到略显窘迫的现状时，海莲在社工运用同感技巧表示心疼的情况下，转为宽慰社工，"没关系的，农村妇女就是这样的嘛，没那么娇贵的，习惯就好了"。

（2）海莲双亲健在、家庭和睦，有着较强的社会支持网络。海莲家双方父母健在，育有一双儿女，家庭美满，这是其社会支持网络中的强关系。海莲的公公婆婆也会在身体条件允许的情况下帮海莲分担一些，海莲的公公更是在村里有人需要帮忙的时候，去做小工挣钱补贴家用，以减轻家里负担。

（3）H村属熟人社会、民风淳朴，有邻里互帮互助的美德。村里谁家遇到大事喜事的时候都会去祠堂一同商议，平时哪家遇到困难需要帮忙的时候大家更是热情伸出援手。海莲也表示，在自己忙于劳动没空接送女儿小娟上下学的时候，邻居们都会顺路送孩子去学校。

（4）海莲是建档立卡的贫困户，同时又是社会工作者的案主，享有一定的社会资本。

她有权利享受扶贫政策上的优惠，也能享受社工与社工机构为其提供的帮助。在现有的产业扶贫、就业扶贫、安居扶贫、教育扶贫、健康扶贫、生态扶贫等扶贫政策中，海莲可以申报享受符合条件的政策。

（三）干预目标

1. 总目标

实现海莲的自我增能。挖掘海莲潜能，使她能够理性乐观地看待问题，正确处理生活中的不如意；帮助海莲肯定自我价值，提升能力，重塑自我，最终得到全面发展；链接各方资源，缓解海莲面对的困难。

2. 分目标

（1）帮助海莲学习扶贫攻坚相关政策条例，同时作为资源链接者，最大限度地为其争取政策福利。

（2）运用优势视角的专业社会工作方法，使她认识到自身优势对改变当前环境的可能性，疏导海莲的不良情绪，使她提升自信心。

（3）加强巩固海莲的社会支持网络，丰富她的精神文化生活。

（4）帮助海莲女儿提高学习成绩，改善海莲与女儿小娟的互动方式。

（四）理论基础

1.社会支持网络理论

社会支持网络指的是一组个人之间的接触，通过这些接触，个人得以维持社会身份并且获得情绪支持、物质援助和服务、信息并与新的社会接触。依据社会支持理论的观点，一个人所拥有的社会支持网络越强大，就越能够更好地应对各种来自环境的挑战。

运用社会支持网络理论帮助案主解决生活中的问题，重点在于帮助其学习如何建立社会支持网络和利用社会支持网络。经过评估，案主海莲有经济、健康、子女教育、心理与精神文化生活五个方面的需求。社会工作者为海莲分析其拥有的资源，使其能够在巩固利用现有的资源解决自身问题的同时，拓宽自身的社会支持系统。

社会工作者建议海莲改变与女儿、丈夫之间"咆哮式"的沟通互动方式，如此便可促进家人间的良好互动，加强社会关系中"强关系"系统给予海莲的支持；工作者邀请海莲参加"妇女发展小组"，帮助海莲与村内其他留守妇女建立联结，帮助她逐渐在社区中扩大支持网络，与社区成员建立更广泛的交往，拓宽中观社会支持网络；此外，在社会工作者赋权的过程中，海莲认识到争取自身合法权益的重要性，而后积极申请符合条件的扶贫政策，一定程度上解决了海莲在经济、健康、子女教育上的问题，也强化了社区、政府对海莲的社会支持，巩固了宏观层面的社会支持网络。

2.存在主义理论

存在主义的核心是个人的存在，个人具有选择的自由。人的自由表现在选择和行动两个方面。存在主义社会工作在实践中强调个人的自由和责任，强调个人生命的意义，强调个人的内在价值，认为包括个人痛苦的经历都是有意义的。

社会工作者必须明确，受助者的行为是可以改变的。社会工作者的作用在于帮助受助者选择他们的目标，克服实现目标的限制。社工要致力于将负面的因素转化为积极的正面因素。在实践中，社工要关注受助者的主观经验。

社会工作者在提供真诚、同感和无条件的积极关怀下，全身心地与海莲交流，创造出和谐、信任、宽松的辅导环境，提供建议让她参考，增强她的主体意识，最终实现案主自决。在邀请海莲参加小组工作的过程中，不论是组员间的经验分享，还是社工与海莲的个案访谈，社工都十分关注海莲的主观经验。在海莲对社区、政府工作人员"他们都是领导，我们是农民，哪敢和他们说啊"这样有偏差的认知中，社会工作者用认知重建的方法使海莲将认知的负面转化为了积极的一面，"领导就是为人民服务的嘛，也挺和蔼的"，帮助海莲恢复了自信。社会工作者还通过工作，使海莲认识到家庭贫困对她来说是一段艰辛的经历，但当她积极用劳动同丈夫小伟一起使家庭脱贫后，她个人应对生活的能力就增强了，她就具有了更多应对困难的能力。

3. 社会性别理论

社会性别理论的提出是对生理性别的批判，生理性别是人类生理上的事实，由染色体决定，具有先天性、不可变的特点，男性和女性的经历会因文化的不同而相差很大。社会性别是指在一个特定社会中，由社会形成的男性和女性的群体特征、角色、活动及责任，它由后天社会建构而成，在个人社会化以及社会制度中得到传递和巩固，它提出了男女应从社会、文化的背景去理解问题，强调"后天"对"先天"的影响。

社会工作者在与海莲沟通交流中，运用倾听、同感的技巧，发现海莲在倾诉中总是会强调"农村妇女就是这样的"，认为什么事都得靠自己一个人扛。社工便以性别视角开展妇女社会工作，协助海莲认清自己的性格、特长，肯定已经为解决问题而做过的努力和取得的成绩，使海莲从中看到自己的能力和优势，肯定自己身为女性所具有的力量。

社工在开展服务的过程中，将海莲放在男女两性共同塑造的社会角色和权力结构中分析问题。留守妇女因城乡二元结构的变化，留在家中承担农业生产并照顾孩子和家庭。在农村发展中，留守妇女俨然成为新农村建设的重要力量，农业女性化是农业种植的一大趋势，对此，社会工作者给海莲链接了果树种植的培训，提高其农业技术水平。海莲作为留守妇女，内心的苦闷情绪常常难以排解，社会工作者在为其展开个案工作、为她排忧解难的同时，开展了留守妇女的"妇女支持小组"，让这些有着相似经历和困惑的妇女们分享各自的经验，舒缓心中不适，拓宽社会支持网络，实现自我增能。农村留守妇女的闲暇生活基本以看电视、聊天串门、走亲戚、打麻将为主，明显缺乏有意义的文体活动，精神文化生活十分匮乏，社会工作者在开展重阳节社区活动时便邀请了海莲与其女儿小娟一同参加，既加强了母女之间的良性互动，又丰富了海莲的精神文化生活。

六、干预过程

（一）干预方案

六次干预方案具体内容见表 11 – 1 ~ 表 11 – 6。

表 11 – 1　第一次干预

会议次数	第一次
日期	2017 年 9 月 22 日
时间	60 分钟
地点	H 村书屋
内容	与海莲寒暄了一番，社工按照事先收集了解的资料询问其家人情况，海莲对家人近期情况作了简单介绍。公公婆婆近期身体状况不错，婆婆还能帮衬着做些放牛捡柴火的活。女儿的作文还是不知道写什么，儿子这段时间也感冒了，一直在吃药打吊针，"去一次医院就得花一两百"。 在海莲讲述过程中，社会工作者不时鼓励她多讲一些，在其表述不是十分清晰的地方，工作者使用复述、澄清等方法，逐步了解海莲的详细情况，并对她苦闷低落的情绪进行排解。社工还主动提出为她女儿小娟进行学业上的辅导。 这一阶段社工向海莲介绍自己的专业，与海莲建立沟通桥梁，签订保密协议，建立信任关系，以便日后工作的开展；社工继续与海莲接触，并获得海莲的信任，增强她对社工的好感；继续搜集资料，了解海莲的基本情况、主要困境与需求后，按照第一次面谈的任务提纲，同海莲一起界定她的问题，为下一步工作做准备。同时，社工观察海莲内心的变化，并鼓励她积极建立信心和希望
干预分目标	对海莲的基本情况作全面了解，如经济、健康、心理等方面的基本情况。逐步破冰，与海莲初步建立良好的专业关系
干预策略	以人本治疗模式为指导介入工作，接纳案主，提供真诚、同感和无条件的积极关怀，全身心地与案主交流，为案主创造和谐、信任、宽松的辅导环境

表 11 - 2 第二次干预

会议次数	第二次
日期	2017 年 9 月 29 日
时间	60 分钟
地点	H 村书屋
内容	在这一阶段，社工继续与海莲接触，挖掘海莲内心的真实想法，全面收集海莲的资料。通过上一节面谈的顺利展开，再加上海莲开朗的性格，社工与她的沟通进展十分顺利。海莲也把社工当成可倾诉的对象，向工作者讲述近期家庭情况：儿子的感冒终于好了，天气转冷以前的一些妇科病又开始折磨着她，"洗衣服的时候蹲久了都没有站起来的力气，有时候从路口到家门口这几步路都走不动了，浑身起鸡皮疙瘩、冒冷汗"。在社工建议其去医院接受慢性宫颈炎的检查治疗时，海莲表示"没什么的，妇女这种病很常见的"。 在聊到海莲丈夫小伟时，海莲开始给社工讲述他们的故事，虽说言语中满满的都是对丈夫的数落，但更多的是对小伟"半年都不打个电话"这个行为的不满，聊到此处海莲已是眼眶含泪。 社工对海莲提到的近期和丈夫、子女之间沟通不畅这一现象，遵循以人为本、案主自决的原则给海莲提出了一些建议，诸如适当跟丈夫开开玩笑、撒撒娇，经常问问他吃得怎么样、睡得好不好这些生活小细节，以润物细无声的方式让家人感受到爱
干预分目标	疏导海莲的不良情绪，改善其目前心理状况，减少她的孤独与无助感，使海莲提升自信心
干预策略	海莲与其家人间的不良沟通方式是其内心的一种折射，社工有针对性地对海莲进行个案辅导、心理辅导与情绪调解。 社工以存在主义理论为指导，秉持"把女性看作是有活力的行动者，她们有能力在生活的所有方面为自己做决定"和"案主自决"的原则，给海莲提供了一些建议

表 11 –3　第三次干预

会议次数	第三次
日期	2017 年 10 月 13 日
时间	40 分钟
地点	案主家中
内容	在前两次与海莲进行深入的沟通后，社工对海莲非常了解了。社工与海莲一起界定了要解决的问题后，便积极为其链接资源。海莲家作为建档立卡的贫困户，社工更是积极为其争取政策上的福利。 本次入户访谈，社工掌握了海莲近期的生产生活情况，并向她宣讲关于扶贫攻坚的政策知识。海莲忧虑的看病就医问题得到了解决，扶贫队给村内所有贫困户购买了城乡医疗保险，报销比例提高 10%，起付线降低 50%；子女教育问题上，海莲的儿女都能享受"两免一补"的政策福利；此外，扶贫队还给海莲家中发放教育助学金和产业扶持金；社工积极链接资源，更是为海莲争取到享受旅游红利的优惠，将他们家庭纳入了乡村旅游机制受益保障范围，获得土地流转收入。 社工资源链接的结果一定程度上为海莲解决了其经济、就医和子女教育问题，减轻了其压力。社工也是以此为契机，从社会生态系统理论出发，为海莲分析了其现有的优势。海莲表示，和别人家比较起来，自己确实挺幸运的，有一双儿女，父母健在，一家人和美美的，还能享受这么多好政策，很幸福。同时海莲还表示，自己要认真钻研政策条例，符合条件的要去申请，不能错过了政府给的好政策。 社工对海莲近期同子女、丈夫间的沟通频率、沟通方式、沟通成效等做了详细了解，肯定其积极的互动，对其无效、有偏差的沟通方式提出修正意见。海莲表示，丈夫忙不打电话回家，自己就打给他好了，一家人哪需要介意那么多。同时海莲也表示，她和丈夫的老板沟通好了，以后小伟每个月的工资打一半到家里的卡上，也是希望能存上些钱
干预分目标	巩固上一阶段成果；帮助海莲学习扶贫攻坚相关政策条例，同时社工作为资源链接者，最大限度地为其争取政策福利
干预策略	以社会支持网络理论为指导，为海莲整合链接资源、提供信息，为她争取到政策上的援助。同时，为海莲分析其现有优势，强化她的社会支持网络，加强家人这个强关系对她的支持。继续强化海莲的主体意识，让她相信自己有能力在生活的所有方面为自己做决定，实现她的发展和增能

表 11 - 4　第四次干预

会议次数	第四次
日期	2017 年 10 月 22 日
时间	120 分钟
地点	H 村书屋
内容	社工了解到农村留守妇女的闲暇生活基本以看电视、聊天串门、走亲戚、打麻将为主，精神文化生活的匮乏是个普遍现象。 社工在准备充分的情况下，为海莲及村内留守妇女开展了一节"妇女支持小组"活动。活动参与者都是左邻右舍的熟人，所以省却了破冰游戏这一环节。本节活动以制作手工花为媒介，加深了留守妇女们的交流，为她们孤寂的心暂时找到了落脚点，也为她们的情感宣泄提供了良好的平台，更是丰富了海莲和农村留守妇女这一群体的精神文化生活。 小组活动结束后，社工与海莲进行了短暂的个案辅导，了解海莲参与该"妇女支持小组"的真实感受，以及海莲近期心理、身体、家庭等情况。最近，海莲同小伟三五天打次电话，微信也一直保持着联系；和女儿最近也能心平气和地聊一聊学校的生活了。海莲近期还在农家乐帮工，忙得顾不上吃饭，又开始胃痛，去桂林的医院做了胃镜，配了药每天都在坚持吃。聊到这，社工还特地询问海莲在医院有没有去做妇科检查，社工把自己从书本上学习来的关于慢性宫颈炎的知识转述给海莲，打消她得妇科病的一些羞耻感，同时也告诉她及时治疗宫颈炎的重要性，劝诫海莲早日接受系统治疗
干预分目标	巩固上一阶段成果。加强案主的社会支持网络，丰富其精神文化生活
干预策略	社工应当承认人类关系相互依赖的本质，并为女性提供一些空间，让她们表达自身的需要和具备解决问题的办法。 以社会性别理论为指导，把海莲置于她所处的社会情境中，承认海莲和与她们有关的集体之间的相互联系。相信女性的力量，增强同辈群体之间的相互支持，为海莲扩大社会支持网络

表 11 - 5　第五次干预

会议次数	第五次
日期	2017 年 10 月 30 日
时间	60 分钟
地点	H 村书屋
内容	2017 年 10 月 28 日，恰逢九九重阳老年节活动，社工在开展社区活动的同时，邀请了案主海莲和她的女儿小娟一起参与。 海莲和小娟帮助社工一起为老年人准备手工美食，在准备材料的过程中，社工观察到海莲与小娟的互动方式确实发生了改善，海莲不再对小娟采用咆哮式沟通，而是温和的、手把手的和女儿一起做美食，加强了亲子之间的关系。 本次面谈中，社工详细了解了海莲对参加妇女支持小组和社区活动的看法，海莲表示"很有意义，挺好玩的，以后还要参加"。在谈到最近的生活生产情况时，海莲表示负担和压力明显减少了，能享受到这么多的政策福利，感受到国家和政府对贫困户的关心，自己非常感激。 在本节面谈中，社工表扬了海莲对其女儿小娟的沟通互动方式，并鼓励其多多倾听女儿的心声，学会利用自己的社会支持网络。社工参照海莲现阶段的状态与目标的达成情况，决定按照原计划准备结案，并告知海莲下一次面谈后即将结束这段专业关系
干预分目标	丰富海莲的精神文化生活；改善海莲和女儿的关系；改善海莲目前心理状况，使她提升自信心。
干预策略	通过邀请海莲与她女儿参与社工开展的社区活动，改善并强化了海莲与小娟的互动沟通方式。活动后的个案访谈则是有针对性地及时掌握海莲现阶段的情况，及时疏导不良情绪

表 11 - 6　第六次干预

会议次数	第六次
日期	2017 年 11 月 10 日
时间	60 分钟
地点	H 村书屋
内容	在社工链接资源的努力下，社会工作机构与省民政厅驻村扶贫工作队联合县农业局于 2017 年 11 月 3 日给村民们开展了果树种植技术的培训。海莲在收到社工提供的信息后踊跃参加了学习。 本次面谈中，社工与海莲就参加培训学习的感受进行了讨论。通过接案以来的数次交谈，社工感受到海莲的自信心有了明显的增强，肯定了自我价值，一定程度上实现了自我增能；能够乐观理性地对待挫折，相信女性自己的力量；能积极运用社会支持网络。 社工与海莲巩固强化了她目前的积极变化，之前界定的问题与困境都得到了一定程度的改善，与之前制订的计划基本一致，也基本达到了目标。社工提出结案，结束了现有的专业关系，海莲对工作者的离开依依不舍，并且非常感谢社工在这段时间对她的帮助。同时，社工也表示，以后海莲有什么困难，都会尽力帮助她
干预分目标	巩固上一阶段成果，实现海莲的自我增能；挖掘海莲的潜能，使其能理性乐观地看待问题，正确处理生活中的挫折；使海莲肯定自我价值，提升能力，重塑自我，最终得到全面发展
干预策略	社工以社会支持网络为指导，进行资源整合，为海莲提供信息，进行个案辅导，尊重女性的力量，肯定她的自我价值

（二）干预技巧

1. 支持性技巧

支持性技巧是社会工作者借助口头和身体语言让服务对象感受到被理解、被接纳的一系列技术，主要包括专注、倾听与同理心。

社会工作者在与案主海莲的沟通过程中，以拉家常开始，专注认真的态度让海莲感受到了工作者的真诚，而后在工作者的鼓励下，海莲也慢慢地讲述起了她家庭的情况、面临的困境与需求。在每一节工作结束后，社会工作者基本都会与海莲展开交流，也正是因为工作者的专注倾听与同理心技巧的运用，才会让海莲十分信任工作者，有什么疑问困惑都会第一时间与工作者联系。

2. 引领性技巧

引领性技巧是社会工作者主动引导案主探索自己过往经验的一系列技巧，主要包括澄清、对焦和摘要。

冗长的言语总会使人走神。工作者在与海莲的沟通中，海莲也许是因为终于找到了一个能理解自己、帮助自己的人，她总是自顾自地说上许多，很多时候都将谈话内容带偏了，比如谈论到近期参加种植果树培训的心得体验时，不知不觉她就开始给社会工作者说起邻居家的一些琐事了。这种时候社会工作者需要使用对焦的技巧，将已经偏离的话题或者宽泛的讨论收窄，集中讨论焦点；在海莲以长篇大论的形式开始讲述时，社会工作者就可运用摘要的技巧，对其中长段对话或者不同部分的话题进行整理，概括和归纳其中的要点。

3. 影响性技巧

影响性技巧是社会工作者为服务对象提供必要的信息或者建议，让服务对象采取不同的理解和解决问题方法的一系列技巧，主要包括提供信息、自我披露、建议、忠告与对质。

在社会工作者与海莲刚接触的时候，海莲讲述的信息偶尔会有不一致的情况，这时工作者就运用对质的技巧，让其直接面对自己的不一致；面对海莲的困境与需求，工作者积极为其寻求解决措施，提供种植果树培训的信息给海莲，以期通过培训实现增产增收；通过给海莲提供建议来改善她与家人间不良的沟通方式。

（三）干预过程中遇到的困难及解决方案

干预过程中遇到的困难及解决方案见表 11 - 7。

表 11 - 7　困难及解决方案

困难	解决方案
接案初期，海莲对社工的身份有疑虑，不信任	社工向海莲介绍社会服务工作，强调介入过程中的保密原则，使海莲打消顾虑
海莲可能对其家庭情况有所隐瞒	社工运用澄清、对质的技巧与她交谈
海莲拿不定主意，希望社工帮其做决断	社工秉持案主自觉的原则，助人自助，提供建议，但决定仍需海莲自己做

七、结案与后期评估

(一)结案

社会工作者与海莲一起回顾了工作过程，巩固强化了她目前的积极变化，之前界定的问题与困境都得到了一定程度的改善，与制订的计划基本一致，也基本达到了目标。社会工作者与海莲正式结束现有的专业关系，同时，社工也表示，以后海莲有什么困难，社工仍会尽力帮助她。个案工作结束，顺利结案。

(二)评估

1.过程评估(见表11-8)

表11-8 过程评估

时间	主要内容及目的	干预影响
第一次会谈	社工介绍自己所学专业，与案主建立沟通桥梁，建立信任关系，便于日后工作的开展	案主对自己不自信，对社工的身份表示疑惑
第二次会谈	社工继续与案主接触，与案主进行深度访谈，全面掌握案主信息，挖掘案主内心真实想法，为下一步工作做准备	案主敞开心扉，与社工坦诚相待，把社工当成可倾诉的对象
第三次会谈	社工积极进行资源整合，为案主提供信息，让其最大限度地享受国家和政府对贫困户提供的相应政策	社工资源链接的结果一定程度上为案主解决了其经济、就医和子女教育问题，减轻了其压力
第四次会谈	社工邀请案主与村内留守妇女一起参加"妇女支持小组"，促进了留守妇女们的沟通，丰富了案主和农村留守妇女这一群体的精神文化生活	加强案主的社会支持网络，丰富其精神文化生活
第五次会谈	社工邀请案主与其女儿共同参与社区活动，活动结束后社工与案主进行了个案访谈，了解其近期心理状况	丰富案主的精神文化生活，改善并强化案主与女儿的互动沟通方式
第六次会谈	社工为案主链接资源，提供参加果树种植培训的机会。挖掘案主潜能，实现增能。使案主肯定自我价值，提升案主的能力	社工进行资源整合，为案主提供信息。进行个案辅导，肯定其自我价值，使案主得到全面发展

2. 结果评估

（1）目标达成情况评估。

第一，社工为案主链接资源，让其最大限度地享受扶贫政策带给她的福利，获得扶贫队为其提供的教育扶持金和产业支持金，缓解了案主经济紧张的状况。

第二，社工为其链接的资源中，扶贫队为案主购买的城乡医疗保险使其解决了看病就医问题；其子女享受"两免一补"的政策福利，又减轻了案主子女的教育问题。

第三，社工在与案主的多次面谈中，疏导了案主的不良情绪，改善其目前心理状况，减少案主的孤独与无助感，使案主提升自信心。

第四，社工鼓励案主参加小组活动与社区活动，丰富其精神文化生活，加强案主的社会支持网络。

第五，社工改善并强化了案主与其女儿的互动方式。截至结案，在社工的课后指导下，案主女儿的成绩有了一些进步，从不及格到了及格。

（2）案主的自我评估。

案主表示，原先自己时常有一些苦闷低落的情绪不晓得如何排解，通过社会工作者的引导和帮助，不仅解决了其物质上的需求，更是学会了排解消极情绪、树立积极乐观的生活态度，建立起了自信心，相信自己有能力去解决问题，实现了自我增能。

（3）社会工作者评估。

在个案过程中，社会工作者以人本治疗模式为核心，社会支持网络理论、存在主义理论和社会性别理论为理论指导，辅以小组工作方法、社区工作方法，对案主进行了全面客观的帮助，使案主既解决了物质层面的问题，又排解了精神上的消极情绪，实现了自我能力的提升，获得了全面发展。

八、相关知识链接

（一）社会工作

"社会工作是以利他主义为指导，以科学的知识为基础，运用科学的方法进行的助人服务活动。"这个定义指出了社会工作的本质是一种助人活动，即以利他主义的价值观为主导的帮助他人的活动，其特征是提供服务。更确切地说，社会工作是一种科学的助人服务活动，它不同于一般的行善活动。这个定义还指出，社会工作以受助人的需要为中心，并以科学的助人技巧为手段，达到助人的有效性。

（二）个案社会工作

个案工作是指运用专业的知识、方法和技巧，通过专业的工作程序，帮助有困难的个人或者家庭发掘和运用自身及其周围的资源，改善个人与社会环境之间的适应状况。

（三）人本治疗模式

人本治疗模式主要代表人物为罗杰斯和马斯洛，这个治疗模式并不注重具体的技术方法，它更注重的是社会工作者自身的品格和态度。它认为社会工作者只有提供真诚、同感和无条件的积极关怀，全身心地与服务对象交流，才能为服务对象创造和谐、信任、宽松的辅导环境，促进服务对象的自我发展。此外，人本治疗模式还强调个案辅导关系，关注个案辅导过程。

（四）小组社会工作

小组工作又称为团体工作，它是以小组为单位（两个或者更多的人）的助人工作方法，是社会工作方法在群体情境中的应用，是群体与社会工作方法的结合。

（五）社区社会工作

社区工作是以整个社区及社区中的居民为服务对象的，提供助人的、利他的服务的一种社会工作专业方法。

（六）社会生态系统理论

社会生态系统理论强调环境对于分析和理解人类行为的重要性，注重个人与环境中各个系统的相互作用，并强调人与各个系统在环境中的相互作用以及对人类行为的重大影响。根据生态系统理论，个人的生存环境是一个完整的生态系统。系统，是由一系列相互联系的因素构成的功能性整体，可区分为三种基本类型：微观系统、中观系统和宏观系统。在生态系统理论的观点中，人被看成是在环境中和各种系统持续互动的人。在环境中，人们受到各种不同社会系统的影响，也持续地、具有活力地与其他系统相互作用。这些系统包括家庭、群体、组织机构和社区。

（七）优势视角理论

优势视角理论以优势为核心，社会工作者在对案主进行帮助时强调将关注点聚焦在案主身上，尽可能地使案主发挥自身的能力和优势，并利用案主的这些优势来进行自我帮助和发展。

（八）社会支持网络理论

社会支持网络理论指的是一组个人之间的接触，通过这些接触，个人得以维持社会身份并且获得情绪支持、物质援助和服务、信息与新的社会接触。

（九）社会性别理论

社会性别理论要求将女性视为发展的主体。社会性别理论认为：在社会发展中男女处于平等的主体地位；考察女性问题时，应该将其放在男女两性共同塑造的社会角色和权力结构中，不能将妇女孤立地割裂开来。

（十）存在主义

存在主义认为人存在的意义是无法经由理性思考而得到答案，强调个人、独立自主和主观经验。它的根本观点是，把孤立的、个人的非理性意识活动当作最真实的存在，并作为其全部哲学的出发点。

九、推荐阅读文献

1. 库少雄. 社会工作实务［M］. 北京：社会科学文献出版社，2002.
2. 张李玺. 妇女社会工作［M］. 北京：高等教育出版社，2008.
3. 许莉娅. 个案工作（第二版）［M］. 北京：高等教育出版社，2013.
4. 全国社会工作者职业水平考试教材编写组. 社会工作实务中级［M］. 北京：中国社会出版社，2014.

十、讨论题

1. 社会工作实务的通用过程包括哪几个阶段？
2. 社会工作者在开展个案社会工作时可以采取哪些辅导策略？
3. 女性主义视角下有哪些不同的理论类型？

案例十二：温情帮扶 巾帼创业

——失地女性创业促进个案工作

李斌 王略

失地农民的就业创业是实现失地农民长远生活保障、可持续生计发展的重要路径。本文基于任务中心模式，结合社会支持理论，围绕失地女性创业开展促进工作，研究社会工作介入失地女性群体的实务模式和个案实践过程，以期摸索出实现失地女性创业促进的社会工作介入模式，对学术研究和促进失地女性创业都有着深远而重要的意义。

一、案例描述

本案例采用个案社会工作开展失地女性就业促进工作，整合任务中心模式、寻解导向治疗模式、焦点解决模式的知识、方法与技巧，通过一连串的专业工作，帮助具有创业意愿的女性，激发其自身潜能，发掘和运用自身的能力，获取社会网络的支持，整合周边的资源，实现失地女性自主创业。

二、案例人物

M 社区中积极需求就业的女性主要分为两类人群，一类是"4050"群体，该群体中的女性有较强的忧患意识，但由于生理和人力资本等原因，主要从事保洁等服务工作。另一类是"宝妈"群体，即育有小孩，孩子已进入幼儿园或小学的年轻妈妈群体，该群体有较强的工作意愿，但又要抚育小孩，因此更倾向于寻求自由的工作。根据社区需求，笔者所在的 Z 社工机构针对"宝妈"群体开展了创业促进方面工作，选择具有较强创业意愿的女性开展社会工作介入。

服务对象李某，女，31 岁，大专文凭，性格机警敏感，已婚，育有两个小孩，大儿子今年 8 岁，小儿子 6 岁。小儿子幼儿园毕业升入小学后，两个孩子的学习加重了家长的辅导压力，同时由于服务对象经营的一家儿童服饰玩具店租期已到，服务对象面临事业和家庭的双重困境。在参加完 Z 社工机构开办的淘宝培训班后，服务对象想开一个淘宝店。但由于没有线上经营的经验，且前期须投入的资金不少，服务对象主诉自己非常担忧能否创业成功，并且出现了情绪紧张、失眠等生理症状。

三、社工在案例中的角色与实践的原则

（一）社工的角色

1. 支持者

社会工作者不但要为服务对象提供直接服务或帮助，也要通过语言和非语言的方式向服务对象表达尊重、信任和接纳，鼓励其自立自强，克服困难；成为服务对象积极反应的支持者、鼓励者，并且积极创造条件促进服务对象的发展。

2. 使能者

社会工作者运用自身拥有的专业知识和技巧调动服务对象自身的能力和资源，发挥服务对象的潜在能力，促使服务对象发生有效改变，是社会工作者的重要角色之一。

3. 治疗师

社会工作者运用专业知识和所受的专业训练帮助服务对象，使其情绪得以宣泄，提高对自我的认知能力，运用新的处世技巧以应对生活中的困难。

4. 联系人

社会工作者充当服务对象和社区各种资源的关系纽带，在充分了解社区资源和机构运作程序的基础上为服务对象提供各类资源信息。

（二）实践的原则与专业关系

1. 实践的原则

（1）任务中心模式的基本假设认为，应将服务的焦点集中在为服务对象提供简要高效的服务，认为高效的服务应该符合五个基本要求：第一，介入时间有限；第二，介入目标清晰；第三，介入服务简要；第四，服务效果明显；第五，介入过程精密。

（2）任务中心模式强调任务目标实现过程中服务对象的自主性，主要包括两个方面：第一，服务对象有自己解决问题的权利与义务，即由服务对象来明确自己是否要处理问题，处理哪些问题以及怎样处理问题；第二，服务对象有

自己解决问题的潜能，即在社会工作介入过程中要充分激发服务对象的潜能，整合服务对象自身的资源，提高服务对象解决问题的能力。

2. 专业关系

在实务过程中有良好的专业关系是个案工作成功的关键。任务中心模式强调问题的解决并非服务对象（或社工）单方面的事，而是二者相互合作的结果，社工并不是发现核心问题并予以解决的人，服务对象的参与程度才是解决问题的关键。

四、信息收集及案情评估

（一）信息收集

失地女性创业的问题绝不是女性个体的问题，以"宝妈"群体为主的创业女性，面临的最大困难主要是处理家庭和事业的关系。因此，在信息收集与案情评估的环节绝不可缺少对其家庭资料的收集。

1. 服务对象自身

服务对象自身年龄正处于劳动力黄金时期，有较强的学习能力，积极参与社会组织举办的培训班，性格机警敏感，能够抓住机遇。但是服务对象也倾诉自己对于淘宝开店的知识全部来自培训班，说起来容易做起来难，现在除了能够确定销售的产品是什么以外，剩下的都不知道该从何处着手。

2. 家庭系统

从与服务对象的会谈中可以了解到，服务对象在人际互动中与家庭、朋友之间的关系十分紧密，但是服务对象向社工倾诉其丈夫并不支持她的创业行为。社工在访问服务对象丈夫后了解到，其丈夫认为服务对象在之前开店的过程中忽视了孩子的成长，孩子在学校里的表现不佳，现在已升入更高的年级，更需要母亲的认真辅导。其次，服务对象丈夫认为不一定要开淘宝店，以前都没有从事过这个，现在未经仔细了解就要开店，觉得成功创业的可能性不大。

3. 社区环境

就业安置是实现拆迁安置居民长远发展的重要途径之一。在安置居民的就业创业方面政府出台了不少政策文件，社区和驻社区社会组织也在促进居民的就业创业方面开展信息咨询、技能培训、就业岗位链接和推荐的行动。

拆迁安置后，不少居民便开展投资创业工作，大多血本无归，因此社区居民并不看好各类投资创业工作，而该社区是一个拆迁安置社区，社区居民间有着较强的社会关系，服务对象的亲朋好友大都居住在该社区中，对于投资创业评价较低。

处在正式组织和非正式组织互相矛盾期待的社区环境中的服务对象，一方面想通过自身的努力，改善家庭经济，兼顾家庭，另一方面又面临舆论压力，过高的预估风险和收益，使其出现情绪问题，并伴随失眠等生理现象。

（二）案情评估

1. 女性创业的弱社会支持性

人是一切社会关系的总和，处在社会关系网络的某一结点，有益的社会支持能保护人们免受压力事件的不良影响。个体的社会支持应当是以家庭为核心，由社区支持、国家支持、社会（组织）支持等为同心圆构成的支持系统。在本案例中可以发现，服务对象的家庭及非正式组织网络并没有对服务对象的创业行为提供正向的支持，服务对象无法处理由消极支持给自身带来的生理方面的困扰。因而，如何获得服务对象家庭和非正式组织的支持是需要服务对象解决的问题之一。

2. 个体人力资本不足

人力资本是相对于物的资本来说的，具体指的是劳动力（人力资源）的使用价值，是人们脑力和体力的总和，实际上是人们的科学知识、劳动技能以及其他各种能力的总和。从收集到的信息来看，服务对象缺乏一定的创业以及淘宝创业、运营的相关知识，同时也缺乏获取相应知识与资源的能力，增长服务对象对于淘宝创业及运用的知识技能也是需要解决的问题。

五、目标设定

本文研究采用个案工作方法进行干预，在任务中心模式的指导下，遵循个案工作通用过程。在计划阶段，通过有效的会谈激发服务对象自主性，尊重服务对象的自主意愿，明确需要解决的问题和解决问题的方式，明确问题解决过程中的任务与目标，制订服务计划，签订服务协议。

（一）干预的目标与技巧

1. 干预目标

目标一：服务对象与家人沟通，获得家人的支持。

过程目标：与家人真诚沟通；参与社会组织开展的家庭类活动，每月一次。

结果目标：服务对象获得家人的理解与支持，学会合理调节创业带来的情绪压力。

目标二：服务对象明确规划创业。

过程目标：自主学习各类有关淘宝开店和运营的课程；定期与培训老师沟通；主动获取各类政策信息。

结果目标：服务对象对自己的创业有明确的规划。

2.任务界定(见表12-1)

表12-1 任务界定

目标	任务	负责人
目标一	1.定期组织家庭会议	服务对象
	2.获得社区社会组织家庭类活动负责人的联系方式	社工
	3.主动与家庭类活动负责人联系	服务对象
	4.与社工进行分享	服务对象
目标二	1.提供各类政策资源与学习资源获取渠道	社工
	2.主动筛选适合自己的课程并学习	服务对象
	3.定期与培训老师沟通	服务对象
	4.主动获取各类政策信息	服务对象
	5.与社工进行分享	服务对象

3.干预技巧

个案介入的过程实质上是个案会谈的过程，因此任务中心模式认为会谈中的有效沟通是个案社会工作实务过程中最重要的技巧。实现有效沟通的途径包括两个方面：一方面是社工的有效反应，包括反应的及时性、明确性，并且能够使服务对象感受到社工反应态度的真诚和关注，鼓励服务对象积极地表达自己的看法和意见，并且分析社工的经验和感受；另一方面是系统性，社工应根据制定的服务方案，在不同的阶段讨论明确的问题和任务，总的原则要具有系统性、集中焦点、不节外生枝，同时整个服务过程要紧密相连，层次分明。

在实际会谈过程中，社工在遵循任务中心模式有效沟通的原则之上，引入寻解导向治疗模式的介入技巧和焦点解决模式中的预设性询问技术，以更好地协助服务对象明确问题和任务。

(二)评估框架

评估包括对失地女性创业促进个案介入的过程和介入结果进行评估。主要包括两个方面。

1. 任务目标完成情况测量

主要针对介入过程中界定的任务目标完成情况进行测量。以 5 个等级尺度来测量任务目标完成情况。以量表的形式，由"0"至"4"5 个等级分别为"没有进展""极少实现""部分实现""大体分上实现""全部实现"。将所有得分相加除以可能出现的最高分数，所得的百分比即为介入行动成功的百分比。

2. 服务对象满意度测量

以会谈的形式，由服务对象对介入的影响进行自我陈述，陈述自身的变化状况，辨别哪些变化是由介入本身带来的，哪些变化是由其他因素影响的。在这一评估过程中，社工要注意因服务对象主观因素带来的影响。

六、干预过程

（一）专业关系的建立

在本案例中，服务对象是在前期的工作基础上发展出来的，服务对象对机构及社工有基本的了解，因此为接下来的进一步深入交流建立了良好的基础。不同于在培训班中面向大部分人的接触，在初期个案会谈中，服务对象反复向社工倾诉开办淘宝店中出现的问题并且希望社工能给予明确的答复，社工基于自身的经验并不能给予很好的回答，服务对象对此明显比较失落，对于会谈也变得漫不经心。直到聊到服务对象的小孩，社工也有一位与服务对象孩子差不多年岁的侄女，当聊起照顾小孩和辅导学习的种种时，服务对象和社工有着同样的感触。接下来的会谈中，社工依靠家庭和孩子，与服务对象的沟通逐步加深。

（二）界定问题

专业关系不等于聊天关系，因此在能进行有效沟通后，沟通的重点应当放在问题的界定上，在此过程中应当实现有效沟通的探究功能。澄清服务对象的问题，明确服务对象的问题和义务。服务对象前期会谈过程中反复强调创业的困难，并明显表现出焦虑的情绪，但将会谈的焦点集中在如何解决创业过程中出现的问题后，服务对象的情绪反而更加紧张消极。通过进一步交流发现，服务对象的紧张情绪来自家庭和他人的消极评价。服务对象表达了两个方面想法，一方面是家人不认同自己对于家庭长远发展的担忧，认为服务对象应当专心抚育小孩；另一方面则是社区居民对于创业的主流看法，认为投资创业没有好结果。针对服务对象缺乏社会支持的问题，使用"刻度问句"，以"1～10"为刻度，"1"代表最困难、严重的情况，"10"为问题基本没有影响、不会困扰服务对象。服务对象对于"家人的支持"与"社区居民的支持"评分分别为 3 分和 7 分，由此可见获得"家人的支持"是服务对象首要应当解决的问题。

在明确首要的问题后，社工使用"奇迹问句"询问服务对象，"假如家人全部支持创业，那么对于创业工作有怎样的规划？"服务对象反馈她的初步设想，但提出不少关于淘宝店开办、运营方面的问题。社工因此选用"应付问句"，询问服务对象面对出现问题的解决方法，从而帮助服务对象明确创业的另一个问题是创业知识的不足和资源整合不够。

（三）任务界定

在明确问题之后，该如何解决问题呢？社工持续使用"有例外情境的询问""关系问句""应付问句"等寻解技巧，帮助服务对象明确解决问题的方法。例如，在取得"家庭支持"方面，社工询问服务对象"在与家人沟通的过程中，家人有没有不表现出反对的情况？你是怎样沟通的？"从而明确可以尝试使用家庭会议的方式真诚地与家人沟通，并列入任务表中。在充分的沟通后，服务对象和社工达成了表 11-1 所示的任务界定表，并约定按照任务一步一步开展后续的工作。

（四）家庭的有效沟通

如何促进家庭的有效沟通和协调，这其中涉及更加私密的话题，也涉及家庭的权力结构特征，在这方面，社工主要运用家庭结构图和影响圈，协助服务对象了解家庭的结构和影响力量。通过家庭结构图和影响圈可以分析出服务对象家庭中，丈夫更有话语权，"家里的事务基本上我做主，但大事一般都是他最后决定"。因此在涉及服务对象运用家庭资金去进行创业时，表面上丈夫没有反对，但会利用孩子的学业、社区舆论、亲友间的话题导向无形中给服务对象创造出压力环境。若能获得丈夫的理解和支持，那么在家庭方面给予的压力将会减轻许多。在和服务对象充分讨论之后，服务对象和社工达成了通过家庭会议促进整个家庭的沟通，参与社区家庭类活动并和社工分享感受，主动和丈夫分享各类创业政策信息等。在后期的会谈中，服务对象向社工主要分享了两点感受：一是定期的家庭会议、社区活动使家庭成员之间更加能够互相体谅、互相理解，夫妻之间、亲子之间都更加亲密；二是服务对象更加明确自己创业是为了使全家人能够生活得更美好。在她将这个观念传递给家人后，家人们逐渐能够理解她的创业行为。

（五）创业规划

首先，对于服务对象创业的规划，社工运用了焦点解决模式。试图跳过创业中产生的问题，转而导向问题解决的思考方向，采用该疗法中的预设性询问技术。"通过我们的会谈，你在创业工作方面想收获些什么？"通过系列的提问技术暗示服务对象将思考的方向转向积极、正向、解决方法的方向思考。其次，社工向服务对象介绍多种获得创业课程和失地安置居民在创业方面政策资源的途径，并且鼓励服务对象主动联系社区及街道办事处，与劳动保障方面的工作人员保持联系，及时获得资源，反馈需求。在此过程中，社工坚持保持服务对象自觉的原则，服务对象所面临的选择、如何决定，取决于服务对象自己。

（六）离别情绪

在服务对象基本达成个案目标时，社工开始提前向服务对象表达将要结案的情况。在此过程中社工担忧的离别情绪基本上没有出现。在按照任务目标模式的基础下进行的个案工作，一步步达成任务，使服务对象获得了较高的自信心和成就感。对此，社工乐见其成。

七、评估

服务对象在为期两个多月的社工及同工的个案介入下，对于自己创业的目的有更清醒的认识，在与家庭的沟通协调方面取得了良好的进展，最终一家人决定不开淘宝店，转而加盟著名品牌的母婴店，目前店面已经开始营业。在社区参与方面，多次参加驻社区社会组织的活动，并且在参与的过程中带动更多的亲友邻居参加，实现了社会工作助人自助的理念。

服务对象及其家人对我们提供的服务都给予了较高的评价。结案后，在与服务对象邻里的访谈中了解到服务对象现在很有干劲。

八、相关知识点链接

（一）任务中心模式

任务中心模式是由雷伊德（Willian J. Reid）和爱泼斯坦（Laura Epstein）在1972年合作出版的《任务中心个案工作》一书中提出。任务中心模式是一种有时间限制、针对生活问题的介入模式，在有限的时间内，达成明确的、服务对象自己选择的、有限的目标。任务中心模式在实践中主要提供一个介入的框架，对具体的治疗方法没有限制，而是采取博采众长的方法。

1. 基本概念与理论假设

（1）人性观。任务中心模式的人性观借鉴人本主义的观念，认为服务对象是有解决问题的潜能，社会工作者通过专业的服务过程，能够增强服务对象解决问题的能力，并且能够面对今后可能产生的类似问题或新问题。

（2）问题的选择。任务中心模式解决的问题是心理与社会的问题，即问题的存在包括个人生活中内在的心理因素和外在的社会环境因素。因此，在问题解决的过程中，除服务对象本身的问题之外，还要考虑社会生活层面。

（3）任务。任务是服务对象为解决问题而需要做的工作，是个案工作的核心，而问题是社会个案工作所针对的目标。

2. 任务中心模式的基本框架

（1）对问题进行分类。

（2）确定核心问题。

（3）初步订立合约。

（4）任务实施。

（5）结束。

（二）寻解导向治疗模式

寻解导向治疗（Solution – focused Therapy）是由史提夫·狄·世莎（Steve de Shazer）、燕素·金·柏（Insoo Kim Berg）及其同事发展出来的一套治疗模式，它根植于策略性家庭治疗，是一套积极、以行动为主的工作模式。

面谈是一个复杂的过程，社工的言行举止都向服务对象传递了无数信息，为引导服务对象以寻解为导向。寻解导向治疗模式发展了一系列询问方法，称之为以下"六组有用的问句"（six useful questions）。

1. 例外情境问句

例外情境是指问题不出现或者困难消减的时候。有关例外情境的询问是希望找出引发例外情境的行为，并予以复刻，以期减少问题情境，增加例外情境。

2. 奇迹问句

奇迹问句又称假设性问句，是寻解治疗中最重要的问句，主要是让服务对象想象问题已经解决，不再困扰他时的情境。其目的在于服务对象清楚描述没有问题困扰时的境况，让社工能收集更多的资料以达到想象的情境。其次也给予服务对象强烈的信心，使其努力达成目标。

3.刻度问句

刻度问句是以数字为基准，帮助社工了解服务对象对于问题的看法，它以1至10为基准，1代表最困难、严重的情况，10代表问题基本没有影响、不会困扰服务对象。刻度问句还可以用来衡量服务对象的动机、自信心、合作的意愿等。

4.应付问句

应付问句的主要目的是找出服务对象面对困难时的应对方法，对这些方法的了解及重视，既可以为将来的解决方案提供线索，又可以让当前的情绪得以缓解。

5."还有呢?"问句

"还有呢?"问句不是单独出现的，它经常跟随在奇迹问句、例外情境问句以及应付问句之后，不但可以打开服务对象的视野，而且可以帮助服务对象找到适合的解决办法。

6.关系问句

人是处在社会关系网络中的一员，与他人有着千丝万缕的联系，他人的看法和评价对服务对象的影响是在个案会谈中不得不重视的一部分。关系问句的应用，可以使社工关注到服务对象身边的关系网络。

（三）焦点解决模式

焦点解决技术是一种面向未来、目标指向的心理治疗模式，其关注点在于如何建构有效解决方案，是一种与传统问题解决模式相对的心理治疗模式。与传统的深究问题形成原因的介入方式相反，焦点解决模式充分尊重个体、相信其自身资源和潜能，聚焦于当事人的正面方向，它不仅看重对问题本身的认识，更看重如何利用自身的资源来防止问题的再次出现。

焦点解决模式分有三大模块十三种焦点技术。在本文中主要介绍一种焦点技术，即预设性询问技术。

（1）预设性询问技术的主要功能包括两个方面：①暗示当事人往可能改变的方向思考；②强调积极、建设性的思考。

（2）预设性询问技术通常使用的时机和情境：①会谈一开始的时候；②会谈陷入困境的时候；③在会谈过程中经常使用。

（3）预设性询问技术的例句：①你今天来到这里，想要获得什么？②你希望我们今天的会谈出现什么样的结果对你比较有用？③来找我谈话前你有没有想过今天以后你会有什么样的变化？

九、推荐阅读文献

1. 派恩. 现代社会工作理论(第三版)[M]. 冯亚丽, 叶鹏飞, 译. 北京: 中国人民大学出版社, 2008.

2. 王思斌. 社会工作概论(第二版)[M]. 北京: 高等教育出版社, 2008.

3. 黄丽, 骆宏. 焦点解决模式: 理论和运用[M]. 北京: 人民卫生出版社, 2010.

4. 瞿进, 张曙. 个案社会工作[M]. 北京: 社会科学文献出版社, 2001.

5. 李斌, 王镒霏. 组织化与专业化: 中国社会工作的双重演进[J]. 社会工作, 2014(6).

6. 李斌. 中国社会工作的问题域及理念[J]. 社会工作, 2013(2).

7. 刘海容. 寻解治疗——社会工作实践新模式[J]. 法制与社会, 2011(10).

8. 张和清, 杨锡聪, 古学斌. 优势视角下的农村社会工作——以能力建设和资产建立为核心的农村社会工作实践模式[J]. 社会学研究, 2008(6).

9. 沈黎. 焦点解决短期治疗——后现代主义的社会工作理论新趋向[J]. 华东理工大学学报(社会科学版), 2008(3).

10. 何会成, 朱志强. 寻解导向治疗: 于社会工作的应用[M]. 香港: 八方文化企业公司, 1999.

十、讨论题

1. 失地女性创业的困境是什么? 为什么会造成目前的困境?

2. 如何理解个案介入过程中多种模式与技巧的运用?

3. 论述个案工作介入失地女性创业的主要方法、过程及其效果。

第四部分

学校社会工作

案例十三：愤怒的小鸟

——刺猬也拥有一颗柔软的心

刘璐 刘玉梅

一、案例简介

案主名叫曾小飞（化名），男，10 岁。就读于湖南省株洲市炎陵县某小学三年级某班，班主任荣老师。在案主幼儿园时期，案主父亲因为出车祸左手手臂截肢，诊断为三等残疾。目前案主父亲在十渡上班，一月休息四天，工资不高，家中经济来源主要依靠案主母亲。案主母亲在案主年幼时期曾外出打工，期间案主由奶奶照顾。案主与奶奶关系很亲密，但是在案主进入学校学习后，与奶奶交流减少。现在案主母亲从外地打工回来，在沔渡镇一家建筑工厂上班，工资用来支撑家庭花销，家庭条件在当地属于偏下水平。案主是独生子，没有兄弟姐妹，母亲对其非常宠爱，在物质方面几乎有求必应。案主与其父亲关系微妙，案主父亲脾气暴躁，在案主成绩下滑和与他人发生争吵时，经常暴力对待。对此案主奶奶多次劝导，但是并没有起作用。

据班主任反映，案主从一年级下学期开始表现攻击意图，并且从语言攻击转向行为攻击。以前，案主向同学索要东西，同学若是不给，容易发生口角。但是在后来，向同学索要东西，若同学不给便会出手打同学。班主任多次劝导和教育无用，与家长沟通时，案主母亲表示责任不在于案主，而案主父亲表示很生气。案主具有很强自尊心，喜欢争强好胜，集体比赛若有人比自己好就不愿意参加。但是班主任表示案主能力不错，在一年级时能够主动帮助老师完成一些班级事务，并且完成情况良好。一、二年级时，案主愿意听班主任的话，成绩中上。但是到二年级下学期，案主表现出明显变化，对老师给予的表扬和批评反应不明显，对于集体生活参与意愿不强。

在案主进入三年级以后，其行为表现尤为叛逆，成绩大幅度下降，让各科授课老师头疼。开家长会时，案主母亲对其成绩表示担忧，但是因为没有时间陪伴，案主母亲也没有办法提高案主成绩。而且案主母亲表示，案主每次考试回家之后不愿意向父母分享成绩，偶尔被案主父亲知晓成绩之后，会被案主父亲暴力对待。在学校，案主现在也不愿意和班主任沟通，班主任只能猜他的想法，老师猜对了他就点头，若老师猜不出来他也拒绝沟通，并且他在做出偏差行为后，表示知道这样做是错的，但是他的态度是"我就是要这么做！谁也管不到我"。在与同学们的相处过程中，经常推搡同学。在班级中与同学的交流不多，不愿意参加集体活动。

二、案例人物

（1）案例中的案主：曾小飞。

（2）与案主密切相关的关系人：母亲、父亲、奶奶、班主任、数学老师、体育老师。

（3）主要介入工作者：社工、教师。

三、社工在案例中的角色

（一）使能者

社会工作者在本案例中充分挖掘了案主自身的潜力，坚信案主能够通过自身的努力，回归集体生活。同时，社会工作者也相信案主的学习能力，并让案主明白自身成绩不好不是因为自身能力低下，而是态度和方法的问题，只要端正态度并找对方法就能提高成绩。

（二）协调者

社会工作者在本案例中扮演协调者的角色，帮助案主协调与母亲、父亲、同学、老师之间的关系。在本案例中，案主与母亲存在沟通不当和沟通不及时的问题。因为案主母亲为了维持生计，早年在外打工，将案主托付给奶奶照顾，案主认为母亲一点也不关心他，反而是奶奶最疼爱他。而当案主母亲回到当地镇上上班时，发现案主已经不服从自己的管教。案主父亲因为身体残疾，导致脾气暴躁，而儿子成绩不好让他觉得以后的生活也没有希望。案主因为父亲经常对他又打又骂，而害怕与父亲相处。案主内心希望和同学有友好的关系，但是同学们很明显都对案主有一种畏惧心理，两者之间的沟通受阻。老师非常关心案主，但是案主不交流，老师并不了解案主的真实想法。社会工作者在案主与其他关系人之间充当协调者的角色，促进案主与主要关系人的正常沟通与交流。

四、接案与评估

（一）接案情况介绍

听到机构在学校设立常驻点之后，三年级班主任荣老师来到学校工作站，找到社会工作者，"小飞是个好孩子，以前人也好，学习也好，也蛮听话的，但是现在我非常担心他，再这样下去，孩子就毁掉了"。班主任荣老师认为曾小飞是一个有能力、智商高的学生，但是近两年受到家庭影响，发生了一些负面变化，表现出了很明显的攻击行为，与同学关系恶劣，变得孤独，如果再不对曾小飞进行介入，曾小飞会变得更加恶劣。通过班主任老师介绍后，社工进入了案主的班级进行观察，与曾小飞的任课老师和同班同学进行了有效的交谈，发现曾小飞在班级中人缘非常不好，同学们都反映他特别霸道，而且爱打人。任课老师反映曾小飞非常好强，总喜欢和别人比高低，但是成绩总是在中下水平。在与案主本人接触过程中，案主向社工表达一个观点，自己的事情不需要别人来管，无论是学校老师、父亲母亲，还是社会工作者，案主表示并没有对现在的状况有任何不满。在学校了解情况和搜集信息之后，社会工作者去往案主家中与案主母亲进行交谈，表示此次服务是学校老师介绍的，以帮助案主提高学习成绩和集体融入为主。在案主在场的情况下与案主母亲签订服务协议，案主有权利在服务过程中随时与社会工作者进行沟通与交谈，要求社会工作者在学习上无偿帮助案主，并提出需求修改服务内容；同时案主有义务在服务过程中配合社工展开服务，终止服务之前与案主进行沟通。

（二）专业关系建立

在整个接案过程中，案主对自身的问题并没有清楚的认识，对老师和家长的焦虑表现出一种无所谓的态度，对社会工作者的介入虽然没有表示排斥，但是也没有积极主动进行配合。所以在进行介入的最初，社会工作者并没有立即与案主进行单独接触，而是通过培养集体凝聚力的小组活动——"携手向明天"，进行初步介入，建立良好的专业关系，取得案主的信任。随着小组活动的深入，对案主开展心理辅导等专业活动，并以数学和体育作为切入点，了解案主的内心世界，实现与案主的深层交流。

（三）会谈情况

社会工作者进行了九次会谈，具体内容见表 13-1。

表 13-1　会谈情况

次数	时间 （2016 年）	地点	时长	人物	记录
第一次	11 月 2 日	服务中心	60 分钟	社工、班主任	班主任向社工反映案主在学校的生活状况，向社工寻求帮助
第二次	11 月 5 日	教室	20 分钟	社工、案主	案主打人只是想引起他人的注意
第三次	11 月 11 日	心育室	40 分钟	社工、班主任、案主母亲	与案主母亲进行首次面谈，签署服务协议
第四次	11 月 12 日	心育室	60 分钟	社工、小组成员	通过小组活动使案主了解自己在他人眼中的形象，并分享自己在小组活动过程中的感受。案主对"爱打人"的评价没有太大的反应
第五次	11 月 19 日	心育室	20 分钟	社工、案主	小组活动后单独分享对于"盲人游戏"中团队合作感受。案主对活动中自己的行为感到歉疚
第六次	11 月 26 日	心育室	20 分钟	社工、案主	案主听到他人对他的夸奖时觉得很害羞，"没有人这么说过我。"
第七次	11 月 27 日	心育室	60 分钟	社工、案主	案主非常害怕父亲，因为父亲经常打他。而且觉得很委屈，考试成绩有提高的时候，父亲并不表扬他
第八次	12 月 3 日	案主家中	40 分钟	社工、案主母亲	案主母亲对案主是一种绝对包容的态度，虽然希望案主改变打人的行为，但是并没有意识到案主打人的错误行为
第九次	12 月 17 日	案主家中	40 分钟	社工、案主父亲	案主父亲对案主是很关心的，只是因为对案主成绩不提高感到着急，情急之下使用暴力，并不是情绪发泄

(四)预估

根据访谈和观察所得到的信息,从生态系统视角出发,社会工作者分析了案主自身及与所处环境互动中存在的资源和优势,并通过优劣势分析,总结案主存在的问题和可能采取的方法。具体内容如表 11 - 2 所示。

表 11 - 2　预估信息

个人优势分析	认知能力	案主 10 岁,具有一定的认知能力和判断能力,对环境和社会都形成了初步的认知;擅长数学
	身体状况	身体状况良好
	家庭支持系统	与奶奶的关系良好,母亲很关心案主,父亲关心案主的成绩
	社会支持	班主任对案主很照顾,数学老师与案主关系良好
个人劣势分析	交际能力	交际能力不好,不会正确妥当地表达自己的交友意图。甚至存在攻击行为
	朋辈群体	班上的同学都惧怕案主,认为案主脾气暴躁爱打人,在课堂上排挤案主
	家庭系统	案主母亲忙于工作,案主父亲对案主使用暴力
主要问题		不恰当的表达方式:攻击行为。 不恰当的沟通方式:沉默。 不正常的家庭关系:母亲的放纵与父亲的暴力。 不理性的学习态度:争强好胜,不愿面对弱点
预估分析		案主处于学龄期(6~12 岁),容易产生勤奋与自卑的冲突。如果案主在学校中能够顺利完成学习课程,就会获得勤奋感,使其在独立生活和承担工作任务中充满信心,反之会产生自卑感。可通过引导数学学习,帮助案主建立良好的学习态度;通过集体生活与互动,共同参与体验,来减轻孤独感,使人成长;通过改变沟通与交流的态度来改变朋辈关系,建立良好的朋辈关系。 家庭作为儿童的重要场所,承载着儿童成长的重要责任,通过完善家庭结构的功能和恰当的家庭等级关系来帮助儿童成长

五、干预目标

（一）总目标

帮助案主实现行为矫正和集体融入。

（二）分目标

分目标1：减少案主对于同学的攻击行为，让案主意识并学习正确的表达方式。

分目标2：帮助案主学会与同学相处，主动参与班级活动。

分目标3：帮助案主父亲意识到暴力行为对案主的伤害，改变教育方法。

六、干预过程

本案例主要通过个案访谈和小组工作的方法，帮助案主实现行为矫正和集体融入的目标，主要运用的介入策略为行为治疗模式、家庭治疗模式和互惠模式。通过行为矫正模式来帮助案主实现行为矫正，通过家庭治疗模式帮助其重建正确的家庭关系，通过互惠模式帮助其融入集体生活。

行为治疗模式是一种以反应学习、操作学习、观察学习、认知学习四种学习形态为指导运用奖罚分明的工作方式，在社会工作者的指导下让案主不断重复期望行为，逐渐消除问题行为，并树立一个榜样，让案主学习正确的行为模式来解决案主的问题，这种模式的基础是人的行为主要取决于外部环境的行为主义理论。家庭治疗模式是一种以整个家庭作为治疗单位，焦点是家庭成员之间的互动关系和沟通的一种治疗模式，主要注重观察和改变家庭成员之间的沟通模式，促进家庭处在平等的、对称的互动模式之中，而非在对立的、强弱行为中去交流。互惠模式是基于人与环境和人与人之间的关系而实施的，在整个过程中个人一直被塑造，同时也一直在塑造别人，该模式强调个人与团体或环境之间的关系，也关注小组成员彼此之间的沟通和互动，使小组成员在社会归属和相互依存中得到满足，要在小组成员之间、小组之间和有关的社会系统之间达到互助和开放，共同分享助人的过程，小组共同决策，使整个小组环境有助于个人社会功能的恢复和发展。

（一）接案

2016年11月2日，湖南省株洲市炎陵县某小学三年级某班班主任找到服务中心，希望社工为班上学生曾小飞提供服务。据班主任荣老师反映，曾小飞是班上的问题学生，经常与同学发生矛盾，向同学索要东西时，若同学不给便殴打同学。此外，曾小飞在学校学习生活中，拒绝与老师进行沟通，学习成绩下滑严重。荣老师想要帮助曾小飞，但是无能为力，因此来寻求社会工作者帮助。

荣老师："小飞一年级开始就表现出攻击行为，如向同学索要东西，若同学不给便打同学。进入三年级之后，更加过分，让各科授课老师都觉得头疼。平时也争强好胜，集体比赛若有人比自己好就不愿意参加。不过这个孩子能力还算不错，能够帮我完成一些班级事务，以前表现还是蛮好的，但是上了三年级之后，我说的也不怎么听了。"

社工："那您认为小飞最需要改变的就是打人的行为，对吗？"（摘要）

荣老师："对！小飞以前是个好孩子，还经常帮我办理班上的事情，经常找我聊天。但是后来就变得暴躁了，我找他谈话，他也啥都不说，要是逼急了，他的态度就是'我就是要这么做！'现在他也不参加班级活动了，以前他对这些活动都很积极的。班上的班长邀请他参加比赛，他理都不理班长。"

社工："所以他现在也不喜欢和别人进行沟通，是这样的吧？"（摘要）

荣老师："对，我也拿他没办法，就只能来你这里了。"

在与荣老师的交谈中，社会工作者运用澄清、摘要的方法帮助荣老师确认案主曾小飞现在亟待解决的问题有以下几点：一是对同学的攻击行为，二是拒绝与他人沟通。在社会工作者的追问下，向班主任了解了服务对象的童年生活经历，青少年时期的教育状况和家庭关系等基本信息。

2016年11月11日，在班主任荣老师的陪同下，在学校的心育室与曾小飞的母亲进行首次面谈，通过真诚的交流说明了服务双方的权利与义务，由曾小飞的母亲签署了服务同意书。

（二）矫正攻击行为，学习正确的交流方法

2016年11月5日，上英语课时，社工来到曾小飞所在的课堂，观察他的表现：大家唱歌他都不参与，只是在那做自己的事情。突然，他走到讲台上，用乒乓球拍敲多媒体讲台，弄出很大的声响。英语老师走进去制止了他这种行为，但在课堂上他仍然拿出球拍来玩，打到别的同学头上。英语老师对他的行为提出批评，但是他没有觉得自己做错事。

社工准备在班级中组织小组活动——"携手向明天"，并特意邀请了曾小飞一起参加。但是有好几个同学告诉社工，"老师，他喜欢打人""老师，他都已经被开除了"等，有一个男同学在还说，"老师，他就是爱打人"。这时候，曾小飞突然抓起一支刚削好的铅笔，用笔尖戳向同学，被社工及时制止。在小组刚开始时，大家共同协商制定活动小组规则，并写入制度板上，其中包括互爱互助，学会自我控制情绪，理解他人，尊重他人，不使用暴力解决问题。对违反共同约定的行为做出惩罚，记录分值，到最后根据分值进行奖惩。

在小组活动结束后，社工单独和曾小飞开展了一场谈话。通过澄清、简述语义、摘要、反应感受等技巧倾听案主谈话，并运用语言和非语言的方式鼓励案主更多地表达自己。用专注的神情、适当的目光接触等让案主感受到被关注和尊重。通过谈话发现，曾小飞并不是因为憎恨或者厌恶一个人而打人，也不是因为讨厌某个人而打人，纯粹是因为他想引起他人的注意。而且在曾小飞的认知中，这种行为，并不是打人的暴力行为。

社工："他们都说你爱打人，这是为什么呢？"

曾小飞："我又没打他们，推了一下而已，都是怕'死'的弱鸡。"

社工："所以你并不想打他们对吗？"（澄清）

曾小飞："谁想打他们了，我是叫他们，他们不应我，我才推了他们一下，谁知道他们那么弱鸡。"

社工："但是，他们力气比你小，你推他们，他们很容易受伤的。"（澄清）

曾小飞：（沉默）。

社工："那你以后能不能不推同学呢？"（期盼）

曾小飞："可是我叫他们，他们不答应我。"

社工："那你可以用手拍一拍他的肩膀，可以吗？"（描述）

曾小飞："好吧。"

在访谈之后，社工观察了曾小飞在学校的表现，发现他推搡人的习惯并没有得到改善。在了解到曾小飞非常想去炎帝陵玩之后，于是和曾小飞一起制定了一个协议：在接下来的一个星期中，如果他一整天能够控制自己不推搡人，就记一分，反之扣1分。如果一个星期分数为正，则帮助其完成一个要求，带他去炎帝陵；如果分数为负，则要在周五帮助体育老师清点体育用具。一周过后，社工看到分数为正数，社工履行了约定。另外，社工还帮助曾小飞向数学老师表达了希望成为课代表的想法，并在此基础上，对他提高了要求，两周内扣分不能超过三分。

对一个错误行为或习惯的负强化以及一个正确行为或习惯的正强化有利于帮助案主矫正或消退其问题行为，树立期待行为。

(三)主动融入集体生活，学会接纳和分享

精神分析学派弗洛伊德在心理分析中发现了游戏对于儿童精神分析的意义。人格结构中的本我遵循的是快乐原则。快乐原则是人类一些心理活动和行为的首要原则，游戏和其他的心理事件一样都是受快乐原则的驱使。在儿童的游戏中表现为游戏能够满足儿童的愿望，并发泄内心的压抑、不满与敌意冲动。此外，游戏作为多人参与的集体活动也能调动儿童的行为积极性，帮助儿童实现行为融入。所以在设计帮助曾小飞实现融入集体生活的活动中，选择了大量运用游戏的手法。游戏治疗建立在自然的方式上，帮助案主从游戏中了解自己以及自身与周围世界的关系。通过游戏治疗，儿童可以学习与他人的交流、表达自己的感受、调整行为、发展解决问题的技能、学习多种与他人建立联系的方式。游戏为儿童的问题提供了一个安全的心理空间和允许他们表达适合其发展的想法和感受。

2016年11月5日，社工邀请曾小飞参加班级小组活动。在活动最开始时，他的兴趣不高。于是，社工让他和小组成员一起为小组制定组名、组歌、logo、小组规则等，最后曾小飞的"麒麟队"受到了小组的一致同意并成为组名。

2016年11月12日，第二次小组活动。第一个游戏是"我心目中的你"，首先每个组员将分得一张纸及一支笔，然后组员随意地分为4组，每组两人，双方互相沟通后在社工的示意下写下对右手边同学的印象。对曾小飞进行评价的是他的同学郑浩昌(化名)，他说曾小飞的数学很好，胆子很大，但是爱打人，大家都不喜欢和他玩。听到这个评价，曾小飞表现得无所谓。但是在社工追问郑浩昌，"如果曾小飞不打人，你愿意和曾小飞成为朋友吗?"郑浩昌说愿意的时候，曾小飞很开心。我们观察到，曾小飞的人际关系很差，几乎没有同学和他玩，在小组活动中，我们就设计了"水果蹲"和"抱团"的游戏来帮助他融入集体。"水果蹲"游戏是指几个人(超过两人)各代表一种水果，一人先开始，说"XX蹲，XX蹲，XX蹲完，XX蹲(另一人头上带的水果名)"，被叫到的人继续说，若未说出则被淘汰。"抱团"游戏是指在每个组员身上贴上写有不同金钱面额的硬纸，然后围成一个圆圈，随着音乐按圆圈走动，音乐一停，社工随意说出一个数字，小组成员按照自己代表的数字与其他组员代表的数字组成相应的数字。当组成数字为错误时重新开始，没有与组员组成数字的队员则被淘汰，剩下的组员继续游戏。

在游戏过程中，曾小飞很投入，玩"水果蹲"的时候错误很少，表现出比较得意，但是在"抱团"游戏的时候，因为是第一次玩这种游戏，对规则很不了解，不知道和谁组队完成数字，便有点想退出游戏。社工发现了案主的情况，

让郑浩昌带着他便一起玩，于是后两次都参与得很好，成功与同学一起组成了相应的数字。在分享环节，运用"4F 分享法"（Fact、Feeling、Finding、Future），让家分享此次活动的感觉。在 Fact 环节，大家找出了"水果蹲"和"抱团"游戏表现优秀的两位同学，其中"水果蹲"游戏表现优秀的是曾小飞。在 Feeling 环节，大家分别表达了对游戏的感悟。在 Finding 环节，大家分析玩这两个游戏重要的因素，一是反应速度，二是合作。在 Future 环节，表示以后的活动会共同完成。

2016 年 11 月 19 日，第三次小组活动。曾小飞和郑浩昌一起来到活动室，在活动开始前的考勤时，曾小飞竟然主动借橡皮擦和卷笔刀给其他组员，感觉和第一次活动相比，进步还是比较大的，能和组员和睦相处。第三次小组活动的构成是三个团体游戏，"夹气球赛跑""移动岛"和"盲人游戏"。"夹气球赛跑"游戏是由工作人员计时，在 5 分钟内，两人一组一起合作，背靠背共同将气球从起点运送到终点。在这个过程中，如果气球掉了或被挤破则重新开始。游戏结束时，看哪个小组运送的气球最多且用时最少则为赢家。"移动岛"是由工作人员计时，用 5 份报纸做成移动物品，小组成员两两站在移动物品上面，社工宣布开始时，小组成员须想办法将报纸进行移动，到达终点。最终用时最短的小组为胜利者。"盲人游戏"是由工作人员计时，两人一组，一人用布蒙住眼睛行走，另一人用语言对搭档进行引导，通过由社工设置的障碍物，共同完成行走任务。若蒙住眼的同学把障碍物撞倒，即重新来过，用时最少的队伍为赢者。

在最后的分享环节，曾小飞用"4F 分享法"分享了对于"盲人游戏"的感受，认为在游戏中，指挥的人最厉害，但在游戏中自己没有听从搭档指挥，导致自己和搭档成为小组游戏最后一名，表示很抱歉。

2016 年 11 月 26 日，第四次小组活动。主要体验"优点轰炸"游戏，通过击鼓传花推出一位组员，让这位组员接受大家"轰炸"，并分享感受。在这个游戏环节，小组成员依次评论一位小组成员。在他人评论曾小飞时，认为他胆子很大，数学很好，跑得很快等。在别人表扬曾小飞时，他表现得很害羞，之后在轮到他评论别人时，明显认真了很多。这个游戏能够让案主感受到集体的关心，同时也学会关心和反馈他人。

在帮助案主曾小飞实现集体融入和学会分享的过程中，社工将案主放入小组中，通过小组活动实现个人的集体融入。小组活动的设计是使用大量的游戏作为工具来调动小组成员的参与积极性，在活动中实现小组成员集体融入，游戏治疗方法则扮演了非常重要的角色。社会工作者通过策划组织与主题相关的小组活动，利用游戏这种轻松愉快的方式，带领小组成员在娱乐中融入游戏环境，从而调动案主的积极性，使案主从被动接受转为主动参与，最终解决案主自身问题，实现个人的集体融入。

社会化就是由自然人到社会人的转变过程，每个人必须经过社会化才能将外在的社会行为规范、准则内化为自己的行为标准，这是社会化交往的基础，并且社会化是人类特有的行为，是只有在人类社会中才能实现的。一个人自身的社会化过程可以从家庭、学校的教育谈起，而教育是社会化的主要途径。社会化涉及两个方面：一是社会对个体进行教化的过程；二是与其他社会成员互动，成为合格的社会成员的过程。学校是让儿童社会化的重要场所，而在集体中，每个学生都能与每项学校日常活动密切联系并相互影响。建立一个优秀的集体，能使一个人在无形中得到改变。

（四）建立正确的家庭交流模式，重建家庭支持系统

通过走访，我们了解到曾小飞家中的一些基本家庭信息。按照家庭发展史来看，随着曾小飞的出生，主干家庭结构稳固，属于小康之家。在曾小飞七岁以前，母亲外出打工，父亲在家工作，曾小飞由奶奶照顾。2012年上半年，曾父发生车祸，导致左手手臂截肢，于是曾母回到家中照看家庭。曾母在学校旁边的一家建筑工厂做会计，每周休息两天，而曾父去往十渡上班，一个月休息四天，放假时会回到家中与妻儿一起生活。在对曾小飞的家庭信息进行资料搜集和分析之后，社工对其进行了家庭评估：

（1）病态的家庭结构和形态。表现在曾小飞的父亲长时间在十渡上班，每月只有四天能够回到家中，而且休假时间经常与妻子的休假时间、儿子的放假时间错开，曾父与妻子儿子的沟通较少，存在较大的问题。长期的分离导致曾小飞与母亲的关系较好，虽然没有形成"联合对抗"的家庭结构，但是其家庭结构也存在父亲角色的严重缺失。

（2）家庭系统的反馈缺乏。表现在曾小飞长期面对与父亲分离的情况，所以不能向父亲展示自己最近的生理和心理发展走向，两者之间的交流严重受阻。而母亲忙于工作，认为"我儿子挺听话的，在家会帮我做家务，与他爸爸的关系也可以，也不用哄着去学校，只要能好好学习就没什么问题"。很明显曾母并没有与曾小飞谈心的习惯，也没有去学校参加家长会的习惯，只关心儿子在学校的学习。这样信息的阻隔致使曾小飞和父母之间的交流进一步受阻。

（3）错误的情感表达方式。曾小飞父亲很关心曾小飞，但是曾父在车祸之后脾气变得暴躁，而且与曾小飞交流不多，所以经常在生气时使用暴力。特别是曾小飞每次考试成绩不理想时，曾父经常对他又打又骂。而曾母表现的便是一种放纵，就算儿子在学校里面发生斗殴，也只会说一声"不是没打坏吗，没事"。

　　针对以上对于家庭的评估，主要通过改变案主家庭中的交流模式和案主父母的情感表达方式来实现案主的家庭支持系统重构。社工对案主运用绘画和"空椅子"的方法帮助案主表达对于家庭的认知和宣泄对于父亲的不满。"我的家，我的爸妈"的环节，社工给了案主一张白纸，用最简单的方法画出了父亲与母亲的形象，并写出案主对父亲母亲印象最深刻的事情。案主先画的父亲，是一个拿着棍子的形象，然后画的母亲，手里拿着包。画父亲的时候用时很短，但是画母亲的时候用的时间比较长。对于父亲印象深刻的事情是成绩没考好，父亲将他的脑袋用东西砸了一下，骂他蠢；对于母亲印象深刻的事情是母亲没有回来过年，家里就奶奶、爸爸和他自己。社工让他将事情写到了纸上，放进了信封。"我爸一点都不关心我，就知道打我，他哪知道我成绩好还是成绩不好！"通过谈话发现，案主对父亲存在很大的成见，甚至是怨恨。所以社工采用倾诉宣泄式"空椅子"技术，让曾小飞想象椅子上坐的是他的父亲，让他将平时想说但是又不敢说的话表达出来。

　　社工：（环顾周围，搬来一个小椅子和一个大椅子）"小椅子是你，大椅子是你的爸爸，那你能够坐到属于你的椅子上去吗？"

　　曾小飞：（有点迟疑）"可以。"

　　社工："你也可以把代表爸爸的凳子移开一点。"

　　（曾小飞立马将凳子移开）

　　社工："为什么要将凳子移开呢？是不是因为害怕爸爸？"

　　曾小飞："我怕他打我。"

　　社工："那爸爸为什么要打你呢？"

　　曾小飞："我考试没考好，但是……"

　　社工："但是什么呢？"

　　曾小飞："他不只是看到我考得不好的时候打我，考得好的时候也不理我。"

　　社工："那你可以对着凳子说一些你想对爸爸说的话吗？"

　　曾小飞：（对着凳子看了很久，很小声地说）"爸爸你能不能不要打我，很疼的，而且我也没有每次都考得很差。"

　　社工："那你希望爸爸在你考的好的时候夸夸你吗？"

　　（曾小飞点点头）

　　社工："那你跟爸爸说'爸爸，我希望你夸一夸我。'"

　　曾小飞："爸爸，我希望你夸一夸我。"

　　社工："再说一遍，大声点。"

　　曾小飞："爸爸，我希望你夸一夸我。"

在"空椅子"技术中，空椅子所代表的是让案主曾经受过伤害、误解或者责怪的人，而由于各方面的原因，案主又不能直接把负面情绪发泄出来，只能郁积在内心。让案主通过对空椅子的宣泄、指责甚至是谩骂，能够使案主获得内心的平衡，同时也能够让社工了解案主的内心世界。

从与曾小飞的访谈中我们了解到主要困扰他的家庭因素是他的父亲，所以我们选择通过案主家庭的重要人物——曾小飞父亲来帮助案主实现改变。

社工："你知道小飞很害怕你吗？他说你经常打他。"（揭露）

曾小飞父亲："小孩不打一下不经事，而且谁让他不争气，每次成绩那么差。"

社工："那您是因为小飞成绩不好感到失望吗？"（澄清）

曾小飞父亲："我们家就这么一个孩子，不好好读书，将来只能跟我们一样，每天辛辛苦苦，还挣不到什么钱。"

社工："我感觉您是很关心小飞的，只是怒其不争，对吧？"（共情）

曾小飞父亲："哎，就是啊，都三年级了，成绩还是倒数十几名。"

社工："但是打骂这种方法并没有什么用处，您看小飞的成绩也并没有因此提高。"（揭露）

曾小飞父亲："那能怎么办呢？我也没读过多少书，也教不了他。"

社工："那我们是不是能够尝试换一种方式，从现在开始，不再打他，多夸夸他，小飞数学很不错的。"（替代）

曾小飞父亲："这臭小子就数学能看了。我也没想打他，就是每次都太让人生气了，我试试吧。"

家庭作为儿童生活的重要场所，承载着儿童成长的重要责任，父母的行为对儿童产生很深远的影响。父母的暴力行为30%会代际传递，而且孩子会因此怨恨父母，也会产生自卑、恐惧、焦虑和羞耻感等。案主的父亲是典型的"恨铁不成钢"心理，对案主抱有很大的期盼，但是案主的成绩和行为让案主父亲失望，使得案主父亲怒极施以暴力行为。案主对同学的一些攻击性行为，也是受到父亲潜移默化的影响，父亲教养方式的改变对案主行为具有很大的影响。而且，处于学龄期的儿童很容易产生勤奋与自卑的冲突，在学习成绩不好的情况下，很容易产生自卑感，这种自卑感在遭遇家庭和学校的双重压力时，很容易导致儿童的厌学心理。

虽然通过与案主父亲、母亲的交谈一让他们意识到了自身行为存在的问题，案主父亲的暴力行为也得到了一定的改善，但是要从根源上解决案主家庭系统的问题，需要进行深度介入。因为曾小飞父亲一个月只有四天假，母亲每周末放假，三个人同时在家的情况很少，时间点没有办法重合，所以很难实现三方的互动与交流。而且社工团队是通过"三区"项目去往炎陵，服务时间有限，在一个月内必须结束服务，所以关于案主父亲母亲方面的深度介入，只能进行转介。

七、结案与后期评估

（一）结案

在本案例中，经过多次访谈介入，案主的进步比较明显，也得到了案主自身以及学校老师的认可；案主攻击行为减少，愿意主动参加集体活动，主动与老师进行交谈与沟通。经与案主商定，初步达成了预定目标，双方达成共识，正式结案。

（二）服务对象现状描述

案主自我评估：认为有更多同学喜欢自己，表现也比以前好了，有更多的老师夸他。

班主任评估：班主任和教导主任戴主任都表示案主攻击行为明显减少，基本上不与同学打架斗殴。

同学评估：案主现在不会动不动就打人，能够和同学正常说话，也跟大家一起唱歌和上课。

（三）评估意见

已经达到当初转介目标。案主攻击行为得到控制，也开始参加到班级的互动活动中。

（四）工作反思

由于攻击性行为不稳定、容易出现反复，故介入过程较长。最初案主出现过抗拒、逃避、对抗的情绪或行为，但都已经处理。同时通过行为正强化和负强化，成功实现对案主的行为矫正，并成功引导案主扭转认知，使其重新融入集体。但是改变案主家庭的教育观念和教育模式需要一个长期的过程。虽然通过访谈使案主家长意识到自身对案主教育方面存在的缺陷，但是如果要从根本上解决案主的家庭问题，还需要进行转介。

（五）跟进建议

在至善社工团队、校方、班主任以及家庭的多方配合之下，案主认知发生改变，攻击性行为得到控制，并学会了分享，与同学相处较以前融洽许多。下学期可以进行回访，跟进其行为的稳定性。

八、相关知识链接

（一）心理—社会模式

这是一种将案主的心理过程和状态同案主所生活的社会环境连接起来考虑并进行工作的方法。这种方法能帮助社会工作者整体了解、认识案主，从而提供增加案主自我认识的服务，在案主所处的社会环境开展工作。这种模式将有关意识、潜意识、人格功能、人类行为、情绪的知识结合在一起，帮助社会工作者制定个性化服务。这种模式的措施主要是通过认识和理解人及其心理发展的过程来认识案主问题的根源，对症下药，帮助案主解决问题和促进个人成长。

（二）行为治疗模式

这是一种以反应学习、操作学习、观察学习、认知学习四种学习形态为指导运用奖罚分明的工作方式，在社会工作者的指导下让案主不断重复期待行为，逐渐消除问题行为，并树立一个榜样，让案主学习正确的行为模式来解决案主问题的一种治疗模式。这种模式的基础是人的行为主要取决于外部环境的行为主义理论。

（三）家庭治疗模式

家庭治疗模式是一种以整个家庭为治疗单位，焦点是家庭成员之间的互动关系和沟通的一种治疗模式，主要注重观察和改变家庭成员之间的沟通模式，促进家庭在平等的、对称的互动模式之中，而非在对立的、强弱行为中去交流。

九、推荐阅读文献

1.萨提亚.萨提亚家庭治疗模式［M］.北京：世界图书出版公司北京公司，2007.

2.伍新春，胡佩诚.行为矫正［M］.北京：高等教育出版社，2008.

3.隋玉杰. 个案工作[M]. 北京：中国人民大学出版社，2007.

十、讨论题

1.如何在家庭治疗中使用叙事治疗？

2.如何在行为矫正中适量使用正强化和负强化手段？

3.家庭重要事件对儿童性格塑造有何影响？

案例十四：爱要有你才完整

——我想有个完整的家

董海军　　隆求凤

一、案例描述

小兵，今年14岁，是当地一所知名中学的初二学生。父亲是建筑公司中层管理人员，母亲刘女士是某知名房地产公司销售部经理，家庭关系和谐。小兵从小积极乐观、活泼开朗，成绩优秀。在他10岁时，父亲所在部门监管上出了问题，造成重大死伤事故，直接导致父亲离职。父亲不敌压力，思想消极，脾气变得非常暴躁，母亲想尽办法补救，终究无果。那段时间，小兵经常听到父亲朝母亲大吼大叫。一年之后，父母亲协调离婚，小兵与母亲一起生活。

家里突发变故，妈妈工作繁忙，无暇照顾小兵，小兵便与外公外婆一起生活，他们很关心小兵，小兵也尊敬他们，但是一说到小兵的学习，他就默不作声，有时候还会发脾气，两老也没有办法。父亲由于自身经济情况较差，很少给予关心和照顾。加上学校要求高、压力大，小兵的学习成绩有所下降。妈妈每个星期回外婆家住，过问小兵学习情况时，偶尔会骂他，说："你怎么越来越不懂事，妈妈在外面一天忙到晚，你还不努力学习，成绩越来越差"。言语之间体现出母亲的失望，小兵感到委屈、愧疚但同时也很反感地吼道："说够了吗?"便起身离开。

自从父母离婚后，小兵的性情大变，有心事无处诉说，会自己悄悄地写日记，写了又撕掉。有一次，他写下："一定要离婚吗? 妈妈为你操碎了心，可你为什么不能像个男人负起责任，不能振作起来?! 妈妈怎么能同意离婚? ……我想有个团圆的家! 爸爸你在哪里? 妈妈，我真的有很多话想跟你聊，你现在又在忙什么呢?"

进入初中后，小兵学习有点吃力，期中考试没考好，就觉得特别烦躁，不想上学。小兵渴望取得好成绩，但由于缺乏引导，跟不上学习的步伐。初二上学期开学后，上课时常思想开小差，注意力无法集中，导致学习动力不足、丧失学习兴趣和信心。对于作业，他经常不愿思考，以抄袭或者偷工减料，甚至干脆不做的方式对待。他感到自己一无是处，老师和同学都看不起他，有时候对自己很生气。但小兵的英语和数学成绩一直不错，班主任与母亲沟通后，母亲也做出了不少努力。班主任针对小兵的表现，进行了多次批评教育，师生关系因此比较紧张。可老师越批评，他就越烦，学习成绩下降越快。

有一次班主任在教育他时，他愤怒地吼道："你凭什么说我?! 你知道什么?! 你了解我吗?! 我妈都不管我了，你管不好就不要管！"在与同学相处过程中，小兵也表现得比较冷漠，有时情绪很激动，班上同学大多数敬而远之，只跟班上两个同学关系还可以。

班主任跟母亲几次面谈，母亲也很无助。她忍不住哭泣说："孩子原来不是这样的，孩子爸爸出事，我们闹矛盾，过不下去就离婚了。我一个人也照顾不过来，就放在他外婆家里，偶尔回去看他。我就眼看着孩子脾气越来越差、成绩越来越糟、坏习惯越来越多，但是我自己也承受着很多压力，他爸爸基本上不管他，我们确实都对他关心不够，有时候处理的方式又不恰当，所以他才这样。"于是，在班主任的帮助下，母亲找到学校社会工作者进行介入。

二、案例人物

在本案例中，通过上述案主相关情况与背景介绍，我们可以梳理出案例涉及的主要人物，包括案主、与案主密切相关重要他人以及主要介入工作者。

（一）案主

本案例中，案主小兵从小活泼开朗，各项表现都非常优秀，家庭和睦。出现反差是从父亲出事开始的，自那时起，成绩下滑，父亲消极应对问题的情绪引发出与母亲之间不良的家庭关系和家庭氛围，从而出现不恰当的教育方式。小兵渴望爱，渴望家庭团圆，但离婚之后，父亲关爱的缺位，母亲对小兵的关心与耐心不足以及对小兵学习、行为等问题上做出的不合理处理，使小兵在心理、情绪、学习、行为、人际关系等多个方面产生负面的影响，最终导致小兵情绪压抑，疏离父母、老师与同学。

（二）与案主密切相关重要他人

（1）母亲。父母亲离婚后，小兵跟母亲生活。但母亲由于个人能力与精力问题，实际是将孩子托付给外公外婆抚养。由于父亲的经济条件差，母亲不得不独立承担起孩子的抚养责任，努力工作。考虑到要陪伴孩子，小兵母亲每周会回去一次。然而这种陪伴更多是地理位置的近距离，而不是心理上的沟通和关怀，也没有及时纠正小兵多方面的偏差行为。母亲固然爱孩子，但与孩子的沟通上存在很大的问题，母亲的态度对小兵的行为产生了直接影响。

（2）外公外婆。小兵父母离婚后，便与外公外婆共同生活。两老固然疼爱外孙，关心他的学习和生活，但是小兵不愿意开口，因为尊敬长辈不想发脾气，所以选择逃避现场。外公外婆明显很想了解孩子真实的内心想法和感受，但是缺乏恰当的方法，无法让小兵敞开心扉。

（3）同学。小兵由于脾气、性格等原因只跟班上两位同学相处良好，跟其他人的关系比较淡漠。在具体介入时，重点抓住两位要好的同学，同时改善与其他同学的关系，可以帮助他重建人际支持系统，融入同辈群体。

（4）父亲。在小兵近四年的生活中虽然一直处于缺位状态，但是从之前的生活中可以看出，父亲很爱小兵，一直想要给家庭更好的生活。自从工作上发生重大事故后，父亲面临失业问题，承受着巨大的心理和经济压力，应对问题的方式消极懈怠，加上离婚，使得父子缺乏沟通，亲子关系疏离。

（三）主要介入工作者

主要介入者是指能运用社会工作的理论与方法，从社会工作、心理学、教育学、社会学等角度为案主提供专业服务和支持的人。主要是社会工作者、学校、班主任与其他老师。

（1）社会工作者。社会工作者包括专业的学校社会工作者与社区工作者。学校社会工作者根据母亲的求助，了解案主基本情况和主要诉求，通过向母亲、班主任及小兵的面谈进行预估，确定主要问题，与案主一起制定服务目标，选择介入方法并提供服务，以缓解案主的心理压力，纠正案主的偏差行为，增强自我调节与社会适应能力，促进家庭沟通，改善家庭关系。本案例中的社区工作者实际上是社区工作人员，他们能够通过加强社区组织机构监管，链接相关资源，定期组织家庭活动，营造有利于青少年健康发展的友好社会环境。

（2）学校。学校是青少年学习生活的主要场所，承担着青少年社会化的重要任务。在社会工作者的倡导下，学校应有定期排查学生心理情绪问题的意识，做好学生的心理健康工作；通过定期开展班会、班级活动，促进同学互助进步，增进班级感情；加强学习、生活与工作模范教育，学习他人积极进取、健康向上的精神；营造良好的校园文化，增加学生的班级与学校归属感。

（3）班主任与其他老师。老师尤其是班主任与学生朝夕相处，在学校是最了解学生的人，也是学生最信赖的对象。老师不仅要做好教学工作，还应该关注到学生的情绪与行为表现。本案例中，班主任多次跟家长沟通，是对学生关心爱护、认真负责的表现。在介入时，要充分运用这一资源，鼓励班主任对小兵多加引导，疏导心理压力，通过共同约定、榜样示范、赋予职务等方法对学生进行教育，并对小兵的进步做出肯定，促进正强化。

三、社工在案例中的角色

个案工作是一个连续的工作过程。在个案介入的各个阶段，社会工作者需要扮演不同的角色以推进服务进程。

（一）使能者

使能者即工作者坚信人是有潜能的，利用自己的专业知识与技巧使案主感觉到自身的价值，发挥自己的能力，促进案主自身发生改变，积极面对问题、解决问题。在本案例中，就小兵来说，小时候学习成绩优异，拥有较强的自我效能感。上初中后，也一直想好好学习，只是缺乏指导，社工相信他有改善不良情绪的能力，肯定案主的学习能力。对于案主母亲来说，应充分肯定她为孩子做出的努力和承受的巨大压力，但同时要调整她的情绪，充分调动其积极性，转换教育方法，促进家庭情感上的沟通。社工要增强小兵与母亲的自信心，使其能够充分发挥自己的潜能。

（二）教育者

教育者并非是学校传授科学文化知识的老师，而是通过榜样示范、观察和模仿等对小兵的认知进行重塑，帮助他理性、客观地看待父母离婚，增强理性认知能力的人。通过澄清小兵对家庭爱的需求，提升父母亲关爱孩子的意识、改变小兵缺少父母关爱的现状、修正不恰当的行为反馈模式、教授亲子沟通的技巧，最终促进家庭关系和谐。

（三）资源链接者

链接资源是社会工作服务中一个重要的助人方法。社会工作者应综合运用家庭、社区、学校的资源为案主提供服务。本案例中，社会工作者针对小兵跟不上学习步伐，可以链接学校老师或大学生资源，为他提供学习内容和方法上的指导。针对父母亲不懂得如何关心孩子、与孩子沟通的问题，社工可以链接教育学、心理学、社会学等领域的相关专家学者，为其进行青少年家庭关系与心理健康方面的讲座；针对母亲缺乏照料能力的问题，社区可调动社区组织资源，尤其是社区教育资源，为社区学生提供晚托服务，解决照料、学习和安全的问题。

（四）治疗者

在本案例中，案主对父母离婚这一事件始终耿耿于怀，无法理性看待、走出事件阴影，使案主压抑情绪、脾气暴躁，产生很大的心理困扰。社会工作者要运用自己的知识和专业训练帮助案主宣泄郁闷情绪，提高自己的认知能力，正确看待父母亲离婚，学习处理自己情绪和生活问题的技巧，应对生活和学习上的困难。

（五）倡导者

当社会工作者在为案主争取资源的时候，发现由于资源分配不合理或缺少资源，使案主得不到合适的服务。这时，需要社会工作者利用自己的权利和身份进行倡导、争取其合理的权益。本案例中，社会工作者应倡导全社会关心青少年的情绪和心理状态，学校可通过开设心理健康课程、定期组织班级活动、国旗下讲话等方式，观察学生状态，加强心理健康教育与德育，引导学生发展；社区要做好资源链接与协调共享，让青少年在社区充分得到照顾，分担家庭压力。

四、信息收集及案情评估

（一）接案情况

接案是指社会工作者通过与案主初步接触，对问题进行评估，根据社会工作者能力与机构背景决定能否提供服务，使其成为案主。案主小兵是母亲在班主任的帮助下，求助于学校社工的，即案主是由他人转介而来的非自愿型案主。社工首先与母亲进行交谈，初步了解母亲对小兵现状的看法，了解小兵的家庭情况以及带给他的影响，了解小兵的情绪、学习、行为表现以及母亲与班主任曾经做出的努力和改变。社工与母亲约定本着真诚、知情同意、保密的原则鼓励小兵与社工接触，尽可能减少小兵的抵触、反抗情绪。但接触时小兵还是很反抗，觉得大家认为自己有心理问题，非常排斥，最后通过社工小林邀请他一起打乒乓球的方式使小兵接受了社工。

（二）建立专业关系

由于小林是学校社会工作者，而且经由班主任推荐，小林很容易与母亲刘女士建立起信任关系。在社工小林、小兵母亲与班主任的共同努力下，以真诚、同理心的态度，让小兵知情同意，尊重案主自决。虽然在小兵同意接受服务前，经历了很多抵触情绪。但社工小林善于把握时机，有次趁体育课小兵独自发呆的时候，小林主动介绍自己，并且说明是学校的社会工作者，邀请他一同打乒乓球。第一次打球只简单谈到体育课和各种运动，而问他怎么一个人时，他不说话，社工也便不再追问，而是约定下次打球的时间和地点。

社工通过这样的方式巧妙而不生硬地建立信任关系，两三次下来以后，很明显小兵自我防御减弱，会与社工简单地谈谈生活上的事情。第三次会面小兵对小林的工作感到好奇，小林耐心解释，小兵表示希望有个人帮帮自己。社工认为时机成熟，便与小兵母亲沟通，他们共同努力将"潜在案主"变成了"现有案主"。社工、小兵与母亲一起明确了小兵的权利和义务。

（1）权利：提出服务过程中的问题与建议；表达自己最真实的想法和情绪；无条件的尊重和接纳；享受有条件的保密性；了解并参与整个服务过程等。

（2）义务：表达自己最真实的想法和情绪；尊重信任社会工作者；按约定积极主动地参与每次服务过程；真诚对待社会工作者与社会工作服务等。

（三）会谈情况

会谈是社会工作者与案主之间面对面讨论问题，建立专业关系的过程，是有目的、有意识的人际互动。会谈要澄清双方的期望与义务，激励案主做出努力，通过共同参与服务的全过程以促进和引导案主发生改变，为后续提供服务打下基础。接案和评估的会谈情况如表 14-1 所示。

表 14-1　会谈情况

时间	地点	会谈对象	会谈笔记
2017.3.15	个案辅导室	小兵母亲	刘女士说明来意，介绍小兵的情绪、学习和行为情况。社工积极倾听，与刘女士讨论原因，考虑可能是孩子10岁时父母离异，又与外公外婆居住，缺乏父母关爱，加上学习压力大，自尊心比较强导致的。社工补充，青春期情绪不稳定，具有两极性，需要合理引导，给予关爱

续表 14 - 1

时间	地点	会谈对象	会谈笔记
2017.3.17—2017.3.21	办公室	班主任及各科老师	老师反映小兵成绩逐渐下降，初二以来下降得更快。每天提不起精神，上课时常思想开小差，注意力无法集中，作业、考试多有敷衍，但在数学和英语学习上表现很好。小兵脾气有时候很焦躁，有时候很沉静，感觉心里有事。老师多次试图交谈，都无果而终，需要专业人士进行辅导
2017.4.13	乒乓球场	小兵	与小兵接触是在母亲沟通无效后进行的。社工注意到小兵不太合群，便抓住时机主动介绍自己，做好铺垫，以免正式建立关系时小兵再次抵触。社工邀请他一同打球，并充分肯定他的球技，试图加深了解，可小兵沉默。社工便决定通过打球逐渐深入
2017.4.20	乒乓球场	小兵	打球时，小兵球技出色，社工不断赞叹，他非常开心，并且谈论了不少喜欢的体育运动。社工顺势问道："那你生活还是很丰富多彩的啊，怎么小小年纪愁眉苦脸的？"小兵回复："你不是我，当然不懂，每个人家庭环境不一样，要求不一样，对自己的期望也不一样。"社工表示愿意分担，小林欲言又止
2017.4.27	乒乓球场	小兵	此次会谈是收获最大、进展最快的一次。小兵逐渐信任社工，简单说了自己的学习压力、人际关系以及性格问题，始终没有谈到家庭问题，但最后他表示自己无法独立解决太多问题，还说你既然是社工，能不能拉我一把。社工欣然同意他去个案辅导室找社工，不过前提是要告诉妈妈。他明显不想让母亲知道，但是又承诺"五一"期间他考虑好，再决定
2017.5.9	小兵母亲家中	母亲、小兵	"五一"期间，小兵电话联系社工说正考虑告诉妈妈，社工鼓励他主动告诉母亲。假期后，社工家访，与小兵和刘女士进行会谈，进一步观察家中情况，发现家中陈设简单偏旧，缺乏打理。小兵和母亲交流甚少。社工与小兵、刘女士交流完部分疑问后，进一步梳理主要问题、了解小兵与刘女士的期望，初步达成服务协议，完成接案

（四）信息收集的方法

1. 访谈法

本案例中，社工大量运用了访谈法，包括对小兵、小兵母亲、班主任与各位老师的访谈；收集了来自案主、家庭和学校的心理情绪、学习、行为及人际关系等多方面的资料。

2. 观察法

社工通过前几次会谈观察到小兵母亲对于孩子的态度，一直是想关心孩子又很无力的状态，而班主任的谈话给了她勇气和力量。社工还观察到小兵母亲疲于应付生活，缺乏生气，与孩子缺乏交流，这其实也是家庭关系的体现。社工通过与小兵的三次打球，观察到小兵对于自己的看法，从开始的"沉默""你不懂我"到后来渴望"有人拉我一把"，小兵逐渐信任社工，积极寻求社工帮助，改变现状。积极的态度更有利于服务活动的进行。

3. BDI – II 量表

即 1996 年的修订版贝克抑郁问卷（Beck Depression Inventory，BDI）。量表将抑郁程度划分标准：0 ~ 13 分为无抑郁，14 ~ 19 分为轻度抑郁，20 ~ 28 为中度抑郁，29 ~ 63 是严重抑郁。分数越高，抑郁的症状就越大。通过问卷测量，小兵的得分是 20 分，属中度抑郁。

五、目标设定

（一）案主主要问题

（1）亲子关系问题。亲子关系疏离、缺少家庭支持是案主产生问题的直接原因。案主童年时期家庭突发变故，父母离异，只能与外公外婆同住，与父亲几乎断了联系，母亲也忙于工作，疏于沟通，缺乏父母关爱。

（2）认知与情绪问题。认知偏差是案主出现一系列心理、情绪以及行为等问题的根本原因。案主应该客观、冷静地正视父母亲离婚这一事实，尊重父母亲的自主选择。此外，案主在学习上几次失败，跟不上课程之后，出现了过度否定自我，认为自己一无所用的自卑心理。面对母亲和班主任的教育时，显得比较抵触，与人相处时情绪容易激动。

（3）学习问题。破碎的家庭关系、认知偏差以及家长和老师不恰当的教育方式直接影响了案主的学习情况。青少年时期，学习是主要任务之一，但案主却始终无法理解父母亲离婚的行为，深受认知和情绪困扰，加上课业任务繁重，母亲期望过高又缺乏耐心询问和指导，导致案主自我否定，不听管教，但其实案主自责内疚，也想提高成绩，因此出现考试焦虑的情绪。

(4)人际交往问题。案主在人际关系上存在较大问题，情绪容易激动，自我封闭，与班上大多数同学关系疏远，不能提供情绪、学习等方面的支持。案主与老师关系紧张，愤然反抗班主任的批评教育，警告老师不了解情况就不要管。社会支持网络薄弱。

(二)案主所处环境的资源与优势

(1)案主自身。案主虽然对家庭存在认知偏差，情绪焦躁，学习成绩一再下降，但是案主是希望家庭完整和谐的，且儿童早期性格外向活泼，表现优秀，自信心强，要充分肯定案主对家庭的积极期待，通过回顾以往的生活和学习经验增强自我效能感，重建自信心。

(2)家庭内部。家庭中，所有人都是关爱案主的，只是缺乏合适的表达方式。母亲努力养家，每周能见孩子，与孩子交流学习问题，与班主任沟通，寻求社工帮助，说明母亲很关心孩子；外公外婆虽年事已高，但是尽心照顾外孙，意识到孩子状态不对时，也试图沟通；相信以前一直很疼爱案主的父亲现在也一定很爱很想念孩子，但是由于各种原因，未能经常沟通给予案主爱与关怀。

(3)家庭外部。家庭外部的资源主要包括学校资源和社区资源。学校资源包括案主的老师、同学和社工。老师注意到案主的情况，多次批评教育，体现出老师关心案主、积极帮助案主。老师、同学如果能接纳案主，对案主的积极改变做出肯定，采取合适的方式进行引导和帮助，将是案主改变的重要支持和推动力量。社工是整个社会工作服务的计划者、推动者，社工通过改变认知偏差，激发案主的潜能，教授沟通技巧，链接各种资源，促进家庭和谐，增强案主自信心，提高案主应对和解决问题的能力。社区能举办晚托班、亲子互动活动、链接专家讲座、学习教育知识，促进家庭沟通、增进家庭感情。

(三)干预目标

1.总目标

树立正确认知，增强理性思考能力，缓解不良情绪压力，提升学习成绩，重建支持系统，以积极理性、乐观的心态处理生活中的问题，实现案主健康快乐地成长。

（四）具体干预方案

干预方案具体内容见表14-2。

表14-2　干预方案

时间	主题	目标	次数	地点	参与人员	干预策略
2017.5.17 15:30—16:30	澄清问题、宣泄情绪	介绍双方的角色和服务性质，再次强调服务协议。引导案主表达压抑已久的想法，澄清自己的问题，宣泄压抑情绪。明确服务目的内容，介绍本次服务提供方案，基本建立关系	第一次	个案辅导室	案主、社工、案主母亲（案主母亲不参与"我想说"环节）	"大小雨点，上下左右"环节：通过热身活动营造轻松气氛；"我想说"环节：运用空椅子技术，把最想说的话说给对方听，让案主先后假设椅子上是自己和母亲，形容他们当下的状态。（案主可能会很疑虑，社工要充分肯定并鼓励，运用共情，倾听等技巧引导案主表达自我）。"遇到困难不害怕"环节：通过游戏的方式与案主一起回忆生活中成功解决的困难，并说明是如何解决能的，增强自我效能感。讨论：运用澄清，摘要等方法帮助案主分析自己面临的困难，引导案主思考问题产生的原因，并参与修改完善服务方案
2017.5.24 15:30—16:30	改变错误认知，树立正确思维方式	正视父母离婚问题，引导案主发现自己的困扰与非理性认知的关系，改正自己的错误认知，尊重并接纳父母的决定	第二次	个案辅导室	案主、社工	"我画你猜"环节：通过这一环节，社工根据案主的情绪表现，家庭关系，提前准备，逐渐引导案主思考自己的情绪结构和家庭结构，ABC理论介绍：让案主理解有些事已经形成，我们无法改变，但是我们可以改变对这些事情的看法，培养积极乐观的生活态度
			第三次	个案辅导室	案主、社工、案主母亲（根据案主需求适时回避）	"我爸妈离婚了"环节：充分运用榜样示范的方法，让案主与母亲一起观看，播放夫妻离婚及子女看法的相关视频，分析其中离婚的原因及子女的不同看法，说出认同哪些事件，通过一系列提问帮助案主发现生活中会遇到很多不合理认知，并意识到这种不良对自己生活，学习等各方面产生的不良影响，从而尝试接受，尊重父母的选择。探讨：回忆ABC理论，通过案主与母亲认同的事情，比如，父母离婚，帮助他反思自己对父母离婚的不合理认知，（要注意案主可能会情绪激动，抵触或者哭泣，社工营造轻松安全的环境，适时运用鼓励，安抚，暂停，不强迫等方法）

续表 14 - 2

时间	主题	目标	次数	地点	参与人员	干预策略
2017.5.31 14:30—16:30	改善家庭亲子关系	让母亲认识并理解离异对孩子的重大影响，改善教养方式，学习亲子沟通的方法和技巧；试图联系父亲，明白父爱对孩子成长的重要性，保持与孩子正常联系	第四次	报告大厅	案主、案主母亲	教育知识讲座：社工链接资源，倡导学校开展主题为"理解孩子，感恩父母"的亲子教育活动，鼓励案主母亲与孩子一起参加。家庭作业：各自记录自己的感受，尝试在日常生活中运用学到的两种方法互动，互相写一封信，下次会谈时分享
			第五次	个案辅导室	案主、案主母亲、社工	"大声说出爱"环节：分享上次讲座的亲子教育方法技巧，由案主母亲和案主总结学到的亲子教育方法运用双方"我爱你"之类的语言，给予正强化，社工运用自我表露和事例引证等方法补充并巩固；帮助母子形成回馈沟通与情感表达渠道。"我在你身边"环节：动员社区资源，如报名社区的晚托班，帮助案主重新回到母亲的家中，改变亲子分离的现状
			第六次	外婆家中	案主、案主母亲、案主外婆外公、社工	找回父爱：社工根据自决的原则，案主自决同意，开家庭会议案主主导，学校动员社区，社工动员社区资料，让孩子与案主自行联系到案主缺失已久的父爱，约定联系方式、约定联系方式与频率
2017.6.07 15:30—16:30	缓解学习焦虑，重树学习信心	帮助案主不断调整学习方法与状态，早期学习经验，增强学习自信心，改善考试焦虑	第七次	个案辅导室	案主、社工、案主母亲（按案主要求适时回避）	"我有我的阳光"环节：这一环节结合背景轻音乐，首先对案主进行放松训练，再让案主回忆从小到大因为学习为学而获得光彩的事情，并通过时间轴画出来。简要写明时间，做出正向的努力，做出成功的原因，激励案主的潜力，挖掘案主发现自己的优势，一起抓取案主数学和英语成绩优异的优势，不断强化，增强学习自信心和自我效能感。"学习加油站"环节：根据上一个活动，学习班上名列前茅的有效学习方法，案主概括曾经学习优秀的经验，引导与补充。"小故事，大道理"环节：让案主自行准确地了解"学习有所长，尺有所短""光阴似箭，日月如梭"等古人备发图强、勉励自我学习的故事，激发案主的斗志。家庭作业：母子自行上网搜集制定学习契约，运用代币管理的方法，母亲及时放励，奖励孩子积极地改变，贴一张笑脸，达到一定条件按规则奖励；做得不好的按规则惩罚。链接资源：由于案主自尊心开始下降，案主成绩不断下降，社工链接学校老师和大学生志愿者相关资源，一些学习方法，在周末或晚上进行基础知识补习，倡导案同学互助，为案主提供帮助

续表 14 - 2

时间	主题	目标	次数	地点	参与人员	干预策略
2017.6.8 19:30—20:30	重建人际支持系统	鼓励案主理解和接受老师们的关心，鼓励他主动与老师、同学进行沟通，重建人际支持系统	第八次	案主教室	案主、全班同学、班主任	"团结就是力量"主题班会：社工与班主任充分沟通对接，举办全班互助互爱，团结共进的主题班会，增强班级凝聚力。 "有话大声说"环节：让案主要好的两位同学表达对案主的关心和接纳，班主任联动母亲一起集体会到班会向案主表达对他的关心和期望，可运用上次讲座中学到的家庭沟通方法与同学相处。 提前预告即将结案，以免引发分离情绪，出现倒退、抗拒等现象
2017.6.17 15:30—16:30	巩固已有成果	引导案主总结前五次的内容，肯定案主取得的进步，帮助制定接下来的计划。总结评估，处理离别情绪	第九次	案主家中	案主、案主母亲、社工	"细说改变与成长"环节：社工引导案主和案主母亲将接受服务介入以来的改变逐条写下来，总结出母亲与案主与母亲一起评价本次活动的全过程，将自己的感受和意见反馈给社工。 "说出你的想法"环节：与案主和母亲一起评价本次活动的全过程，将自己的感受和意见反馈给社工。 "一起长大"环节：三方一起订立一个以后的计划，处理接案相关事宜

2.分目标

帮助案主宣泄情绪，学习情绪宣泄的方法，增强情绪调控能力；帮助案主分析现存的问题及原因，正视父母离婚问题，改正自己的错误认知，理性看待事物；不断调整学习方法与状态，重获早期学习经验，增强学习自信心，改善考试焦虑情绪；鼓励案主理解和接受他人的关心，加强案主与父母、同学、老师的沟通，重建良好的支持系统。

六、干预过程

（一）干预过程与技巧

1.第一次介入

（1）主题：澄清问题，宣泄情绪。

（2）服务过程：案主第一次来到个案辅导室，伴着特意准备的轻音乐，案主开心地向社工打招呼，并表现出对这里温馨明亮的环境很有兴趣的样子。社工特意强调这是一个安全保密又放松的环境。在对本次服务做了整体介绍后，开始服务过程。热身环节中，案主和母亲都积极参与，营造了一个轻松和谐的氛围。在"我想说"环节，运用"空椅子"技术。案主开始一直踌躇不前，经过商讨，请母亲先外出等候。由于案主改变的动机较强，且对社工已经并不陌生，所以这一过程进行得相对比较顺利。案主开始描述空椅子上的自己，"没有什么精神""情绪不高，有心事""有点惆怅和疲倦""脸色偏黄，有黑眼圈""学习感到很吃力，成绩下降得很厉害，经常生自己的气""没有很多朋友，班上有两个玩得好的，但是性格还是差别很大，不想跟他们多交际""爸爸妈妈离婚了，很想很想他们，但是又什么都不想跟他们说"。案主的自我对话从学习开始，聊到人际交往和家庭关系，中间停顿了很多次，社工不断鼓励，全程运用前倾、眼神鼓励、点头等肢体语言，中间几次案主情绪激动想哭泣又感觉不好意思，社工坚定地告诉他："没有关系，你承受的压力确实很大，要是难受，就尽管发泄，经常有比你大很多的男生在这里哭很久，砸东西的也有。"案主平静下来之后，社工引导案主对椅子上的自己说："没有关系，你能把自己的想法说出来，真的特别厉害，以后不要压抑自己的想法和情绪，及时发泄。"

（3）服务总结：由于案主存在一定程度的抑郁，所以第一节活动是进行情绪宣泄。案主开始很不自在，不愿意将自己暴露在社工面前，社工通过音乐、个案辅导室特有的环境，营造安全放松的氛围，尊重案主决定在场人员的权利。在情绪宣泄过程中，社工尽量不要中途打断案主的对话，只是在适当的时候进行引导，以实现对主题的聚焦。"空椅子"技术有一定难度，社工应相当熟悉这种方法，运用各种方式，如肢体语言，表达倾听和积极关注，充分肯定、鼓励案主的每一次尝试与自我探索，给予足够的勇气发泄自己的情绪。

2. 第二次介入

（1）主题：改变错误认知，树立正确思维方式。

（2）服务过程：案主与母亲一起过来的，比上次更亲近、自然一些。社工夸赞他今天很帅，案主有些害羞。母亲鼓励案主"男子汉害什么羞"，社工当即赞扬母亲。案主今天更加放松，主动询问服务内容，证明上次的服务效果很好。社工以玩笑话："你猜？"顺势进入"我画你猜"环节。社工画出一些简单的事物，引导案主画出能代表自己情绪状态的内容并展开讨论。其中，能感觉到案主有时候会闪烁其词，有所掩饰。在描述与案主家庭相似的家庭关系图时，案主很敏感，很抗拒说出画中的家庭关系。社工重点引导案主理解伤心是由于不正确的认知，并引导案主回忆类似问题的故事。案主提起自己把别人的玩具弄丢了，别人却不怪他，才回忆起以前自己错怪别人不与他分享玩具的事。社工讲解情绪 ABC 理论，案主表示突然理解很多事情。社工欣赏、肯定案主，善于学习新事物，能举一反三。考虑到下一次的服务强度很大，会直接探讨离婚问题，因此，社工要做好铺垫，跟案主和其母亲提前沟通，做好心理准备。

（3）服务总结：本次服务的第一环节，既具有趣味性，又具有很强的内容相关性，社工肯定案主能与母亲一起参与这次活动。案主对家庭方面的内容依然很排斥，尤其是不想在母亲面前谈论。社工应转变方法，并且引导案主思考自己的不良情绪是由于不正确的认知和理解，鼓励案主正视问题，勇敢面对。第二次介入服务效果很好，母亲和案主均显示出恍然大悟的样子。注意在服务时，社工既要鼓励孩子，也要鼓励母亲，因为人都有被肯定的需求。

3. 第三次介入

（1）主题：改变错误认知，树立正确思维方式。

（2）服务过程：社工为案主和母亲播放视频《我爸妈离婚了》，以离异家庭子女的视角看待父母的离婚的利与弊。活动中，案主的情绪非常激动，开始非常抗拒，要冲出辅导室，在母亲的劝阻下极不情愿地留了下来。案主始终没看视频，听着声音就暗自流泪，导致母亲也忍不住心酸哭泣，气氛非常紧张。社工安抚情绪，有意为他们留出时间发泄后，才慢慢有所转变。社工亲和温柔地向案主提问，鼓励他思考："视频中哥哥姐姐们快乐吗？""他们如何看待父母离婚？是否父母离婚就一定只有伤害，没有好处呢？""视频中的父母亲是为什么离婚呢？"引导案主认识到即便是父母离异，自己也可以努力健康成长。经过母亲的适当描述，再现父母亲离婚前的生活状态，让他理解父母亲在努力之后作出的自主选择，充分理解他对美满家庭的渴求，也让他明白父母亲分开好几年各有各的生活，已经很难再破镜重圆。带领他们回忆情绪 ABC 理论，使案主认识到自己对于父母离婚的执念已经深深地影响到了自己的情绪、学习和生活，社工鼓励他尝试接受已经无法改变的决定。活动结束，社工发现案主面无表情，特别落寞，但这其实说明已经打破案主不切实际的假想，意识到了自己不正确的认知。这是本次服务活动的重大成功。社工鼓励母亲首先做出改变，给孩子一个拥抱，坚定告诉他母亲永远爱他。

（3）服务总结：这一次会谈是整个服务活动的中心，是案主问题的关键。活动中，案主以及母亲情绪波动都非常大。因此，在前一次活动结束，应该充分告知，尤其是与母亲沟通好，做好心理准备。服务过程中，营造轻松安全的环境，要充分考虑案主的状态，用恰当的语言表达，尽量不要强迫案主，以免导致服务中止。还应充分利用好母亲资源，本次活动中，在母亲的劝阻下，案主才继续留下，使后续活动才有可能。社工应了解调解情绪的方法，给出时间和空间，让案主释放压抑已久的情绪。

4. 第四次至第六次介入

（1）主题：改善家庭亲子关系。

（2）服务过程：对父母离婚的不正确认知是案主出现多方面问题的根本原因，而父母离婚后家庭关系的疏离才是问题扩大化的主要原因。第四次服务中，社工扮演倡导者和资源链接者的角色，倡导学校进行大型亲子教育讲座，促进家长理解青少年身心发展的特点和影响青春期身心发展的因素。同时，鼓励孩子理解家长的艰辛不易，感恩父母为子女付出的巨大努力，教授亲子之间基本的沟通技巧。社工要求案主与母亲记录感受，并加以运用。

第五次服务时，首先检验上次讲座后的家庭作业，通过"大声说出爱"活动环节，由案主和母亲分享学到的沟通方法，分享感受。案主分享讲座老师给大家观看的一位母亲从出嫁前到去世时的照片，那位母亲容颜逐渐退去，头发日渐花白，因孩子发生大事时她跟着担心，使她老得更快。接着还分享了老师为大家计算的一个人在一生中还能见父母多少次的数据，案主心里受到很大触动，母亲也很欣慰地看着案主。社工及时鼓励双方拥抱，大方表达"我爱你"。运用案主爱写日记的习惯，引导母子采用日记的方式商量问题，沟通感情。制定"行为记录表"，运用正强化、负强化、惩罚的方法巩固练习亲子技巧，母子商量好以周为单位，根据笑脸占总数的比例判断等级，决定是否奖惩。社工与案主、案主母亲沟通，一起思考让案主能与母亲同住的办法，发掘社区内外资源。最后大家协商报名社区周边的晚托班，帮助案主重新回到母亲的家中，改变亲子分离的现状。

第六次服务开始，社工召开家庭会议，与母亲、外公外婆一起商量要不要寻找案主父亲，让孩子重新感受到缺失已久的父爱；以及该采取哪些方法去联系他，联系后父亲可能的反应，该怎么处理可能的结果，会不会对案主造成更大伤害等问题。会谈中各有不同的看法，最终大家一致决定可以试着联系父亲，约定先不告诉案主这次会谈结果和联系过程，直到有满意的结果出现。经过家庭会议，大家各自分工，通过社区资料、父亲原工作单位、父亲亲友等方式寻找父亲。

（3）服务总结：在"改善亲子关系"这部分中，分三节活动开展，社工主要是资源链接者、引导者、教育者的角色。社会工作者充分发掘案主的潜能，利用案主的内外资源和优势，包括案主自身积极寻求改变的愿望及有写日记的习惯，家人对案主的关心，学校的教育资源等，鼓励案主与母亲都要学习以积极乐观的态度看待事情，及时对对方的改变做出肯定和鼓励，使用一些正强化、负强化、惩罚的方法，以加强对亲子沟通技巧的巩固练习。

5. 第七次介入

（1）主题：缓解学习焦虑，重树学习信心。

（2）服务过程：案主现在在学习方面缺乏有效的方法，基础知识薄弱，因此导致学习成绩下降，学习动机不强，学习兴趣欠缺，形成了恶性循环。通过"我有我的厉害"环节，对案主进行放松训练，缓解不愿谈及学习的焦虑状态，再让案主回忆学习上的光辉事件，并通过时间轴画出来，简要写明时间、做出的努力、成功的原因，案主列出了大大小小十几件事情。案主在分享故事时，深深沉浸其中，母亲补充细节，显得比案主还兴奋，母亲和社工连连夸赞案主，增强案主自我效能感，引导案主纠正自己"一无所用"的错误认知。

社工将话题转到数学和英语上，引导案主总结学习经验。他意识到自己从小就有就喜欢刨根问底、认真做笔记的习惯。此外还可以借鉴英语、数学的勤记忆勤练习、分类整理等的方法。案主不禁流露出满满的自豪，增强了案主学习的自信心和自我效能感。通过"学习有门道"这个环节进一步明确当前学习上的困难，鼓励案主观察、学习班上学习优秀的同学是怎样学习的。最后通过"小故事，大道理"，勉励案主珍惜宝贵时光，奋发图强，努力学习。服务尾声，母亲跟社工反应，在前几次服务之后，孩子跟她的感情亲近了很多，而且住在一起了，有时候下班晚，孩子会从晚托班早点回家，做晚饭给她吃，母亲说着就眼泛泪水。社工也十分欣慰，说明社工的服务对案主的改变虽不是一蹴而就，但也逐渐帮助他打开心结，转变了错误认知，改善了亲子关系。

自五年级开始，案主成绩不断下降，尤其是上了初中。社工链接学校老师和大学生志愿者相关资源，为案主适时讲授一些学习方法，在周末或晚上进行基础知识补习，倡导同学互帮互助，为小兵提供帮助。

（3）服务总结：社会工作服务讲究发掘人的潜能，相信人有主动改变的能力，出现问题只是暂时适应不良。因此，本次服务中，社工从案主自身和案主外部两方面着手。从自身来说，社工先运用放松疗法缓解学习焦虑，再借用老年社会工作的人生回顾疗法，帮助案主获得过去成功学习的经验，增强案主的自我效能感，提高学习自信心。接着鼓励案主针对自己的学习困境，观察、学习榜样的良好方法，总结出自己的学习思路，并通过小故事激励案主。对于案主外部资源，社工联系学校与志愿者为其补习功课，捡起基础知识。

6. 第八次介入

（1）主题：重建人际支持系统。

（2）服务过程：案主的问题主要是认知问题、亲子关系问题和学习问题。因此，人际关系问题是社工介入的次重点。青少年时期，同辈群体是影响青少年发展的主要群体。因此，社工与班主任充分沟通对接，举办全班互助互爱、团结共进的主题班会，增强班级凝聚力；安排"有话大声说"环节，让案主要好的两位同学表达对案主的赞赏和期望，班主任加以强调突出，让同学能看到案主的优点，关心帮助案主，同时也让案主体会到班集体对他的关心和接纳。社工与母亲一起鼓励案主运用学到的家庭沟通方法与老师和同学主动交往，友好相处。结案前，社工与母亲、案主进行电话回访，商量结案事宜，提前预知，以免引发分离情绪，出现倒退、抗拒等现象。经过评估协商，发现案主已经可以结案。

（3）服务总结：社工根据青少年学习生活的实际，将改善人际交往能力的部分放到班上解决，运用班会这种自然常规而非刻意的方式，利用班集体的力量营造接纳、包容、友爱的环境，突出案主的优点，增强案主与同学之间的联系，重建社会支持系统。班主任反馈，班上同学其实并没有不喜欢案主，只是圈子不同而已。案主得到了同学的鼓励和肯定，非常感动。班会课后，案主与班上其他几位表现优秀的同学开始主动接触，还因为曾经的粗鲁行为跟班主任道了歉。因此，现在可以很顺利地迎接结案。

7. 第九次介入

（1）主题：巩固已有成果。

（2）服务过程：社工通过"细说改变与成长"和"说出你的想法"环节，引导案主和母亲将进行服务介入以来的改变逐条写下来，总结案主的优缺点。经过会谈中的案主自评、母亲评价和社工评价环节，发现案主心情没有以前压抑了，抑郁烦闷的状态得到明显改善，并渐渐接受父母离婚的事实，逐渐养成理性看待事物、乐观生活的态度。通过一系列活动与"行为契约表"的强化练习和不断改进，现在亲子沟通已经好了很多，亲子关系更加亲密，如案主会帮忙做家务，偶尔周末会出去吃饭、游玩。学习成绩进步不是很明显，但是他没有那么急躁了，虽然还是自信心不够，但是有晚托班和志愿者的帮助，案主还是努力在学。据上次班主任反馈，案主与老师、同学的关系也渐有起色，偶尔案主还会向同学请教学习。在"一起长大"环节，社工准备协助案主制订一个学习生活计划，以保持服务成果，令人惊讶的是，案主笑着呈现已经做好的计划，说是和母亲一起做出来的。社工不停表扬案主，案主非常开心。

后来，母亲私下还与社工说，于6月10号联系上了案主父亲，父亲在外地工作，生活已步入正轨，也答应见孩子，但是要等到年底回家。看到案主和母亲的变化，社工为他们的进步倍感欣慰，大家努力几个月时间的种的果，总算是开出了漂亮的花。

（3）服务总结：最后一节活动主要是详细回顾获得的改变，保持成功的经验，并进行总结评估。社工要求逐条列出来，经过案主、母亲以及社工三方的评价，不仅更加明确具体的成长内容，也是形成舆论的激励。案主最后能主动制订学习计划，严格要求自己，是巨大的改变，是努力学习、形成积极乐观生活方式的重要体现。这些都能说明案主具有基本的生活和学习能力，能够顺利结案。

（二）预期困难及解决方法

困难与解决方案具体内容见表14 –3。

表14 –3　困难及解决方法

困难	解决方法
与案主建立真诚的专业关系，使案主放下防备心理配合整个专业服务过程，有一定难度	在服务协议签订时应充分说明各自的权责义务，社工全程要肯定并鼓励案主，充分发掘案主的自身潜能。运用共情、倾听等技巧引导案主表达自我
案主很难快速转变对父母离婚的看法	社工和家长都要保持绝对的耐心，解释当时的情况，让案主理解如果父母僵持着可能带来更坏的结果
母子之间沟通的方式很难在听几次课、接受几次服务后就立马改变	首先，每次活动前，针对学习到的亲子沟通技巧相关内容进行反思与分享，约定的行为一定要执行；其次，服务结束后还会进行一段时间的跟进，以保持现有结果
难以与父亲联系上或难以定期联系感情	发动全家力量，调动社区资源，向父亲的家人、曾经的朋友寻找线索，努力让父亲明白他在孩子心中的重要位置
案主与同学关系短期内难以转变	相信并鼓励案主主动为增进同学关系做出努力，班主任也需要在班上为案主营造一个可以逐渐转变的环境

·（三）案主与社工的关系

（1）朋友关系。社会工作者与案主首先是朋友的关系，社会工作服务以案主为中心，尊重案主的主观感受，而不是成为被动的执行者，让案主有主动寻求改善的动机，以平等的地位与社会工作者一起推进服务进程。

（2）服务提供者与服务接受者关系。社会工作者是服务的提供者，与案主是专业信任关系。从接案前的准备到结案与评估一直是需要社会工作者秉持社会工作的原则和理念，运用社会工作专业的方法和技巧为案主提供服务，帮助案主发现认知偏差、分析原因、纠正认知偏差、学习理性认知模式，并且协调各方资源，为案主解决问题、提供服务的过程。相对来说，案主处于资源缺乏的一方，所以在服务的初期更多扮演的是服务接受者的角色。

（3）老师与学生关系。由于案主陷入错误认知循环中，社工需要扮演老师的角色，引导案主认识到问题，并使案主在社工的协助下形成理性认知。家长缺乏良好的亲子沟通技巧，案主缺乏与同学建立良好人际交往的技巧和有效的学习方法，这些都需要社工作为老师给出指导。

（四）所使用的素材

（1）BDI－Ⅱ量表：即贝克抑郁问卷1996年的修订版，分数越高，抑郁的症状就越大。案主的得分是20分，属中度抑郁。

（2）笔记：母子每周的信件、行为契约表。

（3）放松练习的资料：瑜伽放松冥想词与音乐。

七、结案与后期评估

（一）结案

在经过几个月的社会工作介入后，小兵的抑郁症状基本得到解决，情绪状态改善了很多。在和小兵及妈妈交谈的过程中，发现小兵的自信心逐步增强，愿意和人聊天了，并且时不时地会开玩笑。小兵的妈妈也在慢慢减少自己的工作量，尽量抽出时间陪小兵谈心、辅导作业、参加活动，家庭气氛渐渐缓和了许多。

在对小兵介入的最后阶段，社会工作者与小兵进行了整个个案过程的回顾，充分肯定了小兵在服务过程中的改变以及帮助同学的事例，对小兵取得的进步表示非常欣喜。在介入工作的尾声，小兵的抑郁症状大大减轻，消极情绪也得到了恢复，家庭关系得到了缓和。社会工作者觉得已经达到了预期的目标。所以，社会工作者通过与专业督导协商，予以结案。

（二）对服务效果进行评估

此次服务效果是通过 BDI－Ⅱ 量表对案主进行前测和后测问卷分析得出的结论。社工前期用 BDI－Ⅱ 量表对小兵进行问卷调查，分析得出的数据为 20 分，属于中度抑郁。而通过社工一系列的介入活动、沟通、访谈以及后期的跟踪回访后，让案主小兵填写了同样的抑郁量表，数据明显呈现下降趋势，量表得分为 13 分，属于轻度抑郁。

（三）对服务过程进行评估

（1）社工对案主的评估。在对小兵实施个案辅导之后，社工进行了观察和量表测量，小兵的变化十分的明显。首先，在介入前，BDI－Ⅱ 量表的数据为 20 分，在介入之后，抑郁自评量表得分为 13 分。其次，在社工介入之前，小兵的家庭可以说是支离破碎，爸爸由于各种原因，未能给予小兵深深的父爱，妈妈由于工作忙也无暇顾及小兵的学习、生活、情绪。通过社工的介入、沟通、辅导、开展活动后，小兵的家庭气氛开始慢慢和谐，母子关系渐渐融洽，感情迅速升温。最后，小兵由之前的学习懈怠、自我否定转为学习积极，虚心向老师、同学请教，热心班级公益，助人为乐。

（2）案主自评。小兵表示，经过和社工接触、交谈后，个人情绪有所好转，自信心增强，逐步开始与班上同学沟通，主动帮助同学，学习积极性逐步提高，跟班主任相处也很融洽，上课积极回答问题，消极情绪大大降低。"我现在跟班上同学关系很好，学习上有不懂的他们都愿意帮助我，最近一次考试我告诉自己发挥正常水平就好了，不要给自己太大的压力，妈妈也时常陪伴我，更加理解我，让我自由发挥，真的很感谢林社工，给了我很大的帮助，增加了学习自信心和动力。"

（3）班主任、其他老师以及同学对案主的评估。小兵在班上的表现非常良好，与班级同学关系融洽，上课认真听讲，按时完成作业，并且主动找老师谈心，请老师指出课堂中、作业中的不足之处，虚心请教。因为自己擅长打乒乓球，所以会时常抽空并耐心教同学练习，脸上的笑容比之前增加了许多。小兵的同学说："小兵不像以前那么自我封闭了，偶尔教同学们练习乒乓球，和同学相处好很多。"

（4）家庭成员的评估。小兵的妈妈看到小兵的改变后，非常地高兴，反映小兵比之前开朗很多。母子关系缓和了很多，小兵也能明白妈妈平时赚钱的艰辛以及对他的疼爱。在社工介入之后，小兵愿意与妈妈沟通，很多之前不愿意说的心事都愿意和妈妈讲，他不是不愿意学习，就是觉得爸爸妈妈离婚了，妈妈太忙，大家都不愿管他了。妈妈说："我能感觉到小兵的抑郁情绪改善了很多，在家也会主动做事情，会和外公外婆聊天讲故事。孩子好了，家庭气氛也就活跃起来了，真的很感谢你们的帮助。"

八、总结与反思

（一）研究成果

本案例运用认知行为治疗模式对案主面临的问题及原因进行分析，从社会工作的工作理论出发，运用"认知治疗"与"行为治疗"的理念和技巧方法，同时借鉴其他学科领域的方法提供服务，制定认知行为治疗模式的个别化的服务方案，对案主的认知与情绪、亲子关系、学习及人际交往四大问题进行介入。因此本研究有以下三点收获。

（1）认知行为治疗模式对纠正青少年错误认知有一定适用性。在整个服务过程中，案主所有问题的根源就是对父母离婚的错误认知。四年过去了，仍然不能正视并接纳这一事实，由此引发心理情绪、学习、人际交往、性格等问题。因此，青少年社会工作不仅要关注青少年的外在行为，更要分析青少年的内在认知，通过纠正错误认知来影响外在行为。在本案例中，社会工作者在进行初步接案后，就帮助案主澄清认知问题，分出先后次序，确定服务方案。考虑到案主的压抑情绪，选择在第一次介入运用"空椅子技术"让他宣泄情绪，接着在第二、三次介入时，就直面问题的根源，纠正错误认知，引导案主理性地接纳父母的决定。在处理亲子沟通、学习以及人际关系等问题时，充分运用行为主义疗法的相关方法。总的来说，即从内在树立理性认知，从外在培养正向行为。

（2）认知行为治疗模式适用于个案工作。本案例中，主要是在个案工作的服务过程中贯穿认知行为治疗模式的介入理念，适当选用其他领域的工作技巧和方法进行介入。根据评估结果，本次服务收到了不错的效果，很大程度上改变了案主的多项问题，并且在心理认知上逐渐得到了转变。这都是因为认知行为治疗模式关注心理和行为两个方面，而且只面对唯一的案主，社会工作者可以更好地观察案主的认知和心理方面的转变，并使这种转变影响案主的外在行为。

（3）他人评价对服务对象的认知行为产生一定的影响。在本案例中，经过一系列介入后，案主在后期逐渐认识到自己的不当观念，开始转变自己的认知，运用独特的亲子沟通方法，尝试管理自己的学习行为，并且开始主动与人交往。某种程度上，是"人在情境中"的体现，即案主在改变自己认知和行为的时候，周围人的评价与反应也不同，这种对案主的接纳和关心案主转变成案主不断改变、保持当前行为模式的有力支持和鼓励。因此，社会工作者在提供服务时，一定要充分利用周围人的评价，形成一个良好的行动系统，营造利于案主改变的环境。

（二）研究反思

本案例中，运用专业的认知行为治疗模式介入，虽然收效不错，但是在整个研究和服务过程中，还是有许多需要进行反思的不足之处。

（1）认知行为治疗模式在个案工作中的工作技巧和方法应用存在不足。在此次个案服务过程中，社会工作者主要采取情绪 ABC 疗法，正强化、负强化、惩罚、替代强化等模式本身特有的方法，还借鉴了人生回顾法、空椅子技术。虽然方法上并不拘于框架，但由于前期准备不足以及社工本身的能力问题，并没有充分运用这些方法，并且由于运用的方法和技巧过多，从而无法准确比较每一种方法和技巧的优势和劣势，使后期在个案工作中使用认知行为治疗模式缺乏更科学的指导。

（2）社工自身水平要提高，介入计划要合理。通过社会工作者在个案操作过程中的表现、活动过后的自我评估以及案主的评估，可以看出社会工作者的自身水平还有待提高。整个服务过程采用的是个案工作，从制订计划、到执行计划、再到评估计划，都需要社会工作者个人以专业的态度完成。案主自身缺乏足够丰富的经验，虽然服务方案一再修改，并且有案主自己参与，但案主更多是依赖社工，社工更多的是正面强化，积极引导，不能很好地照顾案主的心理反应和主观感受，对于案主自决没有很好的把握。青少年作为单个个体，他有自我管理和独立思考的能力，社工应该尊重案主、理解案主，案主自决，真正做到助人自助。作为一名专业的社会工作者，除了掌握丰富的理论知识以外，还需要有熟练的实务经验，要注重专业督导和实践技能的培养。

（3）整个介入过程稍显仓促，介入效果有限。这次介入虽有 9 次活动，但是由于案主需要解决的问题较多，且初中学习任务量大，因此，由于时间关系，只是对认知问题进行重点干预，对其他方面没有做到更细致深入的探究。而且由于介入时间短，可能案主在服务过程中没有充分的时间反思、调整自我，感觉节奏太快，对于干预效果的维持不利。

九、相关知识链接

（1）认知行为治疗模式：是以人的认知和行为作为关注焦点的治疗模式。它包含两个基本假设：一是认知对人的情绪和行为有着重要的影响，二是人的行动会影响人的思维方式和情绪。认知行为治疗模式的介入理念就是既关注内在心理认知，也关注外在行为表现。该模式关注的重点是案主的错误认知，而不是表面的负面情绪和错误行为，通过重建正确认知来纠正案主的错误行为。社会工作者帮助案主将错误认知罗列出来，进行疏通和重建，将消极错误认知变成正确积极的认知之后，使案主的行为和情绪也得到改变，并将重新树立的认知在生活中进行实践。

（2）正强化：又称阳性强化，指个体做出某种行为或反应，随后或同时得到某种奖励，从而使行为或反应强度、概率或速度增加的过程。

（3）负强化：也称阴性强化，就是对符合组织目标的行为，撤销或减弱原来存在的消极刺激或者条件以使这些行为发生的频率提高。

（4）惩罚：惩罚是指当有机体自发做出某种反应后，随机呈现一个厌恶刺激（或不愉快情境），以期消除或抑制此类反应的过程。

（5）替代强化：替代强化是认知行为治疗模式中的重要概念，指一种榜样替代的强化。一般说来，学习者如果看到他人成功的行为、获得奖励的行为，就会增强产生同样行为的倾向；如果看到失败的行为、受到惩罚的行为，就会削弱或抑制发生这种行为的倾向。因此，学习者通过观察、体验而可以转化为学习者自身的动机作用。

（6）情绪 ABC 理论：美国心理学家埃利斯认为，正是由于我们常有的一些不合理的信念才使我们产生情绪困扰。即人的消极情绪和行为障碍结果（C），不是由于某一激发事件（A）直接引发的，而是由于经受这一事件的个体对它不正确的认知和评价所产生的错误信念（B）所直接引起。错误信念也称为非理性信念。

（7）"空椅子"技术：是格式塔流派常用的一种技术，是使来访者的内射外显的方式之一。目的就是帮助案主全面觉察发生在自己周围的事情，分析体验自己和他人的情感，帮助他们朝着统整、坦诚以及更富生命力的存在迈进。

（8）人生回顾疗法：人生回顾疗法是老年社会工作的主要方法之一。通过帮助老年人回顾一生中的主要事件，获得领悟和经验，摆脱过去的阴影，使生活更满意，更有建设性。

十、推荐阅读文献

1.许莉娅.个案工作(第二版)[M].北京：高等教育出版社，2013.

2.贝克.认知疗法：基础与应用(第二版)[M].张怡，孙凌，王辰怡，等译.北京：中国轻工业出版社，2013.

3.张文霞，朱冬亮.家庭社会工作[M].北京：社会科学文献出版社，2005.

4.隋玉杰.个案工作[M].北京：中国人民大学出版社，2007.

5.多戈夫，洛温伯格，哈林顿.社会工作伦理实务工作指南(第七版)[M].隋玉杰，译.北京：中国人民大学出版社，2005.

6.派恩.现代社会工作理论(第三版)[M].冯亚丽，叶鹏飞，译.北京：中国人民大学出版社，2008.

十一、讨论题

1.试简述生态系统理论，并画出案主小兵的生态系统图。

2.请选择一个家庭社会工作的模式为案主小兵制定服务方案。

案例十五：为自己而读书

——辍学少女追梦之路

谢新华

一、案例描述

案主(小红)，女，17岁，曾就读于县职业中专学校，如今辍学在家。小红是社工在一次走访中接触到的，社工当时与她进行初步交谈，才知她已辍学回家。此前小红在职中就读计算机专业已有一个多学年，相当于高中二年级。2017年暑假，小红在广州工作了两个月，这次外出务工的尝试也给她带来了一定的影响。之后，社工向小红的班主任了解到，九月份开学后，小红迟迟没有去学校报道，九月下旬去了一趟学校只说要退学，便收拾行李回家。老师曾问过她退学的原因，但最后也无所获。

小红的家庭是村中的贫困户，家中有四口人，父母文化水平不高，且两人身体不太好。2015年，湖南省民政厅结对帮扶小红所在的自然村，村内开始大力发展旅游产业，由此衍生出了维持村中卫生状况的保洁岗位。根据相关的扶贫政策，岗位优先选择的对象是建档立卡贫困户，小红的家庭符合条件，因此小红母亲得以在村中从事保洁工作，每月有1200元的收入，这是这个家庭稳定的生活来源。不幸的是，小红母亲在工作中不小心被镰刀划破手，动了手术，因缺乏资金，目前钢板还未取出，所以行动不便。小红父亲则到处打点零工，有时会到广西的工地当建筑小工，因早年务工摔断了腿，现在腿部有轻微残疾，丧失了部分劳动能力，因此所挣不多。小红的妹妹小花在读小学六年级。家中有两个孩子需要读书，根据相关的教育助学扶贫政策，小红和小花都可以得到助学金补助。小红所在的职中学校为民办学校，每学年还需要缴纳一万元学费，这对这个劳动力较弱的家庭来说是一笔不小的开销。小红父母身体还时常有些小毛病，经常需要去医院看病拿药。看到家庭经济情况如此困难，小红总想帮家中减轻负担，她认为最好的方法便是自己辍学外出务工，如此便可帮助补贴家用。

小红童年时期有过一段留守经历。她两岁时，因家庭经济困难，父母外出务工，她一直跟随姑姑生活。直到小红七岁，父母回村发展，小红才得以在父母身边成长。因为从小父母不在身边，小红觉得自己与父母关系没有那么亲密，特别是这次辍学之后，小红与父母之间的矛盾更加激化了。父母觉得小红闲在家，应该多做家务，而小红则认为自己已经尽力在帮助家庭，父母却还不满意，经常责骂自己，为此小红觉得很苦恼。小红与家人居住的环境条件也较差，家中堂屋阴暗，墙体陈旧。这次小红家庭申报"易地搬迁"扶贫项目，小红父母不了解政策，担心没有足够的钱换新房。小红父母平时忙于生计，对小红小花两姐妹的照顾比较疏忽，所幸两姐妹的独立能力比较强，也比较乖巧听话，并无须大人过多操心。

小红平日喜欢看书，经常到农家书屋（也是社工的办公地点）来借书，借的书籍包括《你在为谁读书》《人性的弱点》等励志类书籍。有灵感的时候，小红还会进行一些创作，比如写写小说、画一些漫画，小红有这些爱好，但并没有经过系统的学习。小红之前在学校学习的是计算机专业，对办公软件比较熟悉，也算掌握了一项技能，拥有一定优势。近日，小红主动与社工说希望能重新读书，因为她以后想当一名教师，只有继续读书才能有实现梦想的机会，但她表示不想再去之前的学校，却又担心没有学校会收她。

二、案例人物

（一）案主

小红今年17岁，性格比较内向，在陌生人面前沉默寡言。前段时间辍学在家，觉得自己无法融入学校，并表示不想再回原来的职中上学。一时之间，小红对自己的未来非常迷茫，不知该做出何种选择。小红的梦想是成为一名教师，她很后悔初中时没能好好学习，中考时不懂事，没有选择读普通高中而是选择了职中。这次从职中退学，她希望能够再找其他学校继续学业，以实现教师梦。小红平时喜欢看书，灵感来了的话也会写一些小说类的文字，故事情节也多是改编自自己的亲身经历。她还喜欢画画，在家的这段空闲时间里，也画了几幅漫画。之前在职中的学习也让她掌握了一定的计算机办公软件的操作技能。由于小时候在姑姑家生活，小红与父母的关系并没有很亲密，特别是辍学之后，小红与父母的关系更加紧张了。小红父母文化水平不高，也无法在就学上给予指导。

（二）相关关系人

1. 案主父亲

小红父亲年轻时与小红母亲外出务工，由于当年沉迷赌博输掉了不少钱，导致现在家庭经济困难。现在小红父亲种了一些果树，平时就去给果树施肥除草，有时还去建筑工地打点零工。他觉得小红没有在他们身边长大，所以跟他们的关系并不很亲密。同时他觉得小红学习不认真，只顾着玩，这次辍学很冲动，就算小红想再回学校，"学校也不是凉亭，爱进就进，爱出就出的"，认为学校也不会再让小红回去上学了，"她要干什么我也管不了了，出去打工的话养活她自己就行了"。

2. 案主母亲

小红母亲是一位朴实的妇女，一直以来对扶贫工作与社工工作都很支持。社工入户走访时受到了热情的对待，看到社工与女儿聊天非常开心，希望社工能够多指导一下女儿。小红母亲觉得小红不读书了也好，可以早点外出打工，"要是再找学校重新读的话还要两年，还不如早早出去工作，过两年就可以结婚生子了"。

3. 案主妹妹

小花今年读小学六年级，性格比较开朗活泼，平时在学校住宿，只有周末才回家。而小红之前一直在外上学，两姐妹接触的时间并不多。两人的关系也正如大部分姐妹之间的关系，有好的时候，也有闹矛盾的时候。

（三）主要介入工作者

1. 社工

社工在日常走访中，发现小红辍学在家，便开始留意小红的状态。随后社工发现她喜欢看书，便以书为切入点，来挖掘这位潜在的服务对象。在了解小红的基本情况并进行初步评估后，社工认为小红可能需要一些支持，来帮助她走出现下的迷茫，看清未来要走的路。社工从小红个人到她的家庭，再到她所处的整个农村社区乃至整个政策大环境等多个系统出发，深入挖掘与小红有关的信息及优势，并帮助她寻找和建立支持系统，使她能在有利的支持下，自我得到发展。

2. 教师

小红一开始要退学时，老师也多番劝说，想让她放弃退学的想法，继续学业，并意欲了解她退学的原因，无果后便让其回家好好考虑。在小红提出退学后，老师也通知了家长，并向家长了解情况，但未能从更深层次了解小红的心理动态并给予引导。

3. 行政人员

2015年，湖南省民政厅驻村扶贫工作队在该村驻点帮扶，小红家庭作为建档立卡贫困户，在扶贫工作队的帮扶下，村政府为小红母亲安排了保洁岗位，以确保小红的家庭有足够的收入达到脱贫标准，并使其家庭基本生活得到保障。社工为小红的家庭链接扶贫队的资源，并按照相关扶贫政策，对其家庭实施精准帮扶。

三、社工在案例中的角色

（一）使能者

使能者是指运用自身拥有的专业知识和技巧调动服务对象自身的能力和资源，发挥服务对象的潜在能力，促使服务对象发生有效改变。在本案例，社工在与小红交流的过程中，运用优势视角（"优势视角"是一种关注人的内在力量和优势资源的视角，意味着应当把人们及其环境中的优势和资源作为社会工作助人过程中所关注的焦点，而非关注其问题和病理。优势视角基于这样一种信念即个人所具备的能力及其内部资源，允许他们能够有效地应对生活中的挑战）挖掘小红自身优势以及其可利用的家庭、亲友、社区及社会资源，并为小红及其家庭链接相关资源，使小红能够在有利的环境中发生有效改变。由于小红空闲时间较多，平日喜欢读书且有文字功底，对村中孩子也比较熟悉，社工便委托她组织筹划一次活动，并要求她全权负责活动的策划、组织及开展。通过这个"任务"，让小红走出房间，积极与村中其他孩子进行交流，在这个过程中引导小红与他人建立新的关系，增加其自信，培养其组织能力。社工发挥使能者的作用，激发了小红的组织能力并调动了小红在村中的资源，使小红认识到自己的能力，并在与他人交往的过程中建立自信。

（二）服务提供者

社会工作者首先是向服务对象提供服务的人，这里的服务既包括提供心理辅导，也包括提供物质帮助和劳务服务，还包括政策信息的提供。社工根据小红实际面临的问题为她提供相应的服务。社工分析小红的问题，指导、协助小红分析自己的困境、认清自身的问题，最后让她自己做出决定。小红辍学在家，对前途感到迷茫。社工便根据自身的经验，向其分析外出打工及重返校园会面临的问题，然后让小红自决。其间，社工不断鼓励小红，安抚小红辍学在家的失落感。小红辍学后，总觉得自己与其他孩子不一样，村里的人也瞧不起她，觉得她是无心向学才退学，退学后也不出去打工，只赖在家里，这使小红产生了自卑心理。社工对其进行心理疏导，帮助小红缓解无助、失落、自卑的情绪。社工开展青少年破茧自信小组活动，邀请小红来参加，以提升其自信心；之后又邀其参加青少年手工小组，使其不仅可以在小组中学到手工知识，还能促进她与他人之间的交往。

（三）支持者

面对案主，社会工作者不但要提供直接服务或帮助，也要鼓励其在可能的情况下自强自立、克服困难、自我决策，即"助人自助"。因此，社会工作者应该成为服务对象积极反应的支持者、鼓励者，并应尽量创造条件使服务对象自立或自我发展。案例中，小红虽然辍学在家，但是也坚持阅读，间或有些创作，社工便鼓励她不要放弃学习的习惯，支持她进行创作。之后，小红表示希望明年能重返校园读书，以实现自己的教师梦。社工表示对小红重返校园的支持，并帮助她寻找相关的职业中学，根据小红本人的意愿选择合适的学校和专业。在综合各方面因素的考虑之后，小红暂时明确了要选择的学校。社工帮助她查找到了该学校的联系方式，便于咨询了解。社工还了解到村中也有青少年在该校就读，便告知小红可以前去咨询了解一下。社工用实际行动鼓励并支持小红重返校园追梦，创造条件使小红克服困难，使自我得到发展。

（四）资源链接者

为服务的顺利开展而争取资源是社会工作者的重要责任，社会工作者应该有能力争取到相关方面的支持，否则就难以开展工作。针对案例中小红及其家庭的基本情况，社工需要积极为其链接资源，在一定程度上帮助他们解决实际困难，使小红能够在有利的条件下进行改变。比如，落实相关的扶贫政策，督促产业扶持资金和教育助学资金等政策补助金正常发放；发放果树苗并邀请其父母参加果树种植技术培训讲座；将其纳入易地扶贫搬迁范围，以改善居住环境。社工根据相关的扶贫政策，为小红的家庭链接政府、扶贫工作队等资源，取得相关部门的帮扶，为小红的家庭缓解经济困难、改善生活条件起到了一定的作用。

四、信息收集及案情评估

（一）接案

接案是把有需要的求助者纳入个案工作的工作程序中。即社会工作者通过与求助者的初步接触评估她的问题，并与其协商，看她是否能够成为自己的服务对象。在此案例中，社工与小红的初次接触是在入户走访的过程中发现小红辍学在家，社工便想了解其辍学的原因，了解其是否是在学习或生活上遭遇了困难，是否需要社工的介入。

接案过程中，社工要注意了解求助者的求助愿望。即社会工作者须了解案主的愿望，并对其进行简要的评估，比如她需要什么帮助、需要帮助的迫切程度等。社工须对案主有了一个总体的了解，即可以确定是否需要立即给予必要的帮助。对于那些需要立即帮助的求助者，社会工作者给予必要的鼓励，增强其改变现状的动力和信心，促使其成为能够获得有效服务的服务对象。小红对于自己的需求还是比较迷茫的，虽然她辍学回家，并打算过完年便外出打工，但是她还是在两者之间犹豫不决，不知道怎样才是最好的选择。一方面，小红想早点出去挣钱以减轻家庭负担，另一方面，她又害怕在将来自己会后悔彻底放弃学业，并且出去打工的话未知的前方也让自己心生恐惧。于是她便求助社工，社工在了解情况之后，利用生态系统理论（主要强调各个系统之间的积极联系，通过各个子系统之间的联系，实现最优化发展）分析其所处的家庭、学校、社会各系统，与服务对象一起对其需求和问题进行初步探索，并与服务对象建立口头或者书面契约关系，让服务对象正式成为案主。

（二）建立关系

社工最初发现小红辍学在家是在一次入户走访的过程中，之后小红经常到书屋借书，渐渐的，小红便与社工熟悉起来，会经常与社工诉说自己的生活。社工根据小红的倾诉初步分析小红的需求并征求其意见后，与她建立了专业关系。同时社工向小红说明服务内容和范围，避免小红对社工抱有一些不切实际的要求，鼓励她与社工积极配合。

（三）会谈的进行

在个案中，社工与小红及其家庭一共开展了六次正式的会谈，会谈的具体时间则是根据小红及其父母的空闲时间来定，地点主要是在书屋和小红家里，每次会谈时间控制在 50 分钟左右。

　　第一次会谈在书屋进行。会谈之前社工准备了访谈提纲，提纲的内容包括：辍学的原因，在学校的生活，在学校的人际关系及自己将来的打算等与小红自身相关的信息。初次会谈的目的是探究小红辍学的原因和了解小红所处的生态系统。通过会谈，有利于社工掌握关于小红的一些信息，并且在会谈过程中观察小红的行为动作、面部表情及语气语调等，以更好地把握她的内心世界。

　　社工以小红近期所看的书为切入点，先请她谈论读书心得。小红借阅过《你在为谁读书》与《人性的弱点》《骆驼祥子》等书，她觉得《你在为谁读书》这本书给了她很多心灵上的震撼，使她明白了要为自己读书。小红在读书时成绩一般，但是有自己感兴趣的科目。小红读初中时对学习不重视，中考成绩并不理想，最后没有选择就读普通高中，而是跟随好友选择了职中。然而职中不良的学习环境使其萌生了退学打工的念头。在阅读了该书之后，小红对之前因贪玩而荒废学业的行为感到后悔，并且认识到读书的好处，觉得读书能够为自己带来更多的选择。小红心里一直有个教师梦，却不知该如何实现，如今辍学，离梦想更是遥远了。小红认为只有重返校园，才能实现自己的教师梦。

　　第二次会谈是入户访谈。这次的访谈对象主要是小红的家人。入户访谈有利于社工现场观察小红的家庭情况，了解小红的家庭关系及各家庭成员之间的相处模式。会谈主要是与小红的父母进行交谈，以了解小红父母对小红辍学的态度及对小红的评价。在与小红父亲交谈时，他正在削木头。社工先是询问了他近期的生产生活情况，再谈及小红的事情。小红父亲认为小红平时比较贪玩，花钱比较厉害，不过她在读书时生活费并不要家里负担多少。小红父亲并不同意小红辍学，他希望她能好好把书读完再出去工作。如果出去工作的话，小红父亲也并不指望她能在多大程度上帮助家里，只希望她能照顾好自己，不要学坏。说到这些，小红父亲的语气十分无奈。随后小红母亲干完活回到家，社工又与她进行交谈。小红母亲虽然也对小红的辍学行为感到不满，但是又觉得小红再读书的话还要两年，还不如早点出去工作，也好减轻家庭负担。

　　第三次会谈的地点是在书屋。主要是针对小红开展心理辅导。为了帮助小红建立自信，社工用优势视角向小红分析了她自身的优势和资源。小红的计算机操作、写作、绘画等技能都是优势，小红的家庭、亲友、所在的社区、相关扶贫政策等都是可以利用的资源。社工鼓励小红发挥优势，并引导她利用已有资源来建立自信，发展自己。

　　第四次会谈在小红家中。通过会谈，社工再次了解到小红家中目前面临的困境，从而针对具体的情况，帮助他们链接相关资源。比如在产业发展上，可以帮助小红父亲链接扶贫队的资源，获得水果苗木，参加种植技术培训讲座，落实产业扶持资金的发放；在劳务用工方面，可以链接当地政府资源，让小红父母参加村中劳务用工，并且帮其申请外出务工交通补贴等。

第五次会谈是在书屋。社工与小红规划未来的发展。社工先与小红分析她所面临的选择，并询问小红的想法。小红当时表示想重返校园以实现自己的教师梦。社工便在互联网上帮助她收集相关的职业院校，并结合小红的意向挑选符合条件的院校。

第六次的会谈便是结案。个案开展到此阶段，小红及其家庭已经有所改变。这一次的会谈便是与小红回顾前面个案的开展以及她在个案中的收获与成长。个案的服务成效获得小红的认可，小红表示已经获得成长，同意结案。社工向小红说明结案以后若遇到困难时依旧可以随时向社工求助。

（四）信息评估

小红本身性格比较内向，加上家庭条件不乐观，自身的发展也很一般，所以她在一定程度上是有点自卑的。小红辍学后对其前途感到迷茫，但是小红也有其自身的优势，比如她掌握一定的办公软件操作技能，也有学习的兴趣和动力。社工可以将这些技能作为小红的优势来引导她进一步运用并发展。

小红家庭经济情况的不乐观，一定程度上影响了她的求学之路。小红认为自己与父母的关系并不是很好，觉得父母比较疼爱妹妹，而对她则动不动就骂，所以与父母经常会有争吵。父母也觉得小红不听话，不读书又整天在家无所事事。虽然小红父母对身为女孩子的小红学业要求不高，甚至还希望她能够早日为家庭做贡献，但是也表示只要小红努力，还是会尊重她的意愿。

小红个人呈现的问题与整个社会环境紧密相关。无论是其家庭对她的态度，还是社区亲友邻里对她的评价，或者是学校老师及同学的评价，都会对小红造成一定的消极影响。例如，学校老师对小红的关心不足，同龄伙伴的离开，学校不良的学校氛围使小红失去了在学校求学的兴趣，以及村里人对小红产生的偏见，觉得小红是辍学又赖在家中不出去工作的人。所幸小红家人对她还是支持的，且村里同龄伙伴对她也没有疏离，加之在整个扶贫大环境下，小红拥有很多资源，所以社工一直在身边鼓励她、引导她，并且帮她链接资源。

（五）理论基础

1. 优势视角

"优势视角"是一种关注人的内在力量和优势资源的视角。它意味着应当把人们及其环境中的优势和资源作为社会工作助人过程中所关注的焦点，而非关注其问题和病理。优势视角基于这样一种信念即个人所具备的能力及其内部资源允许他们能够有效地应对生活中的挑战。社工积极挖掘小红的内在优势，提高她的抗逆力，帮助她建立自信心，鼓励她坚持自己的爱好，欣赏赞扬她的作品，并引导她发展。

2. 生态系统理论

在生态系统理论视角下，人类被看作是通过与环境的各种因素的相互作用来发展和适应。生态系统视角既考察内部因素，也考察外部因素。在这个视角下，人并不是被动地对他们的环境做出反应，而是主动地与这些环境相互作用。社工将小红置于环境中，观察她与家庭、社区、社会等环境的互动，并从中寻找介入的点，联系与她有关联的环境，让她能够在这个环境中发挥积极作用，也让环境促进她发挥积极作用。

3. 女性主义社会工作原则

多米内利将女性主义社会工作定义为这样一种实务：起源于一种对女性世界经验的分析，关注女性在社会中的位置与她们的个体困境之间的联系，创造平等的案主—社工关系，并致力于解决结构性不平等。社工认为小红未来的发展有多种可能性，积极帮助小红挖掘其优势，把她当做积极的行动者，并相信她有能力自己做出决定。辍学后的小红对自己的前途产生了迷茫，社工可以先了解一下小红对未来的想法以及是如何产生这些想法的，再帮助其分析所做的选择会面临的情况，让小红对未来的路有所了解后，再做出自己的决定。小红父母可能存在"女孩读书无用，早晚要嫁人"的传统观念，社工根据女性主义原则，向她父母说明女子与男子可以同样有自我实现的机会，引导其父母改变观念，支持小红继续求学。

五、目标设定

（一）案主面临的问题

1. 对前途的迷茫

小红正处于最朝气蓬勃的年纪，却也是人生最迷茫的阶段。小红一时冲动辍学在家，并决心过完年就外出打工。但这段时间在社工的引导下，她开始对前途进行重新思考。她觉得外面的世界太混杂，担心自己无法接受。考虑到自己的家庭情况，再去读书的话会增加家庭负担，也找不到合适的学校，自己重返校园之路困难重重。对前途的迷茫导致小红十分忧愁，难以抉择。

2. 对自身条件的自卑

社工在与小红建立关系的过程中，发现她自信心有些不足。尽管在社工主动与小红沟通之前，她已多次来到书屋，但她并不会像其他孩子一样主动与社工聊天。在建立关系后，社工表示对她写的小说很感兴趣，她也很开心地与社工分享她的创作，并说"想不到你们对我的小说会感兴趣，我乱写的，也不敢拿给别人看，你们愿意看我很高兴，看了之后要说哪里写得不好啊，教我怎么写小说"。小红的不自信使她不敢轻易与人交流，也认识不到自己的优势。

3. 对家庭经济的担忧

小红家庭条件并不算好，而且之前所读学校收费较高，导致家庭开销较大，父母劳动力不强，收入有限，因此家庭负担较重。小红看到家中糟糕的境况，也十分担忧，便想自己放弃学业，早点打工挣钱贴补家里。

4. 与家庭关系紧张

小红与父母关系不是很融洽，小红认为父母老是责骂她。而父母认为小红不在他们身边长大，所以现在跟他们不太亲，觉得小红不听话。双方经常会有矛盾和争吵，但小红还是会帮助家里做些家务，有时也会帮助母亲在村中做保洁工作。小红父母很担心她不读书会被别人带坏，父母还是很关心小红的，而小红也能体贴父母的辛苦，但是不知道怎么表达情感。

5. 与同辈伙伴疏离

小红看到周围的同龄伙伴纷纷辍学外出打工，内心也蠢蠢欲动，特别是好友也从学校辍学后，她辍学的想法就愈加强烈了。好友与她同村且从小一起长大，当初选择职中也有部分原因是因为好友。谈到好友辍学，小红有点哽咽地说："她先背叛我走了，留我一个人在学校。"好朋友离开了以后，小红渐渐觉得学校生活没意思，也变得不愿意学习了。这一年龄段青少年的从众心理较强，容易受到他人的影响，一旦身边有人辍学，便会对他们自身产生消极的影响。村中同龄读书的人并不多，除了家庭条件好一点或学习稍微好一点的能读高中，大部分都是早早出去打工或结婚生子。农村地区落后的教育使得读书观念不强，导致小红在弱教育的氛围中产生读书无用的观念。但村中还有几位读中职的学生，可以鼓励小红寻求他们的帮助。

6. 学校学习氛围淡薄

对于学校的生活，小红觉得那些同学无心向学，上课玩手机、睡觉，平时抽烟喝酒、泡网吧、打架斗殴的现象无处不在，学校的老师也管不住，学校基本没有学习的氛围，这样的环境也让她不想继续在该校就读。

7. 社会对职业中学生的偏见

目前社会各界对职业教育认识存在偏见。很多人认为从事体力劳动和从事脑力劳动是有高低之分的，在"重学术轻技术"的社会舆论影响下，职业教育的生存和发展可谓步履维艰。传统文化对人们的影响根深蒂固，人们需要更多的时间来转变观念并重新认识职业教育。

（二）优势与资源

1. 有梦想

小红心中有个教师梦，梦想给她重返校园的动力。她对学习并没有失去兴趣，改变一下环境，便有可能让她去追逐自己的梦想。小红具备写作和画画的才能，并且能积极学习，社工可以引导帮助她发展这些才能，并鼓励她勇敢展示自己的作品，促进她与他人的交往，建立起小红的自信。

2. 有劳动能力

小红父母有基本劳动能力，并且能够依靠自己的劳动解决家庭的困境。当前国家大力推进扶贫政策，作为建档立卡贫困户，小红的家庭可以享受到多方面的扶贫优惠政策。社工可以向其宣传相关扶贫政策并引导他们加以利用，以帮助该家庭改善家庭经济状况。国家对于贫困户家庭的教育扶持力度也逐渐加大，特别是对于中职学生，扶贫政策中有"雨露计划"一项，可供就读中职、高职的贫困户学生申请。小红是符合该项政策条件的，因此可帮助她了解这项政策并落实，以减轻其部分读书负担。

3. 父母的支持

尽管家庭困难，但小红父母也并没有逼迫小红辍学以外出务工。虽然传统观念使他们对小红的学业要求并不高，但是只要小红愿意努力，他们还是会支持小红的决定。因此，小红在未来选择的道路上，是可以得到父母的支持的。

4. 性格活泼

小红在相熟的伙伴面前还是比较开朗活泼的。社工可以鼓励她积极敞开心扉，建立新的同伴关系。

（三）目标

1. 总目标

利用优势视角，帮助小红建立自信，使小红自我得到改变，自身得到发展。链接各方资源缓解小红家庭困难，协助她重返校园，踏上追梦之路。

2. 分目标

（1）利用优势视角，帮助案主建立自信。

（2）为其家庭链接资源，缓解其家庭困难，巩固其家庭脱贫成效。

（3）与案主一同为实现梦想进行规划，协助她收集合适的职业院校信息，帮助其重返校园。

3. 干预方案

具体干预方案内容见表 15 - 1 所示。

表 15 - 1   干预方案

次数	时间	会谈地点	分目标	干预策略
1	10 月 18 日 10:00—10:40	书屋	了解案主的基本情况并进行评估，建立专业关系，与案主共同制订服务计划	采用人本治疗模式，以案主为中心，在会谈中营造宽松平等的氛围，社工适度地表达同感，引导案主袒露自我，最终达到自我实现
2	10 月 22 日 16:00—16:50	案主家中	探索案主家庭关系，了解其所在的家庭环境；分别访谈案主家庭成员	从案主的原生家庭着手，探索案主性格的形成与原生家庭的关系；通过倾听案主家人对案主的评价，观察他们之间的互动，掌握他们的家庭关系，并帮助他们改善家庭关系；引导案主父母转变观念，并鼓励他们主动了解案主的想法
3	10 月 25 日 16:00—17:00	书屋	帮助案主建立自信心	利用优势视角，挖掘案主写作与绘画的优势，鼓励并引导其继续保持和发展好这两项爱好；邀请其参加社工开展的其他活动，促进其人际交往，并在小组活动过程中发挥优势，建立自信
4	10 月 28 日 10:00—11:30	案主家中	为其家庭链接资源，帮助其家庭巩固脱贫成效，缓解其家庭困难，推进落实符合该家庭的各项扶贫政策	链接当地政府资源，让其母亲能够继续从事村中保洁岗位；链接驻村扶贫工作队资源，帮助其落实产业扶持金及教育助学金、易地搬迁等相关扶贫政策；工作队还在其产业发展上进行帮扶，比如发放果苗，邀请其参加农业技术培训
5	11 月 2 日 10:00—11:30	书屋	帮助案主寻找合适的职业院校	与案主共同探讨并向其分析未来可能会遭遇的问题；为案主提供相关的职业院校及外出务工信息；根据案主的梦想规划职业生涯，尊重案主自决
6	11 月 10 日 10:00—11:30	书屋	结案	告知案主专业关系即将结束，与案主共同回顾在服务过程中的收获，观察案主的改变

六、干预过程

（一）干预过程中的技巧

1. 支持性技巧

（1）表达专注与鼓励支持。

专注是指工作者面向案主、愿意和案主在一起面对的心理态度。在与案例中各相关人物访谈的过程中，社工总是以专注的神情面对访谈对象。特别是与案主对话时，专注会给案主带来心理上的支持，增强面对困难的勇气和信心。要以参与的态度面对案主，并与案主有良好的视线接触，这样能表现出一种"我愿意帮助你""我与你同在"的态度。鼓励可以让案主表达、支持案主去面对和超越心理上的挣扎、增强案主自信及创造彼此信任的专业关系。比如在第一次会谈中，社工总是鼓励小红倾诉自我，从生活到学习，从家庭到学校，可能有些事情小红会不想说出来，这时社工就要给予及时的鼓励，让小红有倾诉的欲望，并最终表达自己的需求。

（2）主动倾听。

在访谈中要主动倾听并积极搜集案主信息。专注能够鼓励案主表达，而倾听则能更有效地收集案主的信息。在访谈过程中有目的的倾听，有利于分辨案主叙述的各部分内容并且适当解读案主的相关信息。比如在与小红谈到辍学原因时，她说"我的好朋友背叛了我，她先离开学校了，留我自己在学校，我也不想读了"，语气有点埋怨，说的时候还有点哽咽。由此可以推断小红与那位朋友的感情很好，辍学的很大一部分原因是好友的离开，并且在好友离开学校之后她在学校的生活并不开心。而当聊到她写的小说时，她的语气变得轻快，语调也有点兴奋，这表示小红对她的作品得到关注与认可时是开心的。倾听与观察有利于社会工作者把握案主的情绪变化，进而推断出与案主相关的信息。

2. 引领性技巧

引领是社工引导案主具体、深入地探索自己的经验、处境、问题、观念等。引领性技巧能够促进案主在相关主题上做出较为具体、深入、有组织性的表达和探讨，增进社工对案主的认识和了解。社工在与小红交谈时，当谈及辍学原因，小红最初是说不想读了，要去打工，后来社工从多方面因素来试探、引导小红，她才谈到因为好友辍学，自己也不想再在学校待下去。社工运用澄清的技巧引领案主对模糊不清的陈述作更详细、清楚的解说，使之成为清楚、具体的信息。当社工与小红谈及对未来的规划时，小红表现得很迷茫，她表示不知道该去工作还是继续读书，继续读书则不想再回原来的学校，但是也不知道是否还能找其他学校。社工从她的倾诉中感觉到她还是希望重返校园的，便向她求证："你还是想重返校园继续读书以实现你的梦想，但是想要选择其他的学校，目前不知道如何处理，不知道我这样理解是否正确？"小红肯定了社工的提法。

3. 影响性技巧

社工基于专业特长和经验，向案主提供所需要的知识、观念、技术等方面的信息。小红写小说并没有进行过系统的学习，写了之后也没有与他人分享，社工便在阅读之后与小红讨论阅读心得，并且与其分享了曾经学过的写作知识，以帮助小红改进写作方法。在选择学校的过程中，社工利用互联网为小红收集相关学校的信息，并与小红一齐对比筛选。在小红对未来表示迷茫时，社工采取自我披露的技巧，与小红分享了面临选择时自己的经验，说了自己的一些心路历程。当社工自我披露之后，小红更愿意说出自己的想法了。自我披露可以为案主树立坦诚沟通的榜样，社工的坦诚开放、与人分享自身的经历和感受的做法，会感染案主使其愿意表露自己的内心世界。

（二）困难及解决方案

1. 案主比较内向，社工需循循善诱

小红比较内向，而且缺乏自信。最初小红有很强的防御心理，并不主动与社工交谈，社工主动与她交流时，她的回应也很少。随着小红到书屋的次数变多，小红与社工的交流也渐渐变多了。社工以书籍作为切入点，主动向她推荐了一些书籍，并分享社工自己看书的一些心得，也引导她进行分享。对于与案主关系的建立，需要仔细观察并且用心寻找介入的点。面对害羞、沉默的案主，社工需要有耐心，循循善诱，慢慢打破案主的心理防线。

2. 根据实际情况开展服务

小红与父母的关系比较紧张，特别是小红退学后闲居在家，家庭气氛较紧张，社工认为小红的家庭关系需要得到改善。但是小红父母忙于劳作，并且表示文化水平比较低，很多东西不懂。社工在家访时，与小红父母约定好时间，并且向小红父母传授一些与孩子沟通的技巧，鼓励他们主动关心了解小红的想法。

3. 助人自助

在开展个案的过程中时，社工一直处于"主动"的地位，在"助人自助"的理念中，还不能充分体现"自助"的宗旨。社工需要培养起小红的自信，让她对自己的发展有信心，同时还需鼓励小红发展自身的优势，在小组活动中掌握人际交往的技巧，以便更好地适应新的环境。

4.案主与社工关系

社工一开始主动与小红交谈，小红带着防御心理，并不会与社工袒露心声。但是随着聊天次数的增多，社工以小红的兴趣爱好为切入点，寻找共同话题，小红才渐渐打开心房，开始主动与社工分享自己的生活。之后小红参与到社工开展的小组活动中，关系便更进一步。结案后，小红可能对社工产生了一定的依赖心理，社工须向小红说明结案的要求，鼓励小红运用已取得的成效，自我发展。

七、结案与后期评估

社工在个案中为小红及其家庭链接各方资源并开展多种专业服务，与小红确定服务有所成效之后，小红同意结案。通过个案的开展，取得了一些成效。

（1）在社工的分析与指导下，小红坚定了继续上学、追逐梦想的信念，并且自主选择了合适的院校。

（2）通过邀请小红参加破茧自信小组活动，以及请她组织策划活动，小红的自卑情绪得到了改善，性格也渐渐开朗。

（3）社工为小红的家庭链接了相关资源，使该家庭脱贫成效得到巩固，各项优惠政策也得以落实。

（4）在与小红父母会谈的过程中，社工引导他们树立正确的性别观念，引导他们尊重小红自己的选择。

（5）社工还在入户的过程中向小红的家庭传授一些家庭成员沟通的小技巧，缓和小红与家里的紧张关系，并鼓励他们坦诚交流，让他们能够相互体谅。

社工认为，此个案比较成功，其中有三个方面起了较大的作用：第一，社工与案主及其家人进行了多次交流，并能够把案主的问题放到家庭、社会层面上考虑；第二，对案主的改变不断地给予肯定和鼓励；第三，开展小组活动，使案主性格的改善和人际交往能力的提高跨出了重要的一步。

八、相关知识链接

（一）使能者

使能者运用自身拥有的专业知识和技巧调动服务对象自身的能力和资源，发挥服务对象的潜在能力，促使服务对象发生有效改变。

（二）优势视角

优势视角是一种关注人的内在力量和优势资源的视角。意味着应当把人们及其环境中的优势和资源作为社会工作助人过程中所关注的焦点，而非关注其问题和病理。优势视角基于这样一种信念即个人所具备的能力及其内部资源允许他们能够有效地应对生活中的挑战。

（三）接案

接案是把有需要的求助者纳入个案工作的工作程序中。即社会工作者通过与求助者的初步接触评估其问题，并与其协商，判断求助者是否能够成为自己的服务对象。

（四）生态系统视角

在生态系统理论视角下，人类被看作是通过与环境的各种因素相互作用来发展和适应的。社会工作试图通过对人与自然和社会环境间的功能失调的处理，来强化能力、整合治疗和改变问题。生态系统视角既考察内部因素，也考察外部因素。在这个视角下，人并不是被动地对他们的环境做出反应，而是主动地与这些环境相互作用。因此生态系统主张，要理解个人在家庭、团体、组织及社区中的社会生活功能发挥，则须由个人和其所在环境中的不同层次之间的关联系统切入。

（五）女性主义社会工作

多米内利将女性主义社会工作定义为这样一种实务，起源于一种对女性世界经验的分析，关注女性在社会中的位置与她们的个体困境之间的联系，创造平等的案主—社工关系并致力于解决结构性不平等。

（六）家庭系统

家庭是一个系统，是一个稳定的系统。家庭成员交互作用时所产生的有形和无形规则构成了比较稳定的家庭结构，使成员间形成特定的交往模式。

（七）人本治疗模式

人本治疗模式是指以案主为中心，相信案主有潜能和能力自我改变。这个治疗模式并不注重具体的技术方法。它更注重的是社会工作者自身的品格和态度，需要在会谈中营造宽松平等的氛围。

（八）澄清

社区工作者引领案主对模糊不清的陈述作更详细、清楚的解说，使之成为清楚、具体的信息。澄清也包括工作者解说自己所表达的不甚清楚的信息。

（九）影响性技巧

影响性技巧指工作者通过影响案主，使其从新的角度或层面理解问题或采取方法解决问题的技巧。

（十）自我披露

选择性地向案主披露自己的亲身经验、处事方法和态度等，从而使案主能够借鉴他人的经验作为处理自己问题的参考。

九、推荐阅读文献

1. 库少雄. 社会工作实务[M]. 北京：社会科学文献出版社，2002.
2. 王思斌. 社会工作导论[M]. 北京：高等教育出版社，2004.
3. 许莉娅. 个案工作（第二版）[M]. 北京：高等教育出版社，2013.
4. 多米耶利. 女性主义社会工作——理论与实务[M]. 王瑞鸿，张宇莲，李太斌，译. 上海：华东理工大学出版社，2007.

十、讨论题

1. 在此案例中，社会工作者的角色是如何运用的？你认为在此案例中社会工作者还可以扮演什么角色？
2. 若服务对象为案例中的家庭，那么该如何开展服务？

案例十六：青春路上不迷茫

——网瘾少女的蜕变之路

黄娟　杨佳乐　巫冰冰

近年来，随着我国经济社会快速发展，当代青少年在学习、工作、生活条件总体改善的同时，伴随着移动网络游戏的不断涌现，因意志力的不够坚定很容易受引诱，产生偏差行为。本文基于生态理论的视角，围绕游戏成瘾的青少年的社会支持系统，研究社会工作介入偏差行为青少年群体，并进行探索性个案工作实践过程，希望能从多角度完善青少年群体社会支持体系，促进社会的稳定发展，实现社会和谐发展。

一、案例描述

洛洛是一名 N 市某中学高二学生，性格活泼外向，有些小聪明，喜欢与同学结伴结群，成绩一直保持在中等水平。平常周一到周五在学校住宿学习，周末回家。她的父母是普通工人，父亲经常加班出差，母亲也工作繁忙，只有周末有时间，夫妻两人有空也是去打麻将，平时对洛洛管教不多，基本处于放任自由的状态。洛洛在半年前迷上了手机游戏，经常在上自习课的时候拿出手机玩游戏，两个月前她在网上拜了个师父，并且花越来越多的时间沉迷于手机游戏，甚至晚上宿舍关灯之后，也会持续玩游戏到半夜 2 点。随着在游戏世界里和师父交流越深，聊天玩游戏的时间越多，洛洛和她师父成为了情侣，进入热恋。同时洛洛因为沉迷手机游戏和网恋，花在学习上的时间越来越少，考试的成绩越来越差，干什么事都没有精气神，总是一副昏昏欲睡的样子。在最近的一次期中考试，因为考得太差，被父母没收手机，周末在家也被看着不给玩手机，但是洛洛依旧没有能戒掉手机游戏的诱惑，一有机会就找身边的同学借手机上网聊天，依然熬夜玩游戏，甚至因为休息时间不够，直接在课堂上睡觉或者直接不去上课，成绩排名更是变成倒数。洛洛与好朋友也因为文理分科不在同一班级而渐渐疏远，并曾多次向朋友表示融入不了新班级。一周前，洛洛甚至为了要回手机与父母大吵一架，负气离家出走，并威胁父母再管她就再也不回家。之后，洛洛在父母与老师的陪同下来到了社工站寻求帮助。

本次采用个案社会工作。

（一）案主

案主洛洛（化名），女，16岁，就读于N市某普通高中，高二分科后开始沉迷于网络游戏并陷入网恋，与父母感情疏离，在学校成绩一般，不受老师重视，同班朋友较少。

（二）与案主相关人员

生态系统理论认为人类行为与社会环境是相互影响的，该理论将人类生长生存于其中的社会环境（如家庭、学校、社区、同辈群体等）看作是一种社会性的生态系统，强调生态环境对于分析和理解人类行为的重要性。这就要求社工不能孤立地看待案主存在的问题，应该从多方面分析和介入，因此根据社会生态系统理论，本案例中，与案主密切相关的人员主要有三类。

（1）父母。家庭是社会环境最主要构成要素之一，对人类行为起着至关重要的作用，是人类社会化最重要的场所，家庭关系及家庭内部结构与教养方式对青少年的发展是十分巨大的。本案例中，案主父母缺少对案主的关心与照顾，亲子关系淡漠疏离，十分影响案主的发展及家庭和谐，因此须将案主父母纳入其中。

（2）老师。学校是培养人才的组织机构，也是社会环境重要组成部分，学校对个体，特别是儿童跟青少年的影响作用是十分巨大的。而老师是案主在学校中主要接触的群体，对青少年的发展是直接影响的，并对案主在学校的行为有比较清楚的了解。

（3）同班同学与朋友。同辈群体对个体的认知发展、行为塑造、情绪表达及精神追求有着直接的影响，案主同班同学与朋友在促进案主发展起着无法替代的作用。

本案例的主要介入工作者：学校社工、学校行政人员、社区工作者。

二、社工在案例中的角色与实践的原则

（一）社工的角色

1. 服务提供者

社会工作者首先是向受助者提供服务的人，此案例中的服务既包括提供心理疏导、情感支持，也包括提供物质性服务和劳务服务。服务提供者是社会工作者的首要角色。

2. 关系协调者

在许多情况下，服务对象会与周围人、群体或者社会组织没能处理好关系而陷入困境，这时社会工作者要面对不同个人、不同群体之间的矛盾或冲突，承担起协调关系、缓解和处理矛盾的任务，并建立起和谐的关系。

3. 倡导者

在一定情况下，社会工作者应该成为受助者采取某种行为的倡导者，即当受助者必须采取新的行动才能有助于其走出困境时，社会工作者应该向其倡导某种合理行为，并指导他们以使其成功。应该指出的是，这里的倡导不是不顾受助者接受程度的强行推动。

4. 支持者

社会工作者面对求助者时，不但要提供直接服务或帮助，也要鼓励受助者在可能的情况下自强自立，克服困难，即"助人自助"。因此，社会工作者应该成为受助人积极反应的支持者、鼓励者，并应尽量创造条件让受助人自立或自我发展。

（二）实践的原则与专业关系

1. 实践的原则

社工的实践原则要视人与环境为关系密切无法分立的，所以需要社工与案主建立助人过程的平等伙伴关系，在搜索和检视影响案主的所有系统层次中，追寻案主环境能达到的最适兼容状态，以寻求干预方式。

2. 专业关系

在实务过程中，社会工作者本身是案主所在的环境中外部的支持源，所以社工与案主的关系很重要。社工与案主主要形成一种伙伴关系，这一关系是基于开放、相互尊重和信任的。

三、信息收集及案情评估

（一）信息收集

1. 接案与建立关系

在学校领域的个案工作服务对象来源有四种：①经过班主任或者当时上课老师的推荐；②同辈群体的推荐；③服务对象自己或者是服务对象的父母主动寻求专业服务帮助；④社会工作者自己主动发现社会生活中需要帮助的服务对象。

在本案例中，服务对象洛洛是在其班主任推荐及父母的要求下来到社工站寻求帮助的。社工在学校社工站与洛洛进行了初次面谈，由于是非自愿案主，为了避免父母与老师对其造成的压力，社工选择与案主进行单独沟通；且并不急于向其了解过多的信息，而是通过自我介绍等方式减少案主的不信任感，并表达了与案主一起面对这一困难的愿望。案主开始表现得有点不愿意，社工又从其感兴趣的网络游戏入手引出话题。初步了解情况之后，洛洛同意与社工建立专业的社会工作关系。初次面谈之后笔者又分别同服务对象的班主任老师、任课老师、同学及其家长进行了沟通交流，从他们那里也获取了一些有关服务对象的资料。

2. 信息收集

（1）来自案主家庭的信息。

案主父亲，一家工厂的业务销售代表，中专文化水平。工作繁忙，经常出差，为人诚恳并且工作认真，是家里经济的主要来源。案主父亲性格比较温和，但不善于表达感情，想要关心案主但是苦于没有时间且不知道如何去做。"孩子不知不觉就长这么大了，十几岁了又是个姑娘，想跟她说会话又不知道说啥，平时在家就是她打游戏我看电视，有时候一天一句话都说不上。"且经常与妻子因为收入及孩子的问题当着案主的面争吵。

案主母亲，一家工厂的车间工人，中专文化水平。性格比较火爆，工作压力比较大，家庭生活也不很顺心，经常会自暴自弃，埋怨生活清苦、处处不顺心，并且沉迷打麻将，经常吃完饭就去和别人打麻将。工作回家之后经常和丈夫孩子抱怨，一个同事今天又买了新包，另一个同事又换了身新衣服，埋怨自己丈夫不争气，不能给自己提供那样随心所欲的生活；某某同事家的孩子这次又考了全班第一，埋怨案主学习成绩变差，自己没脸，并认为来社工站寻求帮助也是一件丢脸的事情。

总体来说，洛洛家的经济收入尚可，父母关系稍微有些紧张，对孩子关注略少，伴有家庭争吵，亲子关系疏远，家庭结构不紧密。

（2）通过服务对象自身透露的信息。

案主的自白："我觉得自己是一个被嫌弃的人，家里没人在意我，爸爸很少跟我说话，就问我钱够不够用，成绩如何。只要我一犯错，妈妈就骂我，有时候生气了还会打我，爸爸看到了也不会说什么。他们只是对我期望很高，但都不关心我在学校过得怎么样，只知道打麻将、攀比。我看见同学们玩游戏，也开始了玩游戏，游戏里我可以是各种人物，打赢的那种感觉实在太爽了，我还加了游戏QQ群，在网上认识一些来自全国各地的人，跟他们聊得很开心，感觉找到了'知音'。后来班主任老师找到我妈妈谈话，妈妈就开始了对我的各种教训，说我不珍惜学习机会，说我花了那么多的钱，什么成绩都没有，说我让她没脸见人。然后爸爸妈妈在家就相互指责对方，看见我就是说教，每次都这样，太累了，我都不想和他们说话了，不如和我那些网上朋友在一起游戏聊天自在。后来在游戏里找了个师父，他很厉害，只要有他在的游戏肯定能赢，而且他是211大学的学生，学习成绩也厉害，我很崇拜他。后来师父说我打游戏太菜了，叫我把QQ密码给他，他帮我提分。再后来我们交流越来越多，我觉得他好帅，游戏也打得好，每次和他聊天都觉得面红心跳，后来我们在一起了。分科之后上的课越来越听不懂，老师也不在意，他们只关心那些'学霸'，他们听得懂就行了，跟不上了也就不想听了。"

（3）老师和同学的信息。

同学李某："一开始是我带洛洛一起玩游戏的，我没在游戏里找朋友，我只是有空的时候玩一玩，眼看她越来越沉迷我也没办法。洛洛在网上聊天比现实中还激动，每次和她聊天都会扯到游戏那边去，都没办法好好沟通了，但是毕竟是同学，我不用手机的时候，她找我借手机我还是肯借给她的。"

同学张某："洛洛她每天都有气无力，无精打采的，黑眼圈也重，我还见到她上课打瞌睡，在自习课上玩手机，平常和她说话也是有一句没一句地回答，不知道神游到哪里去了。"

同学刘某："我是洛洛的室友，她几乎每天晚上都熬夜，晚上手机光照到我时就知道她肯定没睡。而且她很沉迷游戏，要是她在玩游戏时，叫她，她只会应你一下，身体根本不动。但是她还是挺好玩的，话也多，平常聊天开玩笑我会去找她。"

班主任老师："洛洛这个女孩成绩下降得很快，刚开始我还不知道怎么回事，有一次上自习课我去看的时候，才发现她在玩游戏。尽管到后面我已重点盯着她，但还是没办法。看着她最近上课睡觉，成绩倒数，我也很心痛。我找过洛洛谈话，她嘴上应着，但还是我行我素。后来我找到她的家长，但是也没有多大效果。洛洛这个孩子，要是就我这个班主任在学校管她，回到家里她的爸爸妈妈不管她，这样照样没有效果，管理洛洛这个小女孩，她的爸爸妈妈也需要出力。"

英语老师："洛洛这个女生很安静，我挺喜欢她的，白白的长得招人待见。作为一个学生吧，她需要改变的地方还有很多，成绩不好不怕，学习方法也可以重新学，就是怕态度不好，态度不好一切都白费。洛洛要是想改变，不单需要老师、家长一起努力，还需要靠她自己的努力，她自己不想变，其他人怎么努力怎么着急都不好使。"

物理老师："洛洛这个同学在我的课堂上表现不是很突出，不过学得还不错，每次测验答得都不错，也听过她在其他课堂上的表现，感觉她对物理还蛮感兴趣的。"

（4）参与观察。

通过社工几天的观察，了解到案主存在一些懒散、自律性差等问题，但是同时却具备很多优点。首先案主富有同情心和爱心，在学校组织的捐款活动中，案主将自己所有的零花钱都捐给了生病的校友；其次社会工作者还发现案主有很强的歌唱天赋，在网络上发的唱歌音频收到了许多点赞；最后其语文老师表示案主之前作文写得很好，心思很细腻。而这些优势十分有利于案主进一步的发展。

（二）案情评估

案情评估是与服务对象建立初步关系之后，尽可能地收集与案主问题有关的资料，从中了解案主问题的成因，确定问题的性质。而利用社会生态系统理论来分析，在青少年网络成瘾问题中有其代表性。该理论把人类成长生存于其中的社会环境（如家庭、机构、团体、社区等）看作是一种社会性的生态系统，强调生态环境对于分析和理解人类行为的重要（见图 16 - 1 所示）。

通过分析收集的资料可以得出案例服务对象洛洛主要面临的问题有：

（1）案主目前离家出走不愿回家，虽住在学校宿舍但白天经常逃课。

（2）案主个人自我认知出现偏差，网络成瘾行为需要矫正。

（3）案主与家人、老师、同班同学关系疏离并陷入网络成瘾亚群体中。

（4）与游戏中"师父"早恋。

案情原因分析：

（1）宏观层面。

宏观系统则是指比小规模群体更大一些的社会系统，包括文化、社区、机

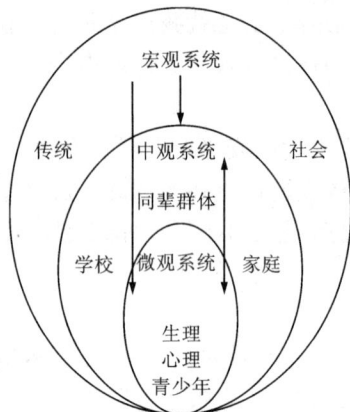

图 16-1　社会生态系统图

构和组织。对于青少年来说，影响其成长的宏观系统主要是文化和社区。就文化层面来说，改革开放以来，大量西方思想涌入，中国传统文化受到侵蚀，"个人主义""拜金主义""利己主义"思想在青少年中盛行。随着互联网的发展，网络游戏变得普遍，在逐利观念的影响下促使越来越多的网络游戏面世，大大影响了青少年的健康发展。在社会层面上，对未成年人使用网络的巨大宽容性也导致了青少年沉迷网络。拿案主最爱坑的"王者荣耀"来说，低龄玩家所占比重很大，许多小学生沉迷其中。

（2）中观层面。

一是学校方面。案主高二分科以后不适应新的教学方式，变得厌学，形成恶性循环。学校对于住校生的管理较为松散，教师对于案主的关心力度及关注度不够。

二是家庭方面。案主家庭亲子关系疏远，父母缺少对案主的了解与关心，亲子缺乏有效沟通。

三是同辈群体方面。案主偏向于与虚拟世界中的人物交往并"网恋"，而与同班同学及朋友关系疏远。

（3）微观层面。

案主正处于青春期，在这一时期，生理的迅速发展和心理发展缓慢之间的矛盾突出，常常表现出对现状不满，希望摆脱家长和老师的管教和束缚，逆反心理极强，容易与家长冲突，喜欢寻求刺激。案主沉迷游戏且自律性较差，在现实中产生的挫败感与孤独感更加促使其沉迷网络。

四、目标设定

（一）干预的目标

1. 总目标

协助案主戒除网瘾，回归正常学习生活，促进其健康成长。

2. 具体目标

（1）在父母的协同下使案主周末能正常回家，回归正常的家庭生活；联合学校使案主重新投入课堂，防止逃课逃学现象出现。

（2）协助案主树立正确的自我意识，戒除网瘾问题，使其回归正常的生活。

（3）改善案主与父母的关系，促进亲子间的沟通交流，增进案主家庭的紧密性。

（4）帮助案主认识到"网恋"与"早恋"的危害，使其树立正确的交友观与恋爱观。

（5）关注并发扬案主优势与兴趣，使案主重新燃起学习兴趣并增强其自信心。

青少年网络成瘾问题不仅仅是青少年个人问题，也不单纯是网络发达所带来的问题，由于其群体及问题的特殊性和复杂性，社工将整合多种介入方法进行干预介入。

（二）干预的技巧

1. 直接干预技巧

（1）社会工作者采取个案会谈的方法帮助案主认识到网络成瘾的危害性，发掘案主优势，助其建立信心，并树立改变网瘾的勇气。

（2）协助案主根据其自身情况设计一份计划书，其中包括控制玩游戏时间的计划与学习计划。

（3）通过会谈或榜样技巧使案主意识到学习的重要性，并给予鼓励，使其建立重新学习的信心。

2. 间接干预技巧

（1）帮助服务对象建立新的朋辈关系。案例服务对象洛洛有网络成瘾问题，社会工作者要积极与洛洛接触交流，帮助洛洛在现实生活建立新的朋辈关系，实现对洛洛网络朋辈群体的有效代替，满足其情感交流和归属的需要，使洛洛能够提升适应生活和人际交往的能力，然后逐步脱离虚幻的网络世界。

（2）加强人际沟通训练。我们计划将洛洛带到训练活动中心，使洛洛能够参与活动进行人际方面的培训，增强她与父母和谐有效地沟通；同时还鼓励案主的父母参与亲子活动小组中，使父母间能够形成依靠，针对孩子的问题共同出谋划策，促成良好家庭关系的构建。

（3）建立家长支持网络。帮助有网络成瘾这一偏差行为的青少年家长建立一个专项家长的联盟。家长们可以在专项联盟之中尽情释放，与他人诉说自己在各方面的困惑，特别是在与自己孩子的沟通方面，重新考虑自己原先的教育方式的优点和不足，通过经验分享的方法来学习他人成功的教育方法，摒弃自己粗暴的管理方式。

（4）进行学业辅导。社会工作者可以链接有效资源帮助案主讲解之前学过但不太擅长的课程，同时向老师寻求帮助，在班级里组织开展学习小组，帮助其尽快学会所落下的课程，使案主能顺利重新回归学校，继续学习。

五、干预过程

根据案主在经济方面、生理健康方面、心理层面和社会层面的问题和需求，进行干预的具体介入过程如下。

（一）增进了解，重拾学习信心

社会工作者在与案主进行初次交谈之前，已经通过其班主任及父母了解到了案主基本情况。由于是非自愿案主，工作者首先做了详细的自我介绍以减轻案主的不信任感。之后社会工作者以游戏为话题与案主进一步沟通，和案主分享社工在这一游戏上的状况，向她请教该游戏的玩法、攻略以及游戏制作的不足之处，在谈话中社会工作者肯定了案主在玩游戏中的反应力与洞察力，拉近了彼此的距离。但工作者意识到目前首要任务还是帮助案主回归正常的学习中，于是社会工作者就其最近一次考试的成绩与案主进行交流，发现案主有想要好好学习的想法，但是因为落下的功课太多而没有信心了，社会工作者通过同理心的技巧，向案主表达理解并表示自己曾经也经历过这种状况，最后在老师与同学的帮助下走出了困境。社会工作者主动分享经历，肯定了案主曾经的成就，并鼓励案主重新投入学习。双方在会谈最后交换了QQ号，社会工作者表示有需要随时可以联系。

（二）协助案主戒除网瘾，树立正确交友观

案主在初次会谈一周之内不断尝试认真听课，在物理课上得到了老师的表

扬，但下课后仍然想玩游戏。社会工作者在澄清案主现状后与案主共同制定了戒网计划，主要有：①停止购买网游装备；②减少与游戏网友的聊天次数；③控制玩游戏频率，一周可玩一次，一次不得超过两个小时，由家长与同学监督；④制定时间安排表，合理安排学习时间并严格执行。社会工作者表示在执行过程中如果有困难可以随时向家长与社会工作者寻求帮助。社会工作者与其父母沟通，如果案主能按计划执行则给予一定的奖励，如买一件新衣服等，但是如果做不到也不要对其谩骂指责，要与案主一起分析找原因。经过两周的观察，案主有了明显改善，与网友联系明显变少，但还是会在住宿期间晚自习之后与朋友玩游戏，需要继续跟进。而在"网恋"方面，在与案主进一步的沟通交流后发现，案主对此并没有表现得很开心，表示之所以会恋爱并且"网恋"是因为她的男朋友对她很关心而且打游戏很厉害，而现实生活中没有人关心她在意她。社会工作者在此基础上为案主辨析了"网恋"的不真实性，并以播放电影的方法向其传递正确的恋爱观和交友观。

(三)促进家庭沟通，改善亲子关系

在与案主进行初步面谈之后，社会与案主父母进行了谈话，在回顾案主成长过程的时候，直接向他们澄清了夫妻两人缺少对案主的关心与了解这一事实。而案主父母也承认这是他们的失责，并表示平时工作辛苦缺少对孩子的关注，但现在也不知道如何去与孩子交流，每次都不欢而散。工作者向其介绍了青少年阶段的身心特点及这一阶段的重要性，并提出以下几点建议：①多了解青春期孩子教育的知识，尊重包容孩子，学会换位思考；②一周至少有一次家庭聚会，如吃饭看电影；③案主住校期间每天通一次电话，关心孩子学习与生活情况；④重视孩子优点，容忍孩子缺点，多鼓励案主；⑤杜绝在案主面前争吵抱怨，减少打麻将次数，给予案主以积极正向的榜样作用。经过一个月的观察，发现案主亲子关系得到改善，案主也开始主动分享自己在学校的趣事。

(四)发掘案主优势，完善支持网络

在收集资料时，社工发现案主支持网络过于单一，过分依赖于"网友"这一支持网络，其他现实的支持网络关系较弱。同时在观察中发现案主富有同情心和爱心，且唱歌唱得很好。在此基础上工作者推荐案主参加了社区组织的探望养老院老人的活动，为老人们打扫卫生，表演节目。在这一活动中案主建立起信心，自我评价开始有所提高，并表示这种类似的活动以后还想参加。随后社会工作者还建议她参加了学校艺术节节目的选拔并顺利在艺术节上演出，案主在节目排练及合作过程中交到了兴趣相投的新朋友，并时常在课后向朋友讨教

问题，笑容在案主脸上多了起来，同班同学也表示案主比以前好接近了。

六、评估

（一）结案

1. 结案的原因

本案的服务计划目标基本达成，案主网络成瘾行为得到改变，恢复了正常的学习生活，亲子关系得到改善，因此结束与服务对象的专业工作关系。

2. 结案阶段的主要任务

首先社会工作者自身对整个服务工作进行一个反思与总结。同时社会工作者与案主共同回顾工作过程，帮助案主巩固并强化服务对象已有的改变，对于案主今后面对生活接受治疗表达积极支持的态度。最后与案主处理好离别的情绪，解除工作关系，同时做好结案记录，以便日后查看或使用。

（二）服务评估

1. 过程评估

（1）在服务计划过程评估中，案例中出现的问题仍然有很多，一是由于专业技巧不熟练导致初次会谈结尾时没有做到随机应变，以及制作服务计划与介入过程不相符，计划表层化、模式化。

（2）由于没有进行有效的跟进服务，导致案主在离开社会工作者的监督之后，案主手机使用时间和频率增多。离开社会工作者的学业辅导之后，成绩有些退步。

2. 结果评估

评估是对社会工作者为案主提供服务的有效性进行评定，是将整个助人过程加以综合的过程，若处理适当，会使案主将整个服务的收获转化为正向的力量。在服务计划总目标评估中，案主的总目标基本达成，沉迷手机游戏的行为得到改善，亲子关系得到改善，成绩有所提升，并在现实社会交到了新朋友。

七、相关知识链接

（一）社会支持网络理论

社会支持网络理论是从现代社会系统理论发展出来的理论分支。这一理论把社会支持与社会系统概念联系起来，把个体与各种社会关系的交往视为一种相互关联的网络。在这个网络中，个体获得各种正式或非正式的社会支持，从而获取社会资源。社会支持网络理论背后的价值理念是帮助当事人形成有效的社会支持系统。社会支持是指人们在互动中形成并能够提供工具性和表达性资源的社会结构，通俗而言即是身边重要他人如家庭成员、朋友、同事、亲属和邻居为个人提供的帮助，共同协助案主应对当前问题。社会网络是指人与人之间复杂的社会关系及其可能发生连锁反应的支持系统。运用社会支持网络理论帮助服务对象解决生活中的问题，重点在于帮助其学习如何建立社会支持网络和利用社会支持网络，并发挥其社会支持网络的正向作用。在青少年网络成瘾行为矫正的过程中，社会支持网络发挥着重要作用。本案例中案主洛洛的社会支持网络处于松散状态，在一定程度上导致了案主偏向与"网友""队友"交往，因此社工可以帮助案主重新建立起支持网络，并联结来自家庭、学校、社区的正向支持。

（二）社会生态系统理论

社会生态系统理论（society ecosystems theory）是系统理论的分支，是20世纪70年代兴起的一个具有整合主义或折中主义的社会工作理论。这一理论整合了系统理论和生态理论的观点，把人类行为和社会环境结合起来，认为人类生长生存于其中的社会环境是一种社会性的生态系统，强调生态环境对于分析和理解人类行为的重要性。该理论的正式提出者——美国社会工作教授查斯·扎斯特罗将个体看作是通过与环境中的各种因素相互作用来发展和适应的主体，个体不是被动对环境做出反应，而是主动与这些环境相互作用。他把人的社会生态系统区分为三种基本类型：微观系统、中观系统和宏观系统，这三个系统总是处于相互影响和相互作用的状态。对青少年网瘾问题的成因分析，学术界一般集中于网瘾青少年本身，有些也扩展到家庭和学校教育，但是这些分析都具有一种孤立性的特点。实际上，青少年网瘾问题不是简单的成长问题，而是社会生态失调所造成的社会病症，因此要从社会深层结构中去探讨这一病症的形成原因，由此找到有效的对治策略。在本案例中，我们从这三个系统入手进行分析，就会很清晰地看到社会环境是如何促成一部分青少年产生网瘾行为的。

（三）优势视角理论

优势视角是后现代主义的理论之一，它抨击心理动力分析理论将案主视为病态的个人的理念。优势视角是以优势为核心，社会工作者在对案主进行帮助时强调将关注点聚焦在案主身上，尽可能地发挥案主自身的能力和优势，并利用案主的这些优势来进行自我帮助和发展。优势视角超越了传统社会工作理论模式，改变了以往社会工作在发挥案主优势方面不足的局限，反对给案主贴上问题标签；要求社会工作者从完全不同角度看待案主，发现和探索案主的环境和资源，不再是专注于案主的问题，把眼光转向未来的可能性，动员案主的知识、能力和资源来达到他们自己的目标和愿望；要求社会工作者将案主看作社会工作过程中的主体和参与者，帮助案主挖掘自己的优势和潜能，改变案主生活的态度。优势视角有六项工作原则，分别为：个人有能力去学习、成长和改变；焦点在于个人的优势而不是病理；案主是助人关系中的领导者；此关系被视为基本及必要的；外展是较佳的处理方式；社区是资源的绿洲。优势视角理论在社会工作实践中从案主的优势出发，激发案主改变的动机。同时，通过案主优势带来的成功经验，增强案主的有能感和优势能力的进一步增强，促使案主成长和改变。在本个案中，优势视角可以让案主破除对自身无能感的标签，并从优势中看到自己的能力及可以实现的期望。本案例的案主洛洛性格活泼富有爱心且对文学艺术有着天赋，利用这一理论可以充分发挥其优势，并且避免给案主贴上"问题少女""网瘾少女"的标签。

八、专业反思

（一）避免陷入问题视角

青少年正处在身心发育的黄金期，在这一个周期里，青少年个人的心态及社会关系会不断变化，青少年的认知、家庭、人际交往和社会扮演的角色也随之变化，想法多变、性格叛逆、善于钻研是这一个期间里的主要特性。在现实生活中，人们对待有网瘾现象的青少年，通常是这样解决的：家长、老师一发现孩子有网瘾现象，就立刻杜绝孩子与网络的任何接触，某些家长和老师甚至会进行体罚教育，更有甚者将青少年送入所谓的"网瘾矫正治疗中心"进行军事化的管理，将青少年网络成瘾行为归类于"病态行为"，并有标签化的趋势。而在面对青少年网络成瘾问题时，社会工作者应避免陷入传统的问题导向模式，传统问题视角关注案主有已命名的问题和病态，对案主问题的评估主要是个人式的而不是生态式的叙述，认为问题是案主作为人本身的问题，忽略了案主生活中的重要因素，如文化、社会、经济、政治、家庭、社区等因素对案主问题造成的影响，在网络成瘾问题中专注于行为的矫正而忽略了案主的自我发展。这对个人的发展是十分不利的，也背离也我们社会工作的价值观，因此在介入这类个案时应该时刻警惕、不断反思,将优势视角及生态系统理论用于实践,注重发掘服务对象优势,牢记"人在情境中",利用同理心去深度理解服务对象,运用综合的方法帮助服务对象面对问题、认识问题、解决问题,加强自我效能感,做到真正的"助人自助"。

(二)"被个案"的思考

中国社会工作经过前人的不断推进与发展已经取得了许多成功经验与成果,但是在实践中,程序问题一直是困扰社工的一个伦理难题。许多社工表示在个案工作中,"被个案"问题出现频繁。在目前大多数服务机构中协议签订似乎只是一个形式上的存在而并没有执行过,多数人在接受服务后都不知道自己成了案主,只知道是被帮助了,对服务也没有结束的概念,移情与反移情状况出现较多,这严重影响了专业关系的建立,但是在实践中又很难避免这种情况。这与社会工作发展状况及其普及状况是相关的,在中国,社会工作虽然取得了成绩,但是仍然处于起步阶段,在大众中普及率并不高,且中国传统的"家丑不可外扬"等思想也导致了社工并不是解决问题的首选求助对象。

九、推荐阅读文献

1.陆士桢. 青少年社会工作[M]. 北京:社会科学文献出版社,2010.

2.王瑞鸿. 人类行为与社会环境[M]. 上海:华东理工大学出版社,2002.

3.全国社会工作者职业水平考试教材编写组. 社会工作实务(中级)[M]. 北京:中国社会出版社,2017.

4.全国社会工作者职业水平考试教材编写组. 社会工作综合能力(中级)[M]. 北京:中国社会出版社,2017.

十、讨论题

1.什么是"非自愿案主"?面对非自愿案主,社工应如何建立专业关系?

2.在实践中,应如何避免陷入问题视角导向?

第五部分

社区社会工作

案例十七：最美西里红

杨成胜 谭安宁

一、案例分析

丰盈西里社区位于长沙市市中心，该社区由各机关单位住宅楼组成，60 岁以上的老人占总人口的 50%。他们大多数是退休老人，且大多数老人为独居，有一定的文化水平，经济及健康状况都不错。社区内文化氛围浓厚，当地某慈善组织在社区居委会旁建造了一间社区书房，并负责日常运营。除少数老人常在社区书房内看书读报写作外，多数老人还是习惯于在家进行文娱活动。社区书房常年举行文化社区活动，但志愿者表示社区内老人参与活动的积极性不高。

社区旁是繁荣的商业圈，商家更换店铺门面是常事。最近，社区附近前街面临拆迁，工地 24 小时不停歇的施工严重影响了在社区书房内进行文娱活动的老人们以及社区居民的日常生活作息，来社区书房的老人越来越少。建筑工人每天要从社区内穿过往返于工地和宿舍，由于拆迁面积扩大，建筑工人的增加也吸引了一群小商贩在社区旁做生意。随着商贩的到来，社区内的食品垃圾也越来越多，商贩的摆摊也造成了社区环境的脏乱。近来，社区内发生了五起入室偷窃案。一些居民认为是附近工作的外来建筑工人大量穿行使人员混杂造成的，所以，有人建议把社区内通向工地的大门锁上，不让这批建筑工人每天穿行社区往返工地与宿舍之间。此建议一出，在社区内引起了巨大的反响。因为关乎社区居民出行与社区安全，社工小西决定采用社区工作方法，发动社区老人参与解决上述问题。

（一）主要问题

1. 老龄化问题

社区内 60 岁以上的老人占社区居民总人口 50%，大多为机关单位退休老人，社区养老需求日益增加，需要去满足社区内老人们的各种各样的需要，以助他们在社区内能够幸福地生活。

2. 社区内退休老人参与积极性不高的问题

社区只有少数退休老人愿意在社区书房内进行文娱活动，多数老人还是待在家中，参与社区活动积极性不高。

3. 社区治安问题

入室盗窃案频发，附近建筑工人与社区居民的信任程度较弱，以至于社区居民怀疑入室盗窃是建筑工人所为，小商小贩流动性太大，不利于社区治安的稳定性。

4. 社区环境问题

附近工地不停歇的施工对社区居民的生活造成了困扰，社区内退休老人因为晚上休息不好，白天去社区书房的次数减少。随着建筑工地工人的增加带来的商贩生意，给社区环境也带来了不小的压力，社区居民对社区环境不满。

（二）问题分析

（1）社区老龄化严重，年轻一代追求现代生活，拼命挣钱，无暇顾及家庭；青年人婚后多选择离开父母单独居住，以追求独立自主；越来越多的老年人观念发生变化，只要条件允许，也不愿与子女同住。老人们大多数也愿意在他们所熟悉的社区环境内生活。且丰盈西里社区退休老人文化程度与经济水平较高，较少存在生活困难者。

（2）有些老人爱参加社区活动，有些老人愿意在家独自活动。社区活动宣传力度不够，造成社区内有些老人并不知道社区活动的开展地点与时间。事实上绝大多数老人都有被人关注、与人交往的愿望。社区活动安排的针对性与合适性，也是社区老人能够参加社区活动并对社区活动感兴趣的重要因素。

（3）附近建筑工人每天穿行社区往返于宿舍和工地之间，社区居民把对工地不停歇施工的怨气洒在这批建筑工人身上，出现入室盗窃案首先怀疑建筑工人。而商贩群体出现带来的垃圾破坏了社区环境，社区居民由此产生更大的不满。再者，建筑工人与商贩的流动性大，给社区居委会的日常工作带来不便。

（4）建筑工地的超时施工对社区居民的生活造成了极大的影响，丰盈西里社区本就地处市中心商业圈旁，商业噪音加上工地施工噪音迫使居民不断向建筑工地施压，要求其停止不恰当的施工时间，夜晚停止工地一切活动，工地迫于压力妥协了数日，后为了早日收工，又开始加班加点施工。有的社区居民不堪噪音纷扰，搬离该社区，社区居民并没有联合起来为自己的利益争权。

二、服务计划

（一）服务目标

1. 任务目标

（1）社区社会安全问题得到解决。寻找最佳解决途径与建筑工地协商施工时间，保证社区居民休息的正当权益；规范小商贩的摊位管理以及合理处理食品垃圾，做到社区的环境整洁；加强对社区内的巡逻与治安管理，在社区内大力宣传防盗意识，促使成为平安社区。

（2）老年人的社会功能得到发展。丰盈西里社区老龄化严重，整合社区的老年资源，鼓励老年人参与社区活动，社区不仅在态度上应鼓励老年人积极参与他们力所能及的一切社会活动，而且应努力为老年人参与社会活动提供条件。让老年人保持较多的活动，积极参与社会生活，对防止老年人大脑退化具有毋庸置疑的作用。随着核心家庭和双职工家庭的增多，快速的生活节奏和竞争压力使子女很难抽出更多的时间陪伴老人，所以，鼓励老人自我调适、积极投身社会生活而不是独处一隅，就显得十分必要了。可以充分利用社区书房这一公共平台，让社区老人参与进来。

2. 过程目标

（1）与居民进行个案访谈，了解居民的困扰与需求，运用社区组织的策略，由社区工作者动员、组织社区居民，采取集体行动与相关部门商讨解决问题的方法；社区工作本身就是一个组织居民的过程，是社区居民组织起来，采取共同的行动，解决共同的问题，满足共同的需要。

（2）与社区居委会以及社区派出所等社区行政机构联合，在社区内招募社区志愿者，对商贩摊位的管理进行规范化，设置垃圾定点摆放，社区志愿者进行定期定点清扫；根据社区的现有情况，计划工作步伐；强调社区居民的自动参与。

（3）了解社区治安问题以及原因。社区工作者须熟悉社区环境，对五起被入户盗窃家庭进行个案访问，掌握基本情况，厘清社区治安漏洞所在，与相关部门合作加强社区治安；加强社区居民与建筑工人的信任关系，对于建筑工人穿行于社区往返工地与宿舍的路线进行调整，对商贩的管理要到位。

（4）动员社区的老年人参与社区活动，参与社区的治安工作。社区工作者可以在社区发动有意愿且有活动能力的老人组建成社区治安保卫队，在社区内进行巡逻，加强社区的治安管理。

（二）服务策略

1. 服务计划人事安排（见表 17 - 1）

表 17 - 1   人事安排

负责人	项目和内容				日期
社工小西	召开社区居民会议，开展热身活动	协助丰盈西里社区居民组成自助小组	选出小组成员	选出社区居民领袖	2016.07.31
社区书房志愿者小刘	布置场地	准备活动所需材料	现场记录	拍照	2016.07.31
社工小西	召开小组成员会议	进行社区个案访问	记录社区居民对服务计划的意见与建议	扩大社区宣传范围	2016.08.07
	拜访社区居委会与社区派出所相关工作人员	联结社区内人力资源	鼓励社区居民参与积极性	制订初步服务计划	2016.08.11
居委会刘大姐	协助社工召开第二次社区会议	布置会议场地	统筹管理会议现场	联系社区居民会务工作	2016.08.20
社工小西	召开第二次社区会议	与社区居民协商初步服务计划	对居民提出的建议进行记录、修改	安排人事，处理大小疑问	2016.08.20
社工小西、大申	进行社区宣传工作	招募社区环境清洁志愿者	协助社区成立清洁志愿者服务队	安排人事，做好活动记录	2016.09.01
社区派出所小陈	社区治安宣传	社区治安巡逻工作	协助成立社区老年巡逻队	对队伍进行指导	2016.09.11
社工小西	与社区派出所工作联结	举办社区治安知识竞赛	协助成立社区老年巡逻队	安排人事，处理大小疑问	2016.09.17

2. 活动具体内容及开展过程(见表 17 - 2)

表 17 - 2 活动开展过程

时间	目的	具体内容	所需物品
2016.07.31	社区居民互相认识,增进了解,发现社区人力资源	热身活动,社区居民畅所欲言	纸、笔
2016.09.11	提高老年人参加活动的积极性,使老年人融入社区,提升社区价值。 获得认识更多社区老人的机会,令老人们加深彼此认识	成立社区老年治安志愿队	桌椅、音响设备、饮用水
2016.09.17	鼓励社区居民参与建设社区,提高活动积极性。 增加社区安全意识,保护个人财产	社区安全知识竞赛	纸、笔、奖品、抢答器

3. 活动所用物资(见表 17 - 3)

表 17 - 3 活动物资

所需资源	数量	备注
横幅(一起参与建设美好社区吧!)	1 条	
宣传海报	6 张	三次活动每次各两张
书、纸	100 份	
水性笔	100 支	
马克笔	5 支	布置场地海报
饮用水	100 瓶	
透明胶	3 卷	
彩带	3 卷	
剪刀	2 把	
纸巾	足量	
音响设备	1 套	
桌椅	100 张	

4. 其他

（1）活动地点：社区书房内厅。

（2）活动时间：详情见每次活动前宣传海报。

（3）服务对象：丰盈西里社区全体居民。

（三）服务程序

设计开展社区服务计划→召开第一次社区居民会议（协助成立社区居民自助小组，选拔社区居民领袖）→进行社区个案访问收集意见→制订社区服务计划→召开第二次社区居民会议讨论服务计划→社区行动→结束社区服务计划→回访社区→案例评估，分析并形成专业反思。

三、服务计划实施过程

（一）建立关系

首先，社区工作者应处理好与社区行政机构的关系，争取其对今后开展工作的支持。同时也开展"社区是我家，保卫靠大家"等有利于社区居民的活动来吸引社区居民接纳社区工作者，让大家坐在一起互相认识，促进社区居民互相之间以及对社区工作者工作的初步了解，社区工作者则寻求未来工作的支持者。召开社区会议，了解社区的文化传统，掌握社区处理事情的习惯和方式，如家庭出现困难时邻里之间怎么帮助？夫妻出现困难找谁解决？孩子怎么教育等，让大家在一起共同分享和承担一些与大家有关的事情，促进彼此的了解，并鼓励大家一起工作和改变。

其次，社区工作者对之前积极参与社区事务的居民进行个案访谈，争取联合他们为社区争权，为社区发声。从他们身上社区工作者能得到更多社区支持力量，可为今后工作打下良好的基础。

再者，社区工作者需要准备联合社区居民为社区争权的纸质资料或者图像影视资料等介绍资料，使社区更多居民认识和了解这次社区行动是干什么的？将会怎么做？社区居民又能从中获得什么效益？等等，让社区居民能更多地参与进来。

最后，利用参与式评估工具，与社区居民一起来分析他们的现状，如可以让社区居民自己来画资源图等，让他们对自己所在社区有更多的了解。

（二）收集资料

社区工作者对社区类型、所面对的问题、可运用的资源、提供居民服务的组织等方面有清晰认识。丰盈西里社区为城市社区，所面对的问题为社区治安与社区环境问题及老年人社会功能发展问题。可运用的资源有社区居委会和社区派出所两个行政资源，以及居民自治委员会这个居民自发组织社区书房这个公共平台。提供居民服务的组织有社区居委会与社区的社工组织。

1. 社区的基本资料

丰盈西里社区位于长沙市市中心地段，社区旁为长沙市商业圈，社区现有居民楼 28 栋 1300 户 2650 人，辖区 8 条街巷，60 岁以上老年人占社区总人口的 50%，大多为机关单位退休干部，文化水平和经济程度高。社区居委会位于社区中心，居委会办公楼二楼为某社工组织，社区派出所位于社区居委会左侧，右侧为当地某慈善组织捐赠的社区书房。

2. 社区内的资源

（1）人力资源。人力资源是社区工作的根本，也是延续社区工作的关键因素。除丰盈西里社区工作需要的人力之外，还有 2 栋在社区旁建筑工地集团上班的何女士、3 栋常活跃于社区书房活动与社区居民联络密切的刘奶奶、3 栋退休的吴爷爷（曾工作于社区派出所）、4 栋口才十分拔尖的杨先生以及 6 栋善于组织社区活动的李爷爷等。

（2）文化特色。从社区的文化特色出发，常是凝聚社区力量和社区意识的最佳切入点。发动社区居民一起参与建设"文化丰盈西里社区"，打造良好的社区环境，保障和谐稳定的社区治安，唤起社区居民对社区建设的意识，邀请大家共同参与进来。

（3）地理环境。丰盈西里社区位于长沙市市中心，社区书房这一共享平台位于社区中心，可以在社区书房召集社区会议，举行社区活动，将社区居民集结起来，开展社区的宣传教育，组建社区老人治安队及社区老人互助小组，将社区书房打造为丰盈西里社区的特色所在。

（4）经费/物资。丰盈西里社区居委会愿为此次社区活动提供经费，且丰盈西里社区居民纷纷表示活动部分经费可众筹募集。

社区工作者搜集来的资料，必须整理成系统的、便于保存与查阅的档案（介入策略见表 17 - 4）。

表 17 – 4　介入策略

价值理念取向	社区工作者的角色	介入策略
社会系统理论	服务提供者、协调者	丰盈西里社的发展不能单靠社区居民的力量，他们生活在一个有机的社会联系中，居民之间要形成一个整体，而且还要注意居民与居民、居民与社区的关系，各个子系统之间有交互的作用，因此社工要注意链接各部分系统之间的关系，使资源达到最优配置
沟通理论	管理者	人际沟通在人际关系中的重要性。社工在社区搜集资料过程中，要注意与社区居民的沟通技巧，从社区居民处获得力量
优势视角	支持者	要看到居民自己的能力和优势，发挥当地居民自己的作用，加强居民的参与意识

(三)制定计划

通过拜访社区居民代表，以及社工在社区内摆台访问社区居民对社区活动的想法，集合社区居民的智慧与建议，特拟出一份社区活动计划如下(见表 17 – 5)。

表 17 – 5　社区活动计划

步骤	目的/内容	专业技术	工作者角色	方法
第一步	与建筑工地协商工地施工时间，保障社区居民休息权益	引导	资源获取者	社区工作者同社区代表杨先生及在建筑工地所在集团上班的何女士找到了集团领导，反映了社区居民的情况，请求合理安排工地施工时间，保障社区居民的休息权益，领导回复等待批复。后答复同意，已下文规定施工时间
第二步	打造文明整洁社区	行为改善	服务提供者、倡导者	与社区派出所联合规范商贩摆摊，在社区会议上与社区居民商量，可以将社区西边一块空地划给商贩摆摊，在斜角处摆放定点垃圾站，对不规范放置垃圾的商贩进行处罚；并在社区居民中选拔出志愿者，定点定时打扫社区卫生

续表 17－5

步骤	目的/内容	专业技术	工作者角色	方法
第三步	创建平安社区,维护社区治安	接纳	管理者	社区工作者与社区派出所及社区居委会在社区加强社区治安宣传,发放防盗宣传手册;在社区书房举行"社区治安"知识抢答赛,对获奖者颁发奖品,提高社区居民防盗意识;邀请附近工地工人参与此次活动,加强社区居民与工人间的信任,调动社区居民参加的积极性,使其积极参与社区工作;在社区老人中组建一支老年护卫队,由自愿参与者且有活动能力者参加,加强对社区内的巡逻,保护社区的公共财产安全
第四步	发展社区老人的社会功能	倾听、引导	支持者	利用社区书房平台,发挥文化丰盈西里社区氛围,开展老年读书活动小组,组成小组,共同商定活动方案,确立小组目标;安排愿意参与治安活动的老人的工作时间和方法,积极鼓励老人,对其参与活动表示肯定及赞扬;评估老年人治安工作的效果
第五步	社区长远发展	引导	管理者	协助成立社区志愿者组

(1)与建筑工地协商施工时间,保障社区居民休息权益。

(2)打造文明整洁社区环境。

(3)完善社区治安,与社区派出所联合加强治安宣传工作与巡逻。

(4)发展社区老年人资源,扩展其社会功能。

(5)社区长远发展。

(四)社区行动

社区行动特指社区工作者激发社区居民行动起来,将制定的计划付诸实施。丰盈西里社区之前的组织只有居委会和社区派出所,但仅靠这两个组织不够更好的开展活动。为了更好地促成社区计划的完成,社区工作者协助丰盈西里社区成立了社区居民自治小组，主要召集大家共同分析社区的需要，明确目标。选举出小组成员 10 人，这些成员具有一定的社区活动经验与特点，能够胜任此次工作。另外，还找到了一名社区领袖，是住在 4 栋、口才十分拔尖的杨先生。他是某机关单位的科员，在邻居之间有一定的影响力和号召力，并且具有奉献和帮助他人的精神，性格比较好，也得到了社区其他居民的一致支持。

四、案例评估

在整体服务计划结束后，分别从社区工作者、服务机构、服务对象进行了工作成效评估，从中总结了工作的经验与不足。

（一）经验

（1）活动令社区居民受益。服务结束后，建筑工地施工时间合理，施工噪音减小；商贩在规定区域内摆摊，社区卫生环境得到改善；社区治安良好，目前未发生偷盗事件。

（2）活动得到机构和社区的大力支持。通过社区居民与社区居委会、派出所等行政机构的共同努力，社区问题得到良好解决。

（3）社区老年人的生活得到丰富，自身价值得到实现。

（二）不足

（1）前期宣传不足。社区工作者前期宣传工作不足导致社区居民参与度不高，仍有社区居民表示不知道有此服务计划。

（2）服务计划结束后，社区居民自身动力有所减退，加之社区居民参与积极性低，会影响社区的长远发展。

五、社区工作者介入的意义与困难

（一）意义

（1）社区工作者在此次社区介入过程中具有号召性和指导性，作为意识醒觉者角色，社工从中起到促进社区居民对参与价值的肯定。通过社区教育和社区宣传的方法，唤醒社区居民对建筑工地施工时间超时影响社区居民休息这一社区问题的关注，改变他们对社区的冷漠态度，鼓励工人参与到这其中之来。最后与建筑集团达成协定，规范施工时间，加强其对参与成效的信心。

（2）社工提升了丰盈西里社区的居民参与意愿。通过召开社区会议，让社区居民参与解决商贩规范管理这一问题中，保护社区卫生环境，让社区居民生活在干净整洁的社区是每个社区居民的责任与义务。再者，社工提高了社区居民的参与能力。社会工作者作为社区居民与社区行政资源的中间者，充分协调行政资源与社区居民之间的关系，发挥行政资源为社区居民服务，努力打造安全社区、平安社区，减少甚至杜绝偷盗事件再次发生。

（3）社工发现了丰盈西里社区富足的老年人资源，鼓励社区老年人参与社区活动，积极投身于社区建设，实现自己的价值。利用这一宝贵的资源为社区服务，圆满完成此次社区介入。

（二）困难

社工一旦介入结束，此次社区行动的持续性是否能够得到保障？今后社区的可持续发展和延续性以及社区居民的社区意识是否继续保持高昂？

六、专业反思

首先，在社会工作介入过程中，会有与社工所持有的专业价值观与现实相悖的情况。社工强调平等、尊重、个别化，对于科层的行政等级在工作中尽量避免。但在丰盈西里社区实际介入过程中，却常常要利用这种科层的级别关系去开展工作，比如：会借助居委会或社区派出所的行政力量推动工作，让大家来开会等，这种参与有时候需要借助行政的力量来召集人员，如果只凭大众的自愿原则，会出现人来得很少的情况。

其次，社区服务的队伍建设问题。社区居民自发组织起来的社区服务队，到底是需要专业化的培训还是任其社区居民自主参与？如果需要专业化的培训，那么社区居民参与积极性肯定会下降，培训需要耗费社区居民的时间、精力；如果不培训，在社区某些事务面前，还得依赖专业社工的介入，那么社区居民的自治意识则会减弱，依赖心则会加强。所以要强化社区服务在社区建设中的地位，应该在队伍建设上做出努力。要在一定范围内开展职业化训练，建立制度，形成一定规模的社区服务专业队伍。

最后，在促使服务对象运用现有资源过程中，从社会生态系统框架出发，社会工作的直接介入行动关注于提供完成生命任务的资源以满足人的需要，从而消除问题。但是，有的服务对象由于缺少完成生命任务所需要的资源，影响他们社会功能的正常发挥，有的服务对象不了解现存可以使用的资源，还有的服务对象虽然知道存在哪些可以帮助他们解决的资源，但并不知道如何使用它们，致使问题恶化。在介入丰盈西里社区时，社区居民了解社区内的行政资源与社会工作机构，但向它们求助的居民却少之甚少。当上述情况存在时，社会工作者都要采取介入行动促使服务对象运用现有的资源。

七、相关知识链接

（一）社会系统理论

这是以一般系统论及其社会学版本——结构功能主义等为基础形成和发展起来的一种社会工作理论。它把人与生活环境看作是由功能上相互依赖的各种元素所组成的系统整体；协调或均衡是该系统运行与维持的基本条件，也是个体生存与发展所必须的基本条件。当这个条件得不到满足，即系统内部的各个子系统或各个元素之间不能有效配合、相互协调时，系统均衡就会受到破坏，个体的生存和发展就会存在问题。社会工作的基本任务就是帮助恢复各个子系统或元素之间的均衡关系，使它们能够重新有效配合、相互协调。

（二）连续性理论

连续性理论认为，不论是年轻还是年老，人们都有着不同的个性和生活方式，而个性在适应衰老时起着重要的作用。在连续性理论看来，如果一个人在老年时仍能保持中年时代的个性和生活方式，那么他（她）便会有一个幸福的晚年。因此，每个人不用去适应共同的规范，而是应该根据自己的个性来规定标准，这是老年人对生活感到满意的基础。

八、讨论题

1. 试述社区工作的过程与介入方法。
2. 试分析我国社区工作的发展状况、成就与不足。
3. 作为一名社区工作者，在实务过程中，怎样将社区的本土特色运用到社区介入过程中？请举例说明。

九、推荐阅读文献

1. 王思斌. 社会工作概论（第二版）. 北京：高等教育出版社，2008.
2. 杨成胜，刘丽娟. 村民自治、成员主体与农村社区可持续发展［J］. 重庆社会科学, 2017(4).

　　3.潘泽泉. 社区：改造和重构社会的想象和剧场——对中国社区建设理论与实践的反思[J]. 天津社会科学, 2007(4).

　　4.潘泽泉. 参与与赋权：基于草根行动与权力基础的社区发展[J]. 理论与改革, 2009(4).

附件1：

"爱我社区，老有所为"活动过程记录

爱我社区，老有所为——丰盈西里社区老年治安志愿队成立大会节目实录

节目	目的	表演者
1. 青春健美操	活跃现场气氛，展示社工风采，用社工的表演传达对老人真切的关爱和青春的热情	全体社工
2. 介绍到场领导	—	
3. 游戏A：了解我的邻居。邀请现场的老人5～8人参加活动。规则：(1)参加活动的老人走上台。(2)老人们互相自我介绍。(3)主持人请现场一位老人起立。(4)其他老人说出他们居住在丰盈西里社区的哪一栋，或说出自己的名字。(5)答对的有奖励	让老人感受到随着城市化的进行，社区变得越来越大，老人们居住的距离也越来越远，于是彼此见面的机会少了，交流的机会也少了，可能导致社区的人情淡漠。通过这样的活动使老人们再次加深认识和感情交流，在丰盈西里社区共同生活，互助互爱	老人
4. 唱歌：《一棵小白杨》	缓解紧张气氛，放松心情	居委会小杨
5. 丰盈西里社区三十年变化图文视频展示	令现场老人都深入了解社区的历史与发展，从而更加热爱社区，并以自己是丰盈西里社区居民为豪，增强归属感	社工小西
6. 知识问答：丰盈西里社区历史发展知识。邀请表现积极的10名老人参加问答活动	提高社区老人参加活动的积极性，更加了解自己居住的社区	老人
7. 游戏B：夹玻璃珠。每次邀请两位老人一起参加，进行比赛。把玻璃珠从装水的碗中夹到另一个空碗里，15秒内，看谁夹得多，谁获胜	使老人们认识到随着年龄的增长，手脚不够灵活并不是自己的问题，所有的老人都存在手脚变得不灵活的情况，这是一个正常的老化过程	老人
8. 现场互动(唱歌)	活跃现场气氛	老人
9. 讲解社区治安志愿队注意事项	提供专业化培训	社区派出所小刘
10. 总结活动过程，派发纪念品，结束活动	—	社工小西

附件2：社区安全知识竞赛活动策划书

时间	9月17日	地点		丰盈西里社区书房
主题	丰盈西里社区安全知识竞赛			
参加人	社区居民、社区书房志愿者、社会工作者			
组织者	两名社会工作者			
目标	通过社区安全知识竞赛这种方式，使社区居民掌握更多的安全基础知识。 提高社区居民防范意识和自我保护的安全意识。 丰富社区居民业余生活，提高社区居民参与积极性。 促进社区居民的交流沟通及社区和谐			
内容	游戏互动(参赛社区居民互相熟悉)。 知识抢答竞赛。 决出获胜者，分发奖品			

流程安排	时间	内容	负责人	备注
	18:00 – 18:30	迎接社区书房志愿者入场。布置比赛场地。展示活动宣传材料	社会工作者小西	志愿者签到；确定到场人数
	18:30 – 19:00	进行志愿者分工。迎接参赛社区居民入场	社会工作者小西	按分工表分工
	19:00 – 19:40	社区安全知识竞赛	社会工作者小于	记录将参与的社区居民名字，并提出遵守规则
	19:40 – 19:50	决出知识竞赛比赛名次	社会工作者小于	—
	19:50 – 20:00	颁发奖品，对参赛社区居民给予鼓励与感谢	社会工作者小西	—
	20:00 – 20:30	打扫会场卫生	社会工作者与志愿者	—

续附件2

	内容	预算(元)	备注
详细预算	横幅	70	—
	志愿者 交通补贴	50	—
	宣传材料 （马克笔等）	50	—
	食物	100	—
	奖品	200	—
	总计	470	—
需要的物资	布置品：横幅、气球、彩带等。 工具：相机、抢答器、桌椅。 食物：小零食		
评估方式	服务对象满意度评估、志愿者评估、社会工作者评估		
逾期困难及 其应对措施	参赛社区居民缺赛——现场鼓励社区居民补提参加。 活动现场场面较难控制——安排志愿者专门负责控场，出现情况须及时汇报		

附件3：社区志愿者组评选制度

目的
1. 促进社区和谐，使社区居民融洽相处。 2. 营造社区良好卫生环境。 3. 反映社区公共事务问题，例如：公共区域卫生、摊贩区等

评选标准
1. 有一定的自理能力。 2. 有帮助他人的能力。 3. 有较强处理社区问题的能力。 4. 有较强的交际能力。 5. 具有带动群众的能力。 6. 有高度责任感。 7. 切实为群众利益着想。 8. 乐于助人

评选制度
1. 大会进行无记名投票。 2. 每人可投5票，超过5票为无效票。 3. 社会工作者现场统计票数，并公布投票结果。 4. 志愿组组长与副组长在5名被选出成员二次投票得出。 5. 由社区居委会和社会工作者监督

换届制度
1. 三个月进行一次换届选举。 2. 通过评选可以连任。 3. 连任不得超过半年

志愿组架构
1. 社会工作者为志愿者组总负责人。 2. 志愿者组由5名成员组成，内设1名组长，1名副组长

问题反应机制
社区问题首先向社会工作者反映，然后和志愿者内部讨论，最后由社会工作者和志愿者组代表向社区居委会反映

续附件3

志愿者组工作职责

1. 志愿者组成员的职责。

(1)志愿者组内表决遵守少数服从多数的原则，遵守大会决定，执行志愿者组工作。

(2)以身作则，严格要求自己，遵守"三公"(公平、公正、公开)原则。

(3)切实为社区居民利益着想，通过合理方式为社区居民谋利益。

(4)增强权益意识，提高志愿者专业能力水平。

(5)定期召开志愿者组内会议，做好组内成员间的学习与交流，协力共同增强团队合作意识。

(6)定时召开志愿者会议，深入了解并讨论解决社区居民所关注的事务，及时公布相关信息。

(7)在社区居民会议召开之前，和组内成员进行工作总结分享。

2. 社区志愿者组对居民的职责。

(1)以合理的方式解决社区居民之间的矛盾或纷争。

(2)解决社区居民所关注的纷争较大的事务，并与社区居民共同讨论社区大事的解决方法。

(3)对事不对人，遵守公平、公正、公开的处事原则。

(4)带动社区居民参与社区活动。

(5)监督与维护社区的公共卫生事务。

(6)表决时遵循少数服从多数的原则。

(7)社区管理中，志愿者组成员要以身作则，起模范带头作用。

3. 社区志愿者组及社区居委会主要工作内容。

(1)做好社区日常基本管理工作。

(2)监督维护社区卫生问题。

(3)解决社区居民纠纷。

(4)动员并带动社区居民参与社区活动。

(5)定期召开小组会议。

(6)每月定期召开社区会议，报告工作

案例十八：童心同行伴你成长

——流动儿童社区教育项目案例分析

娄雯　颜敏

一、案例描述

近年来，随着城市化、工业化的深入发展，城乡之间人口流动加速，大量农村劳动力涌入城市。2016年，中国有2.47亿流动人口，每6个人中就有一个处于"流动"状态。①随着农民工群体而衍生出来的另一个群体是——农民工子女。他们可以被分为两个群体，留守在家乡的"留守儿童"和随迁子女"流动儿童"（或者寒暑假来到父母工作城市，与父母团聚的"候鸟儿童"）②。中国流动儿童的数量在持续、快速地增长。在时代的潮流中，流动儿童的各种问题和需求不断呈现，日益成为社会关注的焦点。一方面，流动儿童跟随父母从农村来到城市，在风土人情、行为习惯、生活方式等都与农村有较大差异的城市，他们如何主动地去适应崭新的城市生活，如何解决在新环境下出现的不适应问题，对每个流动儿童而言都是一个必经的过程。另一方面，流入地的客观环境在流动儿童适应过程存在诸多不利因素，如择校中存在的户籍限制，家庭中存在的教育缺位，社会大众对外来者的排斥等。③

长沙G组织是一个为进城务工人员提供社会服务的公益性社会组织，于2013年在长沙市民政局主管部门登记注册，为满足工友们的需求而开展了许多活动。其中，G组织在长沙县的Q社区开展了流动儿童社区教育项目，给跟随父母一起流动的小朋友们更好的生存空间和更广阔的视野。

---

① 新华社. 中华人民共和国2015年国民经济和社会发展统计公报[N]. [2016 – 3 – 1].

② 周世强，李鹤. 关于社会工作介入流动儿童服务的研究——以北京市H社区与Q社区为例[J]. 重庆城市管理职业学院学报. 2012(4).

③ 崔萌. 社会生态系统视角下流动儿童城市适应的社会服务模式研究——以"四海一家"项目为例[D]. 济南：山东大学，2016.

　　Q 社区处于城乡接合部，现社区总人口约为 20799 人，其中常住人口 2673 人，流动人口 18126 人，小学 1 所，幼儿园 8 所。目前，G 组织是通过自筹资金以及政府的项目支持经费来运转的。G 组织有党支部、项目部等部门，工作人员中有社工、老师，也有兼职人员，还有周围 J 学院和 N 大学等三个大学生志愿者团队。G 组织流动儿童社区教育项目在社区内租赁了门面当作活动场地来开展活动。Q 社区主要是安置小区，小区并不封闭，往来大街上有许多车辆，对儿童来说存在一定安全隐患。且活动设施不齐全，给社区居民活动的场所也几乎没有。流动儿童们放假的时候都是在大街上玩耍，我们看到儿童在街上玩耍的时候，家长时常提醒他们避让车辆。家长上班时间长，也很难监管到子女的课余生活。黄妈妈说，女儿放学了，也是和同学一起回家，然后自己写作业，一直到六七点她和黄爸爸下班回家。这一段时间，女儿不是自己待着，就是和同学们出去玩耍。而多数民工家长学历不够，很难辅导子女功课，经常子女问怎么样做作业的时候，家长都是不知道答案的，只能求助于同学或者第二天去问老师。有的民工家长对子女成绩比较重视，但是对于如何提高子女成绩却毫无头绪。有的流动儿童跟着父母来到城市以后，出现了种种对城市不适应的行为，家长也不知道如何去帮助子女，如语言问题、安全问题等。

　　社区教育是社区组织或社区工作者依靠社区力量，整合利用社会资源，对社区内成员施以各种形式的教育，旨在促进社区居民发展、振兴社区经济、优化社区环境的区域性教育活动。[①]具体到流动儿童社区教育，指以流动儿童为最重要指向的社区教育，即围绕流动儿童开展的社区教育。流动儿童社区教育也并不是孤立的，它与流动儿童的父母、同学等都有联系。为流动儿童开展社区教育项目，有助于他们融入城市生活，提升自己的能力。

　　笔者作为该项目其中一项活动的组织者和志愿者，组织观察参与这项活动有两年时间。在撰写此案例时，也再次去机构进行了调研，并观察了活动开展的情况。使用此案例的背景和介入方案等情况也都经过了机构的同意，并且对案例中出现的涉及隐私的人名、地名等信息，笔者均进行了匿名化处理，以符合学术研究的伦理要求。

　　生态系统视角是 20 世纪 70 年代兴起的一个具有整合意义或折中意味的社会工作实践视角，它融合了不同的人类行为理论和社会工作实践理论，为社会工作提供了一个广泛的、折中的知识基础和实践框架，它已经成为社会工作实践综融模式的主要理论基础。社会生态系统理论把人的社会环境如家庭、机

---

① 杜妍智. 多元服务模式下青少年社区教育机构的社工服务介入——以武汉市某社区"青少年空间"为例[J]. 黑河学刊，2011(5).

构、团体、社区等看作是一种社会性的生态系统,强调每个人的生存环境应该是一个完整的生态系统体系,即由一系列相互联系的因素构成的一种功能性整体。这种社会生态系统分为三种基本类型:微观系统、中观系统、宏观系统。生态视角系统理论提供了一个强有力的考察人与环境的视角,重视人与环境之间的交换,将系统作为一个整体进行考察、关注系统内和系统之间的压力和平衡,从而把社会工作者的注意力重新指向人与环境之间的互动,而不是把两者分离开来。生态系统理论在国内外广泛应用于社区工作、小组工作和个案工作等社会工作活动中。[①]在本案例中,流动儿童面对环境的迁移,面临着巨大的挑战,其周围的各个系统都有不稳定的地方。运用生态系统视角,社工认为,流动儿童有能力与其所在环境进行互动,建立和谐的环境系统。而社工的目标是改善流动儿童所处的微观、中观和宏观的系统环境,并调整他们的关系,促进流动儿童健康成长和全面发展。

二、案例人物

引发大众关注的流动儿童的问题不免给流动儿童贴上了标签,将视角聚焦于流动儿童及其家庭的劣势和问题,以至于采取的解决措施也是单一补缺式的。笔者从优势视角与生态系统视角下对流动儿童及其相关人物进行分析,优势视角强调以正面积极的视角去看待案主及其处境,挖掘案主潜在的资源和能力。[②]从优势视角出发,我们可以看到流动儿童不再是一个充满问题、处于劣势处境的群体,他们同样有自己积极的方面和潜能。生态视角的系统理论提供了一个强有力的考察人与环境的视角,重视人与环境之间的交换,将系统作为一个整体进行考察、关注系统内和系统之间的压力和平衡,从而把社会工作者的注意力重新指向人与环境之间的互动,而不是把两者分离开来。生态视角将人周围的环境分为三个层面:微观层面、中观层面和宏观层面。微观系统是指处在社会生态环境中的看似单个的个人。个人既是一种生物的社会系统类型,更是一种社会的、心理的社会系统类型。中观系统是指小规模的群体,包括家庭、职业群体或其他社会群体。宏观系统则是指比小规模群体更大一些的社会系统,包括文化、社区、机构和组织。人的生存环境即微观、中观、宏观系统总是处于相互影响和相互作用的情境中。生态系统视角和优势视角的整合有助于我们更好地看待流动儿童的问题。

① 派恩. 现代社会工作理论(第三版)[M]. 北京:中国人民大学出版社,2008.

② 郭凤英. 优势视角用于社会工作实务教学的实践与反思[J]. 社会工作,2013(5).

（一）微观层面：流动儿童自身的能力与资源

起初引起人们关注流动儿童就是因为教育问题。教育资源的匮乏和教育政策的不公平使人们对流动儿童教育问题给予了极大关注。而且，社会的偏见似乎从一开始就认为流动儿童有学习动力不足、自觉性差、学习习惯恶劣、容易出现逃学甚至辍学的现象。但有学者研究发现，流动儿童具有"有恒"和"自律"的人格特质。流动儿童在人格的"有恒性"和"自律性"上的得分与城市儿童的得分基本持平。[①]具体来看，首先，流动儿童的学习能力表现在学习态度上，认真刻苦，能有始有终地完成学习任务。其次，流动儿童的学习能力体现在学习效率上。流动儿童年龄虽然不大，但因为特殊的家庭背景，他们中的很多人可能很早就要学会自立甚至是照顾他人。据新公民计划与木兰社区活动中心等机构合作完成的《打工子女社区教育需求调查报告》[②]，在关于流动儿童课后时间的调查中，有超过一半的孩子选了帮父母干活这个选项，帮父母干活具体而言是指做家务、照看弟妹或是家里的小生意。这些活动无形中剥夺了流动儿童学习及玩耍的时间，流动儿童想要学习好，就必须在有限时间内完成更多的事情。刻苦、认真的学习态度帮他们实现了更高的学习效率。因此，我们可以看到流动儿童的学习能力良好。

已有学者注意到流动儿童的某些积极的心理品质。例如，曾守锤在其调查研究中发现流动儿童是快乐和幸福的，绝大多数流动儿童认为自己是一个幸福的人。余益兵和邹泓等学者研究发现[③]，流动儿童在个人掌控感、乐观主义倾向（和积极情感）等积极心理品质上的得分均处于理论的中等及以上水平，这表明，流动儿童对自己重要的生活领域持普遍的积极的期待，他们倾向于认为自己将拥有更多"好的结果"和更少"坏的结果"。同时，流动儿童也认为自己有能力对自己的生活和周围的环境施加影响和控制。而且，尽管流动儿童在流动过程中遭遇重重逆境和诸多压力，却并未出现心理问题或偏差行为，这也正是优势视角的核心概念——抗逆力所发挥的作用。这点也与国际抗逆力研究领域所获得的发现是一致的：大多数生活在高危环境下的儿童照样发展得很好。

---

① 曾守锤. 流动儿童的心理适应：困境、问题、优势及建议[J]. 华东理工大学学报（社会科学版）. 2010（5）.

② 新公民计划. 打工子女社区教育需求调查报告[DB/OL]. http：//blog. xingongmin. org. cn/.

③ 余益兵，邹泓. 流动儿童积极心理品质的发展特点研究[J]. 中国特殊教育，2008（4）.

(二)中观层面

1. 流动儿童家庭的能力与资源

与城市人相比，无论从教育水平、从事职业、社会地位等各个角度看，流动人口都处于劣势，但是与未流出的农民相比，他们却是典型的高素质群体，是"底层精英"。①他们年富力强，吃苦耐劳，而且相较于传统的农村家庭，他们具有更强的经济能力、更强烈的上进心，有意愿也更有能力为流动儿童的教育（包括社区教育）提供支持。

2. 流动儿童同辈群体的能力与资源

一般认为，由于严格的二元户籍体制，流动儿童在城市生活中不仅面临着教育制度排斥，更有可能受到来自城市居民的歧视和排斥，随着流动儿童年龄的增加，社会融入难度更大。流动儿童的社会交往风险还表现在以下两个方面：一是外地方言或普通话的不流利对于同伴关系的负面影响；二是频繁流动的前提下无法建立稳定的同伴关系。②诚然，流动儿童的流动性容易造成儿童交往的中断，频繁更换交往对象貌似更会不利于流动儿童建立深厚的友谊。但与之相随的却是更多的社会接触机会和更广泛的人际交往圈子，流动儿童会在情境变换中习得更多人际交往技巧，有助于融入新朋辈群体的圈子。有学者发现，搬家使流动儿童不断处于新的交往环境，在一定程度上减轻了问题流动儿童的社交焦虑水平，一定程度上可增强其社交适应能力。再者，流动儿童的交往对象往往表现出"同质性"，这使得他们的同辈关系表现出极强的凝聚性。朋友间往往家住得比较近，性格合得来，兴趣爱好也大都相同。相同的家庭背景与类似的人生际遇使他们建立了比普通儿童更加凝固的友谊，而且因为父母的忙碌使得他们从同辈群体获得的情感慰藉更多，他们因此也愈发重视同辈群体关系。

3. 社区的能力与资源

客观来讲，现实中有很多社区优势资源并没有得到有效衔接与整合，造成了社区资源匮乏的表象。我们必须承认，任何社区都有发展的需求，而且这种需求是共性的。流动人口所聚集的社区面临的发展问题较多，但也正是这种现实处境帮助社区赢得了更多关注，从而有更多的外界资源输入。

---

① 高万红. 增能视角下的流动人口社会工作实践探索——以昆明Y社区流动人口社区综合服务实践为例[J]. 华东理工大学学报(社会科学版)，2011(1).
② 吴帆，杨伟伟. 留守儿童和流动儿童成长环境的缺失与重构——基于抗逆力理论视角的分析[J]. 人口研究，2011(6).

（三）宏观层面

目前，相关教育政策已关注到流动儿童的受教育需求，在流动儿童的入学、升学考学方面开始也有所变革。随着政府、媒体以及社会组织更多地关注流动儿童，对流动儿童投入的资源，如财力资源、活动场地、志愿者服务等也越来越多。

Q社区流动儿童社区教育项目受到了政府以及相关部门的关注，并对其投入了一定资金去维持项目运行。媒体也对G组织和社区教育项目进行了相应的报道，增加了项目的曝光度。这些都在一定程度上提高了G组织和项目的知名度和信任度，为项目的开展提供了方便，对于募集资金也有一定帮助。Q社区还有湖南警官学院和湖南农业大学等高校优良的志愿者资源为项目提供服务。

三、社工在项目中扮演的角色

在本案例中，我们可以看到社会工作者扮演了以下六种角色。

1. 服务提供者

社工直接向流动儿童及其家庭提供服务，包括为其提供的小组活动，宣传教育活动以及咨询活动等。

2. 支持者

在优势视角下，流动儿童有其自身的优势和能力，社工应鼓励流动儿童自强自立，克服困难，并积极创造条件让流动儿童自己获得发展，这就是"助人自助"理念的体现。

3. 倡导者

在该项目中，社工应该成为流动儿童积极行为的倡导者，流动儿童可以通过这些积极行为走出困境。当然，这种倡导不是不顾他们的意愿强行推动的。

4. 管理者

该项目不仅是由社工开展，还有社区工作人员和志愿者的参与。社工应该成为管理者，对该项目进程进行有效控制，对与项目相关的资源、信息进行协调、安排和管理，以实现该项目的高效率，避免出现意外问题。

5. 资源获取者

在该项目中，除了开展项目的G组织，社工还应寻求更多的资源，比如社区自身、流动儿童学校、政府以及企事业单位和志愿者等资源。

6. 协调者

对于流动儿童有与周围环境不相适应的问题，社工应处理流动儿童与相关人群及环境的关系，如家庭、同辈群体、学校、社区等。

四、信息收集及需要评估

（一）信息收集

通过对与流动儿童相关研究文献的理论进行回顾，如生态系统理论、优势视角理论、抗逆力理论，对项目进行一个前期调研。运用观察法、访谈法、问卷调查等，对 Q 社区流动儿童及其家庭进行调查，了解其需求。

（1）观察法。在流动儿童生活的社区中，观察流动儿童所生活的环境和系统。人生活在情境中，要解决流动儿童社会融入问题和提升流动儿童的能力，必须要从认识其生活系统开始。了解其生活系统可以提供哪些资源，该如何改变不适应的生活系统。

（2）访谈法。访谈应该以半结构式访谈为主，访谈方法可以帮助我们进一步了解流动儿童生活系统的优质资源和需要。流动儿童社区教育项目应该访谈的不只是流动儿童及其家庭，还有社区工作人员、学校工作人员和社区居民。

（3）问卷法。问卷调查以了解流动儿童的需求为主，项目负责人与高校志愿者在社区内随机选取流动儿童进行问卷调查。

除了观察法和访谈法，我们还可以召开座谈会，邀请专家、政府和社区工作人员，还有流动儿童家长一起讨论，发表意见。

（二）需要评估

通过信息收集，我们可以得出流动儿童的需要有四方面。

（1）环境安全的需要。Q 社区的流动儿童们的游戏场所大多在街上，存在一定的安全隐患，有必要加强流动儿童的安全意识。并且，流动儿童从农村进入城市，对城市的环境和一些生活行为准则很陌生，也缺乏一定的保护性措施和安全意识。而且，流动儿童放学以后到家长下班前存在一定的监管真空期。基于此，我们得出，流动儿童有一定的环境安全需要。

（2）能力提升的需要。流动儿童所在学校教学资源相对匮乏，影响了儿童的学习能力。而且由于各种各样的原因，如经常搬家、经济条件一般，很多流动儿童少有课外图书和一些游戏运动设备，这也对流动儿童能力的提升产生了障碍。

（3）亲子关系和朋辈关系建立的需要。其一，流动儿童父母普遍较忙，缺乏时间看管孩子和与孩子进行沟通。其二，流动儿童父母普遍学历较低，这就会导致缺乏合适的亲子沟通技巧。其三，流动儿童到了陌生的环境，与本地的同学或者来自不同地方的同学之间朋辈关系的建立也会存在困难。Q社区流动儿童存在亲子关系和朋辈关系建立的需要。

（4）社会融入的需要。流动儿童来到城市，对城市环境较陌生，语言交流等城市生活的许多方面可能都不太适应。平时父母较忙，流动儿童较少外出，也就缺少了解所在城市的机会。

五、目标设定与介入策略

（一）流动儿童社区教育服务所要达到的目标

（1）环境安全方面。为流动儿童营造安全良好的环境，在监管真空期照顾流动儿童，使其和其家长了解基本的保护性措施，增强安全意识。

（2）能力提升方面。运用优势视角，发现儿童的个体潜能，增强他们的自信心，培养其生活技能，并且通过学业辅导增强学习能力，来消除流动儿童的一些行为障碍。

（3）亲子关系和朋辈关系建立方面。使流动儿童与其父母了解沟通技巧，建立更加亲密的关系，使流动儿童了解与朋辈群体相处融洽的技巧，并在活动中与同辈群体建立良好的关系。

（4）社会融入方面。通过为流动儿童开展社区教育项目，为流动儿童提供充满关怀和尊重的环境氛围，消除其对城市生活不适应所带来的隔阂，使其更好地融入城市，参与到城市生活中来。

（二）生态系统视角下的介入策略

（1）微观系统的介入策略。

流动儿童的微观系统是指流动儿童自身。对流动儿童微观系统的介入主要是向流动儿童传授解决问题的方法，增强流动儿童的能力，帮助流动儿童适应城市生活，增强其自信心。项目可以通过小组活动来进行，对流动儿童开展知识性小组、支持性小组。在小组活动中，社工应用符合流动儿童年龄特征的游戏、模仿等专业方法，教授小朋友如何和同学交往，如何更好地融入城市社区生活等。

（2）中观系统介入策略。

在中观系统中，我们要注意家庭系统、同辈群体系统和社区系统还有学校系统对流动儿童的影响。将流动儿童的各个系统进行联通，以帮助流动儿童获取更多的资源和更好地增强自身能力。对于家庭系统，社工可以通过亲子教育，邀请专家举办家长座谈会，向家长传授一些亲子互动的技巧，改善亲子互动水平，提高互动质量。举办亲子教育小组活动，通过小组活动，巩固家长的亲子互动知识。在同辈群体系统中，社工对流动儿童开展人际关系交往教育活动，运用小组活动或课堂授课、角色扮演、讨论等方法让流动儿童的人际交往能力得到提高。在社区系统中，社工通过开展宣传板报比赛、社区环保、游玩社区等活动，让流动儿童更好地了解自己所在的社区，并且提高流动儿童的社区融入感。通过这些活动，让社区居民对流动儿童能有一个更加生动感性的认识，以此可以形成一种对流动儿童友好的社区氛围。

（3）宏观系统介入策略。

对于宏观系统，社工可以为流动儿童寻求相关部门和社会组织、团体的支持。一是可以获取一些开展活动所需的资源，如场地、物资、宣传等；二是通过寻求这些部门的支持和帮助，邀请他们参与活动，使之对流动儿童的情况有更直观和更深入的认识，从而推动流动儿童城市适应问题的关注。面对流动儿童问题还未广泛引起广泛重视、相关方面的政策法规不完善、资金支持力度不够等问题时，社会工作者还须积极做好总结和研究工作。在本案例中，社会工作者不仅是实务者，还是研究者。在研究中，社会工作者深入剖析问题，总结服务经验，提出有效对策，并将研究成果投稿学术论坛，在论坛中进行政策的呼吁和倡导。

六、介入方案与干预过程

本案例自 2013 年开展以来，已有 5 年时间，一直在不断地更新发展、与时俱进。下文所介绍的介入方案与干预过程是 2017 年项目开展的情况（前四项活动见表 18-1~表 18-4）。

（一）一对一辅导

表 18－1　"一对一辅导"干预过程

时间	2017.3—2017.6、2017.9—2018.1 每周六上午 9:30—10:30	次数	每个学期 15～18 次
地点	G 组织图书室	参与人员	社工、大学生志愿者、10～12 名流动儿童
目标	通过对孩子进行学业辅导增强其学习能力及信心；在与大学生志愿者交往的过程中，提高孩子与人交往的能力		
干预过程			

(1) 第一节课，社工主持了志愿者与参与活动的小朋友的见面会。先让志愿者和小朋友进行自我介绍；接着开展了破冰游戏；然后在以小朋友的意愿为主的情况下为每一位小朋友匹配了一位志愿者。

(2) 每次上课，志愿者会根据小朋友的学习情况和其意愿决定辅导科目及其顺序，并根据小朋友学校课程的开展情况以及小朋友的学习效果及时进行调整。

(3) 每次课堂后，志愿者都会填写志愿者与小朋友的对应关系名单表以及"一对一爱心辅导"小朋友反馈信息表，包括志愿者信息、辅导科目、小朋友上课情况、小朋友改变情况等内容。

(4) 在期末的时候对参与活动的小朋友进行了家访。家访前，机构负责人和社工与志愿者讨论了家访的主要内容和注意事项；家访过程中询问了小朋友参与活动的改变以及对活动的意见与建议；家访后召开了总结会议，了解收集的意见和建议并对下个学期的活动做出改善的方案

（二）儿童康乐小组

表 19－2　"儿童康乐小组"干预过程

时间	2017.3—2017.6、2017.9—2018.1 每周六下午 3:00—4:30	次数	每个学期 12 次
地点	G 组织活动室	参与人员	社工、大学生志愿者、10～12 名流动儿童
目标	使孩子了解基本的安全知识和保护性措施；提高流动儿童的信心；缓和亲子关系；在活动中建立良好的朋辈群体关系；增强对城市的归属感		

续表 19－2

干预过程		
儿童康乐小组活动包括自我认识活动、自我减压活动、情绪管理活动、社会交往活动、团队协作活动、亲子关系、公共礼仪、安全知识、认识社区、志愿者活动和分享会等十二节小组活动。在活动过程中，主持人、社工、志愿者应密切注意小组的沟通与活动方式、内容等；在小组中使用和发展小组规范；恰当地利用小组中的角色和地位，如组长等；有意识地完成小组的活动目标；使成员融洽相处，培育儿童的同辈群体关系。在此过程中，使用了建立关系、观察、组织和介入、领导、沟通、运用社会资源等技巧。并且在活动过程中，根据孩子们的需要，改进活动计划，如天气好的周末去室外活动等。在小组活动成熟时期，和孩子们一起建立活动方案，让孩子们自己主持活动。每次小组活动结束，社工与志愿者都会及时记录活动情况，并询问小朋友的意见，及时改进		

活动名称	活动目标	活动内容
第一节 自我认知 活动	了解小组活动的内容和目标；建立关系；完善自我认知	1. "大风吹"活动环节。 2. 制定小组契约。 3. 我眼中的自己。 4. 主持人讲解认识自我的途径
第二节 自我减压 活动	培养团队合作能力；提高自我减压能力	1. 小组成员分享生活中遇到压力的场景。 2. 分享抒解压力的途径，采取现场演示和角色扮演的方法
第三节 情绪管理 活动	学号识别、判断、管理自己的情绪	1. "你来表演我来猜"活动环节。 2. 主持人通过故事分析情绪管理重要性。 3. 主持人讲解情绪管理方法
第四节 自信提升 活动	提升组员自信；使组员关系更融洽	1. 主持人讲故事说明自信的重要性。 2. 组员讲述"我最骄傲的一件事"。 3. 主持人展示并回顾前几次活动小朋友获得的进步
第五节 提高社会 交往能力	学习人际交往方式，提高人际交往能力	1. "找朋友"活动环节。 2. 组员分享游戏感受，反思自己人际交往特点和问题。 3. 展开提升人际交往能力的讨论，并总结得出的建议
第六节 团队协作	提高团队合作能力	1. "穿越火线"活动环节。 2. 组员分享游戏感受，分析游戏结果并讨论团队协作的技巧
第七节 亲子关系	使组员亲子关系更融洽	1. 主持人用故事引导小组成员思索父母对自己的付出和爱。 2. 角色扮演，扮演自己的父母。 3. 制作感恩贺卡

续表 19 - 2

活动名称	活动目标	活动内容
第八节 公共礼仪	提高大家对公共礼仪的认识	1. 主持人用图片、视频展示不文明的现象。 2. 组员讨论不文明行为有什么。 3. 法官游戏
第九节 安全知识	提高组员的安全意识，丰富组员的安全知识	1. 主持人介绍各种安全知识和应急技巧。 2. 场景模拟
第十节 认识社区	使组员更加熟悉自己所处社区环境	1. 主持人与志愿者带领组员参观社区。 2. 绘制社区寻宝图。 3. 由项目负责人、家长和志愿者一起根据当季特色安排户外活动，如去踏春；去博物馆参观等
第十一节 志愿活动	使组员对社区更有归属感	在社区开展志愿活动，如为社区宣传栏装饰、捡垃圾等活动
第十二节 分享会	分享小组活动感受	邀请组员和家长一起参加分享会，分享他们通过小组学习到的知识，认识到的朋友以及参加小组活动的感受。家长也可以直接看到小朋友在小组活动中的表现

(三) 精品小课堂

表 18 - 3 "精品小课堂"干预过程

时间	2017. 3—2017. 6、2017. 9—2018. 1 周日上午 9:30—11:30	次数	每个学期 8 次
地点	G 组织活动室	参与人员	社工、大学生志愿者、10 名流动儿童
目标	培养孩子的动手能力，激发孩子的创造性，增强其信心；在活动中学习与朋辈群体交往的技巧，并与其他小朋友建立良好的关系		

干预过程

精品小课堂于 2017 年的主题是吃货小课堂，教导参与活动的儿童一些比较安全的料理。每学期总共有 8 次课，每节课有不同的料理。精品小课堂是由 J 学校的 P 社团承办的，该社团派出了 17 名志愿者分为两队，按照单双周的时间，来参加活动。第一次和第二次课上，主持人让志愿者和小朋友进行了自我介绍，然后为每一个小朋友匹配了一位志愿者。主持人还和小朋友探讨了班级规范，让小朋友选出了班长。志愿者的任务是协助小朋友制作料理以及注意小朋友使用厨具过程中的安全问题，但主要还是让小朋友自己动手，并且鼓励小朋友合作制作料理。课堂中间，老师照顾到了小朋友的学习速度，让每位小朋友都清楚知道每个步骤。制作出成品以后，大家也会一起品尝，或者让小朋友将作品带回家给父母品尝。每次课堂结束后，老师与志愿者都会及时记录活动情况，并询问小朋友的意见，及时改善。

续表 18 - 3

课时	课程名称
第一次课	布朗尼(电饭锅)
第二次课	牛轧糖(电饭锅)
第三次课	什锦比萨(电饭锅)
第四次课	五花肉(电饭锅)
第五次课	枣糕(电饭锅、打汁机)
第六次课	奥利奥蛋糕盒子
第七次课	可乐鸡翅(电饭锅)
第八次课	煎蛋卷(电饭锅、微波炉)

(四)冬令营/夏令营

表 18 - 4 "冬令营/夏令营"干预过程

时间	寒假和暑假	次数	6 天
地点	G 组织	参与人员	社工、老师、15 名小学生及其家长
分目标	培养孩子的能力;让孩子更熟悉城市的环境,增强对城市的归属感		

干预过程
冬令营活动从亲子活动、益智活动、技能开发、外出参观几方面展开。活动前,家长带领孩子报名,并签署安全协议等,社工和机构做好计划,准备材料、场地等。开展活动时,社工运用了建立关系、观察、组织和介入、沟通等技巧来达到活动目标。活动结束后,与小朋友和家长一起总结、分享参与活动的心得,并做好资料记录等后期工作

第一天	开营仪式,亲子活动——扎染文化衫
第二天	趣味剪纸
第三天	中国词字大全
第四天	参观长沙市博物馆
第五天	日记画,外出观影
第六天	团队游戏、自然教育、结营仪式

（五）图书室

G 组织图书室全名是"童心童趣图书室"。2012 年，在 X 公益基金会捐赠的 1200 本儿童图书的基础上和其他项目的支持下，不断增加图书的数量，并使用图书馆管理软件进行系统管理，现已经拥有将近 4000 册图书。图书室有工作人员值班，进行图书存管、借阅等工作。组织以图书室为载体开展儿童阅读推广活动，除了进行图书室开放借阅外，还开展了"社区阅读活动""幼儿园讲故事""亲子绘本阅读班""阅读户外活动""让图书动起来""走到户外""走进家庭"等活动。还有以绘本为媒介进行儿童安全教育、家庭社区性别平等等创新的阅读延伸活动，积累了丰富的活动经验，并整理成册出版，这里就不一一叙述这些活动了。

（六）亲子约伴安全

2017 年 1 月，G 组织通过对社区儿童及其家长进行社区环境安全问卷调查，得出：社区家长和儿童希望开展一些防拐骗、食品安全、防性侵、自我保护等内容为主的活动，以及教导孩子一些防范性的技巧。于是，G 组织在 2017 年开展了"亲子约伴安全"项目，主要以社区亲子活动、家长交流会、专家讲座的形式进行。一年下来，开展了校园防欺凌、防性侵、食品安全、防拐骗、安全出行等主题活动共 10 次社区活动 615 人次、4 次家长交流会 79 人次、4 次专家讲座 130 人次。其中，"儿童安全小剧场""亲子活动"最受欢迎。

在开展活动过程中将社区工作方法嵌入在其中。初始阶段对社区的分析，确定了社区的类型，调查了社区基本情况，还对社区中流动儿童的情况、问题和需求进行了分析。接下来，分析了社区和机构的资源，并根据分析结果，设计了项目活动方案。在中期活动开展时，机构负责人进行了经费、人力和物资还有场地等的配置和活动的宣传、推广。此后，活动中严格管理、监督经费预算、时间进度、服务品质等活动要素。活动成熟后，将所有活动资料进行归档整理，并对活动效果进行评估。评估方法是合理地对活动参与者、管理者、活动执行人等多个对象都进行评估，评估主体也有第三方高校志愿者、主管部门和机构多方。项目不仅仅在社区中进行宣传和展览活动的成果，还举办了场地开放参观活动、节日活动等。

七、介入过程的综合思考

（一）活动的效果

1. 家长无暇看管儿童的时段安全情况得到改善

通过图书室的建立，还有周末活动的开展，使孩子们在家长无暇看管的时间内有了社工、机构负责人和志愿者们的照顾，儿童安全情况得到改善。图书室在 G 组织的一楼，面对大街。这里也是孩子们放学后和周末最喜欢待着的地方。不管是参加活动的儿童，还是社区其他的儿童，空暇时间都很乐意来图书室借阅图书，或借阅游戏器材，并在机构负责人看管范围内玩耍。比如昊昊，从 2015 年起就在"工之友"图书室玩，后来"工之友"搬家了，他也跟着找过来，每天放学后都会在"工之友"写作业，等爸爸妈妈来接他。不仅是昊昊，很多小朋友放学后也会过来"工之友"写作业看书，等着爸爸妈妈六七点下班来接他们。根据负责人和一些家长的聊天，家长们对孩子有人看管很满意。瑶瑶的妈妈说，孩子放学后在图书室写作业看书，她很放心，因为这里有工作人员照顾着她，而且，作业不懂的地方也可以和其他小朋友一起讨论，还可以在图书室和其他小朋友下棋。

2. 儿童各方面能力均有一定程度的提升

"一对一辅导"在高校志愿者的帮助下，孩子们的学习问题都可以得到及时且正确的解答，一定程度上提高了孩子们的学习能力和学业成绩，还能提高孩子的人际交往能力。通过辅导记录可以明显地看到孩子的变化：卉卉原来是一个内向腼腆的女孩子，第一次辅导时，志愿者就注意到了这一特征，于是，在随后辅导中，志愿者都会主动与卉卉交流，询问卉卉学习上的问题。并在辅导休息时，与卉卉聊天，鼓励卉卉表达自己的想法，传授一些人际交往的小技巧。在后期的辅导过程中，志愿者感觉到了卉卉明显增多的话语。家访时，家长也说卉卉开朗多了，会主动跟父母、老师表达自己的想法，还交到两个新朋友。不仅是"一对一辅导"活动，"精品小课堂""夏令营/冬令营"与"康乐小组活动"的开展，都使孩子们的自我认知能力、自我减压能力、情绪管理能力、和人际交往能力、合作能力等都有了提升。

3. 流动儿童的亲子关系和朋辈群体关系变得更为融洽

孩子们通过参加活动，和同辈群体有了更多的交往。在交往过程中，孩子们之间由于地域等因素导致的隔阂逐渐消失，关系越来越融洽。不仅是周末的小组活动让孩子们学会了如何合作、怎么样进行人际交往，精品小课堂和夏令营/冬令营也为孩子们提供了交往的机会和场所。据机构负责人、社工和志愿者观察，有些孩子们在参加了几次活动后就变成了好朋友。而且在和孩子的聊天中发现，他们在活动以外的地方也有了更多的交集。阅读班开展了关于亲情的主题阅读写作和关于亲子关系的小组活动后，许多家长反映与孩子的交流更加顺利了，孩子们也会主动帮忙做力所能及的家务活。

4. 流动儿童更加熟悉所在社区和城市

在绘制社区寻宝图的活动后，孩子们对社区更加熟悉了。平时开展社区志愿活动，比如打扫卫生和一些宣传活动也愿意奉献出自己的一分力量。孩子们在和高校志愿者的交流中，更了解所在城市，举办公园踏青等室外活动时，会很高兴地拉着家长一起参与。

（二）介入过程的挑战

流动儿童社区教育作为一种非正规教育，它有学校教育不具备的灵活性、及时性和针对性等优点，但同时它也有一定的局限性，面临着一定的挑战，需要进一步探索和思考。

1. 流动儿童自身的限制

一是流动儿童的流动性大，由于父母工作的流动性强，他们自身的流动性也强。往往由于经济、工作等众多问题，农民工经常更换住所，其子女也不得不更换住所，导致终止或新加入社区教育活动，这给社区教育活动的连贯和深入开展带来了不利影响。二是流动儿童的时间不确定，非正规的社区教育活动不像学校教育一样具有强制性和约束性，流动儿童完全是在自身感兴趣的情形上自愿参与社区教育活动的。因此，经常由于各种情况，流动儿童会缺席活动，如当天作业多不想参与，跟同伴约好了去玩不来参加活动等情况。三是流动儿童的基础不一，社区教育活动是开放的，经常出现参与活动人员基础不一样的情况。其中，流动儿童情况更甚，参与活动的流动儿童年龄不一、年级不一，在开展活动时，社工很难将他们分组。

2. 评估方式复杂

正规教育中，学校可以通过考试来评估学生的知识掌握情况，然而非正式的社区教育，目的是为了增加流动儿童能力，增强其自信心，且由家长或者儿童自身填写问卷，和社工观察的结果都具有一定的主观性，这些目标的评估方式具有复杂性。在流动儿童随时都可能流动的情况下，若想对社区教育进行较为准确的总体评估，该如何设计恰当的指标进行评估，是今后社区教育工作的一大挑战。

3. 生态系统理论和实践结合的不够紧密

生态系统视角下关注的是案主周围各个系统之间的互动，应比较完整而不偏颇。但由于其关注的焦点多元而繁杂，在实际实践中就会有许多限制。根据生态系统理论，我们对流动儿童的各个系统都设置了实践策略，但实践策略比较复杂，导致在具体实践中，在人手和时间等因素限制下，社工和机构负责人难以实施这么多的方案，工作人员的工作量也很大。因此，实施策略和实施方案在具体实践中的结合程度也就不够紧密了。

（三）介入过程的反思

此项目活动自 2013 年开展至今，已有 5 年，项目取得了很好的成效，当然其中也有不足。与其他的一些项目相比，本项目的方案涵盖了多个层次，满足了流动儿童对各个系统的需要，很有借鉴意义。但有一些不足之处需要反思和改进。对于每个流动儿童而言，其需要其实都是不一样的。而且因为流动儿童自身的一些限制，参与活动的机会也有限，社工对于有需要的流动儿童可以采取个案工作的方式。此项目的评估内容和方式确实复杂，由此，笔者认为评估可以灵活多变。比如，采取观察法，设计一些简短的问卷，固定周期发放填写。生态系统视角下确实对分析流动儿童问题有极其大的作用，但工作人员使用该理论时，可以根据具体实践效果，不断改善服务策略。

八、相关知识链接

（一）生命系统理论

生态系统理论是将系统论、社会学和生态学紧密结合起来的基础理论。生态系统视角是 20 世纪 70 年代兴起的一个具有整合意义或折中意味的社会工作实践视角，它融合了不同的人类行为理论和社会工作实践理论，为社会工作提供了一个广泛的、折中的知识基础和实践框架。它已经成为社会工作实践综融模式的主要理论基础。

生态系统理论的代表人物是布朗芬布伦纳（Urie Bronfenbrenner）[①]，他认为，个体发展是个体与周围系统密切联系的结果，在与环境的互动中，人会发展出独特的个性。布朗芬布伦纳提出，个体发展的生态系统可以分为四个不同

---

① Bronfenbrenner. The Ecology of Human Development: Experiements by Nature and Design[M]. Boston: Harvard University Press, 1981.

的子系统：微系统、中系统、与个体没有直接联系的外系统、宏系统。杰曼（Germain）和吉特曼（Gitterman）①提出的生命模式是应用生态视角的一种重要的干预方式。生命模式把人看成持续地与其环境的不同层面进行交换并适应它的过程，它们改变环境亦为环境所改变，这是一种交互性适应。塞森斯（Sessions）从社会生态学视角出发，提出生态系统视角是为了纠正社会工作实践过分沉迷于个人中心，而忽略了环境这个复杂的网的不足。

发展到今天，查尔斯·H·扎斯特罗（Charles H Zastrow）②等人对当代社会生态系统理论又有所丰富和发展。概括而言，社会生态系统理论把人的社会环境如家庭、机构、团体、社区等看作是一种社会性的生态系统，强调每个人的生存环境应该是一个完整的生态系统体系，即由一系列相互联系的因素构成的一种功能性整体。这种社会生态系统分为三种基本类型：微观系统、中观系统、宏观系统。诺顿（Norton）③认为，生态系统视角重新检视应承担的环境、应承担的配置，重新定义处于其中的人应承担的社会工作；其次，深化了同情心、赋权与生态系统视角的更深层次的联系的认识；最后，生态系统视角因此派生的方法是检查作为一种手段促进各级环境可持续性的社会工作实践。

生态社会工作模式在社会工作的理论生活中具有深远的生命力。生态视角的系统理论提供了一个强有力的考察人与环境的视角，重视人与环境之间的交换，将系统作为一个整体进行考察、关注系统内和系统之间的压力和平衡，从而把社会工作者的注意力重新指向人与环境之间的互动，而不是把两者分离开来。④

（二）优势视角与抗逆力

"优势"与"抗逆力"强调对服务对象所具有的特征进行积极的、正面的描述，是"以人为本"服务模式和原则的进一步细化和发展。优势视角反对将服务对象问题化，认为问题的标签对服务对象具有强化作用。当问题被重复了多次以后，就容易改变服务对象对自己的看法，同时也会改变周围人对他们的看法。优势视角认为每个人都是有能力的，认为个人和社区的发展应该重视能力建设。优势视角的基本信念包括：第一，赋权。它强调与服务对象和委托人之

---

① Germain, Gitterman. The Life Model of Social Work Practice：Advances in Theory and Practice[M]. New York：Columbia University Press，1996.

② Zastrow, Kirst. Understanding Human Behaviorand the Social Environment[M]. Chicage：Nelson – Hall Publishers，2012.

③ Norton. Social work and the environment：An ecosocial approach International[J]. Journal of Social Welfare，2011(12).

④ 卓彩琴. 生态系统理论在社会工作领域的发展脉络及展望[J]. 江海学刊，2013(3).

间的合作关系,强调服务对象的能力和优势,关注个人或家庭环境,将服务对象视为积极的能动主体,将个人的精神指向一直受到剥夺和压制的人群。第二,成员资格。优势视角承认社会工作者服务的所有人如同社会工作者的意义,即一个种类的成员,并享有随成员而来的自尊、尊严和责任。第三,抗逆力。越来越多的研究和实践正在使得人类的这样一个规则清晰可见,人们在遭遇严重麻烦时会反弹,个人和社区可以超越和克服严重麻烦的负面事件。抗逆力是一种面对磨难而抗争的能力。第四,对话与合作。在对话中确认别人的重要性并开始弥合个人、他人和制度之间的裂缝。①

优势视角强调每个个人、团体、家庭和社区都有优势(财富、资源、智慧、知识等);创伤和虐待、疾病和抗争虽然具有伤害性,但它们也可能是挑战和机遇。那些为生活、工作和住房而抗争的人们是具有抗逆力和资源的,即便在痛苦之中,他们也期望取得成就;与案主合作,社工可以最好地服务于案主;所有环境都充满资源;注重关怀、照顾和脉络。

抗逆力是指个人具有的某些特质或能力,使个人处在危机或压力情境时,能发展出健康的应对策略;抗逆力是一种适应能力,纵使面对不幸的生活经历,个人也能克服而获得成长的可能;抗逆力是一种克服不利环境的能力,纵使每日在复杂的环境中面对一连串的挑战,仍能实际地作出有建设性的生活抉择等。简言之,抗逆力是指个人面对生活逆境时,能够理性地作出正向的、建设性的选择方法和应对策略的能力。

抗逆力是优势视角基本理念中重要的一部分。抗逆力的基本思想是个人或者家庭虽然面临比正常情况严重的问题,但能够很好地适应所面临的危机状态,并达到比预想结果更积极的发展状态,它侧重于对服务对象的"保护性因素"的挖掘。作为一种新的视角和工作手段,在这两个概念发展的过程中,一场革命在静悄悄地发生,那就是对服务对象的"病态"的解释开始减弱,对服务对象所具有的抗逆力的信仰慢慢崛起。

(三)学校教育、家庭教育与社区教育

流动儿童接受的教育有学校教育、家庭教育与社区教育。

学校教育有两个主要问题:一是由于流动儿童没有所在地户籍,以及公立学校的择校费和高门槛等原因,导致在所在城市上学难的问题;二是流动儿童就读的学校教育质量不高,这与教育资源配置、财政投入等因素密切相关。虽

---

① 全国社会工作者职业水平考试教材编写组. 社会工作实务(中级)[M]. 北京:中国社会出版社,2018.

然近年来国家为解决流动儿童入学难的问题出台了一系列措施，然而因为户籍制度、教育资源投入、法律体系和监督执行方面不完善，导致很难从根本上解决流动儿童入学难这个问题。可以看出，流动儿童在学校所接受的教育缺乏稳定性和完整性，容易导致流动儿童出现一些心理、行为方面的障碍。

流动儿童的家庭教育也存在一定局限，原因主要来自流动儿童的家长。家长一般是农民工，自身教育水平存在局限，对子女教养力不从心；从小在农村文化氛围中成长的家长，教养方式单一且内容不完整，容易忽视子女的需求；家长容易过度重视经济功能从而忽视情感功能。

社区教育是社区组织或社区工作者依靠社区力量整合利用社会资源，对社区内成员施以各种形式的教育，旨在促进社区居民发展、振兴社区经济、优化社区环境的区域性教育活动。针对流动儿童开展的社区教育目的在于提高流动儿童的能力，增强流动儿童的信心，可以补充流动儿童所受学校教育和家庭教育的不足，开展素质教育活动，为流动儿童创造一个和谐、充满关怀的社区环境，促进流动儿童健康快乐成长。①

九、推荐阅读文献

1. 派恩. 现代社会工作理论(第三版)[M]. 冯亚丽，叶鹏飞，译. 北京：中国人民大学出版社，2008.

2. 全国社会工作者职业水平考试教材编写组. 社会工作实务(中级)[M]. 北京：中国社会出版社，2017.

3. 新公民计划. 打工子女社区教育需求调查报告[DB/OL]. http：//www.xingongmin. org. cn/.

4. 卓彩琴. 生态系统理论在社会工作领域的发展脉络及展望[J]. 江海学刊，2013(3).

5. 刘玉兰，彭华民. 跨文化社会工作视角下的流动儿童服务模式重构[J]. 学术论坛，2014(4).

十、讨论题

1. 流动儿童社区教育项目可复制、可持续开展的关键性因素是什么？
2. 你认为流动儿童社区教育项目可以满足流动儿童的哪些需求？

---

① 侯静. 流动儿童学校教育、家庭教育和社区教育[M]. 北京：科学出版社，2016.

案例十九：体面劳动，多彩生活

——A村移民工人服务项目

雍昕 吕章峰

一、案例背景

位于 ZD 市的"PDBZ 市场"是一个全国著名、世界知名的纺织品交易市场，拥有 40 多个纺织品批发区，1 万多家制衣厂，在不到 5 平方公里的市场区域内依附着几十万工人，其中移民工人占据了大多数。移民工人为"PDBZ 市场"的发展繁荣做出了巨大贡献。但与此同时，移民工人在生活及工作中出现的种种问题也日益凸显，除应对工作及生存环境的困境外，还需要面对社会融合、家庭关系、子女教育等诸多问题，在物质和精神方面存在很多迫切的需求。

位于市场东侧的 A 村，依托着"近水楼台先得月"的区位优势，在"PDBZ 市场"建立之初，便开始承接市场的服装加工。在短短二十年间，A 村已经发展成为周边小有名气的"制衣之乡"。目前在 A 村中分布着大大小小制衣厂 400 多家，拥有工人 6000 余人，其中移民工人占了 80% 以上，主要从事服装一线生产工作。就业不稳定是 A 村移民工人最显著的特征，他们基本上处于非正规就业状态，在未经注册的作坊式工厂工作，没有劳动合同，工作条件非常艰苦，经常性地面临着权益受损和职业伤害，随时可能失业；此外，A 村是由传统村落发展而成的城中村社区，移民工人还面临着与当地居民的融合和社区环境的适应问题。但在分割的等级化的劳动力市场中，如果没有外部介入，这种融合将会非常困难。特别是制衣厂工人文化程度普遍较低，难以主动获取城市生活需要的各种知识、信息及其他资源，他们的权益维护与城市适应面临着更大困难，尤其值得重点关注。移民工人的这种状况，迫切需要经济结构、政治社会环境、政策改善和微观服务等多方面的改变和介入，尤其需要倡导、促进工人自身的权能的增长（包括进步、提高、团结、权益维护和意识觉醒）。

移民工作的困境引起了政府的高度重视，在 ZD 市政府的领导下，ZD 市总工会委托社会工作者为移民工人提供服务。2011 年，XX 社会工作服务中心接受政府委派的社区社会工作任务，进驻 Y 街道居民服务中心开展工作，项目首批选择 A 村进行试点工作，工作任务主要是解决目前 A 村移民工人工作与生活上的问题，保障移民工人合法权益，实现其在城市中能够体面劳动，尊严生活。

二、案例分析（评估）

在进驻社区之后，为准确把握移民工人的服务需求，从公民权利和社会支持系统等角度出发，我们对 A 村的移民工人进行了走访调查，同时也对社区内所拥有的相关资源作了比较细致的了解。

（一）移民工人困境分析

社会工作者通过对 A 村移民工人的走访摸排，了解到其面临的困境主要集中在以下两个方面。

1. 生存性困境

（1）劳动强度大，工作环境差。

在 A 村，大部分移民工人主要是从事一线流水作业生产，"来样来料加工"的生产经营模式使得他们的工作时间极度不稳定，在生产旺季或者需要赶单时，超时加班和高强度劳作成了大部分一线制衣工的"家常便饭"。由于缺少充足的休息，身体健康被严重损害；此外，制衣车间高噪声、高扬尘的工作环境也是对制衣工人的另一大挑战，长期在这种环境中劳作，许多工人患上了尘肺、耳聋耳鸣等职业病。

（2）行业管理混乱，劳动合同执行不规范。

《劳动法》规定，用人单位必须依法与劳动者签订劳动合同。但在 A 村，许多制衣厂根本不与移民工人签订劳动合同，或在合同到期后没有及时续签。企业主为减少用工成本，通常以口头协议代替书面签订劳动合同，签订的劳动合同内容简单且不规范，一旦发生劳动纠纷，劳动关系很难认定。

（3）移民工人打工习惯差，对劳动合同不重视。

从 A 村的调查来看，一方面，大部分移民工人都是通过熟人的介绍进入城市务工的，出于对熟人的信任，加上自身文化水平较低，对劳动合同的认识不足，许多工人认为签不签劳动合同无所谓；另外一方面，许多移民工人为不受制于合同，来去自由，也不愿意与企业签订合同。不签订劳动合同，劳动关系就难以认定，这为劳动纠纷埋下了伏笔。

(4)社会保障待遇普遍缺失。

目前我国有城乡两种保险制度，但我国的社会保障体系主要是针对城镇居民建立起来的，相对于农村社会保险，城镇居民和职工享有的社会保险项目种类多，需要缴纳的费用也多，因此许多移民工人在与企业协商时，更愿意将买社保的钱直接加到工资中去，以此来提高收入；也有部分工人愿意缴纳社保，但 A 村的许多制衣厂没有注册、没有税务登记，买不了社保。移民工人参保率低，导致其在发生工伤事故和生病治疗时享受不到相应的待遇，"小病抗、大病拖，实在严重时只有回家乡"成了许多移民工人无奈的选择。

(5)法律知识储备不足，权益维护面临巨大困难。

A 村的大部分移民工人学历水平较低，法律知识更是匮乏，移民工人的权益难以得到保障。一方面，法律知识的不足导致工人对自身的合法权益认识不足，许多工人甚至不知道制衣厂的许多行为已经侵犯到他们的劳动权益，也更谈不上主动维权；另一方面，在劳动权益被侵犯之后，除了忍受之外，大部分移民工人基本上不知道如何走法律途径，只能诉诸法律许可之外的非理性途径。

2. 发展性困境。

(1)人力资本不足，身份转换难

移民工人文化水平普遍较低，也缺乏必要的专业培训、专业知识、专业技能，在进入城市后，他们中的大多数只能从事偏重体力付出，对技术要求不高的职业。在 A 村，大部分移民工人主要从事制衣的一线流水作业，这种长期的低层次就业很难改善他们的市场弱势地位，许多移民工人在 A 村工作多年后仍然只能从事一些简单的基础性工作；移民工人的高流动性使得大部分制衣厂不愿意投入大量资金用于他们的职业技能培训；制衣厂的工作压力和城市生存的压力让许多移民工人很难抽出时间进行进修、培训以及业余学习。这导致许多移民工人在进入城市多年之后，仍然只能游离于次级劳动力市场，就业十分不稳定，难以实现从农民向城市工人的身份转换。

(2)获取信息途径有限，城市生活适应困难。

移民工人想要扎根城市，不仅需要一份稳定的工作，还须获取关系城市生活的各种知识、信息及其他资源，达到适应城市生活的目的。但由于大部分制衣厂都采用宿舍制的劳动体制，将工人限制在厂区范围内，移民工人与外界的交流很少，加上许多工人存在自卑心理，不敢同当地居民进行交流，这导致移民工人接收信息的渠道十分有限，对于各种知识、信息的接受能力比较差，许多人在城市生活多年之后，还是不能适应城市的生活。

（3）日常生活单调，缺少精神文化活动。

除了工资福利待遇之外，劳动者还需要丰富的精神文化生活缓解其紧张的工作压力，恢复体力，充实生活，增加生活意义和价值。但在 A 村，大部分移民工人几乎没有精神文化生活。一方面，长时间高强度的工作让他们没有时间和精力参与精神文化活动；另一方面，大部分制衣厂也没有为员工提供资源来丰富其日常生活。由于缺少必要的精神文化活动，工人沦为了"工作机器"，许多移民工人产生了孤独和烦闷等负面情绪，工作积极性不高，生活态度消极，严重影响了移民工人的精神状态。

（4）交往范围单一，社会支持程度低。

从调查的情况来看，A 村移民工人的社交网络比较单一，主要局限在与老乡、同事之间的交往。一方面，忙碌的工作让外来劳工没有时间与其他人进行沟通，宿舍制的劳动模式也将其限制在厂区范围内，难以与外界接触，社交圈以同事、同乡、同寝室人员为主，与本地人接触较少；另一方面，现代社会主流话语体系将移民工人论述成城市的低端劳动力，刻意贬低其社会价值，导致移民工人在面对本地居民时，容易产生抗拒心理，不愿意与本地人交往。当移民工人遇到问题时，只能选择向老乡、同事求助。这种同质性很强的人际网络往往难以真正为他们提供有用的帮助，大部分情况下，移民工人是处于孤立无援的状态下。

（二）资源分析

在了解移民工人的困境之后，我们对其资源也进行了分析，发现潜在资源丰富。

（1）移民工人内部凝聚力较强，由于其面临的问题相似，工人与工人之间存在共同语言，很容易联合起来。

（2）工人内部组织较多，A 村的大部分移民工人都来自同一地域。由于地缘关系，在工人内部中形成了类似"老乡会"的组织，号召力较强。

（3）信息传播速度快，宿舍制劳动制度在限制工人与外界交往的同时也加速了其内部的团结，信息能够快速地通过宿舍进行传递。

（4）政府支持是社区发展重要的资源和财富，政府各职能部门，各级党、工、团等组织普遍关注移民工人群体的权益和生活状态。

（5）区域内高校、社会办学机构较多，可以吸纳高校师生或机构参与服务。

三、服务计划

（一）服务目标

1. 总目标

通过专业的社会工作服务，满足移民工人的日常需求，最大限度地保障移民工人的合法权益，增强移民工人的法律意识，提升其基本素质，帮助移民工人实现体面工作，过有尊严的生活。

2. 具体目标

（1）维护移民工人合法权益，改善其工作条件，通过职业生涯设计、技能培训提升社会竞争力。

（2）增强移民工人法律意识和权利意识，帮助移民工人养成依法劳动、依法维权的务工习惯，缓和地区劳资矛盾。

（3）丰富移民工人业余文化生活，提升其生活幸福感。

（4）提升移民工人的人际交往能力，拓展其社交网络，促进移民工人的社区融入。

（二）服务内容

针对 A 村移民工人的具体情况，社会工作者将主要从以下几个方面为其提供服务：①基本权益的争取与维护；②法律知识的普及；③社会化再教育与职业化培训；④策划和组织精神文化娱乐活动；⑤人际交往辅导服务。

（三）服务日程

服务的主要内容及目标见表 19 - 1。

表 19 - 1 　具体服务日程计划表

阶段	时间	主要内容及目标
第一阶段： 项目启动阶段	2011 年 10 月— 2012 年 1 月	熟悉环境，对服务社区进行恰当的评估；收集移民工人相关资料，根据已制定的服务计划和实际情况，制定更详细的服务计划，并为后期的专业服务工作做相应的准备，同时开辟交流平台和宣传途径

阶段	时间	主要内容及目标
第二阶段： 项目实施阶段	2012 年 2 月— 2012 年 12 月	依据制定的计划开展社会工作服务，定期做好阶段性评估，并根据服务对象需求的改变不断调整计划
第三阶段： 项目评估阶段	2012 年 12 月— 2013 年 1 月	专业服务的总结和评估；进一步巩固服务对象理性心理机制，提高其社区参与度；总结和交流服务经验并向机构和督导反映，保证项目的延续性

四、服务计划实施过程

依据服务目标建立了总体服务逻辑框架表（表 19 - 2），服务计划的执行过程基本上按照计划进行（附部分活动策划书及活动检讨报告，详见附件 1、附件 2、附件 3）。

五、案例评估

在整体服务计划结束后，分别对社区工作者、服务机构、政府、服务对象进行了工作成效评估，从中总结了工作的经验与不足。

1. 经验

（1）以专业的社会工作服务介入城中村移民工人的困境，能够比较有效地解决目前政府在治理社区过程中政策无法下沉到基层的问题。

（2）通过社会工作的系统服务，移民工人的生活处境得到了部分改善。

（3）在移民工人群体中形成了助人自助的价值取向。

（4）通过培训、展示明显改善了移民工人的社区参与能力，拓展了参与渠道。

（5）法律援助有效解决了移民工人工作维权难的问题，也减少了恶性事件发生的概率。社会工作参与社区治理是创新社会治理方式的一种有效途径。

2. 不足

（1）社会工作目前只能解决一些微观层面的问题，对于涉及移民工人的社会层面问题暂时无能为力。

（2）在服务过程中，移民工人对社会工作者存在依赖性，服务结束之后自身动力有所衰退。

（3）移民工人的高流动性也是对服务质量的一项重大考验。

表 19 - 2　**服务逻辑框架表**

总目标：致力于改善城市移民工人生活现状，促进其社区融合和城市适应，缓和社会矛盾，提高社区管理水平

分目标	指标	策略点	阶段目标	活动相关量化指标	证明材料/方式（见附件）	所需资源（人力/物力/财力）	风险/不可控因素
分目标1：提高移民工人权益意识，帮助移民工人维护自身权益	减少区域内对移民工人的权益损害事件	A 帮助移民工人了解自身权益	A1 增加移民工人对劳动权益的了解	A1.1 劳动者权益小手册 A1.2 保险知识大讲堂 A1.3 系列社区服务日	A1.1 劳动者权益小手册 A1.2 相关活动记录 A1.3 活动策划书与活动图片	工作者及移民工人、权益手册	如何吸引移民工人的关注
			A2 帮助移民工人辨别侵权行为	A2.1 侵权行为宣传栏 A2.2 个案服务	A2.1 宣传栏照片 A2.2 个案工作记录表	社会工作者及移民工人、文具材料（粉笔、展板）	如何与工厂沟通，将展板放置在厂区内
			A3 帮助相关部门了解自己的作用	A3.1 "工会我知道" A3.2 劳动监察站一日行	A3.1 活动策划书与活动记录 A3.2 照片及报告	社会工作者及移民工人、相关志愿者	移民工人是否有时间参与
		B 协助移民工人进行维权	B1 根据权益高要建立服务类别	B1.1 确定维权标准界定 B1.2 为移民工人提供维权服务	—	相关材料	安全因素、经费是否充足
			B2 移民工人能够自主维权	B2 劳工服务站维权接待等级表	B2 劳工服务站接待登记表		—

续表 19 - 2

分目标	指标	策略点	阶段目标	活动/相关量化指标	证明材料/方式（见附件）	所需资源（人力/物力/财力）	风险/不可控因素
分目标1：提高移民工人权益意识，帮助移民工人维护自身权益	帮助移民工人依法维权，减少非理性事件的发生	C 移民工人法律知识普及	C1 增加移民工人对维权法律知识的了解	C1.1 法律工作日	C1.1 活动策划书与记录	—	—
				C1.2 维权法律知识竞猜	C1.2 活动照片、资料与活动评估报告		
			C2 提高移民工人依法维权意识	C2.1 非理性维权后果宣传展板	C2.1 宣传展板	—	—
				C2.2 如何理性维权	C2.2 活动报名表		
		D 为移民工人提供法律援助	D1 日常法律援助	D1.1 日常法律咨询	D1.1 劳工维权站接待登记表	—	—
				D.2 移民工人维权法律援助	D1.2 个案工作记录表		
			D2 长期援助机制的建立	D2 法律诊所	D2.1 法律诊所	相关法律人士	—

续表 19 – 2

分目标	指标	策略点	阶段目标	活动/相关量化指标	证明材料/方式（见附件）	所需资源（人力/物力/财力）	风险/不可控因素
分目标2：提高移民工人基本素质，促进其的人力资本的提升	移民工人基本素质提高，掌握新的工作技能，树立正确的就业意识	A 提高移民工人的工作素质	A1 增加移民工人对健康知识的了解	A1.1 健康知识系列讲座	A1.1 相关讲座记录	相关知识手册	—
				A1.2 如何预防职业病	A1.2 职业病预防手册		
			A2 增加移民工人对安全工作知识的了解	A2.1 制衣车间的安全操作指南	A2.1 安全操作指南		—
				A2.2 火灾等灾害的求生技能	A2.2 防火宣传栏		
		B 培养移民工人的新的工作技能	B1 提高移民工人对电脑基本知识的了解	B1.1 电脑基本知识培训小组	B1.1 电脑培训小组工作记录	电脑	—
			B2 协助移民工人利用电脑进行办公	B2.1 电脑培训小组(高级)	B2.1 活动照片及记录	电脑	—
				B2.2 office办公软件的应用			
			B3 帮助移民工人掌握基础英语	B3 基础英语知识培训	B3 培训班照片和报名表	英语老师	—
		C 建立自我认知，明确未来规划	C1 引导移民工人描述和分享自己的梦想，思考未来的道路，并协助其建立正确的自我发展规划	C1 "我有一个梦想"研讨会	研讨会会照片与活动记录	—	—
			C2 帮助移民工人树立正确的就业创业意识	C2.1 就业创业知识小讲堂	相关记录材料	—	—
				C2.2 创业经验分享课堂			

续表 19－2

分目标	指标	策略点	阶段目标	活动/相关量化指标	证明材料/方式（见附件）	所需资源（人力/物力/财力）	风险/不可控因素
分目标3：增强移民工人的人际交往网络，丰富其精神文化生活，促进社区融入	巩固移民工人内部的交往网络，培育互助精神	A 发现移民工人内部群体，强化小群体的维系	A1 发现移民工人中的小群体	A1 老乡会	走访记录	—	—
			A2 小群体能为其中的成员提供依靠	A2 "工友共有"计划	活动策划书	—	—
		B 促进不同小群体之间的交互融合	B1 不同小群体间的成员能够友好交流	B1 工人茶话会	B1 活动照片	—	—
			B2 小群体间能够进行互动、互助	B2 "工友共有"活动	B2 活动计划及活动后访谈	—	—
			B3 小群体能够根据需要与其他组织结成伙伴关系	—		—	—
		C 已有的互助行为获得强化，培育个体互助现象	C1 推广互助文化，激励互助行为	C1.1 宣传互帮互助精神	C1.1 宣传资料	—	—
				C1.2 个案服务	C1.2 个案记录		
			C2 为移民工人提供平台，实施互助	C2 实施"互帮互助"计划	"互帮互助"计划评估报告	—	—

续表 19－2

分目标	指标	策略点	阶段目标	活动/相关量化指标	证明材料/方式（见附件）	所需资源（人力/物力/财力）	风险/不可控因素
	创造移民工人与社区居民交往的机会	D 增进移民工人与社区互动	D1 帮助移民工人了解周边社区环境	D1.1 关于社区ZG系列研讨会	D1.1 研讨会相关记录材料	一	一
				D1.2 "我生活的社区"介绍	D1.2 会议纪要		一
			D2 增加移民工人对社区信息的了解	D2.1 留言板	D2.1 留言板	一	一
分目标3：增强移民工人的人际交往网络，丰富其精神文化生活，促进社区融入				D2.2 信息园地（国内时政、社区要闻）	D2.2 相关图片、宣传海报、资料		一
			D3 增加移民工与社区居民交流的机会	D3.1 周末电影院	D3 活动现场照片，留言板	电影视频	一
				D3.2 社区留言板			一
		E 促进移民工人参与社区各类活动	E1 鼓励移民工人参与各类由社工作者组织的社区活动	E1.1 节日庆祝活动	E1 活动策划书、活动照片，活动报告及评估	志愿者、礼品	一
				E1.2 个案服务			一
	增加移民工人的日常娱乐活动	F 发掘移民工人的兴趣，发展个人兴趣	F1 在协助下，移民工人能够发现个人兴趣	F1 兴趣班	F1 兴趣班照片、资料，活动评估	移民工人的兴趣爱好，积极性，参与度	一
			F2 移民工人自发发展个人兴趣	F2 才艺大比拼	F2 移民工人才艺比拼表演和照片	移民工人参与的人数和活动效果	一

六、专业反思

（一）经验

1. 社会工作专业技巧的运用

在项目实施过程中，社会工作者充分运用社区调查、社区分析等技巧，发展社区关系，开展互助活动。通过社会工作的介入，运用专业知识和技能，动员服务对象积极参与到社区工作实践中来，解决其所面临的问题，进而推进服务对象对社区的归属感，促进社区的发展。

2. 多种工作模式的整合

在实践的过程中应兼顾社区工作的各种模式，将"助人自助"的社会工作价值观贯穿于服务过程中。分析问题的视角应注重结构取向，介入问题的层面应更为宏观，在计划过程中需要具有一定的政治性，不断批判和反思工作，对目标、价值取向做出适当的修正。

3. 建立良好专业关系的技巧

在服务初期，社会工作者要主动出击，与移民工人多聊天，共同经历一些事情，获得他们的信任。社会工作者在服务初期就开展了"社区服务日"活动，每次都能同一些移民工人进行交流沟通。这一活动不仅能够帮助社会工作者了解移民工人的困难，也能够协助社会工作者与移民工人建立良好的关系。

4. 社会工作者的定位

在服务初期，由于社会工作者缺少经验和归属感，在开展工作时会觉得自己只是一个义工而不是社工，是为了举办活动而举办活动，并没有将自己的角色定位好。经过督导的提示和建议，社会工作者逐渐定位好自己的角色：初期，社会工作者担任主导者和推动者；中期，社会工作者引导服务对象担任活动主角，很多事情与服务对象一起讨论；后期，社会工作者鼓励服务对象承担相应的工作。

（二）困惑

1. 专业关系模糊

社会工作的专业关系强调的是一种职业关系而非私人关系。但从中国传统人际关系来看，会把感情看得更重。那么只有当受助者和助人者建立起比较亲密的感情关系时，受助者才能像信赖自己的亲人一样信赖受助者，从而向助人者敞开心扉，自愿接受帮助或协助，并积极改变自身的生存状态。在本案中，移民工人一般不会选择向社会工作者求助，因此社会工作者通常是先与服务对象建立较为亲密的私人关系之后再建立专业的助人关系。这是受中国本土文化的影响，需要对国际工人的专业关系进行改良，也是社会工作发展初期必然要经历的。随着社会工作职业化的推进，会慢慢回顾到国际标准。

2. 社区社会工作是方法还是领域

社区社会工作是一种工作方法，也是一种服务领域，这两者在实务工作中难以区别。比如，作为方法的社区规划也需要用到个案和小组社会工作方法。

七、相关知识链接

（一）公民权利理论

公民权利理论，又叫公民资格理论，在社会政策学界最早由英国学者托马斯·汉弗莱·马歇尔提出，马歇尔认为公民权利应该包括三个部分：市民自由权利、政治权利和社会权利。市民自由权利是指市民的生命、财产、言论、出版等自由不受侵犯的权利；政治权利是指成年公民所享有的人人平等的选举权和被选举权以及担任公共职务的权利等；社会权利是指所有公民所享有的获得基本生活需求保证的社会福利权利。马歇尔认为，这三大部分是逐步普及开来的，如从18世纪的市民权利，到19世纪的政治权利，再到20世纪的社会权利，这是一种历史进步的规律，也是资本主义自我调整适应社会环境的表现。当然，许多马克思主义学者和批判学者都指出，公民权利中的社会权利的获得，其实是工人阶级通过斗争争取得来的权利，不是什么历史进步的自然过程。尽管马歇尔对公民权利的获得过程的解释有争议，右派保守主义也不同意他的社会权利的主张，但是他系统总结了公民资格的三个组成部分，成为社会政策的一个基础理论。

在本案中，移民工人不论是作为农民，还是作为新工人、新市民，都被系统性剥夺了公民资格的政治权利和社会权利，只是享有自由流动的市民权利。这是导致移民工人困境的主要制度性根源，所以，帮助移民工人意识到自己的公民权利，并且有组织地争取自己的公民权利，才是解决移民工人困境的根本出路。

（二）社会支持理论

社会支持理论是在社会学中发展成为系统的社会网络和社会资本理论，主要是用来解释现代社会个体行动的社会嵌入性特征。经济社会史学家卡尔·波兰尼认为，传统社会是嵌入在紧密的社区关系之中的，从事的经济活动是一种实体经济活动。现代市场经济活动打破了传统社区的紧密团结关系，出现了形式经济学所说的原子化的个体行动者，遵循个体利益最大化原则行动。之后，马克·格兰罗威特提出，现代社会的个体也不是完全原子化状态，而是处在一种社会关系网络之中，获得交易的信息和情感支持，从事经济和社会活动。随后，罗伯特·普特南研究指出，社会发展和民主政治其实都取决于公民接受的程度以及由此导致的社会信任状况，他把这种状况概括为社会资本状况。

但对于社会工作而言，我们关注的是微观社会问题的预防和解决，所以相对于社会学和政治学，社会工作更加关注社会支持网络对个体提供的帮助类型和帮助方式，以及对社区发展的作用。社会工作者詹姆斯·维特克曾经系统分析了非正式支持系统和正式支持系统之间的关系，强调对一些边缘弱势群体当正式支持系统因为社会排斥不能获得时，非正式支持系统的重要作用。所谓非正式支持系统主要包括密切交往的初级支持网络以及频繁交往的次级生活网络。前者一般指亲属和朋友，后者是指邻里组织、社交俱乐部和教会等。后来社区学者哈德凯瑟等人指出，社会工作不能停留在动用非正式支持系统对正式支持系统缺陷的弥补作用，而是要通过社会支持网络的生态矩阵分析工具，分析各级支持系统提供支持的现实和潜在的途径与阻碍，然后通过社区增权的策略，来帮助边缘弱势群体逐渐地由初级社会支持网络和次级社会支持网络等非正式支持网络，扩展到去争取正式支持系统的公平服务和方便可得性。

从本案来看，首先，我们依靠 A 村劳工维权站将移民工人组织到一起，形成一个次级支持网络，并且帮助他们强化对自己初级支持网络的归属和联系，形成一个有利的支持体系；其次，通过鼓励移民工人走出"宿舍"，参加社区活动，熟悉社区居民，以此达到帮助移民工人建立新的支持网络的目的。但是，我们并不是停留在非正式支持网络，而是利用非正式支持网络的增权作用，支持移民工人去争取和追求公正的社会政策和社会服务等正式支持系统的改善。

八、文献阅读推荐

1. 任焰，潘毅. 跨国劳动过程的空间政治：全球化时代的宿舍劳动体制 [J]. 社会学研究，2006(4).

2. 崔岩. 流动人口心理层面的社会融入和身份认同问题研究[J]. 社会学研究，2012(5).

3. 杨菊华. 中国流动人口的社会融入研究[J]. 中国社会科学，2015(2).

4. 潘泽泉，林婷婷. 劳动时间、社会交往与农民工的社会融入研究——基于湖南省农民工"三融入"调查的分析[J].中国人口科学,2015(3).

5.刘雨龙.生命历程视角下的农民工社会融入研究——在京农民工的案例分析[J].社会发展研究,2016(3).

6.杨菊华,朱格.心仪而行离:流动人口与本地市民居住隔离研究[J].山东社会科学,2016(1).

九、讨论题

1.在社会工作服务中,如何厘清社会工作者与服务对象之间的专业关系与私人关系,确保社会工作者的价值中立?

2.劳动力市场分割日益明显,身处次级劳动力市场的移民工人该如何实现"逆袭"?在这个过程中,社会工作者能够从哪些方面提供援助?

3.社会工作者在面对高流动性的移民工人时,如何确保社会工作服务的有效度?服务效应能否对移民工人有持续性影响?

4.依据本案,如何不断地、客观地收集资料证据,来反思社会工作服务过程中的成效和局限,清楚问题的根源,寻找新的改变策略,构建一个持续的行动反思的实践循环?

附件1：社区服务日活动策划书

一、活动目标

（一）整体目标

1. 借助社区服务日活动，起到宣传社工服务的效果。

2. 进一步了解居民及移民工人的多样性需求。

（二）具体目标

1. 通过宣传册及现场咨询等形式，宣传和普及社工的个性常规服务，使居民及移民工人了解和熟悉相关服务（至少派发传单100份）。

2. 通过提供现场法律咨询服务，为移民工人解决具体的法律问题（至少接受5人以上的咨询）。

3. 通过免费健康检查的活动吸引居民和移民工人的聚集（至少为50人以上的居民进行健康检查）。

4. 每位社工至少与2名以上的居民或移民工人交谈，了解其日常生活状况及需求。

二、活动内容

1. 活动性质：居民及移民工人普遍参与的宣传及社区服务活动。

2. 活动对象：A村所有工人。

3. 活动日期：2012年3月25日。

4. 活动时间：下午14:30—17:00。

5. 活动地点：A村人流量较大的路边场所（待定）。

6. 参加者人数：50～100。

7. 人员安排（见表1）。

表1　人员安排

职位	人数	备注
总负责人	1名	共有项目统筹及助理两人
社工人员/数	2名	
法律咨询人员/数	2名	法律志愿者
健康检查人员/数	4名	医学院志愿者
志愿者人员/数	3名	社工志愿者

8.组织与分工：

(1)统筹：1 名(社工)。

(2)摄影：1 名(社工志愿者)。

(3)法律咨询：2 名(法律志愿者)。

(4)宣传单派发人员：1 名(社工志愿者)。

(5)社工服务咨询点：1 名(社工)。

(6)健康检查点：4 名(医学院志愿者)。

(7)秩序维持人员及留言板管理：1 名(社工志愿者)。

(8)前期传单派发：社工及志愿者。

9.资源情况

(1)人手：社工 2 名、法律诊所志愿者 2～3 人、医学院志愿者 4 人、社工志愿者 3 人。

(2)场地：A 村人流量大的路口，场地较为宽阔，适宜人员聚集。

(3)资金：由项目经费支出。

(4)安全保障：提前联系街道相关部门，获得安全保障的支持。

三、宣传

1.通过街道协助宣传，向社区企业及员工进行宣传。

2.活动前 1～2 天在社区内派发传单，宣传主题活动。

3.活动现场借助横幅、传单、音响等，吸引工人，并进行口头宣传。

四、活动日程及安排(表 2)

表 2 日程安排

起止日期/时间		主要工作及进程
2012 年 3 月 5—7 日		与街道商讨，获取行政部门等相关支持
2012 年 3 月 8—10 日		与法律诊所及医学院联系，确定合作方案
2012 年 3 月 11—18 日		撰写活动计划书，设计相关宣传资料
2012 年 3 月 19—22 日		确定场地及志愿者名单，准备活动物资、活动条幅及传单等
2012 年 3 月 23—24 日		社区宣传，传单派发志愿者培训
2012 年 3 月 25 日	上午	确认活动物资及活动所需器材
	下午	工作人员做最后准备，活动开展

五、活动流程安排

在活动现场设置三个摊位：法律咨询点、社工咨询点、健康检查点，三个摊位同时开展服务。并有专门设置志愿者在路边发放传单，吸引居民及移民工人前来参与活动。

（1）法律咨询点设置2名咨询人员，回答咨询者的相关法律问题，并给予相关建议。前来咨询人数不多时，工作人员可部分离开咨询点，协助发放传单，或与围观及等待健康检查的居民交谈，了解其状况，发掘潜在法律问题。

（2）社工咨询点设置1～2名咨询人员，鉴于居民对社工的了解不多，社工除回答主动前来咨询者问题以外，还需要注意向路人或围观者介绍社工服务项目，也可与等待健康检查的居民交谈，了解其状况，鼓励其参加社工服务。

（3）健康检查点设置4名工作人员，这个摊位的参与人数预计较多，故4名工作人员在必要时要负责维持摊位秩序。

现场设置留言板，供居民留言或提出建议。还应设置专门人员负责管理。

六、活动内容及形式（表3）

表3　活动内容

时间	内容	所需物资	备注
13:00—13:30	运输物资	无	无
13:30—14:30	活动场地布置	横幅、桌椅、传单、音响设备、椅子、纸笔	播放音乐，吸引居民
14:30—17:00	主题活动开展，传单及宣传册派发、接受现场咨询	话筒、音箱、宣传册、传单、留言板、纸笔等	要注意维持现场秩序
17:00—17:30	收拾场地，与工人进一步交流	无	注意留下相关工人联系方式，以进行跟进服务

七、预计困难及应付方法（表4）

表4　困难及应对方法

困难	应对方法
志愿者人数少	提前确认志愿者时间和名单
活动现场来的人数过少	加大前期宣传力度，现场播放有气氛的音乐吸引工人注意，走出帐篷，发放传单吸引工人注意
活动当天下雨	临时更改活动日期，尽量在接下来一周进行活动
现场无法解决工人的困境	留下联系方式，转介到法律诊所，为工人提供专业服务
现场秩序混乱	与街道和居委会联系，取得相应的安保支持

附件2：工人茶话会活动计划书

一、活动目标

（一）整体目标

1. 扩展移民工人支持网络。

2. 提升相关技能及知识。

（二）具体目标

1. 每个工人通过茶话会认识至少两个朋友。

2. 工人可以通过演讲提升自我表达和展示的勇气及能力。

3. 获得情绪的支持和压力的缓解。

4. 获得相关主题的技能和知识。

二、活动背景资料

1. 活动性质：娱乐类、培训类的开放式小组。

2. 对象：A村所有移民工人及其家属（以来社工站的工人为主）。

3. 日期：周末下午14:30—15:30（第一次为2012年7月15日）。

4. 举行次数：4次。

5. 举行频率：每两周一次。

6. 每次用时：一个小时。

7. 组员：每次参加茶话会工人5～10人，为开放式小组，人数可有所调整。初期以来中心接受服务的工人为主，后期可通过户外宣传或工人间的宣传吸引对该活动感兴趣其他工人。性别、年龄无特别要求，只要对该活动感兴趣均可参加，但也要注意发掘固定组员，以保持活动效果的持续性。

8. 出席情况：首次活动不做活动预告，直接在来中心娱乐的工人中开展，工人出席状况根据当天来访工人数量来定。

三、筹备及介入策略

活动筹备以前期活动设计、物资购买为主。介入策略以建立工人间联系，促进彼此交流为主。通过茶话会这样一种较为放松休闲的形式，让工人较容易敞开心扉，减少警惕，从而更有可能达到投入小组的效果。前期活动以彼此认识及较为轻松的话题为主，后期则可相应的加入职业健康、生涯规划、压力舒缓等较为深入的话题。

四、招募及宣传

鉴于茶话会的参与人数有限，故我们并不打算进行大规模的宣传。前几次活动主要在当日来访的工人中开展，后期在有一定成效后，可在中心进行活动预告，接受报名。主要的宣传方式以工人间的传播为主。

五、工作日程（表1）

表1　工作日程

活动日期	用时	活动内容
7月6日—7月8日	3天	活动审批
7月9日—7月11日	3天	确定活动主体及策划
7月12日—7月14日	3天	物质准备
7月15日	1天	活动开展

六、活动环节设计（表2）

表2　活动内容

日期	时间	地点	目标
7月15日	14:30—15:30	社工站4楼图书室	工人间互相认识，形成轻松的互动气氛

		时间	主题	内容及方法	期望效果
第一节	流程安排	5分钟	社工介绍活动背景及目的	社工讲解为主	工人可以了解此次活动目的
		5~10分钟	工人自我介绍	姓名接龙游戏，社工先示范，以容易记住为主	工人可彼此记住名字
		10~15分钟	猜猜我是谁	每个工人用三个词形容自己，其他工人来猜这个人是谁	营造轻松气氛
		10~15分钟	工人详细介绍	社工先示范，工人进一步描述自身状况，工人指定下一位介绍的人员	促进工人的自我表达和展示能力，在工人间建立共鸣
		10~15分钟	对以后活动的感想	让工人谈谈来中心的感受和过程，以及对我们以后活动的意见和设想	了解工人需求，并通过让工人参与活动的设计，增强其主体性及自信
		10~15分钟	活动分享及自由交谈	工人间自由交谈，分享参与此次活动的感受	工人进一步认识

续表2

日期	时间	地点	目标	
7月27日	19:00—20:00	社工站2楼娱乐室	工人互相认识,分享打工经历,颈椎保健知识培训	

第二节		时间	主题	内容及方法	期望效果
	流程安排	5分钟	社工介绍活动背景及目的	社工讲解为主	工人可以了解此次活动目的
		5~10分钟	工人自我介绍	社工先示范,然后指定一名工人接力	促进工人之间的认识
		25~30分钟	分享打工经历	引导工人讲述自己来ZD打工的故事	建立工人之间的联系
		10~15分钟	对以后活动的感想	对以后茶话会的活动提出建议	—
		5分钟	分享及收场	—	—

日期	时间	地点	目标	
8月26日	15:00~16:00	社工站2楼娱乐室	发掘工人爱好,促进相互交流	

第三节		时间	主题	内容及方法	期望效果
	流程安排	5分钟	社工介绍活动背景及目的	社工讲解为主	工人可以了解此次活动目的
		5~10分钟	工人自我介绍	姓名接龙游戏,社工先示范,以容易记住为主	工人可彼此记住名字
		25~30分钟	分享彼此的爱好,并讨论建立兴趣小组事宜	引导工人讨论自己的喜好及兴趣	工人能够找到与自己兴趣相投的工友
		10~15分钟	兴趣班集锦视频观看	视频播放	促进工人兴趣小组的成立
		5分钟	分享及收场	—	—

续表2

日期	时间	地点	目标	
9月2日	16:00—17:00	社工站2楼娱乐室	工人相互认识，讨论政府政策	

第四节	流程安排	时间	主题	内容及方法	期望效果
		5分钟	社工介绍活动背景及目的	社工讲解为主	工人可以了解此次活动目的
		5~10分钟	工人自我介绍	姓名接龙游戏，社工先示范，以容易记住为主	工人可彼此记住名字
		10~15分钟	分享近况	引导工人讲述近期发生的事情及心情	建立工人之间的互动
		25~30分钟	讨论政府政策	引导工人对ZD近来颁布的关于外来工人管理和服务方面政策讨论	帮助工人了解目前的政策走向
		5分钟	分享及收场	—	—

七、预计困难及解决方案(表3)

表3 困难及解决方案

预计困难	解决方案
参与活动工人较少	在当日来访工人中进行宣传和说服，必要时可通过利用较为熟络工人的私人关系进行拉拢
工人参与互动热情不高	尽量设计一些较为轻松的活动，来降低工人尴尬及害羞情绪，社工要作出良好的示范作用

附件3：社区服务日活动检讨报告

一、目标达致程度

活动的整体目标为：借助社区服务日活动，起到宣传社工服务的效果；进一步了解居民及移民工人的多样性需求。具体目标为：通过宣传册及现场咨询等形式，宣传和普及社工的个性常规服务，使居民及移民工人了解和熟悉相关服务，至少派发传单100份；通过提供现场法律咨询服务，为工人解决具体的法律问题，至少接受5人以上的咨询；通过免费健康检查的活动吸引居民和移民工人的聚集，至少为50人以上的居民进行健康检查；每位社工至少与2名以上的居民或移民工人交谈，了解其日常生活状况及需求。

根据活动现场的参与情况及活动后登记表统计，我们活动的目标达成情况较好。现场派发传单两千余份，很好地宣传了社工服务及法律知识；有10名移民工人进行了法律咨询，在一定程度上解决了其法律问题；登记在册的接受体检的人数在100人左右，也很好地完成了之前的预期目标；5位社工人员均能与现场接受体检或围观的居民进行沟通和交谈，建立良好的关系，并部分了解了其不同的需求。

整体上看，社区服务日的活动对社工服务起到了良好的宣传作用，也与居民进行了良好的互动，建立了较好的关系，服务的整体目标完成情况较好。

二、活动内容评估

本次活动共设计了三个环节，包括社工咨询、法律咨询、免费健康检查。

（1）社工咨询点。由于居民对于社工的了解不多，故没有人前来主动进行咨询，这也在我们预想之中。故社工志愿者大都担任起活动协调者和气氛带动者的角色。其中也大量派发了有关社工服务的传单，起到了一定的宣传作用。社工咨询点的设置还是有必要的，对于从没接触过社工的居民来说，可以起到很好的宣传作用，为日后的服务开展起到铺垫作用。

（2）法律咨询点主要以提供免费法律咨询为主，配合以相关法律知识的宣传册进行普法教育。由于A村的非正规就业群体较多，存在较多的违法用工情况，设置这样的法律咨询环节，对解决居民的法律困扰及规范用工行为有一定的作用。从现场的情况看，共有10人在接受正规的法律咨询。在整个活动过程中，也有不少居民前来旁听或领取宣传册，参与度较高。

（3）免费健康检查点是整个活动中参与度最高的，共有一百余人接受了检查。其中，量血压、测血糖分别由两名志愿者负责，社工引领现场居民排队签名，秩序良好。志愿者对于有健康疑问的居民也进行了详细和耐心的解答，受到了居民的欢迎。尤其是对于血糖检测，很多人没有见过，人气度较高，现场气氛较为活跃。

整体来说，现场活动内容设计较为合理，活动气氛也在预想之中。借助免费健康检查吸引居民前来参与活动，使其在检查之余可以更多地了解一下法律及社工服务。对于有需要的居民，可进行法律咨询，对社工服务也可以有一个初步的了解。

三、活动形式的适合性

此次活动主要采用外展的形式，设置摊位供居民前来检查或咨询，配合以广泛的传单派发。对于前期宣传活动来说，效果较好。活动当天，志愿者入户进行宣传，并派发传单两千余份，在一定程度上吸引了居民前来参与活动。现场也有志愿者对活动的具体情况进行介绍和指引，对于还持观望态度的居民起到了很大的促进作用。

参与活动无需烦琐的程序，只须登记姓名即可，健康检查都是立即可知结果，操作便捷快速，居民不用等待太久，对参与度也有所提高。

四、参与度及气氛

活动的参与度一直良好，前来体检和咨询的居民没有间断过，其中有两次活动高潮。一次是在活动开始半小时之后，由于活动刚开始，居民较为新奇，加之志愿者的宣传，使得参与居民很多，围观群众也较多。另一次是在互动结束前半小时，下午三点半左右，此时是工厂出货高峰期，道路拥挤，路上行人较多，很多行人停滞在路上，志愿者乘机派发传单，介绍活动，吸引了大量居民参与。

现场的气氛一直较为高涨，志愿者的积极性很高，群众有很多疑问，与工作人员的互动较多。A村居民以年轻的移民工人为主，这一群体的积极性很高，使得现场气氛较为活跃。

五、宣传及招募评估

（一）志愿者招募

本次活动的志愿者由XX大学社工系、法学院、医学院三部分组成，志愿者名单均在活动开展前一周内确定。其中社工志愿者在长期固定志愿者中招募三个，法学院志愿者由法律诊所负责招募，医学院志愿者在联系预防医学志愿者部后，确定人数，具体人员由志愿者部负责招募。

将志愿者进行院系分类，确定人数后，只须联系各院系领队，并通过他们在自身固定的志愿者队伍中进行招募，故招募情况良好，志愿者的参与积极性也很高。

（二）活动宣传

鉴于A村人流量很大，移民工人居民工作忙碌，故此次活动并没有进行提前宣传，只采取了现场派发传单的形式。也是由于人流量较大，及志愿者人数较多，故现场宣传效果较好。

六、场地及设施评估

（一）场地评估

此次互动场地位于康信市场前，在非交通高峰期时，场地较为开阔，也便于聚集。但由于监察站考虑到交通安全的缘故，此活动场地离交通主干道有一定距离，也对活动的效果有一定的影响。另外，在交通高峰期时，车辆过多，使得现场空间较小，但有城管协助疏导，加之活动即将结束，故影响不是很大。活动场地没有悬挂横幅的地方，对活动的宣传效果有所影响。

（二）设施评估

活动所需桌椅及白板已提前两天准备完毕，现场又有去派出所借用的椅子，所以桌椅设施充足。

但活动缺少帐篷，现场阳光较为猛烈，对医疗设备有所影响；音响设备的缺失也使活动的宣传效果有所下降。

七、人手安排及资源运用评估

（一）人手安排

现场有18名志愿者、2名督导、1名监察站人员，社工21人，人手充足，分工明确。

其中5名社工志愿者负责现场秩序维护及参与人员签名，并与居民交流；4名医学院志愿者分别负责测量血压、血糖，医学院志愿者领队在繁忙时协助并予以指导；8名法学院志愿者主要负责传单及宣传册的派发；法学院老师及监察站人员负责法律咨询。

（二）资源运用

活动共用到3张桌子和若干椅子，桌子分别用于法律咨询、量血压、测血糖，椅子供工作人员及活动参与者使用，利用较为充分；包括纸笔、传单等在内的活动物资运用较为充分，传单印刷了2500份左右，剩余300份左右，可用于下次活动，卡纸、笔、心愿墙等都可回收再利用。

八、遇到的困难

1.场地离主干道较远：活动现场离主干道有一定距离，使得活动不宜被人群发现。

2.没有音响设备：缺少音响设备，使得宣传效果不佳，不利于吸引人群聚集。

3.没有悬挂横幅的地方：横幅无法悬挂，活动开展不够显著。

4.缺少帐篷：阳光强烈，没有遮阴地方，医疗设备曝晒有所影响。

5. 心愿墙许愿人数较少：心愿墙许愿人数少，没有充分利用起来。

九、建议

1. 将互动场地设在离主干道较近的地方。

2. 提前借用音像设备。

3. 寻找可以悬挂横幅的场地。

4. 租借帐篷，或选择可以遮阳的场地。

5. 志愿者积极引导居民许愿，或改成直接签名的方式。

案例二十：失地农民职业城镇化促进

——"新市民加油站"社会工作的介入实践

李斌 汤秋芬

在加速城镇化进程中，传统性与现代性在时空压缩情境中激烈碰撞，导致了一系列社会问题，其中，失地农民就业问题就是诸多问题中最重要的问题。根据相关专家的推算，到 2030 年我国失地农民将达到 1.1 亿人，并且其中会有 5000 万～8000 万的农民出现既失地又失业的现象。农民失去土地以后，职业缺失会导致严重的个人风险、家庭风险和社会风险，给经济社会的可持续发展提出严峻挑战。在社会转型和社区建设运动背景下，城市社区成为后单位时代的国家治理单元，而失地农民社区集中安置的模式为社会工作探索服务型治理和嵌入型治理提供了实践研究平台。本文基于结构功能主义视角，整合结构化理论与新社会进化观，围绕结构性因素与失地农民主体性行为的互动过程，探讨在"解构—结构化"的过程中，社会工作者该如何促进失地农民的就业行为与结构性因素的适配。

一、案例描述

本次案例为 ZS 社会工作机构参与 R 失地农民安置社区治理的实践案例。R 失地农民安置社区的出现源于 M 国际新城建设的大规模征地动迁。一方面 R 社区居民接受了货币化安置方式，拆迁后获得的现金使其成为"拆迁致富"的群体；另一方面由于国际新城定位于高新产业，并未能够给 R 社区的失地农民提供足够数量的就业岗位，使 R 社区的失地农民大量失业。为此，R 社区所属的 M 街道以政府购买服务的形式于 2014 年引进 ZS 社会工作机构，在社区成立"新市民加油站"，帮助失地农民顺利融入现代社会，实现可持续发展。ZS 社工机构作为政府购买服务的承接者，以项目制形式参与 R 社区治理，综合运用社区工作、小组工作、个案工作和社会工作行政等工作方法，以就业服务为切入点，聚焦于社会转型期间社会系统"解构"与"结构化"之间结构性因素与主体性行为的互动，通过社会工作服务进行干预，助推失地农民现代社会的融入与发展。

二、案例人物

本案例中，社会工作项目的服务对象为失地农民群体，尤其是处于青壮年阶段但未就业的失地农民。一方面由于失地农民存在明显的人力资本弱势，他们在现代就业结构中遭到排斥；另一方面是人均获得40万~50万的征地补偿款和两年每月1700元左右的就业"过渡费"，所以失地农民并不着急找工作，有的甚至以工作为耻。基本生存满足、原有农业就业平台消失、城市新的高端就业平台排斥、群体内部认同"无所事事"等因素共同作用下，导致失地农民就业问题化。

三、社工在案例中的角色与实践的原则

（一）社工的角色

1. 服务提供者

项目组通过制定一套完整的基础服务流程，为服务对象提供直接服务，包括就业意愿启动、一对一人岗匹配、简历写作投递辅导、面试技巧辅导、就业回访、就业分享等。

2. 支持者

在失地农民完成安置后，部分失地农民曾进入劳动力市场寻找就业岗位，但就业中多次碰壁导致就业行为退化，需要为其提供就业心理辅导，依据就业市场的现实情况注入新的就业理念。此外，社会工作者还通过持续拓展信息渠道和扩充岗位库等，为服务对象提供就业信息支持；开办微商运营、淘宝经营、个体电商、上门服务、催乳技术、育婴师、月嫂服务等系列培训，为服务对象提供就业技能支持等。

3. 倡导者

由于已经不存在基本生存问题，失地农民找工作主要是为了让自己"不闲着"或生活得更好，因此他们对工作的期待较高。而其自身的人力资本弱势，使其就业期望难以满足，再加上已就业群体的就业质量不高，工作满意度低，使R社区弥漫着"还不如不工作"的氛围。对此，社会工作者通过一系列持续的社区就业氛围营造，扭转消极就业观念，树立"劳动创造美好未来"的主流价

值取向。

4.政策影响人

由于部分失地农民就业技能不足，使其就业信心不足，就业意愿低。当社工邀请这一部分群体参与计算机、电工等培训时，他们也不肯参加。对此，社工向街道、居委会发出倡议，并最终出台了报名、送训、获证奖励等一系列支持性政策措施，有效地促进了失地农民参与项目培训与再就业服务中。

5.研究者

项目组成员以社会学理论为指导，以失地农民就业服务为切入点参与社区治理，通过对结构与行为的认知和干预、反馈和调试，探索实现预期目标的有效路径。为什么已经具备就业条件的人不就业？为什么他们频繁跳槽？为什么他们更倾向于灵活就业？失地农民在现代就业市场中的"独特"行为为我们理解这一群体的文化提供了解码器，并提出：要实现善治，要求社会结构的包容性进化，以一种嵌入型治理理念和路径避免"社会结构空洞"，进而实现传统到现代的顺利对接。

(二)实践的原则与专业关系

1.实践的原则

(1)以需求为导向，关注服务对象的同质性与异质性。

(2)以理解为导向，关注行动主体的规则与意义。

(3)以研究为导向，关注结构与主体的持续互动。

2.专业关系

(1)社会工作者与服务购买者：供需、反馈、倡导。

(2)社会工作者与服务对象：服务、教育、引导、支持、理解。

(3)社会工作者与其他社区治理主体：合作。

四、信息收集及案情评估

(一)信息收集

为深入了解 R 安置小区征地农民的就业创业意愿和需求，促进失地农民在现代社会的融入与发展，在正式开展服务前，ZS 社会工作机构派出 48 名访问员（包括 8 名社会工作硕士研究生和 40 名社会学本科生），在机构负责人、理事、督导等的带领下，科学设计问卷和访谈提纲，精心策划组织，对失地农民进行问卷调查和个案访谈，收回有效问卷 196 份，取得访谈资料 70 份，为服务方案设计和质性研究提供了丰富的第一手资料。从就业状态来看，征地前不工作的仅占 8.7%，征地后不就业的比率上升到 57.1%，征地动迁使得 R 社区失地农民就业率大大降低；从受教育程度来看，未上过学的占 1.8%，小学学历的占 37%，初中学历的占 53%，高中学历占 29%，职高、中专占 10.8%，大专及以上占 16.2%，R 社区失地农民的受教育程度离 M 新区"高、精、尖"产业结构的要求相距甚远；从既有的工作经历来看，有过外出打工经历的占 36.7%，有非农业技能的占 57.1%，征地前有过非农工作经历的占 57.1%。尽管失地农民具有较高比例的非农就业经历，但主要集中于劳动密集型产业和中低端服务业，与现代社会所谓的"精英""人才"相距甚远。在失地又失业的"新市民"中，69.2% 的待业者有找工作的意愿，但有找工作行动的仅占 28.5%。他们不找工作的理由：合适工作难找（25.2%），自己没有技术（15.1%），身体原因没有办法工作（14.3%），要做家务、照顾家人（10.8%），要装修房子（10.1%）等。失地农民的就业问题化是城市劳动力市场结构与失地农民主体行为选择共同作用的结果。

（二）案情评估

（1）拆迁农民转化为新市民的过程不容乐观。
（2）新市民的就业情况不容乐观。
（3）新市民待就业者就业意愿与就业行动倒挂。
（4）新市民创业抗风险能力弱，创业意愿较为薄弱。
（5）政府和社会各界至今提供的帮助很少。

五、目标设定

（一）干预的目标与技巧

（1）目标：以就业促进为切入点，推动失地农民的社会融入与可持续发展。
（2）技巧：社会工作者以项目制形式，综合运用社区工作、小组工作、个案工作和社会工作行政等方法开展服务。由于失地农民的就业行为是转型中的社会结构与流变中的失地农民主体行动的持续互动，因此，项目组根据失地农民就业行为流变的不同阶段和不同类型确定服务主题进而采用相应的工作方法。
在社会工作者介入的第一阶段，项目组主要运用以地区发展模式为取向的社区工作方法，注重习惯改变、行为改变、工作过程和政策倡议。社会工作者关注诸如家务分工、赡养与抚养、闲暇娱乐等对就业行为产生消极影响的地方性风俗习惯,通过提供新的信息资源、培训资源、政策制度、先进典型等条件改变中介机制,使经济运行机制、政治运行机制和文化运行机制在 R 社区得以凸显,促进失地农民社区中"新市民"行为模式的改变。

在 R 社区"整体风气"得到扭转、主流价值取向得以确立后,失地农民出现就业行为。此时,项目组将工作重心转移到失地农民的个体特性与结构性适配上来。项目组以就业行为的功能性和价值性嵌入程度为分类依据,将服务对象的就业行为进一步细分为"全面嵌入""变通嵌入""依赖嵌入""拒绝嵌入"四种类型。在此阶段,一方面,项目组运用小组工作方法,按照年龄、性别、学历、身体、工作经历、生活经历、劳动技能、家庭结构、职业期待等维度对失地农民进行分类招募,为失地农民分享各自的想法、经验、感受提供平台,发挥失地农民就业过程中朋辈群体的自我支持、自我教育、自我成长的功能;另一方面,针对个别服务对象就业行为的功能嵌入与价值嵌入的特殊性,在对其"功能性"和"价值性"进行全面评估的基础上,筛选具有可达性和可行性的社会运行机制提供支持,以个案工作方法帮助这一类型失地农民向就业行为的善变。

最后,社会工作者在就业服务提供过程中获得了实践研究的机会,通过尝试不同的介入方式、调动不同的社会资源,服务对象的就业行为会发生变化。在这一过程中,社会工作者获得了理解失地农民行动意义的机会,进而能揭示失地农民群体内心存在的结构性规则,主力转型过程中传统与现代的有效对接。

(二)评估框架

基于"以就业促进为切入点,推动失地农民的社会融入与可持续发展"的干预目标,项目对失地农民的就业意愿、就业能力、就业现状、城市融入和可持续发展能力提出具体要求,并也成为项目评价的主要维度。

(1)就业意愿。出现就业行为和实现就业的前提是就业意愿的萌发,而这对社会工作者的社区氛围营造、加速多重社会运行机制的恢复等提出考验。

(2)就业能力。在就业意愿产生的基础上,失地农民需要具备足够的求职技巧和就业技能等,而这对社会工作者的就业技能培训、简历写作投递辅导、面试技巧辅导等直接服务提出要求。

(3)就业现状。在失地农民就业意愿和就业能力都具备后,能否实现行动者与就业市场的有效对接直接影响着失地农民的就业现状,而这对社会工作者拓展信息渠道、扩充岗位库、就业回访等基础性工作提出要求。

(4)城市融入。就业的最终目的是实现失地农民与城市社会结构在行为有机系统、人格系统、社会系统、文化系统等的全面再嵌入，进而实现在城市社会中的可持续发展。要实现失地农民与城市社会结构的匹配，要求社会工作者以服务提供者、支持者、倡导者、政策影响人和研究者等不同角色促进治理理念和治理路径的"嵌入性"转型。

（5）可持续发展能力。社会工作通过服务提升服务对象的可持续发展能力，不仅是社会工作"助人自助"理念的题中之义，也是服务型治理实现社会整合的内在要求。

六、干预过程

由于失地农民的就业问题不仅涉及失地农民个体的生存生活策略，更反映了社会转型的宏观背景，是转型中的社会结构与流变中的失地农民主体行动的持续互动的过程。因此，在服务提供过程中强调阶段性，即根据失地农民就业行为流变的不同阶段和不同类型进行现代性诊断，进而采取有针对性的介入措施。

1. 第一阶段：树立主流价值取向

针对消极就业氛围，项目组借助居民的地方性知识进行社区就业氛围营造，抢占价值高地。项目组通过与"社区领袖"、影响力中心和积极分子座谈、入户走访等活动，推介社工就业服务；以当地居民最看重的孩子为突破口，开展"做孩子的好榜样"系列亲子活动；利用当地居民关注朋辈群体动向的特点，积极树立就业榜样和开展典范分享；通过《给新市民朋友的一封信》、横幅、宣传海报等传统媒体和微信公众号、微信群、QQ 群等新媒体相结合的方式进行"劳动光荣""劳动创造美好未来"等舆论宣传，营造积极就业气氛。

2. 第二阶段：扭转就业意愿与就业行为倒挂现象

在社区持续营造就业氛围，使越来越多的失地农民主动来到办公室咨询岗位信息和登记就业意向。但就业回访发现，实际参加面试的仅为两人。至此项目进入第二阶段，项目组围绕"为什么非工作不可"，以小组工作（如朋辈群体支持小组）、个案工作（如个人及家庭风险警示）、社区活动（如典范分享）为主要工作方法展开服务，促成失地农民的就业行为。

3. 第三阶段：对就业行为进行诊断并提供针对性服务

由于失地农民群体内部存在年龄、学历、身体、工作经历、生活经历、劳动技能、家庭结构、社会关系等的个体差异，服务群体在于城市社会结构互动过程中出现就业行为分化。项目组根据全面嵌入、变通嵌入、依赖嵌入和拒绝嵌入四种就业行为类型，并依据四种不同就业行为类型产生的原因和改变的契机开展针对性服务,促进服务对象的全面嵌入。

4.第四阶段:作为一种实践研究,项目组持续记录结构性因素和主体行动选择的互动与变迁,以及社会工作服务介入对失地农民行为产生的影响

通过"理解"来解释失地农民就业行为的意义,进而诠释失地农民群体的性格和文化,如一种深埋在失地农民群体心底的结构性规则,为实现"变被动为主动""随行动者而动"的嵌入型治理提供线索,为社会转型过程中的治理理念与治理路径提供经验。

七、评估

"新市民加油站"项目兼具服务购买方的"以就业服务为切入点参与社区治理"的实务需求和 ZS 社会工作机构自身"探索嵌入型治理"的实践研究需求,因此对本项目的评估既包括来自外部第三方评估机构的评估,又包括机构内部的自评。

(一)外部评估

从该项目的外部评估来看,第三方评估机构主要通过资料分析法和访谈法,从合同规定的服务数量完成情况和资料完整度、服务对象的满意度以及宣传报道数量等方面进行评估,评估的结果能够从是否"续购"服务得以体现。"新市民加油站"项目从 2014 年实施以来,至今为止已进入第四年。在这一过程中,随着失地农民就业率的提升,就业服务逐渐向社区自组织培育、社区老年人服务等领域拓展。

(二)内部评估

相较于外部第三方评估关注于服务合同的落实情况,机构自评主要采用观察法和问卷法开展,聚焦于:

(1)在传统性与现代性激烈碰撞的时空压缩情境中,社会工作者如何促进失地农民的就业行为与结构性因素的适配是现在的问题。机构通过对失地农民的"就业意愿""就业能力"和"就业现状"的阶段性测量进行自评,对社会工作者促进主体性行为与结构性因素适配的介入成效进行评估。通过问卷调查显示,仅 2.78% 的处于劳动年龄阶段的失地农民就业意愿不强,表明以地区发展模式为取向的社区工作取得显著成效;55.20% 表示自己的学历、技术、资格证等满足当前工作的需求,37.16% 表示不能满足,7.65% 表示完全不满足,表明社会工作者作为直接的服务提供者,在就业技能培训领域还有存在不足;待业率从57.1%下降到21.08%，表明后续开展的小组工作、个案工作、社会工作行政取得成效。

（2）在"解构—结构化"的过程中，探索社会工作介入失地农民安置社区治理的模式和路径。机构通过对失地农民的"城市融入""可持续发展能力"进行观察和问卷调查的方式自评，发现失地农民城市融入尚未完全实现，可持续发展能力不足，表现为社会保障不足（生育保险、工伤保险、失业保险的占比分别为20.11%、27.17%、20.65%）、灵活就业比例高（26.8%）、失地农民失业率高（27.71%）等。社会工作以就业服务为切入点参与社区治理的实践，发现社会工作凭借社区工作、小组工作、个案工作等专业工作方法，对实现结构转型中主体行为有效嵌入社会系统卓有成效。然而，仅有行动者行为的调试是不够的，失地农民群体内部的异质性要求系统在包容和价值普遍化的理念下分化，以提高行动主体与社会结构的匹配度。"变被动为主动""随行动者而动"的"嵌入性"治理是一种积极而有效的探索。

八、相关知识点链接

（一）帕森斯的结构功能主义与新社会进化观

从20世纪40年代末开始，以《社会系统》为代表，帕森斯（Talcott Parsons）形成了具有系统论特征的功能主义观点。帕森斯的行动系统分为四个子系统：社会系统、人格系统、文化系统和行为有机体系统。这四类系统对应着四种功能：整合功能、目标获取功能、模式维持功能和适应功能。有学者批判帕森斯的功能主义只重视社会均衡而忽视社会变迁。而事实上，帕森斯并未忽视社会系统的变迁问题。20世纪60年代后，帕森斯在《社会：进化与比较的观点》《社会进化的普遍性》中提出新社会进化论观点，以其系统理论聚焦社会变迁。新进化观认为，社会进化的四个特征是：分化、适应力提高、包容和价值普遍化。分化和适应力提高的过程会在社会系统内带来新的整合问题，而包容新单位和结构是解决整合问题的途径。

（二）厄弗曼的客观诠释学

客观诠释学是厄弗曼（Ulrich Oevermann）在20世纪70年代发展起来的定性研究方法。继承韦伯对社会学任务的命题，厄弗曼认为，社会学的任务就是通过"理解"来掌握行动意义。意义是行动者心底的结构性的规则。行动者处于互为主体的生活世界，能够理解行动的意义并达成共识。因此，通过一系列行动选择能够揭示行动背后的意义结构。行动的意义结构指每次行动之后的行动是具有一定范围选项的。对意义结构的把握能有效促进社会结构与行动者之间的匹配，为传统到现代的社会转型提供线索。

九、推荐阅读文献

1. 黄圣哲. 意义的结构：结构诠释学作为社会学方法论的基础［A］//黄瑞祺，罗晓南. 人文社会科学的逻辑［M］. 台北：松慧文化，2005.

2. 李强，邓建伟，晓筝. 社会变迁与个人发展：生命历程研究的范式与方法［J］. 社会学研究，1999（6）.

十、讨论题

1. 如何理解征地拆迁安置过程中出现的失地农民就业问题？

2. 在传统与现代的时空压缩情境中，该如何应对传统与现代文化间的冲突？

案例二十一：社区总动员

——因为有了你们，我们打开了新世界
（边疆少数民族留守人群陪伴及生计帮扶发展）

黄娟　王科

近几年，农村地区一直是党和政府工作的主战场，伴随着创新社会治理概念的提出，为社会工作的嵌入式发展提供了一个切入点。本案例基于文化敏感的视角，采用三社联动及"服务＋生计发展"的模式，服务少数民族留守人群，推动生计发展，培养在地化的少数民族社区骨干，以此促进边疆少数民族地区的可持续发展，对探索民族农村地区的整合性社会工作具有重要意义。

一、案例描述

本案例通过在边疆少数民族地区开展关于"三留守"（留守妇女、留守老人、留守儿童）人群的个案工作、小组工作和社区工作，一方面可以拉近与社区的关系，取得社区的支持和信任，另一方面也是可以通过开展社区活动，提高社区的凝聚力，丰富社区的文化生活。在服务的基础上，开展社区生计发展，制定可持续的生计帮扶措施，培养社区骨干，推动社区的可持续发展。

案例描述的是昆明市寻甸县鸡街镇黑山村委会拉利村，位于昆明市西北部的偏远山区，属于彝族和苗族混居的村落，坐落在寻甸、禄劝和富民的三县交界处，距离昆明市区大约 100 公里。全村共 53 户人家，分散居住在各个山头，交通不便。

二、社工在案例中的角色与实践的原则

（一）社工的角色

当前，中国社会工作主要采取临床个案模式或功能修补取向的工作模型，即佩恩所说的"催化模型"或"医疗模型"的社会工作。这种模型是建立在以个

体适应社会生活为基本假设的功能主义和临床心理学学理的基础上的，而忽视了案主问题背后的社会根源。这种模型预设社工与案主的关系是主客二元的助人关系，社会工作只能作为"修补者"，致力于通过各种方法恢复案主个体的社会功能，使其能与社会整体发展达到更佳的均衡调适状态。

第一，社工是相伴同行者和组织能力建设者的角色。社会工作者应该和案主打成一片，感同身受他们的问题，在相伴同行的过程中建立相互信任和彼此理解的关系；同时，还应该通过优势视角深入挖掘案主的优势，激发案主的潜能以及案主所在社区的资源，在组织过程中逐步使案主迈向自主与互助的能力建设，当案主和所在社区的能力的内在精神在活化时，他们就会合力解决所面临的问题。

第二，社工扮演网络平台建设者和网络资源链接者的角色。案主单纯依靠自身力量很难实现自身能力重建的目标，社工要从生态视角去链接内外资源合力构建社会互助网络，和链接各种社会资源盘活案主及其所处的环境。

第三，社工是协作者。无论是与案主相伴同行，还是链接社会资源，社工自始至终都应该扮演协作者的角色。把焦点集中在他们对自己文化经验的阐释，抓住对案主具有特殊意义的议题非常重要。作为协作者，社工要警觉专家的身份，放弃救助者的姿态，打破支配性话语，以协作者的身份增权和觉悟培养。

第四，社工是使能者。协助居民表达对社区问题的不满，鼓励及协助居民组织起来，以及催化和促成共同目标的形成。

（二）实践的原则与专业关系

第一，社会工作者应该提供适当的服务。为有需要的人群提供服务是社会工作者首先要坚守的价值理念，社会工作者应该从少数民族群众的个体需求出发提供适当的服务。本案例通过与"村三委"（村党支部委员会、村民委员会、监督委员会）的对接和实地探访后，决定服务"三留守"人群，进而开展社区生计计划，推动社区的可持续发展。

第二，社会工作者还应当有同理心，尊重每一个人的尊严和价值，不断地对自身进行反省。社会工作者不能将自身的价值观强加于案主身上，更不能指责案主的言行和价值观，而应当站在案主的角度去思考问题，设身处地地为案主着想，以一种关怀与尊重的态度对待每一个，绝不因为个人的民族身份和文化差异而区别对待。在不断地反思和学习的过程中，提高自身的文化敏感性。

第三，社会工作者要注重个别化的原则。每个人都有权利和机会发展自己的个性，每个民族都有自己独特的文化。社会工作者要充分考虑不同民族文化的差异所在，而不应该使用一般或统一的方法回应案主的需求。

第四，社会工作者要坚持案主自决的原则。每个民族都有权利选择自己的发展路径，即便是社会工作者出于好意，也不能武断地为少数民族案主作决定，这样做不仅不利于案主潜能的挖掘，同时也会产生一定的矛盾和文化冲突，会在一定程度上伤害案主的自尊心。社工应询问案主愿意选择何种方式进行工作，而不是想当然地采用多数民族的原则，或一些关于少数民族群体的、过于概括性的想法。

第五，尊重并理解多元文化。文化属性和民族认同是一个民族自我意识的重要体现，民族社会工作者要承认文化多样性的现实，在个人自愿的基础上让每个人都能尽量保持本民族的传统文化，并尊重不同民族的语言、风俗习惯、生活方式、宗教信仰和价值观念等。同时还应该不断学习所服务群体的文化等方面知识，并将这些知识不断运用于实务工作中。

三、信息收集及案情评估

（一）信息收集

收集现有的问题及说明详见表 12 - 1。

表 12 - 1　信息收集

问题	说明	严重程度
地处偏远、信息闭塞，土地不肥沃、长期出现干旱现象	地理位置：拉利村属于贫困山区，农户分布很散，它距离村委会 11 公里，距离乡政府 14 公里。国土面积 2.23 平方公里，海拔 2100 米，年平均气温 13.6 ℃，年降水量 1100 毫米	★
青壮年没有充分发挥到该村建设中	人口情况：拉利村隶属于寻甸县鸡街镇黑山村委会，位于寻甸、富民、禄劝三县交界处。全村共有 52 户 187 名居民，除了 11 户彝族居民外，其余全是苗族居民，属于中型的苗族村寨。无论是彝族还是苗族居民，当地相互间的交流都是说苗语。根据文献资料和村民自称"阿卯"的描述可以确认拉利当地的苗族属于威宁支系，史上多称"大花苗"，语言为苗族川黔滇方言滇东北次方言，服饰为乌蒙山型威宁式、武定式。全村共有农户 52 户，共 187 人，其中低保户 16 户，3/5 人口为苗族，2/5 人口为彝族，男性比女性多。18 岁以下少年儿童 42 人，其中学龄前儿童 15 人；60 岁以上老人 14 人，年龄最大老人 80 岁；青壮年劳动力 131 人，其中外出打工的 12 人	★★★

续表 12-1

问题	说明	严重程度
群众文化程度较低、思想意识落后，不利于该村经济建设，上学不方便	受教育情况：该村没有学校，没有儿童活动室，孩子要到极乐村就读幼儿园，中学及初中要到鸡街中学寄宿就读。该村距离小学校 11 公里，距离中学近 15 公里。目前该村义务教育在校学生中，小学生 10 人，初中生 2 人，高中生 2 人，目前没有培养出大学生。镇上最近几年也成立了"苗学会"	★★★
经济结构单一，群众生产生活困难	生产生计情况：由于地形和取水的原因，当地村民居住比较分散，村里和外界的接触也较少，过着近乎自给自足的生活。拉利村是典型的山地农耕村寨，村民保持着耕种传统的农作物，村里的土地主要用于种植土豆、玉米、爬树豌豆、荞和少量烤烟，养殖也是他们很大的一部分生活来源，主要养殖猪、鸡还有少部分的羊。该村平均每户土地 4 亩地，最多 6 亩地，年纯收入最多六千块，最少收入一千，日常食用油、米等全靠市场上购买，全村无一户有存款	★★
土特产品种较少，销售渠道单一	特色产业：该村的土特产主要为土鸡、土鸡蛋、野蜂蜜，主要销往鸡街乡	★
用火安全问题突出，交通不便，生产用水困难，农业基础设施条件差，基本上靠人力，精神文化生活单一，下雨天进出村子是大难题	基础设施：村民目前居住的房屋主要以土木为主要建筑材料，房子的内部通过木头隔板分为两层，一层几乎涵盖了居民所有的生产生活，二楼则仅仅用来摆放一些杂物。该村已实现通水（无生产用水）、通电、通路，无路灯，所有农户仍全部用柴火。该村到乡镇和进村道路为沙石路，出行大多靠摩托车和步行。目前，在政府的支持下，正在集中搬迁盖房	★★
医疗卫生条件较差	医疗卫生：该村为卫生服务点，医疗主要依靠乡镇卫生院，无药店。小病自己到乡上药店买药，每人每年交 120 元参加新农村合作医疗，大病可报销 80% 医药费	★
散居，村民之间缺乏交流，社区的公共文化活动缺乏，社区的组织程度不高，缺乏社区自组织，社区村民的归属感不强，社区文化生活单一	村子较为分散，这里几家，那里几家，即使是过年也是分片区过，很少有村民集体活动的机会，除非是有红白喜事的时候村民才会相对集中一点	★★

续表 12 - 1

问题	说明	严重程度
安全问题	村民散居，家与家相通的都是弯弯曲曲的山路，而且一般都是陡坡，很滑。出行都是靠摩托车，而且村中大部分村民没有摩托车驾驶证。一次笔者和村民一起吃饭喝酒，他们都是骑着摩托车来的，而且那个摩托车灯光很微弱。我们到了凌晨 2 点多才结束，笔者喝醉了就先睡了，第二天问他们昨晚住哪里，他们都说回家了。笔者说那么晚了，而且你们都喝酒了，怎么还骑着摩托车回去呢，他们说都习惯了	★
政权和教权的矛盾	有一次在和村主任的交谈中，村主任说道："村中的一条主干道是土路，有一次下大雨被冲毁了很多，我喇叭通知让全村的人一起填补一下，可是村中一部分人因为他们不经过这条道就不来，因此第二天来修路的人没有多少，路也没有修完，最后是村中的司仪在教会活动上说我们是一家人，现在的路受到了破坏，需要帮助。最后，全村人一起动手修的	★★★★
教会活动会影响不信教村民的日常生活	教会活动在每周的周三和周六举行，会说唱，有喇叭，声音很大，居住在教堂周边的几户不信教的村民抱怨，每当有教会活动的时候也会有其他村的教徒过来，不管刮风下雨，摩托车乱停，晚上还会弄到很晚，影响正常生活	★★
部分村民之间有小摩擦	俗话说家家有本难念的经，更何况是以家为组成单位的村寨。村寨之间会通过结成亲家（孩子的干爹）的形式形成相应的小"社群"	★

整体上，整个村子因为大部分村民同是苗族，是趋于和谐的，没有发生过很严重的吵架打架事件

（二）案情评估

项目的需求评估主要分为以下两个方面。一是与"村三委"的联席座谈会议。由于之前应邀团县委的需求在拉利村捐赠过一批闲置衣物，有一定的基础。与黑山村委会进行项目座谈，主要反馈社区目前存在的问题，哪些是迫切需要解决的。在项目执行中得到"村三委"积极支持。与"村三委"座谈的目的是为了多方面地了解社区的需求，从政府的层面怎么去看待这些问题及解决这些问题对于社区的迫切性。二是和村委的链接可以顺利及时沟通项目实施情

况，必要时可以寻求政府的支持。

村子目前在政府的帮助下在开展异地搬迁项目，修建了进村的路。村子还引进了爬树豌豆和新品种土豆。几乎家家户户都会有一辆摩托车，出行相对便利。

由此可见，村子目前最大的需求是：

（1）教育资源，村子小孩的学业辅导、思维转变，培养孩子对读书的兴趣。

（2）社区活动，增强社区凝集力，共建美丽社区。

在总结以往项目设计的经验基础上，这个项目应更严谨地进行项目设计。包括对于村民提出的社区问题及"去伪存真""因地制宜""社区为本"理念的落地和深入；项目设计时，从多方面去看待社区存在的问题，如"村三委"怎么看待，老人怎么看待，妇女怎么看待，社区外部邻村对于社区的评价等。不是单一地从需求出发思考项目内容，而是把项目设计和村民骨干力量建设相结合，社区服务和社区生计发展有效结合。

四、目标设定

（一）服务策略

采用三社联动及"服务＋生计发展"的模式，服务少数民族留守人群，推动生计发展。培养在地化的少数民族社区骨干，以此促进边疆少数民族地区的可持续发展。针对拉利村的情况，社会工作者制定了开展社区服务和社区生计发展的模式。通过开展社区服务，一方面可以拉近与社区的关系，取得社区的支持和信任，另一方面也可以提高社区的凝聚力，丰富社区的文化生活。在服务的基础上，开展社区生计发展，制定可持续的生计帮扶措施，培养社区骨干，推动社区的可持续发展。

以儿童为切入点，通过陪伴儿童，针对不同年龄段的儿童分类服务，以及接送儿童中拉近与家庭的关系，进而推动开展社区活动，团结社区，以社区为本的整合方法发掘社区资源，链接外部资源，促进社区发展，发掘社区骨干，进而推动个体以及家庭的发展，形成一个自我促进、自我发展的良性循环过程（见图12－1）。

图 12-1

（二）服务计划

1. 介入策略

（1）政府部门牵头，和村委会及村干部取得联系，得到该村村干部的同意和支持。

（2）第三次进村的时候，社工了解到该村有半数以上村民信仰基督教，而活动场地就在教堂。因此社工去拜访了该村的"司仪"——该村宗教事务的管理者，以及按照社区工作中的地区发展模式拜访了村里面的长者，向他们表明了来意并得到了他们的同意和支持。

（3）在正式开展项目之前，社工提前给村里的 52 户人家准备好了礼物，并根据不同路线分为 3 组进行家访。在村负责人的带领下，社工用了 4 个小时家访了拉利村的 52 户人家，并且在家访的过程中和每一户村民说明了来意以及请求支持和配合。在活动开展的第二天早上，村主任还用村里面的喇叭再次进行宣传。

（4）社工是自己做饭，住宿的地方也是找了一家村民的空地然后搭帐篷，和当地村民"间接"同吃同住。

2. 服务目标

（1）总目标。

在生态视角、增权视角及优势视角的指导下，以儿童服务为切入点，拉近与家庭的关系，进而开展社区活动，增强社区凝聚力，建立从儿童到家庭再到社区的良性发展。营造良好的社区治理氛围，使社区形成能够自我服务、自我管理的可持续发展。

（2）分目标。

儿童陪伴：分类服务，培养兴趣，增进全村小朋友之间的感情和交流。

家庭服务：取得家庭的支持，和家长一起见证孩子的成长。

社区活动：搭建平台，活跃社区氛围，增加社区交流。

社区发展：培养社区骨干，激发社区潜能，建立社区发展组织，促进社区发展。

五、干预过程

（一）服务内容

活动开始前进行家访，表明来意；活动期间进行家访，与家长随时沟通孩子的成长；活动最后进行家访，给每家每户拍摄全家福作为留念。社工积极融入社区，取得村民的信任和支持。

1. 儿童陪伴教育

由于拉利村较为分散闭塞，当地儿童暑期生活单一枯燥。并且由于教学资源的缺乏，拉利村儿童对学习和课余知识的吸收程度较同龄群体稀薄。所以在充分利用无锡灵山慈善基金会捐赠的教学物资的基础上，对当地的适龄儿童分级开设了诵读和阅读课程。并且在课余时间给予适当的暑期作业辅导。在陪伴的过程中，社工开展了儿童需求调研，因此在课程中有一部分是针对儿童需求来开展的活动（见表 12 - 2），培养儿童的兴趣，满足他们的需求，丰富他们的暑假生活。

表 12 - 2　活动开展内容

活动名称	活动目标	活动内容	备注
我是谁	大家有一个初步了解，相互熟悉	大家相互介绍（社工用的都是代称，如小黑哥哥等）	年龄较小的会害怕不敢说话；有些还不会说汉语，需要特别注意；请教年龄较大的小朋友
我说了算	一起制定规章制度，相互监督	制定规则	大家一起商量社工的服务时间、上课规则
小小心愿	在合理范围内满足	需求调研	给每个小朋友一张小卡片，让他们写上自己的小小心愿
我们是一个小组	增进同年龄阶段的交流	根据年龄分成小组，在社工的协助下每个小组想好组名以及口号	根据计划，不同的社工带领不同的年龄组，开展相对应的服务

续表 12 - 2

活动名称	活动目标	活动内容	备注
分组服务	诵读要有感情，制作手工，唱歌跳舞；可以完整地读一篇诗歌；学会汉语拼音，让他们提前接触汉语，增加乐趣	诵读、手工、唱歌、跳舞、画画；诵读、玩游戏、唱歌、画画、讲绘本；汉语拼音、玩游戏、讲绘本	高年级中年级低年级
夏令营活动	锻炼，相互帮助，敢于表达	徒步、玩游戏、军训、说说你的梦想	出行征得父母同意；准备了一些零食但是建议小朋友还要自备干粮，自带雨伞
爬山	社工团队建设	和高年级的同学爬山捡菌子	穿便于运动的服装鞋子；活动中不要独自行动
文艺汇演与民同乐	把所学的向家长展示	画画展示；高年级跳舞；中年级诗歌朗诵；低年级在高年级的带领下跳民族舞	中午集合全村一起吃饭；下午布置场地；晚上表演。晚会过后在院子中间笼火，全村一起跳舞

备注：
在早上上课和下午上课之前，由每个小组想一个团队游戏开展，提升活力；
期间社工"拜高年级同学为师"，让高年级的同学教社工跳民族舞，在文艺汇演的时候社工借民族服装穿然后跳民族舞，深入群众，与村民同乐；
活动中注意小朋友的安全

2. 留守妇女服务

针对村子里面的留守妇女，我们开展的服务计划有三个。

（1）因为村子里面的大多数妇女会跳本民族的舞蹈，但缺乏统一组织。在社工的协助下，成立舞蹈小组，并协助组织初步规定了章程和训练时间，同时鼓励她们把舞蹈传授给年轻人，代代相承。同时这个舞蹈小组会参与一些乡镇上举行的比赛。

（2）培训种植技术，做到科学种植、生态种植，提升农作物产量及质量，在一定程度上缓解贫困。同时组织外出参观学习，学习农村工作经验，农业发展思路，学习其他地方的先进经验，再结合当地情况，因地制宜地发展。

（3）民族手工艺品的制作。社工通过提供一定的制作材料，鼓励妇女在闲暇时间制作民族手工艺品，然后通过义卖或者联系相关产业的公司进行销售。

3. 留守老人服务

农村留守老人面临的问题就是孤独、健康及安全问题，计划开展的服务有四个。

（1）先对村子的老人进行一个调查，统计本村老人的基本情况，然后给生日在同一阶段的老人过生日，集合村子里面的人，让村子的小孩给老人们唱生日歌，与社区同乐。

（2）在和老人沟通后，根据不同老人的需求购买鸡或鸭给老人饲养，陪伴老人，一定程度上缓解老人的孤单。

（3）协调医院或者医学院的学生给村中的老人做体检和健康知识宣传。村中的老人因为常年务农，身体落下了不少的病根，然而老人平时也不会很在意，忽视自己的健康问题。

（4）建立老人互动机制和向老人进行安全知识普及。通过建立老人之间的联动机制，增进老人之间的交流，同时避免了在遇到问题的时候会存在无人知晓的局面。由于一些不法分子利用老人热情、防御心理弱的特征行骗，因此要加强老人的自我防护意识，普及一些常见的行骗手段和处理措施。

4. 联动活动

（1）文化传承：文化作为维系社区发展的隐形内在动力，拉利村全村52户居民几乎都是苗族，只有少数几户是彝族，村中苗族文化的保存和传承较好。通过对苗族文化的调研，深入了解当地苗族文化的特征，加强当地居民的文化自信并且号召他们保护和传承苗族文化。通过带领村中的小朋友去找村中的老人，让老人以口述历史的方式对本村的历史以及本民族进行梳理，不仅可以发掘本村的历史和传统文化使其得以保存，代代相承，更能让小孩对自己本民族的文化有更多的认识，增强民族自信和文化自信。

（2）劳作体验：当地村民以农业收入为主要收入来源，农作物主要有玉米、土豆、豌豆尖和少量烤烟。拉利村村民的劳动强度较大，所以我们抽出一天的时间用于劳作体验和农活帮助，通过劳作来了解他们的生产种植方式并以此拉近距离。

（3）村民集体活动：拉利村的村民分布较为分散，由于时间和距离等原因村民聚会和相互交流的次数较少。所以在当地村子负责人的支持下，通过组织全村的人开办聚会，丰富了村民生活，增进了村民互动。志愿者和拉利村各个年级的学生们共同准备了14个节目，村里的居民也表演了一些精彩的活动。

（二）生计发展

1. 社区资源（表 12 - 3）

表 12 - 3   社区资源

原型	优势视角下的分析
村子只有两三户外出打工	劳动力资源丰富
散居，交通不便，不利于交流	文化保存良好，有社区活动的需求
生产方式落后	都是生态农产品
村民信教	有信仰，便于团结
思想相对落后（当问一个二年级小朋友梦想是什么，他就说好好种地，然后和他爸学骑摩托车、开拖拉机）	热情、淳朴、好客

2. 帮扶计划

拉利村发展十分缓慢，村民的经济来源主要靠土地种植（玉米、土豆、烤烟和豌豆尖），部分零散收入来自打零工（即帮助镇上或者其他家干农活，时间是从 8:00—20:00，待遇一般是 60 元/天），除此之外，家里还养有猪牛鸡鸭鹅等牲畜，有自给自足的特点，雨季时，家里还能拾点菌子补贴家用。

在和村民的初步沟通过程中，村民都是有意愿改变自己的生活。在问到为什么不通过外出务工改善生活的时候，他们说不是没有这个想法，而是他们害怕。在进一步了解的时候，才知道原来他们之前是有人出去打工的，但是因为有的出去后不识字被骗去黑工厂，得不到钱反而受到虐待；有的出去打工后，因为不会使用银行卡，揣着现金到过年回老家的时候在车上被偷，一年的辛苦白费了，还不如在家老老实实种地；有些家中有老人、小孩，全部带出去的话没有能力照顾，又不放心把他们留在家里面，不如在家种地，还可以照顾他们。

在了解情况之后，知道其实村民虽然有改变生活的想法，但是奈何现实残酷，他们能想到更好的办法就是在本村为基础半径下发展或自我发展。

3. 帮扶措施

（1）基于村子目前在实行异地搬迁项目，因此在和村委会和村干部的积极协调下，形成政府出资，村民投工投劳的形式。村民不仅可以自己参与社区建设，还能增加家庭收入。与此同时，一条连接寻甸、倘甸和武定的寻倘武高速公路正在拉利村施工，高速公路的修建一定程度上带动了当地的就业，大批的年轻男子和中年男子都被叫去帮忙修高速公路，施工方每天支付村民 150 块钱，可日结或周结。

（2）村中盛产土鸡、土鸡蛋、野蜂蜜、黑毛土猪、土豆以及一些农家蔬菜，都是生态产品，无任何农药添加剂。通过联系昆明一家做生态农业的社会组织，把拉利村作为他们土特产的供应点。

（3）针对村子种植的土豆，邀请相关专家进行种植培训以及土壤检测，做到因地制宜，科学种植，增加产量。

（4）每个种植面积大的社区成员组成种植技术学习和谈论小组，每个社区设有一个组长。根据学习情况，组员之间相互帮助，同时社区内核心骨干需要向其他社员指导和传授种植技术。

（5）在异地搬迁之后，村民更加集中，以前的老房子（虽然都是一些土木结构的草房）有些可能就用不到，可以同村民共同商量如何利用起来。

（6）村民自发组织成立合作社。但是这种想法被否决了，因为大部分村民都不愿出钱而且也没有钱，承担不了风险。异地搬迁的房子政府出资建设的只有一层，但是在农村一层楼是不够用的，所以第二层需要贷款建造，因此现在全村家家户户都背负贷款。有成立合作社想法的村民微乎其微，自己没有独自发展和抗风险的能力。

六、效果评估

（一）活动取得的成效

（1）邻里社区之间的交流增多，收入也提高了不少，种植水平、产值有所提升。

（2）社工通过驻村和村民的关系更近了，村民对社工的认可也提高了不少，当社工说要开村民会议时，得到很多村民的支持和参与。

（3）社工之前感受到和看到的是社区村民关系比较紧张，村民与村民之间有明显的小团体和清晰的界限，特别涉及公共利益的时候村民大部分都比较自私，更多的是考虑自身的利益和需要，很少有村民会站在社区全体村民的角度来看问题。通过社工的帮扶，村民之间存在矛盾时会找社工或者村干部协商解决，而不是像以前那样吵闹，整个社区趋向和谐；村民的参与意识和积极性被充分调动起来，妇女积极参与到公共事务中，建言献策，社区的主体意识开始凸显出来，村民渐渐明白社区问题的最终解决者是社区自身。

（4）村中上了学的小孩通过社工的陪伴，初步掌握一些学习技巧，还没有上学的小孩提前接触了普通话，当到了上学年龄的时候不至于什么都听不懂。

（5）村中妇女接触学习了不一样的种植技术，业余生活也丰富了许多，妇女彼此之间的交流机会增多。

（6）村中老人有一定的精神寄托和健康生活小常识，不再显得那么孤独。以生计帮扶的形式实现老人们的生活自理与社区互助。

（7）小孩和父母之间的联系交流也更进一步了，家长开始关注小孩，观念也转变了不少，不像以前那样觉得读书没有用。

（二）活动可取之处

1）开展活动和社区发展项目之前都是经过需求调研的。

2）找到村民都关心的部分，以儿童为切入点，通过联系家庭，进而带动整个社区。

3）在初步接触阶段，做到三方协调，从而得到村里的支持。

4）因地制宜，融入社区文化，只有社工真正融入当地社区文化，在此基础上再逐步开展社区工作，社区工作的开展才能事半功倍。

（5）注重文化敏感性，尊重文化多元，尊重差异性。

（三）活动中的不足之处

（1）整体活动的设计不能有效地应对复杂多变的群体需求；活动安排还是没有足够的设计好，有时候会让小朋友觉得无聊。

（2）对于具有个体差异性的学生辅助教学不够。由于村子教学资源的严重缺乏和当地经济的严重落后，存在部分高龄低教育的学生，有几个是14岁才读二年级。对于这部分学生我们只能根据其受教育程度分到低年级组进行教学，并且在教学过程中给他们一对一进行适当的课余知识辅导，例如，乘法口诀还有汉语拼音之类的。可是由于时间短暂并且没有固定的时间分配用于一对一辅导，所以导致教学跟进不足，教学的效果和质量也不是特别好。

（3）教学的方式和一些固定的教学活动不够灵活和新颖。类似晨诵和阅读这些每天都必须要做的事情，形式都几乎是固定的，所以孩子们在熟悉过后就开始显现出疲惫感，渐渐兴趣性和主动性也开始没有前几天好了。

（4）资源链接能力不足，社区支持网络体系尚未有效构建；在社区居民自我增能情况下，没有得到外部资源的有效配合，尚未争取到政府资源、基金会的支持。

（5）社工能力不足，专业性不强，也没有完全做到注重文化敏感性，对于一些情况还是表示不理解。比如：政府给每家修建了厕所，但是好多都荒废了；对一些事情采取逃避策略，比如在宗教的态度上。

（6）由于少数民族地区早婚早孕，也没有去正规医院生小孩，导致村子里面有部分小孩没有出生证明，也就不能上户口，不能上学。类似问题使社工服务存在困境。

（7）本身构想是培养社区骨干，建立社区组织，通过社区组织形成有效运转，发现预防解决社区问题，但是由于村中地理位置的限制，没能实现目标，从而无法有效的、系统的结案。

（四）反思性、自反性与批判性

（1）在选择该村的时候在心里就建构成有需求的村子，而我们自己有时扮演"专家"角色来诊断，开展服务。

（2）对于伦理的困惑，人都是感性的，价值中立的理念不免在一些时候会崩塌。比如：一般在农村开展服务，都是强调不拿群众一针一线，可是有时候就演变成如果不接受村民的好意就是看不起他们的意思。

（3）面对如此复杂的宗教性的民族农村聚集区，农村多民族聚集区为基础的民族宗教农村整合型的社会工作服务体有待建构。

七、相关知识点链接

（一）文化敏感性

美国社会工作学者查尔斯·H·扎斯特罗（Charles H Zastrow）曾经谈及美国的社会工作与美国的少数民族问题，并提出了民族敏感的社会工作实务（ethnic – sensitive social work practice）这一概念。他认为，民族敏感的社会工作实务应该建立在对案主所拥有的多元化民族身份理解的基础上，努力把对不同民族文化的理解与那些指导社会工作实务的原理和理论结合在一起，以案主所属的民族群体身份和社会阶级地位相关的价值和地位为导向。

第二次世界大战之后，基于"民族国家建构""殖民""移民""民族冲突与融合"等问题在西方近现代历史中的重要性，伴随社会工作专业的日渐成熟，"民族社会工作"开始在欧美快速发展，并成为非常重要的研究及实务领域。尤其是从20世纪80年代开始，欧美社会工作实务界开始大力推进"文化敏感"（Culture – Sensitive）的民族社会工作实务，并扩散到亚洲、非洲等世界各地。

（二）三社联动

"三社"即社区、社工、社会组织。三社联动是指通过社区建设、社会组织培育和社工引领，形成资源共享、优势互补、相互促进的良好局面，加快形成政府与社会之间互联、互动、互补的社会治理新格局。

从政府层面来看，"三社联动"机制是政府部门推动社会治理创新的重要工作手法，亦是政府转变职能的载体，优化政府服务流程。从社工机构及社区组织来看，"三社联动"为社会服务机构搭建平台，有效拓展社会服务机构的生存空间。从社工个体来看，"三社联动"机制是社工介入社区、家庭、个体的策略和方法，通过整合不同层次资源，有效推动社工的服务工作。

八、推荐阅读文献

1. 派恩. 现代社会工作理论（第三版）[M]. 北京：中国人民大学出版社，2008.

2. 储庆，库少雄. 理解与服务：民族社会工作实务[M]. 北京：中国人民大学出版社，2016.

3. 吴亦明. 现代社区工作：一个专业社会工作的领域[M]. 上海：上海人民出版社，2003.

4. 张和清，杨锡聪. 社区为本的整合社会工作实践：理论、实务与绿耕经验[M]. 北京：社会科学文献出版社，2016.

5. 张景怡. 文化差异给社会工作带来的挑战——中国民族社会工作发展的瓶颈与路径选择[J]. 社会福利（理论版），2012（8）.

6. 刘继同. 北京"牛街模式"的社会建构与中国民族社会工作时代的来临[J]. 湖南师范大学社会科学学报，2017（1）.

7. 钱宁. 多元文化视角下的民族社会工作[C]. 2012年"中国社会学年会西部民族地区社会建设理论创新与政策设计"论坛，2012.

8. 本尼迪克特. 菊与刀[M]. 北塔，译. 上海：文汇出版社，2010.

九、讨论题

1. 宗教性的民族农村聚集区模式该如何探索？

2. "社区服务+社区生计发展"模式怎么才能有效结合？

3. 以社区为本的整合社会工作该如何进行？

第六部分

医务社会工作

案例二十二：医路"友"你，让生命不再孤单
——"戴着口罩的我就像一个怪物，没有朋友，我好孤单"

陈曦　彭远春

一、案例描述

中南大学湘雅医院血液科 58 病室(儿科)起始于 20 世纪 90 年代，聚集了多名血液病治疗专家，在急性白血病、恶性淋巴瘤等实体瘤、贫血性疾病等诊治方面具有较强实力，58 病室拥有 41 张床位，收治血液科患儿数量居湖南省首位。

病室内约四成的患儿患有白血病，白血病患儿的免疫力低下，要定期进行化疗。化疗时长最短也要一个星期，若期间出现了感染，便要住院半个月至几个月。在化疗期间，他们需要长期忍受骨穿、腰穿等治疗带来的疼痛。这群白血病患儿本该拥有精彩的人生，却只能待在充满消毒水气味的医院里，时时刻刻戴着口罩，承受着疾病的折磨。他们在渴望外面的世界、渴望交朋友、渴望玩耍的同时，却承受着巨大的心理压力。

"社工姐姐，我还要多久才可以去学校上学呀？妈妈说我体内有小虫虫在爬，去了学校大家都会离我远远的，同学和老师都不会喜欢我。"7 岁的急性白血病患儿小欣问道。

"小向以前性格非常开朗，很关心父母，也喜欢交朋友，自从住院了以后，跟变了一个人一样，和他说什么都无动于衷，话越来越少，有时候还会对着我们发脾气，我们真担心即使治好病了，他的性格也会出现问题。"小向的爸爸在查房过程中向社工透露。

"丽丽，你又忘了戴口罩，请戴上你的口罩。"护士提醒到丽丽。"我讨厌戴口罩，我讨厌生病，我是个女孩子，现在头发全部都剃光了，还戴着口罩，就像一个怪物，没有人喜欢我了。呜呜呜……"

受到疾病的影响，一方面，他们长期处于生理疼痛中，很多患白血病的儿

童产生了心理障碍，他们自我封闭、孤独压抑、不愿意主动与人沟通，甚至一反往常，对父母发脾气；或因自我认知偏差而感觉他人看不起自己，这更加重了他们的防御心理。另一方面，由于很多患儿家属的文化层次不高或教育方式不当，不能有效地给孩子鼓励和心理支持；一些家属自身承受着巨大的经济压力和心理负担，他们会将这种负担向孩子"发泄"，以寻求心理上的安慰。"孩子，我们家条件本来就很差，全靠爸爸一个人在外打工，妈妈每天夜晚都在为你掉眼泪，你要快点好起来呀。"小欣的妈妈对病床上的小欣说。这种看似平和的亲子沟通其实无形之中给患儿带来了巨大的心理压力，使他们对自己产生错误的认知，怀疑自己是拖累家庭的罪魁祸首，久而久之使患儿变得消极自闭。

社工陪伴这些患儿一起游戏时，他们的脸上都会露出灿烂的笑容，而且会主动向护士提出想请社工姐姐陪他们玩游戏的要求。医生和护士平时承担着沉重的工作任务，无暇顾及每一位患儿的心理状况；而且给患儿做治疗的人员是医生和护士，他们难免会给患儿留下害怕的印象，难以走进患儿内心。

二、案例人物

（1）小组成员：运用儿童社交情绪筛查表（SASC）筛选 7~16 岁的白血病患儿，并以自愿参与小组为原则招募组员 7 名，平均年龄 8 岁，其中男性患儿 4 名，女性患儿 3 名。

（2）主要介入者：医务社会工作者。

（3）小组支持者：组员家属、医护人员。

三、社工在案例中的角色

（1）治疗者：社工在小组中主要担任治疗者的角色，运用结构式游戏治疗及认知行为疗法对患儿在游戏中的行为和情绪进行及时干预，逐步改变患儿的不良认知，治疗患儿的社交焦虑状况。

（2）使能者：社工事先设定社交游戏、自信心游戏及暴露演练游戏等，通过一系列游戏增强患儿的自信，让其勇敢地迈出与人交往的第一步，并通过鼓励的话语强化其自信心。

（3）倾听者：儿童与成人的表达方式不一样，他们更愿意在游戏中表达自己。社工在游戏过程中应耐心陪伴着患儿，鼓励其在游戏中勇于表达，并倾听患儿的心声。

四、信息收集及案情评估

（一）信息收集

在正式开始收集小组资料前，社工在58病室每日随医护人员查房，经过两个月的查房，发现58病室的白血病患儿普遍存在情绪低落、不愿与人沟通等状况。在这两个月期间，社工通过与患儿一起画画、讲故事、折纸等过程，与患儿建立了一定关系，取得了患儿的信任，也为信息收集和小组活动的开展奠定了良好基础。

信息收集主要通过两种形式，第一种形式是通过发放儿童社交焦虑量表（SASC）收集患儿在社交焦虑方面的信息，第二种形式是通过结构式访谈法对自愿参加小组的患儿家属及医护人员进行访谈，了解患儿的家庭背景、院前、院中和院外的社交行为及心理对比。

1. 儿童社交焦虑量表

儿童社交焦虑量表（Social Anxiety Scale for Children，SASC）是格雷卡（La Greca）编制的一种儿童社交焦虑症状的筛查量表，用于评估儿童焦虑性障碍，可作为辅助临床诊断、科研及流行病学调查的筛查工具。该量表由两个因子组成，即害怕否定评价、社交回避及苦恼，其信度与效度好，是一种有效的筛选工具，可为临床儿童社交焦虑性障碍的诊断提供帮助。儿童焦虑性情绪障碍筛查于1988制定，先用在2～6年级的儿童，后由弗恩伯格（Vernberg）等人又用在了7、8年级的少年前期，适用年龄为7～16岁[1]。量表条目涉及社交焦虑所伴发的情感、认知及行为，共分为十个条目（见附录1）。采用3级评分制（0：从不这样；1：有时这样；2：一直这样），量表得分从0（可能性最低）到20（可能性最高）。量表包含两大因子：一是害怕否定评价（第1、2、5、6、8及10条）；二是为社交回避及苦恼（第3、4、7及9条）。量表的克隆巴赫系数值为0.76，两周重测信度为0.67。参考儿童社交焦虑量表的中国城市常模[2]，本次筛查定义累积得分≥8分为存在社交焦虑状况。本次小组发放问卷100份（包括在院患儿和非在院患儿），共收集有效问卷97份，平均年龄9岁，其中男54份，女43份，得分≥8分的患儿共31人。随后，社工对筛选出的患儿进行活动

---

① Vernberg E M, Abwender D A, Ewell K K, et al. Social anxiety and peer relationships in early adolescence： a prospective analysis[J]. Journal of Clinical Child Psychology, 1992, 21：189 – 196.
② 李飞，苏林雁，金宇，等. 儿童社交焦虑量表的中国城市常模[J]. 中国儿童保健杂志，2006(4).

宣传，最终，自愿参与小组的人数为7人。

2. 结构式访谈

在组员招募工作完成后，社工针对组员家属、医护人员设计了结构式访谈提纲，访谈地点为医务社工部心理咨询室，平均访谈时长30分钟。访谈主要包括人口学资料、个人生活史、问题描述和家庭背景四个方面的内容。

（1）对患儿家属的访谈。

7名组员中，患儿患病前大多性格开朗，自信心状况良好，与亲人好友相处状况良好，极少出现情绪低落、沉默不语等现象。其中有2名患儿性格内向，与其他陌生人说话会存在紧张和害羞的情况，但是与父母每天都会进行沟通交流。患病后，这7名组员都出现了社交焦虑的表现：在病房经常发呆、封闭自己不与外界进行交流、见到同学或朋友采取回避态度、与父母沟通的频次低、在与父母沟通时对父母发脾气等。此外，由于这些患儿的家庭成员文化程度不高，又担负着巨大的经济压力，面对患儿的社交焦虑表现无法及时有效地进行疏导。

（2）对医护人员的访谈。

对7名患儿的医护人员进行访谈发现，这7名患儿刚入院时还和正常的孩子没有太大区别，但是随着时间的推移，他们的依从度逐渐降低，平时几乎不与医护人员沟通，不参加任何活动。具体表现为：不配合治疗，即使医护人员主动与他们沟通，他们也极少回应，在医院组织的大型活动中，如六一儿童节活动中，他们都抱以漠不关心的态度。此外，尽管医护人员都意识到这些患儿的心理状况不佳，但由于缺乏时间和沟通绩效，她们也是心有余而力不足。

（二）问题评估

根据认知行为理论，患儿存在社交焦虑的主要原因有两个方面：一方面是由于对自身存在错误认知，认为患病后的自己异于常人，由此在社交上产生负面情绪，如害怕与他人交往、害怕得到否定评价、对未来持悲观态度、对疾病感到恐惧等，最终导致封闭自我、害怕交往等偏差行为的出现；另一方面，由于患儿长期处在封闭的治疗环境中，缺乏与同龄人交往的环境，不能获得提高社交技能的机会，一旦患儿离开治疗环境进入社交环境就会由于缺乏相应社交技能而采取社交回避态度。因此，本小组从这两个方面着手，逐渐改变患儿的认知，从而达到行为的改变；通过训练强化患儿的社交技能，能进一步促进患儿认知的改变。

结构式游戏治疗与认知行为疗法相结合可以有效缓解患儿的社交焦虑情绪。结构式游戏治疗就是针对不同的社交障碍，主动地设计不同的游戏治疗程序,通过事先准备好材料,安排儿童进入经过设计的游戏情境,以达到治疗的效果。认知行为疗法是一组通过改变思维或信念和行为来改变不良认知,达到消除不良情绪和行为的短程心理治疗方法。[1] 它是由认知理论和行为治疗相互补充相互吸纳形成的心理治疗方法。该理论认为人们可以通过改变认知来纠正不良情绪和行为。社工尝试以结合结构式游戏治疗和认知行为疗法对这些有社交焦虑的患儿进行小组干预,通过游戏达到改变其认知,增强自信的效果,缓解其社交焦虑情绪。[2]

五、目标设定

(一)组员存在的问题

(1)认知问题:缺乏合理的自我认知,存在非理性信念。患病后缺乏自信,认为自己异于常人,对未来持悲观态度。

(2)由认知带来的情绪问题:害怕交往、害怕得到否定评价。

(3)偏差行为问题:封闭自我、回避交往。

(4)社交技能缺乏问题:缺乏社交情境和社交技能。

(二)干预目标

1. 总目标

改变患儿不良认知,解决由此引发的情绪问题和行为偏差问题,创设社交情境,提高社交技能。

2. 分目标

(1)熟悉各个组员,与其成为朋友。

(2)通过游戏识别组员的认知。

(3)通过自信心游戏,提高组员自信心。

(4)通过游戏帮助组员重建认知,缓解其害怕交往的情绪。

(5)创设社交情境,帮助组员学习社交技能。

(6)进行暴露演练,逐渐缓解社交回避问题。

3. 小组性质

治疗性小组。

① 张帆.认知行为疗法在大学生心理辅导中的应用研究[J].四川理学院学报(社会科学版),2011(2).
② 许若兰.论认知行为疗法的理论研究及应用[J].成都理工大学学报(社科版),2006(4).

六、干预过程

（一）具体干预过程

1. 第一节活动：初相识（表 22 – 1）

时间：2017 年 7 月 4 日下午 3:30。

地点：58 病室大厅。

表 22 – 1　第一节活动内容

本节总目标	活动主题	活动内容	活动目标	依托理论
"破冰游戏"：让组员间相互认识；介绍活动目的和方法；共同制定小组契约；介绍每节活动安排	"破冰游戏"：我们的故事（10 分钟）	①社工用所有儿童的姓名编一个短故事，每个人的姓名至少要被提到两次。当儿童听到自己的名字时，要站起来，一边拍手并转身三次。当社工说"所有孩子"或者"大家"的时候，所有人都要站起来，转身三次并鞠躬。②自我介绍	聆听、集中精神、自我意识和他人意识的培养、学习自我控制	马斯洛需求层次理论（归属与爱的需求层次）
	交换名字（15 分钟）	①参加者围成一个圆圈坐着。②围成圆圈的时候，自己随即更换成右邻者的名字。③当主持人问及"1，你今天早上几点起床？"时，真正的 1 不可以回答，而必须由更换成 1 名字的 2 来回答："恩，今天早上我 7 点钟起床！"④当自己该回答时却不回答，不是自己该回答的人就要被淘汰，最后剩下的一个人就是胜利者	增加团队凝聚力；促进组员之间进一步认识；活跃活动开场气氛	
	共同制定目标，签订小组契约（10 分钟）	轮流发言共同制定小组目标，依次签订小组契约	确定共同目标和小组规范	

2. 第二节活动：识别认知（表 22 - 2）

时间：2017 年 7 月 13 日下午 3：30—5：00。

地点：58 病室大厅。

表 22 - 2　第二节活动内容

本节总目标	活动主题	活动内容	活动目标	依托理论
进一步增强组员间的友谊；识别组员患病后在社交上的情绪和认知；提升小组凝聚力	热身游戏：出其不意的故事（15 分钟）	①大家传递一个装满写好有趣物体卡片的盒子。②第一个儿童随机从盒子里取出一张卡片，他必须讲述一个有关这个物体的故事；然后盒子传递到第二个儿童手中，他从中随机取出一个卡片，并尽快将这个物体融入第一个人讲的故事当中（或者每个小朋友抽到卡片，描述这个物体与自己的故事也可以）。③继续传递盒子并接龙讲故事，直到所有卡片都被抽取。④讨论当别人改编你想的故事的时候，大家的感受，并讲一下即兴发挥的感觉	增进友谊、锻炼患儿叙述和维持话题、聆听能力	认知行为理论、结构式游戏理论
	识别认知游戏一：感觉字迷宫（15 分钟）	①创设情境：从前有一个小外星人，他过得很快乐，有很多小伙伴，有一天外星人的妈妈告诉他生病了，自从生病后，小外星人戴上了口罩，他有着自己的各种情绪，开始不愿意和其他的小伙伴交往。②布置任务：下面有关情绪的各种词汇中，假如你是小外星人，你会有哪些情绪呢？你能帮助小外星人从这些词汇中找出他的情绪并将他们涂上不同的颜色吗？	创设小外星人生病的游戏情境，了解患儿患病后在社交上的情绪	
	识别认知游戏二：感觉游戏（15 分钟）	①为小朋友分发印着外星人的小卡片，卡片下方留有空白。介绍游戏：外星人有两个感觉触角，会随着情绪的变化变成不同的颜色。②当外星人有上面这些感觉的时候，它的触角会变成什么颜色呢？请小朋友涂上颜色。③他为什么会有这样的感觉呢？规定时间内，写下外星人产生这些感觉的原因，写得最多的小朋友，获得奖品	通过游戏了解患儿在社交焦虑上的认知	

3. 第三节活动：自信心提升（表 22 - 3）

时间：2017 年 7 月 18 日下午 3：30—5：00。

地点：58 病室大厅。

表 22 - 3　第三节活动内容

本节总目标	活动主题	活动内容	活动目标	依托理论
认知重建：通过游戏让患儿发掘自己的优点，并大声念出来，社工及时回应，提高患儿自信心，强化患儿的优点意识	热身游戏：你画我猜（10 分钟）	①儿童围坐成一圈，两两面对面为一组。②一组的两个儿童选一名闭上眼睛。社工举出带有形状的纸牌，让没有闭眼的儿童在闭眼睛儿童的手心慢慢画出纸牌上的物件。闭眼的儿童猜出对方画的形状或字就互换位置。如果很难猜的话，可以要求对方重复画三遍。③谈谈触摸的感觉，从开始到结束有什么不同？	培养自我与他人意识、尊敬、移情、减少愤怒和攻击行为、学会容忍	结构式游戏治疗理论、认知行为理论
	自信心小游戏一：幸运梯（15 分钟）	①介绍游戏：接下来你要攀登一量幸运梯，在攀登的过程中，你需要开动脑筋想一想你有哪些优点，然后在每一层梯子的横木上写上你的优点，如果你的优点够多的话就能爬上梯子的顶端。②分发印有梯子的纸、笔，开始比赛。③比赛结束，为最先到达梯子的小朋友颁发礼品	让患儿在游戏的乐趣中自主发掘自己的优点	
	自信心小游戏二："当我是他人的朋友"圈圈看游戏（15 分钟）	①介绍游戏：在和小伙伴玩耍的过程中，每个人都有很多优点，小伙伴也会因为你的优点而喜欢你。你认为你的朋友为什么会喜欢你，请将下面的所有原因圈起来，也可以自己补充。②分发游戏道具：纸和笔。③每个组员轮流将自己圈出来的优点大声念出来。④社工总结每一位小朋友的优点	挖掘小朋友在社交上的优点，并进行强化	

4. 第四节活动：认知重建（表 22 - 4）

时间：2017 年 7 月 27 日下午 3：30—5：00。

地点：58 病室大厅。

表 22 - 4　第四节活动内容

本节总目标	活动主题	活动内容	活动目标	依托理论
讲解自动思维、核心信念、中间信念是什么（通过在讲故事中融入）；布置家庭作业：记录曾经遇到过的害怕与他人谈话的情境，并记录下自己的自动思维、核心信念和中间信念	重建认知方法训练（25分钟）	内容：以小外星人的故事为主线，社工讲解认知行为疗法中的"三栏记录法"和"检验证据"技术，帮助患儿重建认知。方法：由第一节小外星人生病的故事引入主题，告诉小朋友小外星人的"自动思维"是什么，小外星人是如何受"自动思维"的困扰，讲述小外星人如何使用它的"超能力一（三栏记录法）"和"超能力二（检验证据）"来改变他的自动思维，收获友谊的。然后让小朋友将"识别认知游戏"和"自信心游戏"中的"消极情绪"和"优点"分别填入"超能力二：检查信念"表中	通过创设故事情境，讲解认知行为疗法相关知识，引导患儿感知自己的"自动思维"，如何建立起"理性信念"	结构式游戏治疗理论、认知行为理论
	布置家庭作业：运用超能力（10分钟）	内容：为每位小朋友发一张卡通底色的精美信纸，上面印有上述两个表格的空表，小朋友在小组结束后至下一节小组开始前填好表。方法：回忆一件你最近在与同龄人交往中让你感到焦虑的事件，并根据你的想法，填上表格	通过"布置家庭作业"的治疗技术，让小朋友在小组结束后学会识别自己的情绪，运用小组中所学知识逐步消除社交焦虑中的非理性信念	

5. 第五节活动：社交连连看（表 22 - 5）

时间：2017 年 8 月 1 日下午 3：30—5：00。

地点：58 病室大厅。

表 22 - 5 第五节活动内容

本节总目标	活动主题	活动内容	活动目标	依托理论
通过游戏，学习社交技能，提高团队凝聚力，创设社交情境进行训练	游戏：SOFTEN（10 分钟）	①介绍 SOFTEN 原则：S 代表"微笑"，O 代表"敞开的姿势"（例如不把胳膊或腿局促地紧扣在一起），F 代表"向前屈身（身体前倾）"，T 代表"接触或身体友好地接触"（如握手），E 代表"眼睛正视对方"（用眼神传递意思），N 代表"点头"（表明你在倾听并理解了别人）。②两人一组练习交谈：要求以 SOFTEN 原则进行；引导成员观察示范者的交流形态（体态语言），鼓励组员模仿	培养组员在以后的交往中，养成良好的社交习惯	社会学习理论、结构式游戏治疗理论
	游戏：向朋友表达你喜欢他"连连看"游戏（10 分钟）	①你如何向朋友表达你喜欢他？请将左边的文字连上右边的图。②还有其他的方法吗？分享感受。③社工总结表达"爱"的技巧。④除上述之外，还有其他技巧吗？	朋友间表达"爱"的能力训练	
	总结性游戏：字组游戏（15 分钟）	①介绍游戏：在这一节活动的相处过程中，大家应该学会了不少社交技巧吧，这些技巧或许隐藏在下面的字组中，请找出来，并把每一组字词涂上不同颜色。②开始填色。③每个组员分享填色的那个词语的意义。④社工总结	总结分享社交技巧	

6. 第六节活动：离别（表 22 – 6）

时间：8 月 8 日下午 3∶30。

地点：58 病室大厅。

表 22 – 6　第六节活动内容

本节总目标	活动主题	活动内容	活动目标	依托理论
通过暴露演练训练减少组员的社交回避行为；颁奖强化组员的自信心；处理离别情绪；总结活动	游戏一：演讲比赛（30分钟）	①为每位组员发放关于"自信心"的朗读文本。②组员抽签决定演讲顺序，并按照顺序开始演讲。③社工对组员表现进行鼓励，并为每一位组员颁发奖状	创设暴露情境，将小朋友置于当众演讲比赛的情境中以消除社交焦虑；培养其自信心	认知行为理论
	游戏二：我们去哪儿（30分钟）	①根据总人数多少，平均分为两组。②每个小组把自己想象成一个"假日委员会"。他们要为整个团队计划一天的出行安排。他们必须要考虑到所有人的要求，必须协商确定一个满足所有人意愿的出行计划。③在 10～15 分钟后，每个小组选一名发言人，将他们的想法公布给大家。为了在所有儿童之间达成一致，鼓励儿童进一步讨论、协商。④询问大家对最后的决定是否满意，是否大家都参与讨论给出意见，当没有人给出意见时大家都怎么做的?	培养团队合作能力，巩固组员关系	
	游戏三：赢得奥斯卡	①准备一个小奖座之类的物品。②设想一个虚拟的颁奖典礼，将奖座轮流传给每个儿童作为他的奖杯，假设自己是在小组活动中表现最为优秀的小朋友，获得了最后这一个最大的奖励。让每个儿童发表获奖感言	强化自信、提高表达能力	
	小组总结，填写后侧问卷	社工总结，组员轮流发表一个月以来的收获，认识的新朋友有哪些，并鼓励组员将小组所学运用到生活中	强化小组所学，处理离别情绪	

七、评估

（一）干预过程评估

1. 目标完成情况（见表 22 - 7）

表 22 - 7 目标完成情况

每节目标	完成情况
初认识：小组"破冰"，社工介绍活动目的、方法、活动安排，共同制定小组契约	完成
识别认知：识别组员的社交情绪和认知，进一步增强组员间的友谊	完成
自信心提升：通过游戏让患儿发掘自己的优点，社工及时回应强化	完成
认知重建：通过游戏讲解自动思维、核心信念、中间信念，布置家庭作业	完成
社交连连看：通过游戏学习社交技能，提高团队凝聚力，创设社交情境进行训练	完成
离别：通过暴露演练减少组员的社交回避行为，强化组员的自信心，处理离别情绪	完成

2. 技巧使用情况

（1）识别情绪：识别患儿在社交上的消极情绪，如悲伤、孤独、焦虑、担心、害怕、恐惧、生气、愤怒等，确认情绪可以帮助患儿更好地认识自动思维。

（2）确认自动思维：这是认知行为疗法里重要的一步。一些不合理的思维习惯已经成了患儿思维的一部分，他们难以察觉到这是一种不良的思维，他们只能够感受到自己的情绪，所以社工要在治疗中帮助患儿识别这些自动思维，通过创设与患儿经历类似的故事情境，引起共鸣，并在故事中通过故事主人公的角色和想法，讲解"自动思维"的概念，教患儿如何感知自己的"自动思维"。其中一个重要的方法是提问，例如，"你有没有经历过故事主人公所遇到的类似的事情呢？当你遇到这些事情时，当时心里在想什么呢？"提问后，让患儿将自己所遇到的事件、自动思维及情绪和反应填写在"超能力一：三栏记录表（见附录2）"，患儿在表格中"你当时在想什么（自动思维）"栏目中写道："我怕别人看不起我""我生病后变得无能""我觉得大家都认为我是戴口罩的怪物，离我远远的"。

（3）认知重建：首先应该引导患儿分析信念中不合理的成分，这需要治疗者耐心地引导患儿来识别这些信念中的错误成分，进行真实性验证。这里使用的是"超能力二：检验证据（见附录2）"。引导患儿一分为二地理性看待自己的信念，包括"支持的证据"和"反对的证据"两个方面。主要通过引导性技巧提问，例如："你说因为你戴着口罩，大家觉得你是怪物，都离你远远的，你有什么证据支持这个想法呢？反对这个想法的证据有哪些呢？""如果你的好朋友也像你一样生病了，你会怎么看他呢？""如果你的想法是真的，你觉得最坏的结果是什么呢？要怎样去面对和解决呢？"等。在此过程中，社工还进行了角色扮演游戏，社工扮演患儿，患儿扮演他的小伙伴，让患儿以朋友的角色来安慰社工，从中意识到自己的不合理认知，并发现事情的积极方面。

（4）布置家庭作业：通常包括应对卡、运动等，本小组为每位小朋友发一张卡通底色的表格，表格内容为小组活动中所学认知重建技巧的运用，"回忆一件你最近在与同龄人交往中让你感到焦虑的事件，并根据你的想法，填上表格"。家庭作业的目的是让患儿掌握技巧，让患儿在活动后能够有自我思考的时间。

（5）内部暴露演练：在小组活动中，创设能够引起社交焦虑情绪的情境，逐渐的控制暴露刺激的强度，让患儿能够逐渐迈出心理障碍，积极勇敢地尝试，并且在暴露演练活动结束后，社工给予充分的肯定和奖励进行强化。逐渐地，患儿就能够体验到焦虑情绪的缓解，越来越勇于参与这些暴露演练活动。

（6）外部暴露演练：在暴露演练小组活动结束后，给患儿布置家庭作业，"与两名小朋友主动联系，并成为朋友，可以是病房里没说过话的小朋友，也可以是很久没有联系、害怕面对的班上同学"，让患儿可以在实际生活中逐渐缓解社交焦虑情绪。

（7）结构式游戏治疗技巧：结构式游戏治疗可以针对患儿的错误认知设计针对性的游戏活动，在结构化的游戏情境中达到治疗目的。在识别情绪和认知过程中，我们很难通过问答的方式询问儿童对于自己社交过程中的感受，但是可以通过创设"生病的小外星人"的故事情境达到。在此故事背景下设计一系列有关"小外星人"的感觉识别游戏（如感觉字迷宫游戏）激发患儿游戏的兴趣，并根据游戏内容分析患儿的情绪和认知。在认知重建过程中，难以用成年人的心理教育方式去告诉儿童什么是"自动思维"、什么是"理性信念"，这些概念对于儿童过于抽象，但是通过创设"外星人拥有两个让自己快乐的超能力"的游戏情境，引人入胜，在创设好的游戏中进行心理教育。在家庭作业布置的环节，也运用了"使用超能力"的游戏，患儿在小组结束后都非常积极地去完成作业。此外，在热身活动、社交技能训练、暴露演练等环节，都是社工根据小组所要达到的目的有针对性地设计结构式游戏。一方面，结构式游戏治疗可以满足儿童"游戏"的天性，另一方面，能够满足儿童内在心理需求，使儿童在游戏活动中体会到尊重、宽容、平等、轻松的小组气氛，满足患儿交友的需求，间接地缓解患儿的焦虑情绪。

3. 成员表现

（1）第一节：前半节时组员之间的互动并不多，还比较拘谨，后经社工亲自示范游戏玩法，组内的气氛开始慢慢活跃起来，大家也都比较配合组内的工作。此小节是小组的开始阶段，通常组员都在观察和试探本小组的情况，在本节小组的末期，有个别组员还是比较沉默以外，大多数的组员都已相互认识，小组凝聚力初步形成。

（2）第二节：此节活动开始时，组员见面沉默不语，即使相互认识也不敢打招呼。社工组织了一个游戏活跃气氛，此时大家的活跃度有所提高，都投入到了游戏之中。而后在"感觉字迷宫"游戏中，大家拿着彩色笔都"玩"得很投入，纷纷在形容感觉的词语上涂上了不同的颜色，所有患儿都在"恐惧、害怕、悲伤、忧郁"几个字上涂色来形容患病后的感觉。在接下来的"感觉游戏"中，大家的积极性较高，通过游戏竞赛的形式，在纸上纷纷写出出现这些感觉的原因。例如，"我害怕再也去不了学校""我害怕好朋友嘲笑我""我的朋友会离我远去""老师会不喜欢我"等。知道这些感觉的原因，有助于社工准确识别患儿对于社交的认知。在这一节游戏中，社工并没有进行过多干预，只是鼓励患儿投入游戏，在游戏中表达自我。

（3）第三节：小组成员已基本认识，由于有一名患儿还在治疗，组员等待了他十多分钟。在这十多分钟里，大家已经开始闲聊，有些患儿一直好奇地问："社工姐姐，我们今天玩什么游戏呀，是不是画画呢？我看到这里准备了彩笔"。游戏开始后，如往常一样，先开始一个热身游戏，通过"你画我猜"的游戏，把平时不怎么说话的小朋友分为一组，有利于彼此间熟悉，默契度得到了提升，小组整体凝聚力显著提高。在"幸运梯"游戏中，有些小朋友迟迟写不出自己的优点，有些好胜心较强的患儿则迅速写好了。对于那些想不出自己优点的小朋友，社工在一旁进行言语上的引导和鼓励，激发他们对优点的思考。最后大家都在纸上写上了自己的十个优点，例如，"我数学很好、我画画很好、我会唱歌"等。在"当我是他人的朋友"的游戏中，由于游戏难度有所减低，大家只需要在纸上圈出自己在社交过程中有哪些吸引朋友的地方，大家完成的比较顺利。之后，社工鼓励患儿一个个念出来以强化患儿的自信心。其中有一名患儿比较活跃，起到小组领导者的作用，很好地带动了小组的积极性。

（4）第四节：由于在前三节活动已经建立了较为稳固的友谊，这一节活动开门见山，直奔主题。社工通过创设故事情境，讲解认知行为疗法相关知识，引导患儿感知自己的"自动思维"，建立起"理性信念"。由第一节小外星人生病的故事引入主题，告诉小朋友小外星人的"自动思维"是什么，小外星人是如何受"自动思维"的困扰，讲述小外星人如何使用它的"超能力一（三栏记录法）"和"超能力二（检验证据）"来改变他的自动思维，收获友谊的。然后让小朋友将"识别认知游戏"和"自信心游戏"中的"消极情绪"和"优点"分别填入"超能力二：检查信念"表中。讲故事的形式吸引了组员，他们都很好奇小外星人的"超能力"，社工以此引入相关概念，患儿聚精会神地领会其中意思。而后，通过布置家庭作业巩固他们在组内所学的知识，组员的配合度较高。

（5）第五节：本节小组一开始，会先检查上一节活动的家庭作业，除一名组员没有按照格式填写外，其他组员都顺利完成了家庭作业。本节小组主题为社交技能训练，此小组活动中，工作者主要在于努力创造小组中接纳、关怀、真诚、温暖的氛围，鼓励组员之间的接纳与互助，同时学会社交技能，主动向他人表达爱。本次活动的小组凝聚力很强，也很能体现出"互助"的宗旨。

（6）第六节：活动一开始是演讲比赛，大家都不敢迈出第一步，社工发现前几节小组有一名组员比较活跃，于是鼓励他开始作为第一个演讲者，在他演讲后给予肯定并颁发奖状，这样剩下的组员也跃跃欲试。在"我们去哪儿"游戏中，社工将组员分为两组，大家的团队合作能力得到了提高，一起完成了游戏任务，参与度很高。在离别环节，大家分享了这一个多月的改变，并且表示在小组结束后会多和病房里其他患儿建立友谊关系，出院后也会多和自己以前的朋友联系。

（二）结果评估

1. 量表评估

六节小组活动组员全部参与，小组结束后，组员再次填写儿童社交焦虑量表（SASC），7 名组员分数都降到了 8 分以下。

2. 结构式访谈

社工在小组结束后对患儿、患儿家属及其医护人员进行了结构式访谈。

（1）对患儿的访谈：多数患儿表示游戏很好玩，很喜欢社工姐姐，希望以后多开展这样的活动。同时，他们也认识了很多新的朋友，在闲暇时会去别的病房找病情较好的患儿一起玩耍，对于自己的病情他们有更乐观的看法，认为这只是一时的，不影响他们和好朋友的关系，也发现自己有很多优点，答应社工会主动与其他小朋友建立友谊，克服畏惧回避心理。

（2）对患儿家属的访谈：7 名组员的家属均表示患儿在参加完小组活动后，

社交回避行为大幅度减小，会主动去病房里和别的孩子打招呼，也会给自己的朋友和同学打电话，与父母的沟通频率较之前有所增加，会在治疗之余培养自己看书、绘画的兴趣爱好。整体来看，组员的社交偏差行为和非理性信念有改变。

（3）对医护人员的访谈：大部分医护人员表示在与患儿进行沟通时，患儿不再那么抗拒，而是会主动表达自己的感觉，对于医护人员的说笑也有所回应。在平时接受治疗方面的依从度也有所提高。但是个别患儿病情较重，接受的治疗更为痛苦，所以与医护人员交流时还是比较沉闷，但较之前有所好转。

（三）社工反思和建议

认知行为治疗和结构式游戏疗法对患儿的社交焦虑情绪有所缓解，通过小组活动，患儿的自信心得到了提高，非理性信念有所改变，进而减少了社交回避和封闭自我等偏差行为。但是在小组过程中也遇到了一些困难，经反思得出以下改进建议。

1. 每节活动策划中应考虑到突发状况

由于白血病患儿治疗的特殊性，经常有组员身体状况不佳，临时要打针等情况发生。在活动策划中应该计划好处理紧急情况的对策。此外，应该在第一节小组活动中向患儿及家长说明小组的特殊性，并告知每一节小组的时间只能待定。在待定小组开始时间前2小时，社工会一一询问组员是否能如期参加活动，如果不能，则另外协商通知活动时间。虽然这可能会导致小组活动不能达到每周一次的频率，但是能够保证组员全程参与小组，保证小组的持续治疗效果。

2. 活动周期不能超过太长

白血病患儿的治疗通常为阶段性的，可能有些患儿状况较好只需要住院10天，有些情况较差则需要住院一个月。这就会导致部分患儿不能完全参与小组就出院。社工在招募组员时，就和患儿和家属说明了这一点，挑选了能够保证近一个月都在医院或住在医院附近能够参与活动的组员。对于另一部分治疗期较短的患儿，则作为下一季本类小组的报名人员。

3. 游戏的设计应该符合小组主题

本次活动主要按照"相识—识别认知—认知重建—离别"的流程设计，故游戏治疗的设计也围绕着这些主题有针对性地进行。例如在第二节活动中将患儿喜欢的绘画游戏与认知识别活动目标有针对性地结合，则有利于完成活动目标。

4. 在小组过程中注意不要偏离主题

当组员表达不停、甚至讨论的内容已经偏离小组主题时，社会工作者应澄清并引导组员回归主题"希望大家讨论与本次主题相关的内容"。当组员不愿意表达或者做自己的事情时，应该对那些被动的组员进行鼓励性的引导，使活动有效进行。

5. 营造民主气氛

面对组员的非理性信念，社工切忌说教，应该在组内营造一种民主气氛，引导组员多开口、多分享，激发组员的积极性。

6. 关注患儿心理健康，在病房定期开展各类活动

在白血病患儿心理健康问题上，医院有关部门应该引起重视，安排一线社工定期开展个案和小组工作，预防和缓解心理障碍，恢复患儿的社会功能。

八、相关知识点链接

认知行为疗法是将认知技术和行为技术综合起来使用的一种疗法，主要以艾利斯（Ellis）、贝克（Beck）与迈肯鲍姆（Meichenbaum）的观点作为理论基础。认知行为疗法假设心理问题在很大程度上是认知过程发生机能障碍的结果，强调通过患者认知的改变来改变负性的情绪和行为。[①]

艾利斯深入阐述了认知与情绪及行为反应之间的相互关系。通常人们会认为人的情绪和行为反应 C 是直接由诱发事件 A 引起的，即 A 引起了 C。ABC理论则指出，诱发事件 A 只是引起情绪及行为反应的间接原因，人们对诱发事件所持的信念、看法、解释 B 才是引起人的情绪及行为反应的更直接的原因。[②]贝克的认知疗法强调识别和改变消极想法与适应不良信念。该疗法的基本原理认为，人们如何感觉和行动取决于他们如何感知和建构自己的经验。要想理解一个具体的情绪体验或困扰的实质，就必须关注个体对不良事件反应的想法、假设和信念。同时，他认为个体关于事件的认知是多层次的，存在"认知结构"，从表面到核心依次为自动思维、中间信念和核心信念。[③]。贝克认为，改变功能失调的情绪和行为的最直接方式就是修改不正确的及功能失调的思维。治疗过程通常最先教来访者的识别、观察和监督自己的想法与假设，尤其是那些消极的自动思维。然后治疗师开始训练他们用现实来检验这些自动思维，并

① 科瑞. 心理咨询与治疗经典案例［M］. 石林，译. 中国轻工业出版社，2004.

② 许若兰. 论认知行为疗法的理论研究及应用［J］. 成都理工大学学报（社会科学版），2006（4）.

③ 马裴丽. 认知治疗学派创始人——贝克［M］. 廖世德，译. 学林出版社，2007.

评估和修订他的自动思维及背后的中间与核心信念。因此，在治疗过程中，治疗者的注意力应放在来访者没有意识到的思维和信念体系的障碍性偏差上，通过矫正这些认知偏差来达到来访者情绪和行为的改变。① 迈肯鲍姆也假设痛苦的情绪通常来源于适应不良的想法，同时他认为一个人的自我陈述在很大程度上能够影响个体的行为。

总的来说，认知行为疗法强调对不合理认知的改变，即认知重组。其共同遵循的理论原则是：个体内在的认知活动制约着个体的行为，认知活动可以控制和调整，通过改变不合理的认知可以改变个体的行为，行为的变化反过来影响认知。②

游戏治疗经过几十年的发展形成了三大理论，即精神分析游戏治疗理论、结构式游戏治疗理论以及人本主义游戏治疗理论。精神分析游戏治疗理论认为。只有当青少年的语言发展到一定程度时才能用游戏帮助青少年，精神分析游戏治疗师们并不认为游戏具有治疗性，他们只是把游戏作为分析青少年心理的媒介，真正帮助青少年的是心理治疗的技术和方法。③ 结构式游戏治疗就是针对不同性质的障碍，主动地设计不同的游戏治疗程序，事先准备好材料，安排青少年进入经过设计的游戏情境，以达到治疗的效果。结构式游戏治疗理论看中的是游戏具有帮助青少年发泄能量的功效，它注重为青少年设计好游戏活动，引导青少年进入到特定的游戏场景中，在游戏过程中发泄出不良情绪。而人本主义游戏治疗理论认为，个体只有在一个无条件的正向尊重的环境中才能够真正地表达自我。④

九、推荐文献

1. 莱德利，马克斯，海姆伯格. 认知行为疗法[M]. 李毅飞，孙凌，赵丽娜，译. 北京：中国轻工业出版社，2012.

2. 柏林. 团体认知行为治疗[M]. 崔丽霞，译. 北京：世界图书北京出版公司，2011.

3. 斯卡夫. 游戏治疗技巧[M]. 何长珠，译. 成都：四川大学出版社，2007.

---

① 贝克. 认知疗法：基础与应用[M]. 翟书涛，译. 中国轻工业出版社，2006.
② 汪新建. 当代西方认知—行为疗法述评[J]. 自然辩证法研究，2000(3).
③ 邓伟. 结构式团体游戏治疗在单亲青少年小组的应用[D]. 苏州：苏州大学，2013.
④ 刘敏娜，沈婷. 短程结构式游戏治疗对社交焦虑儿童的干预研究[J]. 中国儿童保健杂志，2013(1).

十、讨论题

1. 认知行为疗法的基本假设、基本原则及其适用范围是什么？结构式游戏治疗的基本特征及其适用范围是什么？

2. 在医务社会工作领域，针对儿童病患开展社会工作服务，应如何将认知行为疗法与结构式游戏治疗结合起来发挥其效用？

附录1：儿童社交情绪调查问卷

亲爱的小朋友：

我是中南大学湘雅医院医务社工部的社工，非常感谢您参加本次调查，本调查主要为了了解小朋友们在与其他孩子交往中的情绪和感受，所得资料是为了近期开展符合小朋友需要的活动策划使用，同时你的所答信息我们将会遵守保密原则，绝不外泄，请安心作答。问卷题目的答案没有对错，请小朋友们根据最近三个月的实际感受填写下表，不需要花很长时间仔细思考，第一感觉是什么就答什么，在符合你的那一格打"√"，不要有所遗漏。谢谢！

湘雅医院医务社工部

姓名：　　　　　　年龄：　　　　　年级：　　　　　　性别

联系方式：（用于开展活动通知时使用）

表现	从不这样	有时这样	一直这样
1. 我害怕在别的孩子面前做没做过的事情			
2. 我担心被人取笑			
3. 我周围都是我不认识的小朋友时，我觉得害羞			
4. 我和小伙伴一起时很少说话			
5. 我担心其他孩子会怎样看待我			
6. 我觉得小朋友们会取笑我			
7. 我和陌生的小朋友说话时感到紧张			
8. 我担心其他孩子会怎样说我			
9. 我只同我很熟悉的小朋友说话			
10. 我担心别的小朋友会不喜欢我			

附录2：

超能力一：三栏记录表

日期	事件	想法（自动思维）	情绪和行为反应

超能力二：检查信念

例如：

检查信念：我是个失败者	
支持的证据	反对的证据
他不喜欢我	我有许多喜欢我的朋友
我生病了和其他人不一样	我诚实而且正派
	我有很多好玩的玩具

附录3（家庭作业）：

🛸 使用超能力一：记录下你最近交友过程的心情

日期	发生了什么？	你的感觉？	你当时在想什么？	你怎么做？
例如： 2017 年 7 月 1 日	例如： 又见到小伙伴、回学校上课、走在大街上等	例如： 害怕、担忧、不开心等	例如： 我和他们不一样，他们会嘲笑我、我成绩没有他们好，他们会不喜欢我等	例如： 远离他们、发脾气、独自哭泣

✿你有类似于以上这样的心情和想法吗？请按照上面的格式写下来哦！✿

日期	发生了什么？	你的感觉？	你当时在想什么？	你怎么做？

🛸 使用超能力二：小恶魔和小天使的比赛

请你学习小外星人描写自己心中的小恶魔和小天使

小恶魔	小天使
例如： 　他不喜欢我 　我成绩不好 　我生病了和其他人不一样	例如： 　我有许多喜欢我的朋友 　我诚实而且正派 　我有很多好玩的玩具

案例二十三：爱伴童行

——儿童患者的医务社会工作服务个案

车文辉　周颖

　　长期住院治疗将患儿与外界的多彩世界隔离开，住院患儿每天面对的就是身着白大褂的医务人员，生活单调，没有其他娱乐。儿童追求快乐的天性没有办法得到满足，容易产生不安和焦躁的情绪，直接导致其社会化程度受到影响，并出现一些心理和行为问题。贫困家庭儿童作为弱势群体中的弱势更需要关爱，关注贫困家庭儿童已成为社会文明进步和民生政策普及的标志。贫困家庭儿童医疗救助无论是对贫困家庭本身，还是对社会的和谐稳定，都具有重要意义。对贫困家庭儿童的医疗救助，不仅要实现医疗上的救治和康复，更要让其实现社会康复，为其家长建立社会心理支持网络，促进儿童的康复和成长。

一、案例描述

　　案主小金鸿，男，9岁，于2017年2月因被大货车碾压的车祸受伤致双下肢小腿、足背皮肤软组织严重缺损，随后因伤势严重从地方医院转到上级医院接受治疗。家属要求保肢治疗，需进行八次手术，治疗费用十分高昂，前期的治疗费用已花光了所有积蓄，向亲朋邻里东拼西凑借来的钱远远不够维持后续的治疗；且伤势严重，不能确保术后的恢复程度，留下后遗症的可能性极大。案主自接受治疗以来，性格变得暴躁、易怒，对父母和医务人员有抵触情绪，遇到医务人员前来打针和换药会大哭大闹，不配合治疗，给医护人员的治疗工作带来了困扰。案主与父母的交流表现得极不耐烦，疼痛的时候会大声呵斥父母，甚至还会动手捶打父母。案主父母均为建筑工地务工人员，家庭经济状况不佳，肇事车辆未购买保险，车主拿不出医药费，案主家属只能贷款让案主进行治疗。案主父母一方面为案主严重的伤势担忧，另一方面又为昂贵的医药费而焦头烂额。案主母亲情绪低落，整天以泪洗面，有一次因对手术排班时间不满与医护人员发生矛盾冲突，医患之间沟通不畅。病室医务人员因案主的情绪问题和经济问题将案主转介给医务社工部。

二、案主的主要困难及需求评估

（一）案主社会关系分析

运用社会支持网络对案主的社会关系进行分析。完善的社会支持网络能使案主得以从社会、社区、亲朋好友等处得到精神或物质支持，并以此维持自己的社会身份、协助案主实现个人发展，有效化解经济困难、心理抑郁等压力事件。根据案主的实际情况，对其社会支持网络进行分类梳理，分为正式社会支持系统和非正式社会支持系统。

1. 正式社会支持系统

正式社会支持一般指来自政府和社会等正式组织提供的各类制度性支持。此案例中，案主生活在农村地区，可以为其提供正式社会支持的单位包括村委会、政府部门和社会工作服务部门。

村委会是案主实现与政府对接和联系的重要纽带，当案主及其家庭遇到困难时，他们最先反映困难和寻求帮助的对象往往就可能是村委会。同时，村委会也是政府政策的重要传达者和落实者，在为案主家庭申请政策支持时能提供帮助。客观而言，村委会工作人员的专业性也十分有限，难以提供根本性的解决方法，也无力从实质上改变现状。

政府部门主要从政策制度层面为其提供了最基本的帮助，即最低生活保障和医疗保险等普遍性的政策支持。对于案主家庭而言，这些支持显然能对他们的基本生活保障起到重要作用，但是案主车祸伤属于突发性意外事故，政策支持在短时间内无法奏效，缺乏即时性。

社会工作服务部门是指案主所在医院里的医务社工部，政府和村委会主要集中于提供物质层面的支持，且支持的力度和效果仍十分有限，除能提供物质性帮助以外，几乎无法对案主的心理与情绪压力疏导产生太大的作用。案主由医护人员转介给医务社工部，医务社工部旨在于"全人关怀"的理念，给案主提供情绪疏导、情感支持等非医疗性的服务。

2. 非正式社会支持系统

非正式社会支持主要指来自家庭、亲友、邻里和一些非正式组织的支持。此案例中，案主的非正式支持系统包括家庭成员、亲友邻里、学校师生和医院医护人员、社会人士。

家庭成员的支持是影响最为直接和作用最重大的。父母在经济上尽可能地为案主治疗创造了条件，同时在住院期间陪伴案主、长期照顾案主的生活起居，是主要的照顾者和支持者，使案主在心理和情绪上都得到了一些慰藉，在一定程度上减轻了孤独寂寞感，无形中为案主配合治疗创造了精神支柱。

亲友邻里是与案主联系密切程度稍弱于家庭成员的一类群体，主要以亲缘和业缘关系为纽带。案主的亲戚邻里在自己有余力的情况下对案主进行了帮衬，案主在网络平台进行筹款时，亲戚邻里这一较弱的关系网络给予了一定的经济支持，但这一层面提供的社会支持是有限且不够稳定的。

学校师生又是一个相对较弱的支持网络，案主作为学生这一社会角色，学校是平时交往较密切的场域，在治疗期间，学校的师生不仅可以给案主提供力所能及的经济援助，还能通过探望和问候给案主带来心理上和情感上的支持。

医院医护人员在案主的支持系统中起到十分重要的作用，是重要的医疗性服务的主要提供者。但是，从跟随医生查房的情况来看，医护人员的作用不仅仅体现在医疗性支持上，还起到安抚患者情绪的作用。案主因为剧烈疼痛一直不愿配合医生的治疗，遇到能耐心安抚宽慰他的医护人员时情况会有所好转，而大多数情况下时间上并不允许医护人员提供这项服务，需要一种替代性补偿服务。

社会人士这一支持系统的作用主要体现在志愿者团体和社会爱心人士的力量给案主带来的支持。志愿者和社会爱心人士开展的公益活动能给案主带来物质上或者心理上的支持。例如，医院有一个为患者实现心愿的活动，案主希望得到一本故事书，这一心愿通过医院平台发布之后就有爱心人士帮助案主实现了愿望，由志愿者将心愿礼物送到案主手中，案主收获到的是满满的心意和社会力量的积极面。

因此，就案主的系统社会支持情况来看，正式的社会支持系统和非正式的社会支持系统都能在一定程度上为案主提供心理慰藉、情感支撑和经济支持，有利于帮助案主缓解压力。要使各个支持系统发挥出最大的效能，就需要社会工作者的协调和整合，使案主获取的支持达到最大化。

（二）信息收集与问题评估

1. 信息收集

（1）来自案主家庭的信息。

接案后，社工到患者病房探望，并再一次与案主母亲进行了交谈。案主母亲详细介绍了家庭基本情况、案主的心理状况、经济状况以及社会支持网络的情况。案主的家庭是普通的农民家庭，夫妻二人在建筑工地务工，案主还有一个上高中的哥哥。所以案主家庭经济负担较重，社会支持网络和链接社会资源的能力较弱。肇事者迟迟没有进行经济补偿，但案主的病情耽搁不起，只能向外界贷款维持后续治疗。说到案主自身的情况，案主母亲忍不住落泪。据案主母亲所述，案主在发生事故前，性格活泼开朗，乖巧温和，受伤接受治疗之后像变了一个人，性格变得暴躁，沉默寡言不愿与人交流，对父母也变得没有礼貌，考虑到案主小小年纪要忍受巨大的疼痛，只能尽可能顺着案主、满足案主的一切要求，但案主的父亲对案主的无礼行为容易动怒，会指责打骂案主。在一次会谈中，案主母亲向社工倾诉，说医院为案主安排手术的时间不够及时，觉得医院没有充分重视案主，希望通过我们反映情况。

（2）通过服务对象自身透露的信息。

通过找案主感兴趣的话题与案主进行了关系"破冰"，在案主心情好的时候会引导案主表露自己内心的感受，案主表达过对每天吃一样的食物不耐烦，抱怨每次打针换药的时候很痛，说躺着太久腿会不舒服，想让爸爸妈妈帮忙按摩可是爸爸很凶，待在医院很无聊想去学校跟同学一起玩等。从案主的自我表露中能感受到案主对在医院忍受疼痛、遭受无聊的生活已经出现了厌倦情绪，剧烈的疼痛和漫长的治疗过程对案主而言是极大的挑战。

（3）医护人员反馈的信息。

案主由医护人员转介给医务社工部，主述问题是经济问题。按诊疗计划，案主整个治疗过程须进行八次手术，医护人员考虑到昂贵的治疗费用和案主家庭实际情况，想为案主争取经济援助的服务。另外，还有护士反映每次给案主换药和打针都得作好心理准备，承受案主的哭闹和不配合，希望我们对案主的情绪反应做一个测量评估，并采取措施安抚和缓解案主的抵触情绪。

（4）参与观察。

社工每天跟随医生查房，能收集到案主治疗的信息和注意事项，观察到案主每天的生理状态、心理状态。当案主遇到医生耐心地跟他检查、给予他鼓励时，案主的神态看起来会平静很多，也更能坚持忍受疼痛。到病房探望案主时，会观察案主和父母的相处模式和交流方式，案主的父母极力想满足案主的需求。可以看出，虽然有时候父母觉得案主的要求是无理的，但也会出于心疼案主的特殊情况而纵容他的要求和行为。

2. 问题评估

从生理—心理—社会视角看待案主的问题。

（1）在生理层面，案主要尽可能地恢复双腿的行动能力，需要专业的治疗和康复的方法做支撑。同时，需要保证充足的营养促进伤口的愈合和骨骼的发育。案主缺乏专业的照护和营养供给。

（2）在心理层面，案主存在焦虑感和倦怠感等负面情绪，案主对医护人员存在抵触情绪,医患关系存在障碍。

(3)在社会层面,案主的社会支持网络薄弱,获取社会支持的能力差,脱离社会,没有注重社会参与。

(三)社会工作介入及社工角色

1.接案与建立关系

案主由医护人员转介,属于非自愿性的案主。初次接触的防范心理和对社会工作者这一身份的不了解增加了接案和建立关系的挑战性。在接案前的准备工作,除了拟定谈话提纲等资料的准备,还得在技巧上进行准备:首先,要充分理解案主的想法和处境,尊重案主;其次,真诚而清楚地向案主解释自己的角色和责任,以及社会工作者对案主的期望;再次,可以和案主讨论合作与否的后果,由案主自身来决定是否接受服务;最后,既要注意从案主身上发掘其积极的因素,又要避免屈从于案主的压力。

从护士长处了解到患者的情况后,社会工作者便去病房探访患者。与社会工作者进行初次交谈的是案主的母亲,社会工作者向案主母亲表明了为案主提供帮助的身份。由于与案主建立起联系的中介是医护人员,有效削减了案主的防范心理和敌对情绪,因此运用上述原则和接案访谈的技巧,社会工作者成功取得了患者及其照顾者的信任,初步建立起了服务关系。

2.社会工作者的主要角色

(1)服务提供者。社会工作者首先是向受助者提供服务的人。此案例中的服务既包括提供心理疏导、情感支持,同时也包括提供物质性服务和劳务服务。服务提供者是社会工作者的首要角色。

(2)资源获取者。在许多情况下,社会工作者为了有效助人,常常需要联络其他社会工作者、福利服务机构、政府部门和广大社会,向他们争取受助者所需要的资源,并将它们传递到受助者手中,此案例中包括链接物质资源和经济支持。为服务的顺利开展争取资源是社会工作者的重要责任。

(3)支持者。社会工作者面对求助者不但是要提供直接服务或帮助,也要鼓励受助者在可能的情况下自强自立,克服困难,即"助人自助"。因此,社会工作者应该成为受助人积极反应的支持者、鼓励者,并应尽量创造条件让受助人自立或自我发展。

(4)倡导者。在一定情况下,社会工作者应该成为受助者采取某种行为的倡导者,即当受助者必须采取新的行动才能有助于其走出困境时,社会工作者应该向其倡导某种合理行为,并指导他们以使其成功。应该指出的是,这里的倡导不是不顾受助者接受程度的强行推动。

三、服务计划

（一）目标设定

1. 总体目标

通过医务社工的介入，以"生理—心理—社会"医学模式和社会支持网络理论作为介入模式，协助案主链接社会资源，调整心理状态，改善生活境遇，提升案主及其家庭应对困难的能力，加快促进案主生理、心理和正常社会功能的全方位恢复，帮助案主尽快重新拥有正常生活。

2. 具体目标

第一，帮助案主及其家人进行情绪疏导，减轻心理和精神压力，提供真诚关心与情感支持。

第二，鼓励案主及其家属积极配合完成治疗，坚定解决问题的信心。

第三，协助案主链接社会资源，争取获得经济等多方面的物质支持，帮助案主减轻压力。

第四，协助案主及其家属加强与医生沟通联系，共同参与到治疗计划，增强对案主病情的认识，正确掌握护理知识与技巧。

第五，协助案主重建信心，提升解决问题的能力，重新恢复正常生活。

（二）服务策略方法

1. 直接干预

一是情绪疏导，完善自我心理调控系统，改善案主心理和情绪状态，增强案主的自我认同感和自信心。

二是资源链接，整合社会资源，帮助案主募集爱心资金获取物质支持。

三是给案主增能和赋权，根据案主的优势创造参与社会生活的机会。

2. 间接干预

一是改善亲子的相处模式。与案主父母进行沟通，共同探讨现阶段对案主的教养方式和交流模式。

二是缓解对医护人员的抵触情绪。改善医患关系，与医护人员进行沟通，化解双方的误解。

四、服务实施过程

（一）干预介入

根据患者在经济方面、生理健康方面、心理层面和社会层面的问题和需求，进行干预的具体介入过程如下。

1. 资源链接，整合患者自身资源和获取社会资源

介于案主在经济支持方面存在需求，资源链接是针对患者经济问题提出的具体介入策略。帮助服务对象链接资源是最基础的，也是最容易见到成效的一种服务。链接资源主要包括外部社会资源的整合和自身资源的整合两个方面，社会工作者扮演资源整合者的角色。首先，链接资源解决的是患者最现实的经济问题，使其得到基本的经济救助，顺利接受治疗；其次，解决患者的经济问题可以提高患者的治疗积极性。具体的服务过程是运用个案工作的方法，根据案主的基本情况，进行问题分析，评估案主是否属于经济困难范畴。评估后得出上述案例中，案主面临的问题是缺乏经济支持，社会工作者根据案主已有的社会支持网络情况采取不同的解决措施，并进行自身资源的整合，帮助案主熟悉和利用政府保障和政策资源，申请最低生活保障救助和医疗救助。

此案例中，案主的第一诉求就是希望得到经济援助，对患者家庭的收入、支出比例进行对比，"家庭的主要收入来源是我和我老公在工地上干活，每个月收入6000元左右，家里公公婆婆70多岁，公公中风需要照顾，还有一个大儿子在读高三。一直省吃俭用存的钱都花光了，现在每天的医疗费都得1000多元……"案主的母亲如是说。案主父母目前收入支出比确实属于经济援助的范畴。案主家庭和其他支持系统的力量很薄弱，社工为其积极动员社会力量，寻找社会资源。了解到患者的家庭支持系统并不完善，力量有限，目前对案主已有的支持网络进行了援助，让案主得以接受前期治疗。为持续后续治疗，社工动员社会组织和社会成员的力量，以网络众筹的方式在公益平台募款。社工帮助患者准备文字材料和其他辅助证明材料，将筹款的信息推送到和红十字基金会合作的"轻松筹"网络平台上，筹款信息推送上传一个月，共筹得的善款5万余元，提供帮助的人数达到600人次，在一定程度上缓解了案主家经济上的压力，可以顺利接受进一步的治疗。

2. 进行健康管理，提供营养支持和信息指导

患者皮肤和骨骼大面积损伤，要恢复的话必须及时补充大量的蛋白质等营养。每次去病房，案主母亲就为吃鸡蛋和牛奶与案主展开"博弈"，案主总是不配合饮食，再加上通常都是在医院附近买的饭食，营养方面不足以提供案主所需。鉴于案主家属的照护能力有限，不能为患者进行食疗以补充营养，社工有针对性地为患者整合各方资源，帮助案主申请到了医院"爱心营养汤"的公益项目帮助资格，项目内容包含免费赠送爱心营养汤、讲解膳食搭配知识和各类营养汤制作。这一服务所需要的资源有：专业的指导者——职业营养专家，医护人员——评估患者的治疗状况是否适合被提供这项服务，物质提供者——爱心餐厅提供熬制好的汤，资源传递者——由志愿者将免费的汤送到有需要的患者手中。患者直接或间接地得到营养方面的服务，为治疗和康复起到了很好的辅助作用。

车祸伤患者的治疗周期长，在照护中需要注意的事项和专业技巧十分重要。为此，社工为这一类患者建立了一个微信交流群，科室的医生也在内，微信群方便患者出院后患者与患者间相互交流、患者与医生间进行问题反馈，给予专业指导。这一策略为案主提供了专业的交流平台，有效利用了朋辈群体的支持作用，疏通了案主及其家属获取信息的渠道，获得有效信息之后能够实现"自助"和"发展"。社工还以小组工作的形式开展了三次服务，成立"创伤性骨折健康教育小组"，鼓励案主家属参与其中。小组工作的前期主要是以非医疗性的服务缓解术前的疼痛，如用舒缓的音乐分散患者的注意力，一定程度上减少患者的疼痛感等技术；小组工作的中期是术后，待患者的疼痛感减轻，向他们传授康复知识和如何从饮食、锻炼上康复；小组工作的后期，是出院后的康复和保健指导。

3. 为案主提供情绪疏导和情感支持

在医疗过程中，患者出现一些非正常的消极情绪已经不再是新鲜的事，医疗团队早就意识到了疾病和治疗对患者心理情绪的影响。特别是案主处于儿童成长时期，对外界的自由充满渴望，长期住院治疗把患儿与外界的多彩世界隔离开，住院患儿每天面对的就是身着白大褂的医务人员，生活单调，没有其他娱乐。儿童追求快乐的天性没有办法得到满足，容易产生不安和焦躁的情绪，直接导致其社会化程度受到影响，并出现一些心理和行为问题。首先我们对患者进行情绪评估，评估时采取的量表主要有抑郁自评量表和焦虑自评量表，临床发掘的服务对象中绝大部分人都有轻微的焦虑和抑郁，少部分人程度较重。此案例中，患者承受巨大的压力，长时间住院缺少社会交往而产生焦虑和抑郁的负面情绪没法宣泄，最终以发怒的状态爆发出来。为此，社工采取的措施是与案主交谈的过程运用技巧，让案主的消极情绪有所释怀，对于案主情绪的表达不持批判的态度。案主缺少情绪表达和宣泄的对象，需要社工用同理心让他觉得社工是理解他苦恼的人。几次服务下来，秉承不批判和不否认的原则，案主渐渐袒露了内心的期待和顾虑。同理案主的同时，从第三方的角度向案主解释和澄清。另外，为了分散案主对于疼痛的注意力，社工打破常态制造惊喜。社工询问了案主想要的心愿礼物，运用网络平台将案主的心愿发布，有社会爱心人士认领了案主的心愿，为案主送上了梦寐以求的礼物。这种愿望实现后的满心欢喜让案主的消极心理得到治愈。测试采用的量表见表23-1。

表 23-1　焦虑自评量表

指导语：请仔细阅读每一条，然后根据您最近一个星期的实际情况选择最合适您的答案。

（1. 没有或极少时间　　2. 偶尔　　　3. 经常　　4. 绝大部分时间）

1. 我觉得比平常容易紧张和着急	1	2	3	4
2. 我无缘无故地感到害怕	1	2	3	4
3. 我容易心里烦乱和感到惊恐	1	2	3	4
4. 我觉得我可能将要发疯	1	2	3	4
5. 我觉得一切都好，也不会发生什么不幸	1	2	3	4
6. 我手脚发抖打颤	1	2	3	4
7. 我因为头痛、颈痛和背痛感到苦恼	1	2	3	4
8. 我感觉容易衰弱和疲乏	1	2	3	4
9. 我觉得心平气和，并且容易安静坐着	1	2	3	4
10. 我觉得心跳很快	1	2	3	4
11. 我因为一阵阵头晕而苦恼	1	2	3	4
12. 我有晕倒发作或觉得要晕倒似的	1	2	3	4
13. 我吸气、呼气都感到很容易	1	2	3	4
14. 我的手脚麻木和刺痛	1	2	3	4
15. 我因为胃痛和消化不良而感到苦恼	1	2	3	4
16. 我常常要小便	1	2	3	4
17. 我的手脚常常是干燥温暖的	1	2	3	4
18. 我脸红发热	1	2	3	4
19. 我容易入睡并且睡眠质量很好	1	2	3	4
20. 我做噩梦	1	2	3	4

4. 引导案主与案主家属建立新的交往模式

"你给我走开，蠢死了""我不要吃这个，天天吃天天吃烦不烦啊"，这些都是案主与父母交谈的常态。对于案主这种态度，母亲的应对方式是无条件妥协，父亲则会做出要打骂的架势，但情况都得不到改善。我们从案主母亲处了解到的信息是案主以前活泼开朗、乖巧贴心，案主的父母把案主性情转变的原因归结为受伤后遭受剧烈疼痛对他造成的影响。事实上，案主父母把对案主百依百顺的态度作为对案主疼痛经历的一种补偿，这种方式是不恰当的，应当给予案主同理心，予以更多关注和关怀到案主感兴趣的方面。在社会工作者的建议下，案主的父亲开始花时间陪案主一起读故事书、下棋。有了共同的话题，交往模式也会随之改变，案主疼痛感的注意力被分散，亲子关系也更加亲密。

5.增能和赋权，加强社会参与

"全人照顾"的理念是在疾病预防、治疗、康复的过程中，要全面考虑病人与其家人、社会环境互动所产生的生理、心理和社会后果。要求社工加强患者与家属之间、与朋辈群体之间、与社会的联系，发掘患者自身的潜能和优势，克服环境障碍，及早恢复社会功能。此案例中，我们从往常的聊天中发掘案主的强项，"我最喜欢的课是美术课，以前画画比赛我还得过一等奖"，这来源于案主与我们的一次分享。从能力视角发掘案主的兴趣爱好，对他画画的爱好予以支持，并为他争取机会，鼓励他参加社会组织的书画展活动，让案主聚焦于自己的优势和感兴趣的事情上，放松对疾病的关注。对于年龄正处于建立社会人际交往的重要时期的患者，长期脱离社会生活、生理功能的缺陷，使其对自身缺乏自信，承受力和问题解决的能力也随之减弱，这对他的社会交往功能的恢复造成影响。社工能做的就是为他们增权和赋能，运用优势视角，弱化患者对自身疾病的关注，使其重新看待面临的障碍。同时，要尽可能多地发掘患者其他方面的潜能和价值，提高社会参与度，使其更好地融入社会。

6.加强与医生沟通，改善医患关系

案主在换药和打针的时候通常会大声哭闹，通过观察，有一位医生在为其换药的时候案主没有表现出那么抵触，这位医生每次会示意询问案主的意见，比如先拆哪只脚之类的，这些虽然起不到大作用，但在一定程度上表现了对案主的一种尊重和理解。从医生的这一行为上习得：案主对医护人员存在抵触情绪，不配合治疗，其实是自身忍受巨大疼痛的一种折射，也迫切希望得到医生和护士更多的帮助。与案主会谈时，聊到他对于照顾他的每位医生和护士的看法，案主表达对他们的尊重和感谢。我们借着护士节这个契机，引导案主为照顾他的医护人员写下一句话，贴在科室病房的展示栏上。有些护士看到真诚的字条，也写下寄语鼓励案主，通过这种非正面的交流和表达，医患双方多了一些相互理解和包容。在骨科的治疗结束后，案主的家属为科室病房医护人员和医务社工部送上了锦旗以表达谢意，和谐的医患关系对提供治疗的一方和接受治疗的一方都有积极作用。

（二）服务跟进

结案后，社工跟随医生查房时，继续关注案主的生理状况和心理状况，观察案主是否得到成长。案主结束这一阶段的治疗后，会搬到康复科进行治疗，社工也会抽时间探望案主。

五、服务评估与结案

（一）服务评估

1. 过程评估

通过访谈，请案主对整个个案服务的服务效率、服务效果进行评估；由社会工作者内部整理每次会谈的资料以及服务过程记录并对本次服务的服务效率、服务效果、服务技巧进行评估；对原先制订的个案服务计划进行评估。

2. 结果评估

根据案主接受服务前后生理状态、心理状况的变化进行对比，评估服务；根据开展相关服务取得的成果进行评估（通过网络募捐的方式为案主筹得资金五万余元、免费为案主提供营养汤14份、医护人员反馈说案主的态度较之前有了明显的好转）。

（二）结案

1. 结案的原因

服务计划与目标基本完成，案主能以正常的状态进行康复治疗，不再需要后续的服务。

2. 结案阶段的主要任务

首先，社会工作者自身对整个服务工作进行反思与总结。其次，社会工作者与案主共同回顾工作过程，帮助案主巩固并强化服务对象已有的改变，对于案主今后面对生活、接受治疗表达积极支持的态度。最后，与案主处理好离别的情绪，解除工作关系，同时作好结案记录，以便日后查看或使用。

六、相关知识链接

此案例的理论基础主要是社会支持网络理论和"生理—心理—社会"医疗模式理论。

（一）社会支持网络理论

运用社会支持网络理论帮助服务对象解决生活中的问题，重点在于帮助其学习如何建立社会支持网络和利用社会支持网络。

社会支持网络反映的是个人与其生活环境中各系统的关系状态。社会工作的服务对象通常是社会困难人群，在对他们实施帮助时，社会工作者首先要对他们的社会支持网络做出必要的评估，确定原有的社会支持网络能够在多大程度上为其提供支持，社会工作者能够帮他们建立哪些新的联结。在评估的基础上，社会工作者要使社会支持网络能够切实发挥支持功能，社会支持网络通常能够在三个方面发挥作用，即预防、治疗和恢复。在运用社会支持网络时需要注意，社会支持网络不仅是一个有效的工作手段，同时也是社会工作者的工作对象。社会工作者不仅要对社会支持网络进行评估，更重要的是运用和改善社会支持网络，使之能够满足服务对象的需要，解决其问题。在社会工作实务中，专业人员在充分利用正式社会支持网络的同时，应该注意帮助服务对象学会认识和利用非正式支持网络，并进一步重建和完善社会支持网络。

（二）"生理—心理—社会"医疗模式理论

美国著名精神医学教授恩格尔发表论文《呼唤新的医学模式：对生物医学的挑战》，提出的观点认为，新的医学模式必须在传统的生物学以外将人的心理和人与环境的关系一并考虑进来，以期正确理解疾病的本质和提供合理的医疗卫生保健方式。在医务社会工作介入过程中，通过综合考虑生理、心理和环境的影响，有助于制定出更加科学合理的介入方案，达到最理想的服务效果。

"生物—心理—社会"医疗模式对临床医学发展的影响表现在：从医疗型向医疗—预防—保健型转变；提供以病人为中心的服务，对病人需要有感情，尊重病人的尊严、权利及自身的个性特征；重视个体、家庭与社区间的联系。服务模式从以医疗为导向向以预防为导向的转变，即病人教育、早期诊断、健康危险因素评价、人群健康筛查与群防群治。同时推动了预防医学理论的研究，新的健康观促进了预防医学向更高层次发展，建立了高危环境、高危因素、高危人群的"高危"概念和病因预防、临床前期预防、临床预防三级预防策略。健康卫生服务范围扩大为由治疗服务到预防服务，生理服务到心理服务，院内服务到院外服务，技术服务到社会服务。让医学教育更重视人文社科的教育，扩充知识面，加强在职教育，保证在职医务人员知识的先进性。使卫生决策以病人为中心而非以疾病为中心，并持续发展，可改善全世界人民的生活质量。

七、专业反思

在整个服务过程中，社会工作者充分考虑了病患较于常人处于弱势的特点，在承认其最基本的生理需求的基础上，积极聆听案主的诉求，用同理心对待案主，不给案主贴标签，合理引导案主能够主动参与到整个服务过程中，与社会工作者建立彼此信任的关系。这有利于个案目标的最终达成。通过此次个案服务，让社会工作者认识到要想真正地帮助到案主，不能只局限于案主本身，还要深入到案主的生活、生存环境，看到其他与案主相关的社会系统。社工的态度影响到案主对社工的信任感，而社工的价值观决定着对案主所陈述内容的评价。所以社工需要具有热情与耐心，这是对社工的挑战。在医务社会工作这一新兴领域，开展服务还有许多不尽完美的地方。困惑在于：按照理论层面来看，医务社工能提供的服务那么多，为什么在病患甚至医护人员群体中的知晓度和认同度依然不高？

首先，专业化的服务体现不强。从实习所在医院的情况来看，绝大部分服务对象都是由医务人员转介，很少有患者主动找到社工求助，且他们的求助动机大部分是经济援助，提供经济援助变成了"吸引"服务对象的关键点，如果没有经济援助这一项，接案和建立关系的过程都会更加难以进行。在服务的过程中，重心就会不自觉地往募捐上转移，偏离了专业化的社会工作方法。

其次，提供的服务缺乏连贯性。受患者接受治疗周期的制约，社会工作者提供服务的时长受到限制，出现刚与患者建立起信任关系，开展的服务刚出现成效时，案主就要出院而不得不终止服务的情况。此案例中，案主接受服务的周期是两个月，已经算是最充足的服务时长了。对于普遍存在的治疗周期较短的案主，在医养结合的大背景下，如果不仅将医务社会工作在医院内部开展，若是有充足数量的医务社会工作者能够依托社区的卫生服务中心，在疾病预防和康复两方面开展服务，医务社工也许更能够发挥价值。

最后，医务社工在实际开展工作中，易出现角色重叠。实际工作中要求医务社会工作者不仅要具备社会工作的专业方法和技巧，还要熟悉基本医疗护理方面的知识。湘雅医院医务社工部共有七位临床社工，其中有两位是学社会工作出身，另外五位是临床护师转岗为社工。社工所提供的服务和医护人员的服务范围会有重叠，社工服务甚至还会涉及行政方面的工作。这使得社会工作的专业特色得不到彰显，不利于提高服务对象对社会工作的专业认同度。

在社工努力提升专业能力的同时，也期待政策的继续完善，积极响应政策，让真正的医务社工更多的为人所知。

八、推荐阅读文献

在贫困问题的研究方面，可供参考的文献有《农村贫困人口的医疗保障问题研究——以新农合和医疗救助制度的衔接为视角》，蒲川等人著；《为贫困人口再加一道保障线》，曾传美著。

在儿童社会工作相关的文献有《中国大陆医务社会工作发展策略研究——以重生行动社会心理服务计划为例》，陈莉著。

在医务社会工作方面，推荐阅读文献有《改革开放30年以来中国医务社会工作的历史回顾现状与前瞻》，由我们最早一批医务社会工作界的专家刘继同著；《开展医务社会工作的相关政策与制度研究》李平等人著；《医务社会工作对长期住院患儿服务模式的现状与对策》，季庆英著。

九、讨论题

1. 如何让医务社会中的服务对象从被动求助转为主动求助？

2. 医务社会工作在我国发展的现状如何？在提升医务社会工作专业发展方面，政府、社会和社会工作者应如何作为？

案例二十四：及时介入，点亮希望

——一位自残精障患者的危机介入服务

他们是被上帝折翼、遗落人间的天使，渴望被关注与被爱

李桂平　周梅

该案例是医务社工针对社区精神障碍患者（偏执型精神分裂症）出现的自残行为而开展的紧急危机介入服务。社会工作者以通过协助服务对象处理面对的紧急危机，降低对服务对象的伤害、输入希望、建构支持网络，推动服务对象以回归社区、独立生活为目标，运用危机介入模式和手法，遵循危机介入的原则，分五个阶段有序地开展个案服务。最终，在社会工作者 6 个月的陪伴和服务之后，社工与主治医生、服务对象、家属均认为服务目标基本完成，并对服务对象进行综合评估。服务对象经过介入后病情稳定，规律服药，思维意识清晰，生活自理能力和人际交往能力提升，能够独立生活，可以结案。

一、案例背景

小琴（化名），女，30 岁，已婚，8 年前被诊断为偏执型精神分裂症，首次发病是在老家与邻居发生争吵后过后。小琴曾在老家住院接受治疗，病情出现过好转，但在康复过程中服务对象没有按照医嘱规律服药，家属及服务对象对此也不够重视，故病情出现反复；随着病情的加重，情绪和行为失去控制。

据家属介绍，小琴丈夫好吃懒做，并在 2015 年小琴出现病情不稳定后就离家出走，之后再无音讯。同年，小琴的父亲也离家出走，不知去向。目前小琴跟弟弟、弟媳、侄子及母亲一起居住在一个两室一厅的狭小出租屋，处于无业状态，日常生活由母亲照顾，全家的生活开支由弟弟和弟媳支付，家庭经济状况较差；日常复诊拿药由住在附近的姑父负责。

2016 年 6 月，小琴开始接受精障患者社区康复个案管理服务。社工在跟进中了解到小琴首次发病出院后一直处在服药不规律的状态，时常会出现幻听。社工初次接触小琴，发现小琴表情呆滞，语调平淡，漫不经心，情绪很不稳定；

与人疏远，对周围的任何事物失去兴趣，对家人失去关心，生活懒散；动作和语速缓慢，声音很小，痴笑，存在幻听及被害妄想；面对社工，话语很少，能够部分回应社工的问话。

二、案例人物

（一）案主

小琴，女，30岁，已婚，无育，偏执型精神分裂症，病史8年。

（二）与案主密切相关的人

（1）母亲：小琴的母亲52岁，与小琴及弟弟、弟媳居住在一起，无业，日常主要负责照顾不满3岁孙儿的生活、管理小琴的服药及家人饮食起居的照料。

（2）姑父：租住在小琴家隔壁的小区，步行五分钟距离，有工作，日常由他负责带领小琴去社区慢性病防治院进行复诊和拿药。

（3）弟弟与弟媳：在附近的工厂上班，工作比较忙，早出晚归，与小琴交流较少，主要是承担小琴衣食住行的所有开销和费用。

（4）侄子：侄子不满3岁，与小琴一起居住，目前未上幼儿园，每天跟小琴在一起的时间较长。但小琴很少理他，只顾自己看电视或睡觉，沟通较少。

（三）主要介入工作者

（1）社工：社工在服务过程中建立了以"患者需求"为核心，社工整合资源体系、协调助人者体系、制订康复计划体系的个案管理模式。一是社工通过建立完善的"档案资料""个案管理服务记录""药物管理记录"等，为患者提供动态信息管理、家访、功能评估、药物管理、康复支持及家属支持等专业服务，让服务对象接受整套的系统服务。二是以康复服务需求为导向，由社工联合精防医生、患者及家属定期召开个案管理会议，共同商讨和制定、执行及评估康复服务计划，充分尊重服务对象的知情权和自决权。三是通过整合各类政策资源、救助资源、康复资源等，搭建多元化的信息平台，协助患者申请免费服药、办理残疾证和贫困证；协助服务对象及家属寻求社会救助，提供精神支持与物质援助，建立社会支持网络，推动患者实现社区康复和融入。在整个过程中，社工将统筹制订服务计划、整合社会各方资源、协调各方助人者、调节服务进度与方向，带领各方力量共同完成服务目标。

（2）医生：在个案跟进工作中，医生主要是通过现场诊断，并结合社工提供的相关信息为服务对象进行病情诊断和评估，开具处方和撰写病历，以及提供住院期间的治疗。

（3）民警：在个案服务过程中，民警主要是协助"五位一体"对精神障碍患者肇事肇祸进行紧急现场处置和送诊，此外对社区高风险患者进行社区监控，对于特殊患者进行强制医疗患者管理。在本案例中，民警主要是协助社工对危机现场进行处置以及护送服务对象入院接受专业治疗。

（4）社区民政专干：在精神障碍患者服务过程中，社区民政专干主要协助社工为贫困精神障碍患者提供医疗救治和生活救助以及生活照料、康复训练和就业支持。

（四）社工在案例中的角色

1. 使能者

在服务过程中，社工运用自身拥有的专业知识和技巧调动服务对象自身的能力和资源，发挥服务对象的潜在能力，使服务对象有比较充足的时间可以参加社区的康复活动，加强服务对象与侄子的交流、帮助其母亲做些简单的家务，从而促使服务对象发生有效改变，找到一份适合的工作。此外，社工也推动家属尽力多关注服务对象，把服务对象当正常人看待，安排些力所能及的事情交由服务对象做，以推动整体的改变。

2. 陪伴者

整个服务的过程，社工一直扮演着陪伴者的角色，从接案初期关系的建立、服务对象跟社工哭诉自己的经历到服务对象病发住院，社工与家属去医院看望服务对象给予支持、协助申请各类补贴、服务对象出院回归家庭、寻找工作到憧憬和规划未来的生活等一系列的过程，社工都一直陪伴着，给予必要的支持和鼓励，让服务对象感受到力量，获得动力，不再觉得孤单，能够坚持下去。

3. 资源链接者

社工在服务中通过整合各类政策资源、救助资源、康复资源等，搭建多元化的信息平台，协助患者申请免费服药、办理残疾证和贫困证；协助病人联络适宜的康复托养、庇护就业等服务机构，为有能力的病人联络就业资源，争取就业机会；协助困难家庭寻求社会救助，提供精神支持与物质援助，建立社会支持网络；为病情不稳定或发病的患者提供转介服务。

4. 教育者

社工积极发挥教育者的角色，收集有关精神分裂症的相关知识和材料提供给服务对象及家属，对患者及家属开展精神障碍相关知识的学习和教育，协助患者及家属了解所患疾病的名称、主要症状、复发先兆，所服药物的名称、剂量、常见不良反应以及如何应对等，增进对病情的了解，从而积极应对。

三、信息收集及案情评估

（一）接案与关系建立

1. 个案来源

2016 年 5 月，社工在精神卫生系统上发现服务对象病情不稳定，风险等级处于一级。于是，社工通过电话访问服务对象家属，了解到服务对象的基本情况，发现服务对象服药不规律，情绪不稳定，有自言自语的行为。当即社工就与家属预约面访。

2. 关系建立

由于精神障碍患者大多比较敏感，不太愿意接触陌生人，再加之社工在前期缺乏精防方面的相关知识，因而在第一、二次上门面访时，服务对象及家人都不太愿意跟社工去聊很多有关病情的事情，只是希望给予经济支持。并且服务对象及家属认为社工不了解他们，不能给到他们什么实质性的帮助，以至于不愿意签订个案服务同意书，不需要社工长期跟进提供个案服务。

为与服务对象建立关系，社工进行了几个方面的努力：一是，社工通过查阅大量有关精神分裂症的医学知识及药物知识，了解精神分裂症的病情特征及药物的作用和副作用，并求助于资深的精神科医生给予指导，以便能够更好地与服务对象谈有关疾病的内容。二是社工联动社区专干和精防医生帮忙联系或带领上门，社区专干对社区居民的情况比较了解和熟悉，能有效减少被拒绝的概率，同时精防医生能够帮助社工在面访的过程中相互配合，获取更多的信息。三是社工向服务对象或家属介绍现在国家有很多针对精神障碍患者的优惠政策，社工可以协助服务对象及家属办理残疾证明，准备相应资料，进行相关的申请。

（二）危机事件处理

1. 危机事件

2016 年 7 月，小琴按与社工的约定在姑父的陪同下前来医院复诊拿药，在医院等候看诊期间，社工发现小琴看起来精神恍惚，与几天前家访时的精神状态相差甚远。此外，小琴的额头上有血迹，脚上也布满了深浅不一的划痕。社工注意到这些后及时与小琴沟通，小琴开始没有任何回应，只是用恍惚和迷离的表情看着社工,忽然间小琴跪在地上并一步步向社工靠近,目光呆滞地自言自语。

2. 危机处理

面对此种突如其来的状况,社工迅速作出判断,小琴目前极大可能是处于病发的状态,并当机立断运用危机介入模式进行紧急处理,社工立即动员其他工作人员一起及时介入。

所谓危机介入模式就是针对一个人的正常生活受到意外危险事件的破坏而产生的身心混乱的状态而开展的调适和治疗的工作方法。危机产生之后,服务对象的身心处于极度紧张状态,经过调适和治疗就会形成新的身心平衡状态。本案例中的服务对象处于病发的紧急危机状态,需要社工的及时介入和支援。

(1)服务对象处于发病状态,须及时送院治疗。目前服务对象出现自残行为,从身上的伤痕可以看出发病应该已经有几天的时间,此外小琴的表情处于一种恍惚和游离的状态,急须送院治疗以稳定病情。

(2)迅速转移服务对象,避免再次伤及自己或他人。因当天是医院集中看诊、发药的时间,人员较多,须及时稳定小琴的情绪,了解是否有携带刀具或利器,并将其转移到一个相对安静和安全的环境中,避免出现再次伤害自己或伤及他人。

(3)联系服务对象家属,获取支持,协商后续跟进计划。此时小琴已经处于精神恍惚、精神状态混乱的状态,无法为自己作出正确的决定和安排,须紧急联系其家属了解情况并协商下一步的跟进安排,如是否送院。

(三)服务跟进记录

对小琴的跟进服务具体内容见表 24 – 1。

表 24 – 1   服务跟进记录

日期	时间	地点	介入重点
2016.6.17	15:00—16:00	服务对象家(面访)	了解服务对象病情及其他基本情况; 签订服务同意书及药物管理同意书; 协助其分析病情,疏导服务对象及家属情绪; 制订计划,帮助寻找解决问题的途径和方法

续表 24 - 1

日期	时间	地点	介入重点
2016.6.20	10:30—10:45	慢性病防治院（电话访谈）	了解服务对象病情状况； 提供情绪支持，心理疏导，鼓励服务对象正确看待病情，提升自信； 提供经济方面法律支持； 鼓励服务对象尽快来慢病院复诊
2016.6.22	15:00—16:30	慢性病防治院（面访）	与医生一起分析病情，使服务对象对精神疾病有清晰全面的认识； 协助服务对象办理免费服药； 与服务对象沟通交流，改变其错误认知行为； 教授精神卫生知识
2016.6.24	15:00—16:30	慢性病防治院（面访）	危机介入，联系"五位一体"工作人员协助服务对象入院治疗； 为服务对象了解免费住院资源
2016.7.5	14:30—15:45	康宁医院住院部（面访）	了解服务对象治疗情况； 给予心理情绪支持，希望服务对象听医生嘱咐，尽快出院； 协助办理免费服药，解决案主的后顾之忧
2016.7.23	15:00—15:50	康宁医院活动厅接待室（面访）	了解服务对象治疗情况； 了解服务对象出院后的安排； 引导服务对象多表达自己的想法和对于工作人员送去住院的看法及态度； 给予服务对象关心和鼓励
2016.7.29	15:00—15:30	慢性病防治院（电话访谈）	了解服务对象出院情况； 给予心理情感支持； 督促服务对象按照医嘱规律服药
2016.8.10	14:30—17:30	服务对象家、慢性病防治院（面访）	了解服务对象出院后的病情及家居环境； 为服务对象送去药盒并点算药物，提供药物管理服务； 若药物种类不对，及时带服务对象去慢病院复诊
2016.9.1	10:00—11:00	服务对象家（面访）	了解服务对象病情及生活状况； 点算药物核对服药情况； 教授生活技能、专业的康复训练； 继续给予服务对象心理情感支持、关心和鼓励

续表 24 - 1

日期	时间	地点	介入重点
2016.9.28	8:30—9:30	慢性病防治院（面访）	了解服务对象病情、服药情况； 为服务对象点算药物，免费拿药； 继续给予服务对象心理情感支持、关心和鼓励； 协助制订康复计划
2016.10.19	10:00—11:00	服务对象家（面访）	了解案主近期状况，包括情绪、服药、病情； 跟进案主近期找工作的情况； 跟进案主在家协助做家务康复的情况； 了解案主的居家环境，排查安全隐患
2016.10.25	10:00—11:00	慢性病防治院（面访）	约案主进行复诊，点算药物； 常规体检； 参加社区康复活动
2016.11.11	10:10—10:25	慢性病防治院（电话访谈）	了解案主情绪、服药、病情稳定等情况； 提醒案主按期复诊
2016.11.25	10:00—11:00	慢性病防治院（面访）	常规复诊、拿药及体检； 跟进案主近段时间工作适应情况； 协助案主发现进步与改变，增强动力； 与家属面谈推动改变； 参加社区康复活动
2016.12.16	10:00—11:00	服务对象家（面访）	了解案主情绪、服药、病情稳定等情况； 介绍和协助办理监护人补贴； 评估案主的整体情况； 陪同参加社区康复活动
2017.1.16	10:00—11:00	服务对象家（面访）	约见案主及家属，对案主情况进行总体评估； 准备结案； 协助制定结案后的生活规划
2017.2.20	10:00—11:00	服务对象家（面访）	结案签订，退出服务； 告知结案后社工会提供的服务

四、目标设定

（一）服务目标

1. 总体目标

协助服务对象处理面对的危机，降低环境对服务对象的伤害，输入希望，建构支持网络，使其回归社区、独立生活。

2. 具体目标

（1）稳定服务对象情绪，减少对服务对象及周围他人的伤害，及时送院治疗。

（2）了解服务对象需求，挖掘现有资源，协助构建支持网络。

（3）提升服务对象独立生活的能力和自信心，能够独立生活。

（二）服务策略

结合危机介入模式的相关理论和手法，社工在介入过程中运用及时处理、限定目标、资源整合、优势视角、输入希望等服务技巧，协助服务对象解决当前面临的紧急危机情况，缓解家庭困难，提升生活技能，重新开始新的生活。针对此危机个案的服务策略如下：

（1）及时处理，尽可能减少对服务对象及其周围他人的伤害，抓住有利的可改变的时机，尽可能降低危机造成的危害。

（2）限定目标，回应服务对象的问题及需求，制定危机介入计划。

（3）定期探望，建立稳定的信任关系，利于后续服务跟进。

（4）提供支持，社工须充分调动服务对象自身拥有的资源，为服务对象提供必要的支持。

（5）输入希望，恢复自尊，调动服务对象改变的愿望，建立生活信心。

（6）培养自主能力，提升服务对象面对问题的能力，最终能独立生活。

五、干预过程

针对突发的危机个案，社工进行了六个阶段的跟进服务。

（一）及时处理，减少伤害

为避免引起其他看诊病人的不良反应，社工在小琴姑父的协助下迅速将小琴带至心理咨询室，并确保咨询室没有任何可以伤及他人的利器，以及从小琴姑父那了解到小琴身上没有携带任何利器。在咨询室，社工为小琴递上一杯温水，协助其慢慢舒缓情绪，让小琴坐下与社工和复诊医生进行沟通。此时小琴告诉社工"我喜欢一个女生，她住在我家附近，我没有见过她，她为了我掉了两个脚趾头，我也要为她做点事情（指着自己的腿，表示划伤自己）"。社工问是否是那个女生让自己这么做的，小琴没有回应，只是痴痴地笑了一下。社工问小琴这么做是否感觉心理特别痛快和舒服，小琴同样没有回应。反而接着说"家里人都很过分（不讲道理），所以才会跪着（在为家人赎罪）"。小琴说最近本市发生的一件大事与自己有关，复诊医生问及小琴从哪里了解到时，小琴说是在手机上。

与此同时，安排的其他社工联系了社区民警和"五位一体"的工作人员，若有意外难以控制时，能邀请民警及时协助。

（二）限定目标，回应问题及需求

通过复诊医生及社工的判断，目前小琴处于病发期，幻听情况比较严重，须及时送院接受治疗。社工立即与小琴的姑父沟通关于送院治疗的事情，姑父表示此事他无法做主。随后社工联系了小琴的母亲，小琴母亲表示愿意送其住院，但是家里经济条件较差，表示难以支付住院费用，也不知道如何是好。针对小琴目前的状况唯有送院治疗是最好的解决方式，基于小琴家庭经济困难，社工与医院商量，积极为小琴争取免费住院服务。最终在社工、医院、小琴家属的共同努力下，成功办理了免费住院服务，并在家属和社工的陪同下将小琴送往医院接受住院治疗，用以稳定病情，避免出现更大的伤害。

（三）定期探望，给予陪伴与鼓励

小琴住院两周后，社工与小琴母亲一同前往医院看望。小琴在医院剪了短碎发，穿着医院的病号服，脸色红润，面带微笑，整个精神状态看起来非常不错。小琴告诉社工现在睡眠很好，吃的也很好，幻听现象也消失了，医生对自己也很好。但是小琴的主治医生告诉社工，小琴在医院不爱互动，总是一个人待在房间，经常无缘无故的发笑，病情还不是很稳定，需要继续留院治疗。

入院三周后，社工再次与小琴母亲去医院看望，此时的小琴病情基本稳定，能够按医嘱规律服药，也不存在无缘无故地发笑，腿上、脚上的伤基本痊愈，医院的物理治疗完成。日常时间里，小琴也会出去锻炼、看电视、和病友一起玩要。小琴看到母亲格外高兴，但又担心家里的经济压力希望出院回家；当了解到此次是免费住院治疗时，小琴非常感谢社工为自己做的工作，并承诺自己一定会好好听医生的话、规律服药，争取早日出院，避免病发。

（四）提供支持，调动内外部资源

住院治疗一个月后，小琴在社工和家属的陪伴下出院回家。为进一步稳定小琴的病情，做好社区康复工作，社工要协助小琴调动身边的资源，构建支持网络，获取支持。在小琴住院期间，社工的每次探访都有去灌输规律服药的重要性，一出院社工就再次为其介绍按时复诊、规律服药对病情稳定及康复的重要性，让其重视复诊及服药，社工为其制作药盒及《服药记录表》，让其自行服药，并做好服药的登记工作。同时也让家属知晓服药的重要性，若再次发病会带来哪些伤害；让家人多给予小琴一些关心、理解，协助做好药物管理，并将家里的利器做好规整。服务后期，社工每半个月去家访一次，顺便检查服药情况，并观察其情绪状态变化，发现小琴服药基本正确，半个月漏服不超过 3 次，情绪状态稳定。

针对小琴的家庭经济情况，社工通过与慢病医院沟通，协助小琴办理了居住证明和贫困证明，从而获得了免费服药服务。今后每月小琴都可以来医院免费复诊和按处方领取 250 元的免费药物。这让小琴和家属都很开心，以后不用担心难以承担医药费而出现不规律服药使病情不稳定了。

（五）输入希望，增强改变动力

1. 输入希望

因前期与小琴关系建立得比较好，小琴告诉社工对自身疾病的担忧以及自卑的心理状态，对今后需要长期服药感到的恐惧。此外小琴多次跟社工提及，因为觉得自己有精神病、动作又比较慢，做事情比不上别人，缺乏自信，也因自己生病不敢外出，怕外人和家人看不起自己，觉得自己一无是处，这么大还需要家里养。对于这个状况，工作员使用情绪识别量表（表 24-2），协助服务对象分析害怕社交情绪分为五种程度。

表 24-2　情绪识别量表

行为	待家里	独立出门买东西	独立复诊、和医生互动	参加活动但不要求发言	参与到整个活动过程中并发言
害怕程度	0 分（一点都不怕）	25 分（有点害怕）	50 分（害怕程度中等）	75 分（比较害怕）	100 分（最害怕）

　　根据服务对象的害怕情绪从低到高，社工从两个方面给服务对象提供帮助，一方面社工教导使用肌肉放松法，让服务对象想象自己参加到每一个场景后，马上进行肌肉紧张—放松训练。通过多次重复锻炼后，工作员令其尝试逐步投入到真实的情境中。社工先陪伴其一起去完成，之后鼓励其独立完成。经过多次训练，服务对象逐渐做到每个月独立到医院复诊、和医生沟通病情；每周参加家属资源中心活动不少于 1 次，包括手工、美食等活动，且能够在活动中作自我介绍，与其他患者简单沟通。面谈时，社工和服务对象一起检视其改变和进步，并及时肯定其表现。一方面通过行为的改变、害怕情绪的疏解，进一步影响服务对象对自我的认知，不再认为自己生病、服药就是一无是处的表现。另一方面社工协助小琴多认识和了解自己的病情、症状、药物的作用及后续服药的一些事情，并且寻找一些同类型病情的成功案例给小琴看，让她知道随着病情的慢慢稳定，她能够像正常人一样生活、工作，药物的量也会慢慢减少，从而减少恐惧感，让她对自己的病情充满希望。

　　2. 增强改变动力

　　在服务过程中，社工尝试让小琴去发现自己的优势，利用自己的优势去改变现状。社工鼓励小琴思考自己可以做些什么，小琴告诉社工日常家里有侄子和母亲，自己可以帮着带带侄子、陪侄子玩耍，还可以帮母亲做点家务；自己还年轻，可以出去找工作，学会养活自己。社工对小琴的想法给予了肯定，鼓励她勇敢地迈出第一步去做些尝试，可以从最简单的事情开始，比如帮母亲洗碗、打扫卫生。此外，社工还尝试带小琴外出散步，参加社区的活动，与社会多些接触。几次下来，社工发现小琴有了很大的改变。小琴也表示很高兴，自己现在不怕一个人外出了，也没那么在意别人的眼光，感觉自己还是可以做些事情的。

（六）激发潜能，推动解决问题

　　因为家里一直依靠弟弟和弟媳的收入生活，经济状况一直不是很好，小琴觉得挺过意不去，不能一辈子都依靠弟弟一家过日子，表示很想自己能够赚钱养活自己。社工鼓励她去做些尝试，并协助她去查找一些就业信息。目前，小琴平常除了陪侄子玩耍外，还在家附近找到了一份零工的活，已经开始工作一个多月，小琴说工作很好，不是很累，虽然目前工资不高，但是做得很开心，因为开始有自己的收入了，相信以后收入会越来越多。社工问小琴是否可以和一起工作的同事友好相处，小琴表示和同事关系处得很好，有时候大家会一起聊天。小琴还告诉社工希望找个男朋友，开始新的生活，社工告诉小琴，鉴于目前的病情还不是很稳定，工作也刚开始，可以先将找男朋友的事情缓一缓，等病情进一步稳定和工作有一定基础后再来考虑。小琴表示同意，自己会继续努力，坚持复诊和服药，好好工作，争取早日过上自己希望的生活。

六、后期评估与结案

经过六个月的服务，社工与主治医生、小琴、小琴家属认为服务目标基本完成，小琴的病情稳定，规律服药，思维意识清晰，生活自理能力和人际交往能力提升，以后只需要定期跟进，对小琴进行综合评估。

（一）评估维度和内容

1. 患者的评估

社工与小琴共同回顾这段时间的经历，小琴对这段时间的改变，感到很满意，目前能够按处方自主服药，并学会独立去医院复诊，也开始了新的工作，不再悲观，开始努力过新生活。小琴现在敢出去与他人结交朋友，不再像以往那样逃避生人和害怕陌生的环境，对生活又有了信心，可以独立面对生活。

2. 家属的评估

小琴家属认为小琴能够主动承担一些家务，如买菜做饭、洗衣、整理房间等，帮助减轻家庭负担；也会利用休息时间陪伴侄子，在家附近散步，逐渐让家人放心。家属对小琴的改变表示非常满意，很满意社工的康复工作。

3. 主治医生的评估

主治医生评估，认为虽然病情暂时还没有得到彻底解决，但小琴已经处于病情稳定状态，而且养成了良好的服药复诊习惯，在自理能力和人际关系上也有了一定的提升，以后只需要定期跟进即可。

4. 社工的评估

通过社工的现场观察和评估，小琴病识感有所增强，能够意识到自身存在精神问题，能够自己服药并自行复诊，规律服药使病情稳定，未出现幻听，精神状态得到了很大的改善，睡眠质量也得到了改善，能够集中注意力做自己的事情。案主的自理能力也有所提升，能够完成如买菜做饭、洗衣、整理房间等简单工作。

（二）结案

社工与小琴及家人一起商讨结案工作。社工带小琴一起回顾了这段时间的经历，从病发到住院、出院、找工作等，肯定了小琴的成长和变化，鼓励其继续勇敢地前行。社工告诉小琴在结案后，有什么事情还是可以寻找社工的帮助，此外社工也会跟踪服务一段时间，也希望小琴能够将自己的改变继续保持，以巩固其已经取得的进步。

(三) 专业反思

首先，与服务对象专业关系的建立是介入服务的重要的第一步。回顾整个服务过程，社工与服务对象建立良好的互信关系对服务的开展至关重要。精神障碍患者更加敏感多疑，怎么样取得服务对象对社工的信任，更需要社工下功夫。社工需要危机介入精神障碍患者时，要有高度的职业敏感度，及时协助服务对象解决危机，同时积极地去跟进，运用真诚的态度、同理心等接纳服务对象的感受，多倾听服务对象的心声，聚焦他们的困难和问题，给予回应和帮助。很多时候，服务对象并不一定需要社工有多么丰富的经验技巧，而及时的关心、真诚与同理心对于和服务对象建立信任关系更为有效。

其次，危机介入的及时性。当危机发生时，社工要有高度的专业敏感性。首先要去稳定服务对象的情绪，运用社会工作的专业技巧，如引导、倾听、开放式提问等，获取与服务对象有关的信息和感受，以便有效稳定服务对象的情绪，与服务对象建立信任的关系。此外，根据收集到的信息评估服务对象安全状况，如是否存在再次自伤甚至自杀的风险，须及时进行干预及送院治疗，迅速做出准确的介入计划，以免错过最佳的介入时机。

再次，输入希望对于危机个案的重要性。面对需要危机介入的个案，在积极协助服务对象解决当前问题后，更为重要的是在跟进过程中及时输入希望，找到服务对象关注的事和人，让服务对象有信心继续生活下去，看到自己生活的希望。

最后，了解精防相关知识是跟进精神障碍个案的基础。社工在首次见服务对象时发现服务对象对社工的态度是冷漠的，与社工的交流也仅有只言片语。在这种情况下，社工由于缺乏相关知识和经验，在没有建立一定关系的情况下就毫不顾忌地询问服务对象的病情和要求查看药物，多次让面谈陷入尴尬的气氛。在辅助工作人员的帮助下，将话题转移到服务对象的兴趣爱好上，这才缓和了气氛。因而在为精神障碍患者提供相关服务之前需要掌握有关精神疾病方面的基础知识，包括病情的特征及病因、常用药物、沟通需要注意的地方等。

七、相关知识链接

（一）精神分裂症

1. 概述

精神分裂症是一组病因未明的重性精神病，多在青壮年时期缓慢或亚急性起病，临床上往往表现为症状各异的综合征，涉及感知觉、思维、情感和行为等多方面的障碍以及精神活动的不协调。患者一般意识清楚，智能基本正常，但部分患者在疾病过程中会出现认知功能的损害。病程一般迁延，呈反复发作、加重或恶化，部分患者最终出现衰退和精神残疾，但有的患者经过治疗后可保持痊愈或基本痊愈状态。

2. 病因

精神分裂症是由一组症状群所组成的临床综合征，它是多因素的疾病。尽管目前对其病因的认识尚不是很明确，但个体心理的易感素质和外部社会环境的不良因素对疾病的发生发展的作用已被大家所共识。无论是易感素质还是外部不良因素都可能通过内在生物学因素的共同作用而导致疾病的发生，不同患者其发病可能以某一种因素较为重要。

3. 临床表现

（1）临床表现。

精神分裂症的临床症状复杂多样，可涉及感知觉、思维、情感、意志行为及认知功能等方面，个体之间症状差异很大，即使同一患者在不同阶段或病期也可能表现出不同症状。

①感知觉障碍：精神分裂症可出现多种感知觉障碍，最突出的感知觉障碍是幻觉，包括幻听、幻视、幻嗅、幻味及幻触等，而幻听最为常见。

②思维障碍：思维障碍是精神分裂症的核心症状，主要包括思维形式障碍和思维内容障碍。思维形式障碍是以思维联想过程障碍为主要表现，包括思维联想活动过程（量、速度及形式）、思维联想连贯性及逻辑性等方面的障碍。妄想是最常见、最重要的思维内容障碍，最常出现的妄想有被害妄想、关系妄想、影响妄想、嫉妒妄想、夸大妄想、非血统妄想等。据估计，高达80%的精神分裂症患者存在被害妄想，被害妄想可以表现为不同程度的不安全感，如被监视、被排斥、担心被投药或被谋杀等，在妄想影响下患者会做出防御或攻击性行为。此外，被动体验在部分患者身上也较为突出，对患者的思维、情感及行为产生影响。

③情感障碍：情感淡漠及情感反应不协调是精神分裂症患者最常见的情感症状。此外，不协调性兴奋、易激惹、抑郁及焦虑等情感症状也较常见。

④意志和行为障碍：多数患者的意志减退甚至缺乏，表现为活动减少，离群独处，行为被动，缺乏应有的积极性和主动性，对工作和学习兴趣减退，不关心前途，对将来没有明确打算等；某些患者可能有一些计划和打算，但很少执行。

⑤认知功能障碍：在精神分裂症患者中认知缺陷的发生率高，约85%患者出现认知功能障碍，如信息处理和选择性注意、工作记忆、短时记忆和学习、执行功能等认知缺陷。认知缺陷症状与其他精神病性症状之间存在一定相关性，如思维形式障碍明显患者的认知缺陷症状更明显，阴性症状明显的患者认知缺陷症状更明显，认知缺陷可能与某些阳性症状的产生有关等。认知缺陷可能发生于精神病性症状明朗化之前（如前驱期），或者随着精神病性症状的出现而急剧下降，或者是随着病程延长而逐步衰退。初步认为慢性精神分裂症患者比首发精神分裂症患者的认知缺陷更明显。

（2）临床分型。

①偏执型：这是精神分裂症中最常见的一种类型，以幻觉、妄想为主要临床表现。

②青春型：在青少年时期发病，以显著的思维、情感及行为障碍为主要表现，典型的表现是思维散漫、思维破裂，情感、行为反应幼稚，可能伴有片段的幻觉、妄想；部分患者可以表现为本能活动亢进，如食欲、性欲增强等。该型患者首发年龄低，起病急，社会功能受损明显，一般预后不佳。

③紧张型：以紧张综合征为主要表现，患者可以表现为紧张性木僵、蜡样屈曲、刻板言行，以及不协调性精神运动性兴奋、冲动行为。一般该型患者起病较急，部分患者缓解迅速。

④单纯型：该型主要在青春期发病，主要表现为阴性症状，如孤僻退缩、情感平淡或淡漠等。该型治疗效果欠佳，患者社会功能衰退明显，预后差。

⑤未分化型：该型具有上述某种类型的部分特点，或是具有上述各型的一些特点，但是难以归入上述任何一型。

⑥残留型：该型是精神分裂症急性期之后的阶段，主要表现为性格的改变或社会功能的衰退。

（二）危机介入模式

1946年，林德曼与卡普蓝合作，提出"危机调适"的概念，认为压力、紧张和情绪的调适与危机有紧密的关系。1974年，美国将危机介入模式正式列入社会服务的重要项目，并且在社会工作领域逐渐推广危机介入模式。

1. 危机介入理论

（1）危机的定义：是指一个人的正常生活受到意外危险事件的破坏而产生的身心混乱状态。危机可分为成长危机、情境危机两种类型。

（2）危机的发展四个阶段：危机发生、应对、解决危机、恢复期。

（3）特点：迅速了解服务对象的主要问题；快速做出危险性判断；有效稳定服务对象的情绪；积极协助服务对象解决当前面临的主要问题。

2. 危机介入的基本原则

（1）及时处理。

（2）限定时间。危机介入的首要目标是以危机的调适和治疗为中心，尽可能降低危机造成的危害，避免不良影响的扩大。

（3）输入希望。

（4）提供支持。

（5）恢复自尊。

（6）培养自主能力。

（三）"五位一体"服务

1. 概念

所谓"五位一体"是指社区健康服务中心精防医生、民政及残联专干、社区民警、家属、社工联动为社区精神障碍患者提供服务。

2. "五位一体"各方的职责

（1）社区精防医生：主要在辖区级精神卫生防治机构的技术指导下，负责开展社区严重精神障碍患者的管理治疗。①登记建档：对新发报告的严重精神障碍患者建立个人信息档案；②社区随访：对知情同意参加社区管理的严重精神障碍患者提供随访服务，指导患者服药，开展风险评估，对患者及家属进行康复教育；③转诊转介：对病情不稳定或药物不良反应的患者，或在全科诊疗中发现的疑似精神障碍患者，须及时转诊至精神卫生专科机构就诊；④应急医疗处置：协同社区应急处置队伍，及时响应，联合开展患者应急处置，做好相关工作记录；⑤健康体检：督促指导患者定期体检，并为患者提供健康体检服务；⑥咨询健教：结合全科诊疗，为社区居民提供心理辅导或心理咨询服务，组织开展社区居民精神卫生健康教育宣传活动；⑦个案管理：在区精神卫生防治机构的指导下，对病情不稳定的患者提供个案服务，有条件的可与精神卫生社工个案管理员协同做好患者管理。

（2）社工：根据病人的不同需求，提供个性化的不同需求。①提供个性化心理支持与辅导、生活技能与社交能力训练、社会功能评估、文体康娱活动、知识讲座与技能培训等服务；②协助病人联络适宜的康复托养、庇护就业等服务机构，为有能力的病人联络就业资源，争取就业机会；③对于困难家庭，可协助病人及家属寻求社会救助，提供精神支持与物质援助，构建社会支持网络。

（3）家属：主要负责患者服药管理、专科复诊、日常监护、生活照料及康复训练等。①督促治疗：监护人负责患者日常服药管理，督促患者按时复诊，患者应自觉按医嘱接受规范化治疗，促进康复；②紧急送诊：监护人及时向关爱帮扶小组成员报告患者异常危险行为，紧急送至精神专科医院治疗，为患者办理入院出院手续；③看护照顾：监护人负责妥善看护、照顾精神障碍患者，防止其伤害自身、他人或者危害社会；④康复训练：帮助患者接受康复治疗和职业技能训练等；⑤配合随访：接受关爱帮扶小组成员对患者的管理随访服务，如实提供患者相关信息。

（4）社区民警：主要负责严重精神障碍患者排查、高风险患者管控、患者送诊、肇事肇祸事件应急处置等工作。①患者排查：对在册和疑似严重精神障碍患者进行排查，掌握患者底数，重点排查高风险和失联失访患者；②高风险管控：对三级及以上高风险患者进行管控，逐人制定管控方案，了解动态，掌握行踪；③肇事肇祸应急处置：对肇事肇祸案事件快速妥善处置，处置通报肇事肇祸案件情况；④患者送诊：根据患者家属及社区相关工作人员需要，护送患者至精神专科机构治疗，还负责护送流浪三无精神障碍患者至精神专科机构治疗。

（5）民政及残联专干：主要负责政策宣传落实、患者救助、康复转介、残疾鉴定联络等工作。①政策宣传：开展精神障碍患者优惠政策宣传，协助落实患者生活保障、就业、维权等服务；②康复转介：根据患者需求，提供精神康复机构转介服务；③救治救助：宣传落实贫困严重精神障碍患者救治救助政策；④残疾鉴定：为符合条件的严重精神障碍患者协调联络进行精神残疾鉴定。

八、推荐阅读文献

1.李凌江，陆林.精神病学（第3版）[M].北京：人民卫生出版社，2015.

2.江开达.精神障碍药物治疗指导[M].北京：人民卫生出版社，2016.

3.惠特克.精神病大流行：历史、统计数字，用药与患者[M].王湘玮，廖伟翔，译.深圳：左岸文化传播，2016.

九、讨论题

1.在精神障碍患者的服务中，社工能够提供哪些服务？

2.面对精神障碍患者的危机处理事件，社工需要具备哪些能力？可以动员哪些人员给予支持和协助？处理危机的步骤有哪些？

3.对于病情不是很稳定的在社区康复的精神障碍患者，社工可以从哪些方面入手来提供服务？